Mohr

Kommunikation und organisatorischer Wandel

nbf neue betriebswirtschaftliche forschung

(Folgende Bände sind zuletzt erschienen:)

Band 188 Dr. Martin Faßnacht
Preisdifferenzierung bei Dienstleistungen

Band 189 Dr. Horst Bienert
Der Marktprozeß an Aktienbörsen

Band 190 Dr. Reinhard Schulte
Kursänderungsrisiken festverzinslicher Wertpapiere

Band 191 Dr. Klaus Ries
Vertriebsinformationssysteme und Vertriebserfolg

Band 192 Dr. Christina A. Weiss
Die Wahl internationaler Markteintrittsstrategien

Band 193 Dr. Andreas Matje
Kostenorientiertes Transaktionscontrolling

Band 194 Dr. Michael Leonhard Bienert
Standortmanagement

Band 195 Dr. Reinhold Kosfeld
Kapitalmarktmodelle und Aktienbewertung

Band 196 Dr. Bärbel Friedemann
Umweltschutzrückstellungen im Bilanzrecht

Band 197 Dr. Gabriele Rother
Personalentwicklung und Strategisches Management

Band 198 Dr. Frank Kersten
Simulation in der Investitionsplanung

Band 199 Dr. Peter Witt
Planung betrieblicher Transformationsprozesse

Band 200 Dr. Bibi Hahn
Erfolgsfaktor Managementpotential

Band 201 Dr. Ralf Antes
Präventiver Umweltschutz und seine Organisation in Unternehmen

Band 202 Dr. Andreas Herrmann
Nachfragerorientierte Produktgestaltung

Band 203 PD Dr. Silvia Föhr
Organisation und Gleichgewicht

Band 204 Dr. Jost Adler
Informationsökonomische Fundierung von Austauschprozessen

Band 205 Dr. Jost Schwaner
Integration von Kunden und Lieferanten

Band 206 PD Dr. Stefan Betz
Operatives Erfolgscontrolling

Band 207 Dr. Matthias Wolz
Die Krisenwarnfunktion des Abschlußprüfers

Band 208 Dr. Norbert Klink
Anleihenbewertung auf unvollkommenen Kapitalmärkten

Band 209 Dr. Kurt Auer
Die Internationalisierung der Rechnungslegung
(Arbeitstitel)

Band 210 Dr. Bettina Büchel
Development of Joint Ventures

Band 211 Dr. Philip Lettmann
Darstellung und Bewertung des Nutzenpotentials internationaler Rechnungslegung für multinationale Konzerne
(Arbeitstitel)

Band 212 Dr. Christian Noss
Management und Zeit
(Arbeitstitel)

Band 213 Dr. Alan Hippe
Interdependenzen von Strategie und Controlling in strategischen Unternehmensnetzwerken
(Arbeitstitel)

Band 214 Dr. Joachim Tarara
Ökologieorientierte Informationsinstrumente in Unternehmen

Band 215 Dr. Harald Werner
Relationales Beschaffungsverhalten

Band 216 Dr. Dorothea Alewell
Die Finanzierung betrieblicher Weiterbildungsinvestitionen

Band 217 Dr. Niko Mohr
Kommunikation und organisatorischer Wandel

Betriebswirtschaftlicher Verlag Dr. Th. Gabler GmbH, Postfach 15 47, 65005 Wiesbaden

Niko Mohr

Kommunikation und organisatorischer Wandel

Ein Ansatz für ein effizientes Kommunikationsmanagement im Veränderungsprozeß

GABLER

Die Deutsche Bibliothek - CIP-Einheitsaufnahme

Mohr, Niko:
Kommunikation und organisatorischer Wandel : ein Ansatz für ein effizientes Kommunikationsmanagement im Veränderungsprozess / Niko Mohr. - Wiesbaden : Gabler, 1997
(Neue betriebswirtschaftliche Forschung ; Bd. 217)
Zugl.: Trier, Univ., Diss., 1996

NE: GT

Der Gabler Verlag ist ein Unternehmen der Bertelsmann Fachinformation.

Lektorat: Claudia Splittgerber / Annegret Heckmann

ISBN 978-3-409-12827-8 ISBN 978-3-663-05634-8 (eBook)
DOI 10.1007/978-3-663-05634-8

Für meine Mutter und Claudia

Geleitwort

Vor dem Hintergrund zunehmender Globalisierung des Wettbewerbs, starker Deregulierung von Märkten, wachsenden Verdrängungswettbewerbs oder der Einführung bahnbrechender Technologien sehen sich Unternehmen zunehmend mit der Notwendigkeit organisatorischen Wandels konfrontiert. Strategisches Management nimmt sich daher immer stärker der Problematik Change Management an und erachtet in der Qualität von Veränderungsprozessen eine immer bedeutendere Vorteilsquelle.

Das Bewußtsein der Relevanz von Veränderungen stellt die Unternehmensführung daher insbesondere vor die Frage, wie sie sich verändern soll. Bei der Implementierung der Veränderungsmaßnahmen stoßen die Verantwortlichen jedoch auf Probleme, und Restrukturierungen sind deshalb oft nur in beschränktem Maße von Erfolg gekrönt.

An diesem Punkt greift die vorliegende Dissertationsschrift von Herrn Dipl.-Kfm Niko Mohr an. Kern des Forschungsinteresses ist die Beantwortung der Frage nach der Bedeutung der Unternehmenskommunikation für einen neuen Umgang mit der Problematik des Widerstandes von Organisationsmitgliedern bei Veränderungsprozessen.

Die vorliegende Arbeit trägt im Rahmen des strategischen Managements zur Entwicklung eines besseren Verständnisses bei, wie unternehmensinterne Kommunikation zur erfolgreichen Durchführung von Maßnahmen des Change Managements verwendet werden kann. Dabei gelingt es dem Autor, drei Komponenten der Kommunikation: „Unternehmens-Kommunikation“ (Wahrnehmungsbereich), „Überzeugende Kommunikation“ (Entscheidungsbereich) und „Mobilisierende Kommunikation“ (Aktivierungsbereich) zu identifizieren.

Die Ausgangshypothese des Forschungsvorhabens lautet: „Je effizienter die unternehmensinterne Kommunikation im Veränderungsprozeß eingesetzt wird, desto geringer ist der Widerstand der Mitarbeiter gegen das Vorhaben.“

Anhand des sorgfältig erarbeiteten theoretischen Bezugsrahmens und eigener empirischer Forschung kann von Herrn Mohr der Nachweis erbracht werden, daß ein kausaler Zusammenhang zwischen der unternehmensinternen Kommunikation und dem Änderungswiderstand der vom Wandel betroffenen Mitarbeiter besteht. Die Wahl zweier unterschiedlich gelagerter Untersuchungen sorgt dafür, daß nicht nur von einem isolierten empirischen Nachweis auf Einzelfall-Ebene für die aufgestellten Hypothesen gesprochen werden kann, sondern eine unternehmens- und branchenübergreifende Bestätigung der Forschungsfrage angestrebt wird, was auf ein sehr differenziertes und ausgeprägtes Forschungsverständnis zurückzuführen ist.

Die vorliegende Dissertation zeigt auf überzeugende Art und Weise, wie Theorie und Praxis der wissenschaftlichen Forschung miteinander verknüpft werden können. Sie ist perfekt strukturiert, sehr gut mit Literatur dokumentiert, die untersuchten Themenbereiche werden ausführlich behandelt und korrekt in den Gesamtkontext des Themas eingeordnet. Eine wahrlich gelungene Forschungsarbeit!

Ich wünsche Herrn Dipl.-Kfm. Niko Mohr einen guten Start in die Berufspraxis der Unternehmensberatung und freue mich, wenn sein Forschungsanliegen auch in der Praxis eine Umsetzung und Weiterentwicklung erfahren wird.

Univ.-Prof. Dr. Walter Schertler

Vorwort

Erfahrungen aus der Praxis, empirische Studien und zahlreiche Hinweise in der Literatur deuten daraufhin, daß organisatorische Veränderungen in Unternehmen, selbst wenn sie geplant und formal richtig durchgeführt werden, meist nicht problemlos ablaufen. Vielmehr gehen sie mit mehr oder weniger starkem Änderungswiderstand einher, der oftmals dafür sorgt, daß diese Maßnahmen nicht den gewünschten Erfolg bringen oder sogar gänzlich scheitern.

Dies ist nicht zuletzt damit zu begründen, daß hier zwar von `Organisationen´ die Rede ist, grundsätzlich aber immer Menschen betroffen sind. Die Erfahrung zeigt, daß Menschen den Status Quo mehr lieben als die Veränderung. Manager, die sich mit der Aufgabe der Durchführung von Veränderungen in Unternehmen konfrontiert sehen, müssen daher sowohl Vorstellungen über den Verhaltensentwurf ihrer Mitarbeiter entwickeln als auch verstehen, wie Veränderungsprozesse auf individueller und organisatorischer Ebene zu kombinieren sind.

In der Theorie lassen sich eine Reihe von Variablen nachweisen, die in der Lage sind, diesen Änderungswiderstand zu reduzieren. Eigene und fremde Studien sowie theoretische Analysen zeigen, daß Änderungswiderstand besonders häufig mit einer mangelnden Kommunikation des Vorhabens einhergeht. Besonders die Praxis hat dies bereits erkannt und schenkt der unternehmensinternen Kommunikation im Veränderungsprozeß verstärkt Beachtung. Aus der Literaturanalyse geht hervor, daß organisatorischer Wandel und Kommunikation - isoliert betrachtet - eingehend beschrieben werden. Eine explizite und fundierte Synthese beider Bereiche findet sich demgegenüber eher selten. Zwar wird in fast jeder Publikation über Change-Management auf unternehmensinterne Kommunikation als einem wesentlichen Erfolgsfaktor in diesem Prozeß hingewiesen. Die Ausführungen beschränken sich jedoch meist auf diesen Hinweis und beschäftigen sich wenig detailliert und wissenschaftlich fundiert mit diesem Problemfeld. Es entsteht daher oft der Eindruck, Kommunikation sei etwas Selbstverständliches, etwas Abrufbares, was mit einigen wenigen Handlungsempfehlungen beschrieben werden kann.

Diese Arbeit unternimmt nun den Versuch, beide Themenbereiche zu verbinden und die besondere Bedeutung der unternehmensinternen Kommunikation im Prozeß des geplanten, organisatorischen Wandels sowohl theoretisch zu analysieren als auch empirisch zu überprüfen. Kommunikation wird dabei im verhaltenswissenschaftlichen Sinn verstanden. Erst als Interaktionsvariable vermag sie die nötige Motivation bei den Mitarbeitern zu erzeugen, damit diese ihre eigenen Energien in effiziente Aktionen umsetzen und so den Change-Management-Prozeß unterstützen. Ziel ist es, einen Ansatz zu entwickeln, der beschreibt, wie unternehmensinterne Kommunikation im Veränderungsprozeß wirkt und effizient eingesetzt werden kann. Dieser theoretische Bezugsrahmen soll dazu dienen, Hypothesen und Handlungsdirektiven abzuleiten und an der Praxis empirisch zu überprüfen. Dies geschieht zum einen in Form einer Einzelfallanalyse. Ihre Ergebnisse werden durch das Statistikprogramm LISREL ausgewertet, welches es ermöglicht, den Kausalzusammenhang zwischen Kommunikation und Änderungswiderstand zu überprüfen. Zum zweiten werden in einer quantitativen Analyse je 230 Vorstände und Betriebsräte aus deutschen und internationalen Großunternehmen bezüglich ihrer Einstellung zu Kommunikation und Wandel befragt. Zur Erläuterung, wie ein Unternehmen diese Erkenntnisse in die Praxis umsetzt, wird schließlich eine Fallstudie eines der erfolgreichsten und in der Organisationsentwicklung innovativsten Unternehmen (General Electric) präsentiert.

Die vorgestellten Erkenntnisse sollen die Wissenschaftsgemeinde einen Schritt in der Diskussion um die Lernende Organisation weiterbringen. Sie sollen aber auch den Praktiker, der sich mit dieser Problematik konfrontiert sieht, dazu befähigen, organisatorische Veränderungen effizienter und erfolgreicher zu managen.

Abschließend möchte ich es nicht versäumen, meinem Doktorvater und Lehrmeister Prof. Dr. W. Schertler für seine fachliche Betreuung und sein großzügiges Entgegenkommen bei der Erstellung dieser Arbeit zu danken. Mein Dank gilt auch Dr. M. Dowling, Professor an der University of Georgia (USA), der mir während meiner dortigen Forschungs- und Lehraufenthalte mit Rat zur Seite stand und den ich über diese Zeit zum Freund gewonnen habe.

Danken möchte ich ebenso allen, die an dem zugrundeliegenden Forschungsprojekt mitwirkten, stellvertretend Herrn Dipl. Kfm. Oliver Fritzen, Herrn Dipl. Kfm. Stefan Greulich sowie den Mitarbeitern der ZENECA GmbH Deutschland. Mein größter Dank gilt aber meiner Mutter und meiner Frau Claudia, die den Erstellungsprozeß dieser Arbeit mit größter Unterstützung und Verständnis begleiteten.

Niko Mohr

Inhaltsverzeichnis

Abbildungsverzeichnis

Teil C:

Teil D:

Teil E:

Teil F:

Konzeptioneller Aufbau der Forschungsarbeit

Abb. 1: Layout der Forschungsarbeit

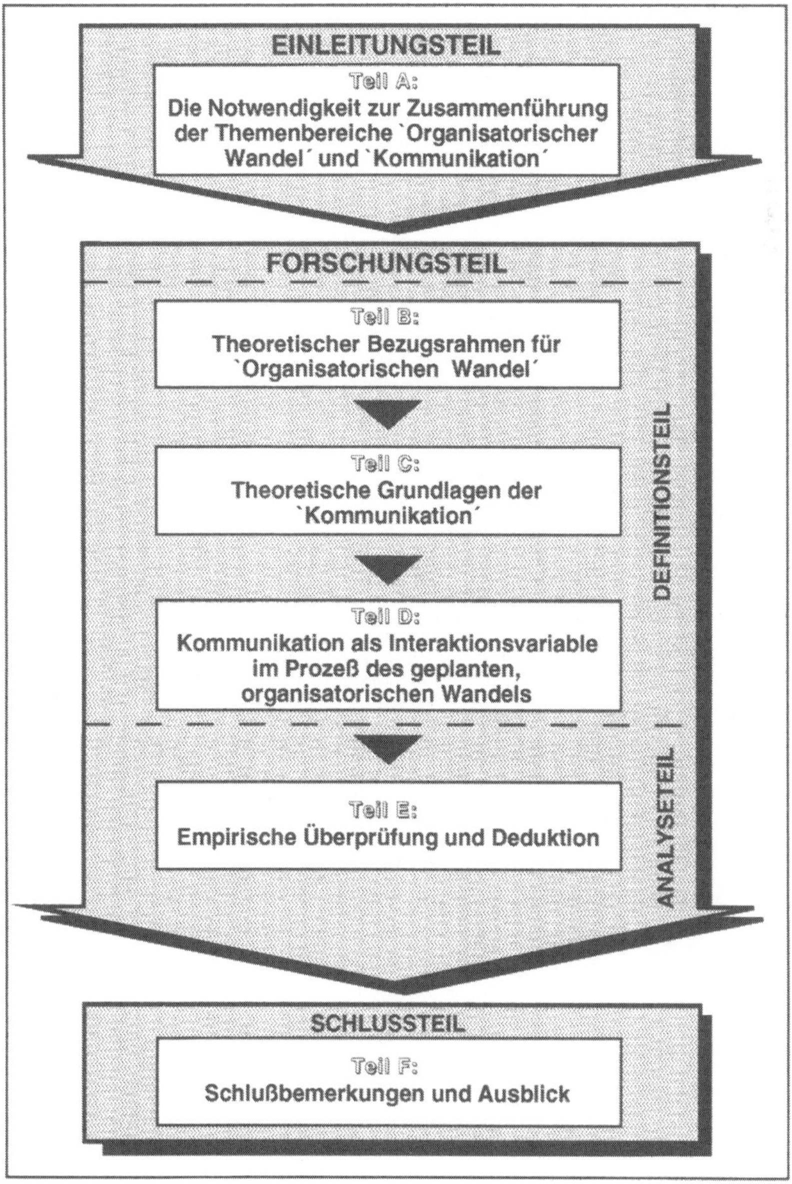

Teil A

Die Notwendigkeit zur Zusammenführung der Themenbereiche \`organisatorischer Wandel´ und \`Kommunikation´

1 Die Problemstellung

Wandel ist für Unternehmen eine prägende Konstante der letzten Jahre des 20. Jahrhunderts. Von vielen Autoren wird hervorgehoben, daß es sich um ein grundlegendes Problem handelt, welches sich von früheren Entwicklungen unterscheidet. Ein Blick in die ältere Literatur verrät jedoch, daß unternehmerischer Wandel schon immer zu den zentralen Themen der Managementliteratur zählte. So bemerkte *Donham* bereits vor mehr als 60 Jahren: *"A new factor, that of rapid change, has come into the world. We have not yet learned how to adjust ourselves to its economic and social consequences."* (Donham, 1932, S. 45) Empirische Untersuchungen zeigen allerdings, daß sich die Änderungsgeschwindigkeit zahlloser gesellschaftlicher Phänomene heute und in Zukunft in \`noch nie dagewesener Weise´ erhöht. (vgl. Ulrich, 1994 S. 7) Die Beherrschbarkeit von Entwicklungsverläufen in institutionalisierten Systemen durch den Menschen (vgl. Bleicher, 1995, S. 5) steht daher berechtigt im Mittelpunkt der aktuellen Diskussion. Besonders zwei Aspekte machen es interessant, sich in einer weiteren Schrift mit der Thematik des \`Managements von Wandel in Unternehmen´ zu beschäftigen:

(1) Zum einen werden Organisationen gezwungen, sich mit Wandel auseinanderzusetzen. Sowohl von außen induziert als auch von innen eingeleitet, bestimmen Veränderungen den Unternehmensalltag. Unternehmen müssen dies erkennen und selbst mit eigenen Veränderungen darauf reagieren, wollen sie weiterhin im Wettbewerb erfolgreich bestehen. Das "Awareness", also das Bewußtsein über die Bedeutung von Veränderungen für jedes Unternehmen wird zu einem "Muß" jeder Unternehmensführung. Die zunehmende Wichtigkeit des strategischen Erfolgspotentials organisatorischer Veränderungen stellt Unternehmen daher nicht mehr vor die Frage, "ob" sie sich verändern sollen, sondern "wie" sie sich verändern sollen.

(2) Zum zweiten ist es offensichtlich, daß viele Unternehmensverantwortliche bei der Implementierung von Veränderungen immer wieder auf Probleme stoßen. In zunehmendem Maße erkennen die Unternehmen die Notwendigkeit von organisatorischem Wandel und führen auch geplante Veränderungen durch. Doch die Wandelaktivitäten bringen in der Mehrzahl der Fälle nicht den gewünschten Erfolg. Nicht zuletzt deshalb ist die neuere Managementliteratur reich an einschlägigen Ratschlägen, denen jedoch oft die wissenschaftliche Fundierung und der Beweis ihrer Effektivität fehlt.

1.1 Bestimmungsfaktoren für Wandel in Unternehmen

Befaßt man sich näher mit dem ersten Aspekt, so zeigt sich schnell, daß es eigentlich nichts Neues darstellt, daß sich die Bedingungen der Umwelt ständig verändern. Schon die Philosophen der Antike haben dies erkannt und sich mit der Problematik von Wandel in der Gesellschaft auseinandergesetzt (vgl. hierzu Teil B, Kapitel 1). Was in der heutigen Zeit neu ist, ist die Dynamik und Geschwindigkeit, aber auch die Parallelität, mit der sich die Bedingungen verändern. Dies führt unweigerlich zu der Frage, *welches* die Bedingungen sind, die organisatorischen Wandel in Unternehmen notwendig machen oder - anders ausgedrückt - *was* Führungskräfte in Unternehmen in neuerer Zeit eigentlich zunehmend veranlaßt, über Veränderungen in ihren Unternehmen nachzudenken.

Auf der Suche nach einer Antwort findet man in der Literatur ein vielfältiges Angebot. Das Spektrum reicht von der hohen Aggregation auf die beiden Faktoren der unternehmensexternen und -internen Kräfte (vgl. Daft, 1994, S. 363 oder Staehle, 1991, S. 833 f.) bis hin zu der einfachen, eher unstrukturierten Auflistung mehrerer Einflußgrößen. (vgl. hierzu beispielsweise Nadler/u.a., 1992, S.1 f. oder Kirsch/u.a., 1979, S. 6) Die meisten Autoren liegen jedoch mit ihrer Kategorisierung irgendwo dazwischen und versuchen eine Aggregation auf einige wesentliche Faktoren. So subsummieren *Doppler/Lauterburg* (vgl. Doppler/u.a., 1994, S. 18 ff. besonders S. 24) eine Vielzahl von Gründe für veränderte Bedingungen in der Wirtschaft unter den beiden Rahmenbedingungen der Verknappung der Ressource Zeit und der Verknappung der Ressource Geld. Aus der Feststellung, daß heute ständig zu viel gleichzeitig passiert, leiten sie die dramatische Steigerung der Komplexität als dritte Rahmenbedingung ab. *Kanter* (vgl. Kanter/u.a.: 1992, S. 14 f.) differenziert drei Arten von Wandel als Reaktion auf bestimmte Einflußfaktoren. Unter "macro-evolutionary change" versteht sie die Reaktion einer Organisation als Ganzes auf die Veränderungen ihrer Umwelt; als "micro-evolutionary change" bezeichnet sie die Veränderung der Beziehung einzelner Organisationsteile zueinander als Konsequenz, weil die Organisation wächst und einen Lebenszyklus durchläuft. Wandel, in dessen Mittelpunkt politische Prozesse stehen und der revolutionäre Aktivitäten einschließt, begreift sie als Reaktion auf das Machtstreben der Menschen in Organisationen und ihren Kampf um Kontrolle.

Steinmann/Schreyögg (vgl. Steinmann/u.a., 1993, S. 412 ff.) isolieren vier Einflußgrößen im Strukturbildungsprozeß einer Organisation. Diese Aufstellung bildet im folgenden den Ausgangspunkt weiterer Überlegungen. Allerdings wird sie dahingehend erweitert, daß die Einflußgröße Umwelt eine andere Darstellung erfährt. Wegen ihrer besonderen Relevanz für bestimmte organisatorische Maßnahmen und damit ihrer Wichtigkeit im Hinblick auf eine Begründung organisatorischer Veränderungen erscheint es sinnvoll, diese Größe in Anlehnung an *Hoffmann* (zitiert in: Schertler, 1995, S. 62) differenzierter zu betrachten[1]. Es ergeben sich mithin fünf wesentliche Einflußgrößen, die nachfolgend im Überblick dargestellt werden[2]. Ihre Veränderung veranlaßt Führungskräfte in Unternehmen zu einem geänderten Problemlösungsverhalten und schafft somit die Notwendigkeit für organisatorischen Wandel (vgl. Abb. 2). Bei dieser Darstellung wird allerdings ähnlich der Überlegungen von *Steinmann/Schreyögg* (vgl. Steinmann/u.a., 1993, S. 413) und *Staehle* (vgl. Staehle, 1991, S. 833) die rein kontingenztheoretische Argumentationsweise[3] abgelehnt und neueren Ansätzen entsprechend von einer interaktionistischen Beziehung zwischen den einzelnen Bestimmungsfaktoren und dem Wandel der Organisationen ausgegangen.

Abb. 2: Bestimmungsfaktoren von Wandel in Organisationen

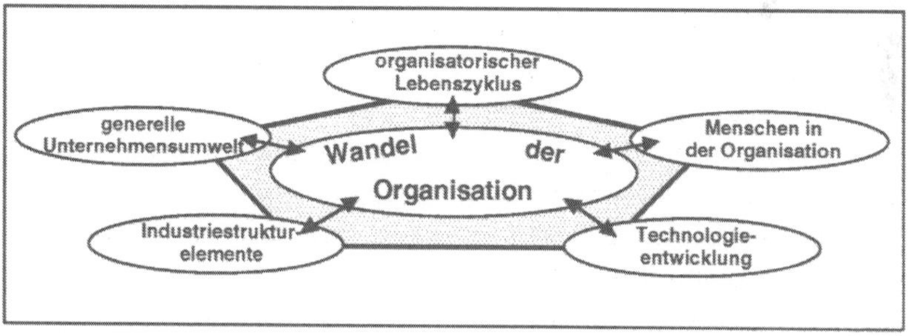

Quelle: erweiterte Darstellung in Anlehnung an Steinmann/u.a., 1993, S. 413

- Die Industriestrukturelemente

Zum einen bedingen Veränderungen der Industriestrukturelemente ein geändertes strategisches Verhalten und damit organisatorischen Wandel. Bezogen auf den Umweltbegriff wird in dem Zusammenhang auch von Aufgabenumwelt gesprochen. Sie umfaßt die Umweltfaktoren, "... die einen unmittelbaren Bezug auf die

---

1 *Hoffmann* differenziert die Umwelt von Unternehmen entsprechend ihrem Abstraktionsniveau in generelle Umwelt und Aufgabenumwelt (nach Hoffmann, 1980, S.102 zitiert in: Schertler, 1995, S. 62 f.).

2 Für eine vertiefende Betrachtung sei der interessierte Leser auf die ausführlichen Aufführungen in der angegebene Literatur sowie in Teil B dieser Arbeit verwiesen.

3 Zur Kritik an der Kontingenztheorie und neueren Sichtweisen in der Organisationstheorie sei auf Teil B dieser Arbeit verwiesen.

Zielsetzung und die Austauschbeziehungen der Unternehmung mit spezifischen Umweltbereichen darstellen". (Schertler, 1995, S. 62) Die Vorstellung, daß eine Veränderung der Industriestruktur organisatorischen Wandel bedingt, geht auf das Structure-Conduct-Performance-Paradigma zurück, welches einen deterministischen Zusammenhang zwischen Industriestruktur, Industrieverhalten und Industrieergebnis beschreibt. (vgl. Bain, 1968, S. 430 ff.) Dieser streng einseitige Determinismus wird in neueren Forschungsarbeiten zugunsten eines retrograden Determinismus aufgegeben. (vgl. Hammes, 1993, S.77) *Porter* beispielsweise übernimmt dieses Paradigma in seiner retrograden Interpretation (vgl. Porter, 1990, S. 25 und Hammes, 1993, S. 77) und beschreibt die Funktion der Wettbewerbskräfte (Industriestrukturelemente), die die Ertragsrate des eingesetzten Kapitals in einer Branche bestimmen. Nach seiner Ansicht hat die Intensität des Wettbewerbs in einer Branche nichts mit Zufall oder Pech zu tun. Vielmehr wurzelt der Wettbewerb in der ökonomischen Struktur, der Branche und geht weit über das Verhalten der existierenden Wettbewerber hinaus. Der Stand des Wettbewerbs hängt nach seinem Verständnis vielmehr von fünf grundlegenden Wettbewerbskräften - Bedrohung durch neue Konkurrenten, Gefahr durch Ersatzprodukte, Verhandlungsstärke von Kunden, Verhandlungsstärke von Lieferanten und Rivalität unter den bestehenden Wettbewerbern - ab. (vgl. Porter, 1990, S. 25 ff.) Erst die genaue Kenntnis der eigenen Industriestruktur befähigt das Management zu strategisch richtigen Entscheidungen (vgl. Porter, 1990, S.27) und hat damit Einfluß auf die Organisationsstruktur im Unternehmen. Denn zur Umsetzung eines jeden Strategietyps sind unterschiedliche Voraussetzungen notwendig, die sich im Sinne eines "structure follows strategy" (vgl. dazu Chandler, 1993, besonders S. 14) in unterschiedlichen Organisationsstrukturen konstituieren. Kein Unternehmen will eine Organisationstruktur,"... die in sich widersprüchliche Methoden kombiniert und daher suboptimal ist". (Porter, 1989, S. 47)

- Die generelle Umwelt

Zum anderen ist es die generelle oder Makro-Umwelt, die das Verhalten von Organisationen beeinflußt. Sie weist gegenüber der Aufgabenumwelt ein höheres Abstraktionsniveau auf. Ihre Analyse erscheint vom Standpunkt des einzelnen Unternehmens für dessen Strategiefestlegung und Organisationsgestaltung wichtig, weil die als relevant eingeschätzten Umweltentwicklungen die Grundlage für die unternehmenspolitische Beurteilung zukünftiger Marktsituationen darstellen. (vgl. Schertler, 1993, S. 62 f.) Für das Gefüge innerhalb einer Branche spielen Veränderungen solcher Kräfte zwar nur bedingt eine Rolle, da sie meist alle

Anbieter gleichmäßig betreffen. Doch kommt es auch hier auf die unterschiedlichen Fähigkeiten der Unternehmen an, mit ihnen fertig zu werden. (vgl. Porter, 1990, S. 25) Diese Einflüsse sind politischer, gesellschaftlicher und wirtschaftlicher Natur:

- So hat das Verhalten des Staates einen restriktiven oder förderlichen Einfluß auf einzelne Industriebereiche oder Regionen. Rechtliche Restriktionen (z.B. im Steuer-, Wettbewerbsrecht, ..) oder auch Subventionen können ganze Branchen zum Umdenken zwingen.[4] Deregulierungen und der Abbau von Handelsschranken führen dazu, daß kaum noch ein Unternehmen auf seinem Heimatmarkt vor der Konkurrenz aus dem Ausland sicher ist. Besonders deutlich zeigt dies die aktuelle Diskussion in der europäischen Telekommunikations- (vgl. Dowling/u.a., 1994, S. 57 ff. u. 1995, S. 3 ff.) und Airline-Branche. Beide Branchen haben in den USA bereits in den 80er Jahren diese Entwicklung mit nachhaltigen Konsequenzen durchlaufen. Nun führen in Europa radikale Liberalisierungs- und Deregulierungsmaßnahmen z.B. zu einer langsamen Reduzierung des Monopols der Deutschen Telekom und des Einflusses des Staates auf die Airlines. Damit wird sich auch hier die Situation dramatisch verändern.
- Auch gesellschaftliche Entwicklungen wie die Veränderung der Bevölkerungsstruktur, das Streben nach Gleichbehandlung von Minderheiten, die Emanzipation der Frau, zunehmendes Umweltbewußtsein oder die Veränderung des Verhältnisses von Arbeit und Freizeit haben einen Einfluß auf das Geschehen in Unternehmen. Solche Veränderungen finden ihren Niederschlag im Wertewandel unserer Gesellschaft. Insbesondere die Veränderung der Werthaltungen unternehmensrelevanter Personengruppen wie Führungskräfte, Mitarbeiter oder Konsumenten hat Einfluß auf die gesamte Unternehmenspolitik und stellt Unternehmen vor neue organisatorische Herausforderungen.[5]
- Trends in der Weltwirtschaft und in der heimischen Volkswirtschaft müssen ebenfalls sorgfältig beobachtet werden, denn sie betreffen die Branche sowohl in ihrer Gesamtheit als auch in Teilbereichen. Als Einflußfaktoren sind hier Konjunkturzyklen, das Wirtschaftsgefälle zwischen einzelnen

---

[4] Man beachte hierzu die in neuerer Zeit sowohl in Politik und Gesellschaft verstärkt geführte Diskussion zum Umweltschutz. So hat beispielsweise das Verbot von FCKW (Fluorkohlenwasserstoff) als Treibgas ganze Industriezweige zum Umdenken gezwungen.

[5] Wertewandel bezeichnet Veränderungen von soziokulturellen Werten und Wertsystemen, sowie Veränderungen von individuellen Wertorientierungen. Die Wertewandeldiskussion wird besonders durch die beiden theoretischen Ansätze von *Inglehart* (vgl. Inglehart, 1989, S. 90 ff.; Inglehart, 1979, S. 286 f.) und *Klages* (vgl. Klages, 1985, besonders S. 14 ff.) bestimmt. Der interessierte Leser sei auf diese Literatur verwiesen.

Ländern oder die zunehmende Globalisierung der Märkte und die damit einhergehende Internationalisierung des Wettbewerbs zu nennen.

- Der organisatorische Lebenszyklus

Ebenso wie ganze Industrien folgen auch Unternehmen einem eigenen Lebenszyklus. Jedes Fortschreiten im Lebenszyklus eines Unternehmens verändert die Gestaltung seiner Organisation. "Es macht einen Unterschied für die Lösung der Organisationsaufgabe, ob die Unternehmung gerade erst gegründet wurde, sich also in der Pionierphase befindet, oder ob sie bereits über 100 Jahre alt ist und schon die verschiedensten Strukturformen und Zeiterscheinungen erlebt hat." (Steinmann/u.a., 1993, S. 419) Entsprechend wird für Unternehmen ein Lebenszyklus angenommen, der aus den Phasen Gründung, Wachstum, Konsolidierung und eventuell Niedergang besteht. Jede dieser Phasen stellt unterschiedliche Anforderungen an die Organisationsgestaltung. Je weiter eine Organisation in ihrem Lebenszyklus voranschreitet, um so mehr steigt dabei die Tendenz zur Entscheidungsdelegation. (vgl. hierzu Greiner, 1972, S. 37 ff.) Sind bei der Gründung einer Organisation noch in erster Linie Pioniergeist und Kreativität, aber weniger Managementfähigkeiten gefordert, so verlangt eine Organisation in der Reifephase verstärkt koordinative Fähigkeiten. *Lippitt/Schmidt* (vgl. Lippitt/u.a., 1967, S. 102 ff.) gehören zu den ersten, die sich mit organisatorischen Krisen in einzelnen Lebenszyklusphasen auseinandersetzten. *Quinn/Cameron* (vgl. Quinn/u.a., 1983, S. 33 ff.) haben neun solcher Lebenszyklusmodelle analysiert, die sich mit den einzelnen Phasen und organisatorischen Besonderheiten befassen und entwickeln daraus einen Ansatz, der die Beziehung zwischen den Phasen des Lebenszykluses und der organisatorischen Effektivität erklärt.

- Die Menschen in der Organisation

Auch die Menschen in den Unternehmen haben ihren Anteil daran, daß sich die dortige Organisationsstruktur ständig wandelt. Es sind ihre Erwartungen und Bedürfnisse, die die Gestaltung der Organisation beeinflussen; allerdings werden umgekehrt auch diese Erwartungen von einer gegebenen Organisationsstruktur bestimmt z.B. durch ständige Unterforderung. (vgl. Steinmann/u.a., 1993, S. 422) Einerseits hängt dies mit der Weiterentwicklung der Menschen zusammen, verstanden als das Erreichen eines höheren Lernniveaus. Veränderungsprozesse sind immer auch Lernprozesse, denn alle Erwartungen und Bedürfnisse sind das Ergebnis einfacher oder intensiver Lernprozesse. *Türk* (vgl. Türk, 1989, S. 57 ff. u.

S. 94 ff.) spricht in diesem Zusammenhang von einer epigenetischen Optimierung, dem Streben nach Verbesserung der internen Effizienz. Die andauernde wissenschaftliche Diskussion zur lernenden Organisation verdeutlicht, wie eng immanenter Wandel und das Lernen der Individuen sowie der Organisation als Gesamtheit zusammenhängen. (vgl. hierzu auch Senge, 1990, besonders S. 57 ff.) Es sind aber andererseits auch politische Prozesse (vgl. Kanter/u.a., 1992, S. 173 ff.) in den Unternehmen, also das Streben nach Macht und Kontrolle, die Veränderungen in den Organisationen bedingen. Diese Prozesse werden meist unter dem Begriff \`Mikropolitik´ (vgl. hierzu Küpper/u.a., 1992, besonders S. 17 ff.) diskutiert. Allen Erklärungsansätzen dazu ist gemeinsam, daß der Eigensinn der Organisationsmitglieder zum Ausgangspunkt genommen wird. Im Mittelpunkt steht die Beantwortung der Frage, was passiert, wenn eine Mehrzahl von eigensinnigen Subjekten in organisatorischen Kontexten zusammenarbeiten. Nach *Empter* (Empter, 1988, S. 164) "handeln die Akteure in Organisationen - wie im \`rationalen Paradigma´ der Organisationswissenschaften postuliert - nicht ausschließlich gemäß \`organisatorischer Rationalität´ (im Sinne funktionaler oder systemischer Imperative), sondern immer auch unter Berücksichtigung ihrer partikularen, individuellen Ziele und Interessen, das heißt, gemäß ihrer eigenen \`subjektiven Rationalität´". Von daher wird die Organisationsgestaltung durch die Versuche gegensätzlicher Interessengruppen geprägt, ihren speziellen Vorstellungen Geltung zu verschaffen.

- Die Technologieentwicklung

Schließlich hat die technologische Entwicklung weitreichende Konsequenzen auf die Ausweitung oder Beschränkung des Handlungsspektrums eines Unternehmens. *Schumpeter* (vgl. Schumpeter, 1964) bezeichnet diesen Wandel als \`schöpferische Zerstörung´. Danach wird die gesamte Wirtschaftsdynamik dadurch bestimmt, daß Unternehmen immer wieder durch Innovationen von Produkten und/oder Verfahren das Bestehende zerstören und Neues aufbauen. Diese Änderungsrate beschleunigt sich in neuerer Zeit und prägt damit den Markt und das Verhalten der Marktteilnehmer. Planungssicherheit ist praktisch nicht mehr erzielbar und Flexibilität daher unverzichtbar. (vgl. Czap, 1994, S. 246) Entsprechend werden zu lange Entwicklungszeiten vom Marktgeschehen immer härter bestraft. In neuerer Zeit sind es verstärkt Entwicklungen in der Informationssystem- und Kommunikationstechnologie, die dazu beitragen, daß Organisationen sich verändern müssen. Der Einsatz von virtuellen Realitäten, von Informationsnetzwerken und modernen Kommunikationsmedien wird in Zukunft viele Branchenstrukturen revolutionieren. (vgl. dazu auch Davidow/u.a., 1993, S. 20 ff; besonders S. 26 ff.) Die ersten Schritte hierzu sind bereits gemacht. Standen am Anfang dieser technologischen Entwicklung noch zentrale Großrechner, auf denen einzelne Anwendungsprogramme im Batch-Betrieb nacheinander und weitgehend isoliert voneinander abgewickelt wurden, so ist mittlerweile eine integrierte Telekommunikation und interorganisatorische Vernetzung mit marktbezogenen Strategien möglich geworden. (vgl. Kubicek, 1992, S. 945 ff.) Vollkommen neue Organisationsformen werden denkbar.

Die o.a. Faktoren machen die Notwendigkeit organisatorischer Veränderungen in Unternehmen deutlich. Doch die besondere Dramatik wird erst durch die Parallelität und die Wechselwirkung dieser Kräfte (vgl. Peters, 1988, S.23 f.) unterstrichen. Die einzelnen Veränderungen multiplizieren sich in ihrer Wirkung und führen zu einem Anstieg der Umfeldkomplexität. Nach *Doppler/Lauterburg* (vgl. Doppler/u.a., 1994, S.19 u. S. 25) ist das wirtschaftliche, politische und soziale Umfeld heute hochgradig instabil, und es passiert ständig sehr viel gleichzeitig. Ein Unternehmen kann in einem solchen turbulenten, komplexen Umfeld nur noch dann überleben und im Wettbewerb erfolgreich sein, wenn es in der Lage ist, diese Komplexität zu beherrschen. Denn aus der Perspektive des Systemansatzes sind Unternehmen dynamische, komplexe Systeme, die mit einer ebenfalls dynamischen, komplexen Umwelt interagieren (vgl. Zahn, 1979, S. 142) und daher Komplexität entsprechend organisieren müssen (vgl. dazu auch Teil B). Immer mehr wird erkennbar, daß - wie *Bleicher* bemerkte - zur Überwindung der Probleme des Managements im Umgang mit Wandel der Taylorismus übertriebener Arbeitsteilung überwunden werden muß (vgl. o.V., 1995, S. 6), da er nicht mehr flexibel und schnell genug ist. Die Zerlegung von einzelnen Arbeiten in bedeutungslose Aufgaben, weil es früher nach den zentralen Gedanken von *Adam Smith*, *Henry Ford* und *Alfred Sloan* die Effizienz der Unternehmen sicherstellte, erscheint obsolet. "Die Paradoxe Wahrheit lautet, daß Unternehmen heute gerade deshalb so schlechte Leistungen erbringen, weil sie einst so gut funktionierten." (Hammer/u.a., 1994, S. 22) Unternehmen müssen sich im Hinblick auf die neuen Herausforderungen ausrichten. Heute und in Zukunft sind sie daher in erhöhtem Maße gezwungen, sich der Notwendigkeit von organisatorischem Wandel *bewußt* zu werden. Sie müssen sich mit dieser Problematik auseinandersetzen, ja mehr noch diesen Wandel antizipieren und beherrschen, wollen sie sich im Wettbewerb behaupten.

1.2 Der Erfolg/Mißerfolg von Veränderungsinitiativen

Das Bewußtsein über die Notwendigkeit organisatorischen Wandels hält mehr und mehr Einzug in den Unternehmen. (vgl. auch Coulson-Thomas, 1992, S. 84) Die Verantwortlichen erkennen zunehmend, daß zukunftssichernde, strategische und unternehmenspolitische Entscheidungen in den kommenden Jahren vermehrt zur Verlagerung von Aufgaben und zu neuen Schnittstellen in der Organisation führen werden. (vgl. Doppler/u.a., 1994, S. 26) "Auf zu neuen Ufern!" heißt die neue Devise in vielen Unternehmen. Eilig werden Teams gebildet, externe Berater engagiert und das Unternehmen und die Marktsituation von Kopf bis Fuß analysiert. \`Benchmarking´ und \`Reengineering´ sind Schlagwörter, die die Diskussion in den Strategiesitzungen bestimmen. Schnell ist das Bild des \`neuen´, für die Zukunft gerüsteten Unternehmens gezeichnet. Und tatsächlich läuft vordergründig alles nach Plan. Die Kostentreiber sind identifiziert und Einigkeit besteht in der Unternehmensleitung über die neue Positionierung im Wettbewerb. Doch dann kommt der Tag der Umsetzung und plötzlich treten Probleme auf. Auf einmal zeigt sich, daß die Mitarbeiter nicht so funktionieren, wie auf dem Papier sorgfältig geplant. Das ehrgeizige Projekt droht zu scheitern.

So oder ähnlich zeigt sich das typische Szenario einer Reorganisation. Offensichtlich genügt das Bewußtsein alleine nicht, um Wandlungsvorhaben mit Erfolg durchzuführen. Bei genauerem Hinsehen stellt sich heraus, daß Theorie und Praxis relativ weit auseinanderliegen. Neben einigen erfolgreichen Projekten findet sich eine nicht unerhebliche Zahl gescheiterter Vorhaben. Die Analyse der Mißerfolgsrate von Veränderungsprozessen macht deutlich, daß solche Prozesse in der Mehrzahl der Fälle vollständig scheitern oder zumindest weit hinter den Erwartungen zurück bleiben. *Beer et alter* gehen noch einen Schritt weiter und argumentieren: "A variety of programs not only failed to make a significant change in the corporate culture, but also instilled cynicism, making future efforts even more difficult." (Beer/u.a., 1990b, S. 23)

Schon die Ergebnisse eines Forschungsprojektes über Reorganisationsprozesse im Zeitraum von 1964 - 1973 zeigen Erstaunliches. *Kirsch et alter* (vgl. dazu Kirsch/u.a., 1979, S. 3 - 19) weisen nach, daß rund 27 Prozent der Befragten schon einmal mit einem Reorganisationsprozeß angefangen, ihn aber nicht beendet haben. Es ist anzunehmen, daß ein Viertel der befragten Unternehmen mindestens einmal mit einem solchen Vorhaben scheiterten. (vgl. Kirsch/u.a., 1979, S. 15)

Der Kritiker mag nun argumentieren, daß dieses Forschungsprojekt schon einige Jahre zurückliegt und sich die Lage mittlerweile wohl wesentlich verbessert hat. Doch auch neuere Analysen und die Aussagen von Experten, die sich mit dieser Thematik auseinandergesetzt haben, bestätigen, daß sich die Mißerfolgsrate im Vergleich zu früher nicht verbessert hat. So kommt eine Studie von Arthur D. Little zu ähnlichen Ergebnissen. Darin geben 350 Topmanager großer amerikanischer Unternehmen aus 14 verschiedenen Branchen Auskunft über ihre Ziele, Erwartungen und Erfahrungen mit Veränderungsprozessen. (vgl. o.V., 1994, S. K1) *Scott-Morgan* führt dazu aus, daß bereits fast jedes dieser 350 Unternehmen ein großes Veränderungsvorhaben eingeleitet hat. Jedoch war die Mehrzahl dieser Unternehmen mit den laufenden Initiativen nicht zufrieden. "Only 17 percent were really satisfied. Almost 40 percent were positively unsatisfied - often they had only gained partial success or else the whole initiative was taken too long." (Scott-Morgan, 1994, S. 7) Trotzdem wollen mehr als 80 Prozent der Unternehmen auch in den nächsten Jahren weitere große Initiativen einleiten.

Auch *Hammer/Champy*, die mit ihrer Publikation in Sachen Reengineering Aufsehen erregten, gestehen ein, daß Business Reengineering in vielen Unternehmen nicht gelingt. Nach ihrer Ansicht haben diese Unternehmen mit ihren Bemühungen kaum etwas erreicht und stehen immer noch dort, wo sie angefangen haben. Nach ihrer Einschätzung erzielen 50 bis 70 Prozent der Unternehmen, die Business Reengineering durchführen, nicht die beabsichtigten durchschlagenden Resultate. (vgl. Hammer/u.a., 1994, S. 260) Kaum bessere Ergebnisse präsentiert eine Umfrage der amerikanischen Unternehmensberatung CSC Index \`zum Stand des Reengineerings´ bei mehr als 600 Konzernen in Amerika und Europa. Es wurde herausgefunden, daß etwa zwei Drittel der Unternehmen keine bahnbrechenden Verbesserungen erkennen und die hochgeschraubten Erwartungen dieser Unternehmen nicht erfüllt werden. Bei 25 Prozent der analysierten Unternehmen entpuppte sich die Maßnahme als Flop. 42 Prozent von ihnen konnten immerhin noch durchschnittliche oder minimale Erfolge erzielen. (vgl. Gloger, 1994, S. 54 f.)

In einer weiteren wissenschaftlichen Studie der TU München zur Wirkung von Veränderungsmaßnahmen wurden über ein Jahr 21 Konzerne, darunter 14 McKinsey-Kunden, im Hinblick auf Erfolgsmeldungen untersucht. Doch statt der erwarteten Erfolge zeigen die Resultate überwiegend, daß die Motivation der Mitarbeiter und die Effektivität der Organisation gesunken sind. "Von \`verbrannter

Erde´ war da die Rede, von `Resignation´, `völlig versauter Stimmung´ und `unabsehbaren Auswirkungen auf das Betriebsklima, Image und das Umfeld des Unternehmens´." (Rieker, 1994, S. 172)

Eine eigene Umfrage (siehe Teil E, Gliederungspunkt 3) bestätigt ebenfalls den vorhandenen Trend. Von 110 befragten Führungskräften und Betriebsräten verschiedener Großunternehmen in Deutschland bewerteten rund 25 Prozent die durchgeführten Maßnahmen als nicht sonderlich erfolgreich. Etwa 57 Prozent waren der Meinung, daß sie ziemlich erfolgreich waren, und nur 19 Prozent bewerten sie als sehr erfolgreich. Differenziert man in dieser Auswertung allerdings nach Betriebsräten und Führungskräften, so entsteht ein interessantes Bild. Danach bewerten nur 4% der Führungskräfte die Veränderungsmaßnahme als wenig erfolgreich. Demgegenüber sind jedoch 50 Prozent der Betriebsräte der Ansicht, daß die Maßnahmen nicht sehr erfolgreich waren bzw. gescheitert sind ...[6]

Die Analyse der vorgelegten Zahlen zeigt, daß das Bewußtsein, Veränderungen im Unternehmen durchführen zu müssen, eine notwendige, aber nicht hinreichende Bedingung darstellt, um Veränderungsinitiativen erfolgreich in die Praxis umzusetzen. Anscheinend gehört mehr dazu als das reine mechanistische Implementieren von glatten Konzepten und ausgefeilten Maßnahmen. Das weitere Vorgehen wird damit entscheidend von der sachlichen Beantwortung der Frage bestimmt, was der Grund für das häufige Scheitern solcher Vorhaben ist.

Für die Wissenschaft ist die Frage in der Hinsicht schon lange beantwortet. Es besteht Klarheit darüber, daß die meisten Vorhaben am Widerstand der davon betroffenen Mitarbeiter scheitern. *Kirsch et alter* haben in ihrer Untersuchung bekräftigt, daß der überwiegende Teil der Maßnahmen bereits bis zum Frühstadium der Implementierung sein vorzeitiges Ende findet. (vgl. Kirsch/u.a., 1979, S. 15) Aus der Vielzahl der Gründe für den Abbruch der Änderungsvorhaben extrahieren sie drei Faktoren, unter anderem auch Durchsetzungsprobleme und Widerstand. (vgl. Kirsch/u.a., 1979, S. 17) Diese Erkenntnis ist mit Sicherheit grundlegend, hilft aber bei der Beantwortung der o.a. Frage nur indirekt weiter. Denn Widerstand ist anscheinend nur das Symptom, welches sich als Reaktion auf ein tieferliegendes Problem zeigt. Erst das Aufspüren dieses Problems und seine Beseitigung ist ein erster Schritt zur Verbesserung der Erfolgsrate von Veränderungsmaßnahmen.

[6] Die detaillierte Auswertung der gesamten Studie findet sich in Teil E dieses Buches unter Gliederungspunkt 3.

2 Erkenntnisse explorativer Studien

Um mögliche Problemfelder herauszukristallisieren, wird eine explorative Analyse durchgeführt, die sich mit dem Umgang und den Problemen von organisatorischem Wandel in Unternehmen auseinandersetzt. Zusätzlich werden die Ergebnisse einiger externer Studien zu dieser Thematik diskutiert. Es ist hierbei nicht das Ziel des Autors, einen vollständigen Überblick über alle bisher durchgeführten Studien zu diesem Themenbereich zu geben. Vielmehr geht es darum, das Problemfeld anhand von empirischen Ergebnissen zu umreißen und Ansatzpunkte für die spätere Diskussion aufzuzeigen sowie einen Forschungsbedarf zu bekräftigen.

2.1 Ergebnisse einer eigenen explorativen Studie zur persönlichen Einschätzung von Änderungsprozessen

Im Rahmen von mehreren Reorganisationsprojekten wurden explorativ Befragungen durchgeführt. Ziel war es, mögliche Diskontinuitäten zu ermitteln, die die Durchführung von Veränderungsmaßnahmen in Unternehmen negativ beeinflussen. Im Mittelpunkt steht die persönliche Einschätzung des Änderungsprozesses und der organisatorischen Situation durch die Teilnehmer, dargestellt am Beispiel eines von ihnen beobachtbaren Unternehmensausschnittes bzw. dem persönlichen Arbeitsumfeld. Die Daten wurden als standardisiertes Interview[7] erhoben, um später in der Auswertung durch die Vereinigung der individuellen Daten zu aggregativen Daten eventuell zugrundeliegende Zusammenhänge zu entdecken. (vgl. Mayntz/u.a., 1978, S. 103) Da diese Studie in erster Linie explorativen Charakter hat und gerade die subjektiven Stellungnahmen der Probanden von Interesse sind, wurde die Mehrzahl der Fragen als offene Meinungsfragen gestellt, bei denen die Befragten selbst ihre Antworten produzieren. Die Erhebung stellt keinen Anspruch auf Repräsentativität, sondern verfolgt ausschließlich explorative Interessen.

Die Interviews wurden unter der Zusicherung der Anonymität durchgeführt, da es nur so möglich war, einigermaßen ehrliche Antworten zu dieser brisanten Thematik zu erhalten. Die Teilnehmer waren Führungskräfte und leitende Mitarbeiter aus

[7] An dieser Stelle wird nicht weiter auf Einzelheiten im Zusammenhang mit der Durchführung einer Befragung eingegangen. In Teil E dieses Buches werden die wesentlichen Aspekte im Rahmen einer großen empirischen Analyse ausführlich diskutiert. Der interessierte Leser sei deshalb auf diesen Teil des Buches bzw. die dort angeführte Literatur verwiesen.

mittelgroßen deutschen Unternehmen, die zum Zeitpunkt der Befragung in einen Änderungsprozeß involviert waren oder diesen gerade abgeschlossen hatten. Insgesamt wurden 60 Mitarbeiter befragt, davon 46 Führungskräfte (77%) und 14 leitende Mitarbeiter (23%).

Wichtigste Ergebnisse dieser explorativen Untersuchung: Die Unternehmen sehen sich unterschiedlichen Einflußfaktoren gegenüber und stehen fast alle bezüglich der Implementierung unter hohem Zeitdruck. Zudem hat die Mehrheit der Unternehmen mit z.T. starkem Widerstand zu kämpfen, der die Umsetzung des Vorhabens in hohem Maße behindert. Er wird als ausschlaggebend dafür angesehen, daß die Projekte nur zu mäßigem Erfolg führen. Besonders der Faktor `Kommunikation´ scheint in diesem Zusammenhang eine entscheidende Rolle zu spielen. Auf der einen Seite wird der Widerstand nämlich häufig von schlechtem Kommunikationsverhalten begleitet. Auf der anderen Seite sehen die Teilnehmer der Untersuchung in der Kommunikation eine zentrale Variable, um den Erfolg der Maßnahmen in Zukunft zu verbessern.

Abb. 3: Auslöser für organisatorische Änderungen

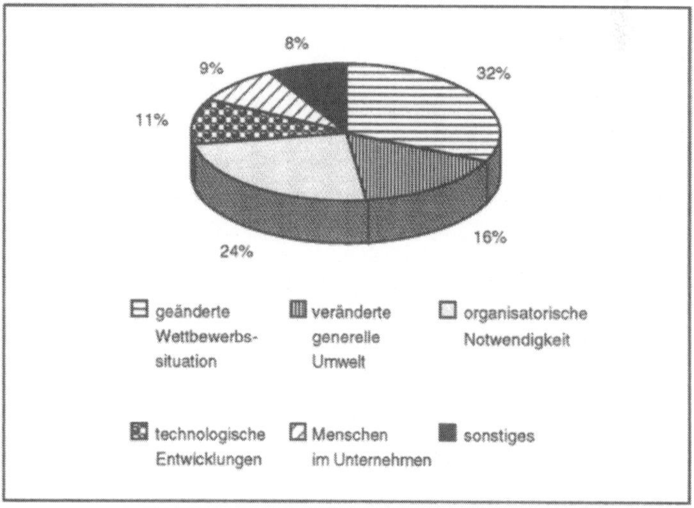

Wie aus Abb. 3 ersichtlich wird, betrachten 32 Prozent der Befragten die geänderte Wettbewerbssituation als Auslöser für weitreichende organisatorische Veränderungen. Für 24 Prozent sind es inadäquate Organisationsstrukturen, und für weitere 16 Prozent sind es Veränderungen in der generellen Unternehmensumwelt. Nur untergeordnete Bedeutung kommt in dieser Erhebung den Eigeninteressen der Menschen in den Unternehmen (9%) zu. Es wurde darüber hinaus festgestellt, daß die Verantwortlichen bei der Umsetzung der Veränderungen unter hohem Zeitdruck stehen.

Von den befragten Teilnehmern stellten 63 Prozent im Verlauf des Änderungsprozesses starken bzw. sehr starken Änderungswiderstand fest. 27 Prozent registrierten nur geringen bzw. keinen Widerstand. Die restlichen 10 Prozent können sich zum Zeitpunkt der Befragung dazu noch nicht äußern. Nach Ansicht von 26 Prozent der Befragten bewirkt dieser Änderungswiderstand in erster Linie, daß die gewünschten Umstrukturierungsmaßnahmen nur schwer und zeitlich verzögert umgesetzt werden können. Weitere 23 Prozent sind der Meinung, daß als Folgen des Widerstandes Demotivation, Mißstimmung und Unsicherheit unter den Mitarbeitern entstehen. 19 Prozent glauben, daß der Arbeitsablauf dadurch behindert wird und für 17 Prozent bringt dies - besonders durch die damit verbundenen Diskussionen - einen erhöhten Zeitverlust mit sich. (vgl. Abb. 4)

Abb. 4: Folgen des Änderungswiderstandes

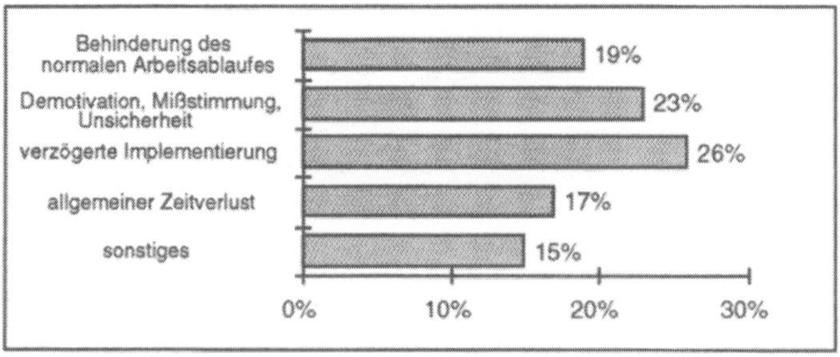

Interessant ist die Erkenntnis, daß für viele Probanden die Kommunikation des Vorhabens nicht ideal abgelaufen ist. Mehrheitlich beschränkt sich die Kommunikation auf die reine Übermittlung von Informationen. Die Träger des Änderungsprozesses sind zwar über die wesentlichen Aspekte der Änderung informiert, doch wird häufig bemängelt, daß diese Informationen nicht offen und ausführlich genug, z.T. zu spät sowie zu pauschal sind. Kritisiert wird auch, daß die

Kommunikation weder überzeugend noch mobilisierend ist. Zudem wird angemerkt, daß Informationen gezielt als Machtinstrument zurückgehalten werden.

Abb. 5: Voraussetzungen für eine gute Anpassung an die Veränderung

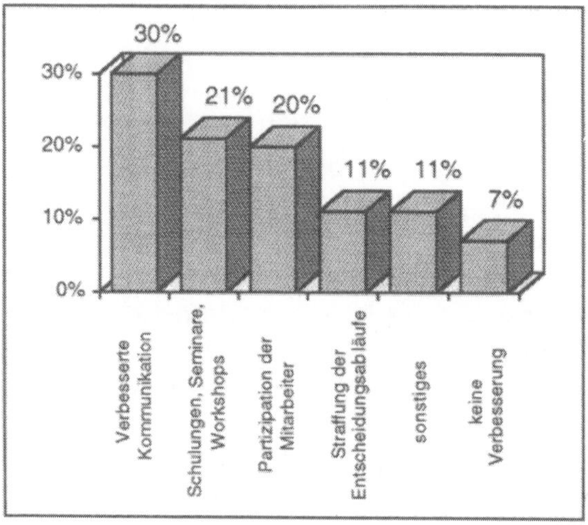

Es verwundert daher nicht, daß - wie Abb. 5 zeigt - auf der Prioritätenliste der Befragten die Verbesserung der Kommunikation an erster Stelle steht. Für fast ein Drittel der Teilnehmer ist die Verbesserung der Kommunikation die wichtigste Variable, um in Zukunft eine möglichst gute Anpassung der Mitarbeiter an die Veränderung zu erreichen. Ebenso wünschen sich 21 Prozent der Befragten verstärkt Schulungen, Seminare oder Workshops, in denen sie gezielt auf die Änderung vorbereitet werden. Fast genauso viele (20%) erachten es als wichtig, daß die Mitarbeiter in den Entscheidungsprozeß einbezogen werden.

Insgesamt kann aus dieser explorativen Studie herausgelesen werden, daß der Änderungswiderstand der Mitarbeiter von schlechter oder falscher interner Kommunikation begleitet wird. Durch eine Verbesserung der internen Kommunikation wird mithin eine Verbesserung der Akzeptanz der Mitarbeiter gegenüber der Maßnahme erhofft. Damit deutet die einfache Auswertung von Stellungnahmen aus der Praxis daraufhin, daß zwischen der unternehmens-internen Kommunikation im Wandlungsprozeß und dem Widerstand einzelner

Mitarbeiter gegen die Maßnahme ein kausaler Zusammenhang besteht. Diese Erkenntnis basiert jedoch auf der relativ subjektiven Analyse der Interviewergebnisse durch den Autor. Deshalb werden im Hinblick darauf noch externe Studien analysiert, um den vermuteten Zusammenhang zu verifizieren und die Gefahr einer subjektiven Fehleinschätzung zu vermeiden.

2.2 Ergebnisse externer Studien

Die Zeitschrift *Capital* hat mit Unterstützung des *Kölner Verbandes Angestellter Führungskräfte* 500 Manager aller Hierarchieebenen, Branchen und Funktionsbereiche zwischen 40 und 50 Jahren nach ihrer Situation, ihren Gefühlen, Zukunftsvisionen und Forderungen befragt. Aus 108 Rückantworten konnten einige wesentliche Trendaussagen abgeleitet werden. U.a. zeigt sich, daß die Änderungsmaßnahmen mit viel `Frust´ und Widerstand bei den Mitarbeitern einhergehen. 85 Prozent der Führungskräfte sind in hohem Maße verunsichert, mehr als jeder Dritte hat die innere Kündigung bereits vollzogen oder befindet sich kurz davor. Auf die Frage, was Führungskräfte jetzt tun müssen, um ihren Mitarbeitern die veränderte Situation zu erleichtern, antworten 40 Prozent, daß sie sich mehr Zeit für kooperative Führung nehmen wollen. Weitere 31 Prozent sehen dagegen den Ausweg aus der schlechten Situation in einer frühzeitigen und besseren Kommunikation. (vgl. Lentz, 1994, S. 100 ff.)

Zu ähnlichen Ergebnissen kommt eine Umfrage der *Harris Research Group* im Auftrag der *KPMG Management Cosulting* bei 250 Führungskräften zur Thematik `Change Management´. Hier wurde u.a. der Frage nachgegangen, welche Techniken die Respondierenden im wesentlichen benutzen, um die anvisierten Ziele ihrer Veränderungsvorhaben zu erreichen. Es wurde nach Dienstleistung und produzierendem Gewerbe differenziert. In beiden Bereichen stellt sich heraus, daß Kommunikation im Rahmen von Veränderungen eine entscheidende Rolle spielt. Auch im Hinblick auf zukünftige Aktivitäten wurde deutlich, daß Kommunikation nach Ansicht der Befragten auch in Zukunft eine wichtige Variable in Veränderungsprozessen sein wird. Für das produzierende Gewerbe wird sogar eine wesentlich stärkere Betonung der Kommunikationsstrategie im Rahmen der Unternehmensführung prognostiziert. (vgl. KPMG, 1993, S. 7 f.)

Eine Studie von *Arthur D. Little* zu den Erfahrungen mit Reengineering-Prozessen, in der 350 Top-Manager befragt wurden, ermittelt die mangelnde Einsicht in die

Notwendigkeit von Veränderungen als wichtigsten Grund für das Scheitern von Veränderungsprozessen. Als wirksamstes Mittel dagegen sehen 89 Prozent aller befragten Führungskräfte das frühere und breitere Kommunizieren der Gründe und Ziele der Veränderungen. (vgl. o.V., 1994, S. K1)

The Conference Board veröffentlichte die Resultate eines Projektes, welches das Spektrum von Change Management Aktivitäten bei 160 amerikanischen und europäischen Unternehmen untersuchte. Dabei wird ebenfalls Kommunikation als ein kritischer Bestandteil jedes effektiven Change Management-Vorhabens eingestuft. So geben zwei Drittel aller Befragten an, bereits moderate Veränderungen in ihrer Kommunikationsstrategie durchgeführt zu haben. Annähernd 30 Prozent der Befragten berichten über weitreichende Veränderungen in ihrem Kommunikationsverhalten. Zudem zeigt ein Vergleich mit Forschungsergebnissen aus den frühen achtziger Jahren, daß interne Kommunikation auch bereits verstärkt während der ersten M&A- und Umstrukturierungswelle als wesentlicher Bestandteil in die Unternehmensziele und Unternehmensstrategie integriert wurde. (vgl. Troy, 1994, S. 18 ff. u. S. 25 f.)

Auf der Suche nach den Resultaten, die die letzten Jahre der Restrukturierung gebracht haben, befragte das Beratungsunternehmen *Watson Wyatt* 1800 Vorstände und Führungskräfte unterschiedlicher Industriezweige aus den USA, Kanada, Japan, Frankreich, Großbritannien und Deutschland. Es wurde ersichtlich, daß die Veränderungsmaßnahmen in den Unternehmen viele alte Probleme gelöst und noch mehr neue geschaffen haben. So sind die Unternehmen zwar schlanker geworden, nicht aber unbedingt auch effizienter. Dies liegt nicht zuletzt daran, daß von vielen Unternehmen in erster Linie strukturelle Veränderungen durchgeführt und die sogenannten `soft facts´ vernachlässigt werden. Viele neue Maßnahmen sind daher besonders auf diese Faktoren ausgerichtet. Gerade der Kommunikation zwischen Führungskraft und Mitarbeiter kommt hier eine zentrale Bedeutung zu. 93 Prozent der Manager betrachten eine Verbesserung der Kommunikation zwischen Management und Mitarbeiter als die wesentliche Maßnahme zur Steigerung der Produktivität ihres Unternehmens. (vgl. Risch, 1995, S. 171)

Young/Post (vgl. Young/u.a., 1993, S. 31 ff.) untersuchen 10 führende amerikanische Unternehmen daraufhin, wie sie die zwingende Notwendigkeit nach organisatorischem Wandel mit dem Sicherheitsbedürfnis der Mitarbeiter in Einklang bringen. Es zeigt sich, daß die Furcht der Mitarbeiter vor der Veränderung durch den Einsatz von Kommunikation in Unterstützung umgekehrt werden kann. Sie kommen damit zu dem Ergebnis, daß "effective communication, especially when it concerns employees, is vital to any organization undergoing significant change." (Young/u.a., 1993, S. 42)

Abb. 6: Erkenntnisse neuerer explorativer Studien bezüglich der Bedeutung von Kommunikation im Veränderungsprozeß

Verfasser/Umfang/Thematik	Jahr	Ergebnisse
Harris Research Group u. *KPMG Managementconsulting* / 250 Führungskräfte / Change Management	1993	Kommunikation spielt im Produzierenden Gewerbe und besonders im Bereich Dienstleistung bei Veränderungsvorhaben eine entscheidende Rolle.
Young u. Post / 10 führende amerikanische Unternehmen / Organisatorischer Wandel und Sicherheitsbedürfnis	1993	"Communication is vital to any organization undergoing signifikant change."
Capital u. *Kölner Verband angestellter Führungskräfte* / 108 Manager aller Bereiche / Trendaussagen zur Zukunft	1994	85% der Antwortende ist in hohem Maße verunsichert; 31% sehen in einer Verbesserung der Kommunikation einen Ausweg zu einer besseren Anpassung.
Arthur D. Little Managementconsulting / 350 Top-Manager / Erfahrungen mit Reengineering-Prozessen	1994	89% sehen in einer besseren Kommunikation das wirksamste Mittel gegen das Scheitern von Änderungsprozessen.
Conference Board / 160 europäische und amerikanische Unternehmen / Spektrum der Change-Management Aktivitäten	1994	"Communication is usually considered a critical ingedient in an effective change management effort."
Watson Wyatt Managementconsulting / 1800 Vorstände und Führungskräfte / Resultate der letzten Jahre der Restrukturierung	1995	93% betrachten eine Verbesserung der Kommunikation im Veränderungsprozeß als Maßnahme zur Steigerung der Produktivität der Unternehmen
Mohr / 60 Führungskräfte und Leitende Mitarbeiter / Persönliche Einschätzung des Veränderungsprozesses	1993 - 95	63% stellen starken bzw. sehr starken Widerstand fest; 30% sehen in der Verbesserung der Kommunikation die wichtigste Variable, um eine bessere Anpassung zu erreichen

Die Resultate der o.a. Studien (vgl. Abb. 6) bestätigen die Vermutungen, die bereits aus der eigenen explorativen Analyse abgeleitet wurden. In allen Studien wird die Verbesserung der internen Kommunikation als ein zentrales Mittel herausgestellt, um Änderungswiderstand zu reduzieren und die Erfolgswahrscheinlichkeit von Änderungsvorhaben zu erhöhen. Die Annahme einer kausalen Beziehung zwischen unternehmensinterner Kommunikation und dem Änderungswiderstand der Mitarbeiter wird damit bestärkt. Desweiteren zeigen diese Studien aber auch, daß die unternehmensinterne Kommunikation im Rahmen von organisatorischem Wandel zunehmend in den Mittelpunkt des Interesses der Wirtschaftspraxis rückt. Besonders Manager, die sich mit der Implementierung von Veränderungen in ihren Unternehmen konfrontiert sehen, heben die Bedeutung dieses Instruments hervor.

Analysiert man demgegenüber die Veröffentlichungen zu dieser Thematik, so findet sich mehr Quantität als Qualität. Gerade in der letzten Zeit erscheinen zwar ständig neue Publikationen zum Management des geplanten Wandels, doch handelt es sich dabei meist um populärwissenschaftliche Werke, die sich vorwiegend auf mehr oder weniger gut fundierte Ratschläge zur Durchführung organisatorischer Veränderungen beschränken. Umfassende und vor allem wissenschaftlich fundierte Werke, die zudem noch die beiden Themenbereiche \`Kommunikation´ und \`organisatorischen Wandel´ *gemeinsam* behandeln, finden sich kaum. Beide Bereiche werden in der Literatur separat sehr ausführlich diskutiert. Doch nur sehr wenige Autoren haben sich bisher an einer Synthese versucht. "The topics of organizational communication and organizational behavior are typically found in two different textbooks, but such a separation seems unwarranted. First of all, research in nonverbal communication leads one to conclude that all behavior communicates; second, a primary function of communication is to influence behavior; and third, communication does, or at least should, occupy a central role in the organization design process (the ultimate purpose of which is to influence behavior)." (Frank/u.a., 1989, S. 3)

Zusammenfassend wird konstatiert, daß die unternehmensinterne Kommunikation in der Wirtschaftspraxis im Rahmen organisatorischer Veränderungen in den letzten Jahren zunehmend an Beachtung gewonnen hat. Allerdings hat die Wissenschaft mit dieser Entwicklung nicht Schritt gehalten und dieser Thematik bisher nicht die verdiente Aufmerksamkeit geschenkt. Eine gemeinsame, wissenschaftliche Diskussion beider Themenbereiche besitzt daher sowohl für die Theorie als auch für die Praxis höchste Relevanz

3 Der Problemlösungsanspruch

Die vorangegangene Diskussion hat gezeigt, daß sowohl in der Wissenschaft als auch in der Praxis ein verstärkter Bedarf an einer Zusammenführung der beiden Themenbereiche `Kommunikation´ und `Organisatorischer Wandel´ besteht. Mit diesem Buch wird diese Tatsache aufgegriffen und sich zum Ziel gesetzt, die besondere Bedeutung der unternehmensinternen Kommunikation im Prozeß des geplanten, organisatorischen Wandels herauszustellen und zu analysieren.

Aufgrund des explorativen Charakters dieser Schrift wäre es allerdings ein vermessenes Anliegen, eine allumfassende und interdisziplinäre Theorie eines Kommunikationsmanagements im Wandlungsprozeß als Ziel zu definieren. Zu wenig Grundlagen wurden bisher im Rahmen einer Zusammenführung der beiden Themenbereiche in der wissenschaftlichen Forschung erarbeitet. Es wird sich daher darauf konzentriert, die grundlegenden Aspekte für ein effizientes Kommunikationsmanagement im Prozeß des geplanten, organisatorischen Wandels zu elaborieren, auf denen weitere Forschungsarbeiten aufbauen können. Dabei kann bei oberflächlicher Betrachtung leicht der Eindruck entstehen, daß es sich hier um ein weiteres, einfach strukturiertes Management-Tool handelt. Bei genauerem Hinsehen wird jedoch deutlich, daß dies eine umfangreiche, komplexe und mehrdimensionale Thematik darstellt. Um trotzdem eine vertiefende Bearbeitung zu ermöglichen, die zu einem verwertbaren und fundierten Ergebnis führt, werden daher einige Einschränkungen vorgenommen:

- Im Rahmen der Behandlung organisatorischer Veränderungsprozesse (vgl. Teil B) wird unterstellt, daß alle Veränderungsaktivitäten (Total Quality Management, Reengineering, ...) dem gleichen, generellen Ablaufschema folgen. Dieser Prozeßablauf bildet die Grundlage für die weitere Diskussion. Etwaige Besonderheiten einzelner Maßnahmen werden hier nicht näher betrachtet und bieten Ansatzpunkte für ergänzende Forschungsvorhaben.

- Es steht ebenfalls nicht zur Diskussion, welche Maßnahme (Restrukturierung, Reorientierung, ...) für ein Unternehmen in einer speziellen Situation die adäquateste zu sein scheint. Es wird davon ausgegangen, daß das Management bereits die Durchführung einer bestimmten Maßnahme beschlossen hat und sich jetzt mit der Aufgabe konfrontiert sieht, die betroffenen Mitarbeiter von der Notwendigkeit der Veränderung zu überzeugen und zur aktiven Teilnahme zu mobilisieren. Im Mittelpunkt der Analyse stehen damit sogenannte `Software-Changes´ (vgl. Teil B), die aus der Perspektive des Top-Managements zu initiieren sind, um die Mitarbeiter auf die neue Aufgabenstellung auszurichten. `Hardware-Changes´, also beispielsweise die Entwicklung einer neuen Organisationstruktur, finden nur insoweit Berücksichtigung, als sie einen direkten Einfluß auf das Kommunikationsverhalten haben.

- Im Rahmen der Arbeit wird deutlich, daß es eine Vielzahl von Software-Changes gibt, die Änderungswiderstand reduzieren können (vgl. Teil B). Wegen der zunehmenden Bedeutung der unternehmensinternen Kommunikation wird sich jedoch ausschließlich auf diese Variable konzentriert und ihr Einfluß auf den Wandlungsprozeß untersucht. Dazu wird auf bereits vorhandene Erkenntnisse aus der Kommunikationspsychologie und -wissenschaft zurückgegriffen (vgl Teil C). Sie werden in ihren Grundlagen weder angezweifelt noch neu beschrieben, sondern als gültig vorausgesetzt. Nur dort wird kritisch bewertet, wo diese Erkenntnisse den Veränderungsprozeß direkt tangieren.

- Grundsätzlich wird nur in zwei Gruppen im Unternehmen differenziert, die in dem Prozeß interagieren: zum einen ist dies das Top-Management, das als Initiator des Wandels im Unternehmen verstanden wird; zum anderen sind es die Rezipienten bzw. die betroffenen Mitarbeiter. Vorrangig wird dabei aus der Perspektive des Top-Managements argumentiert. Auch hier bietet sich ein großes Forschungsfeld für weitere Arbeiten, die das spezielle Verhalten z.B. einzelner Hierarchieebenen oder Funktionsbereiche untersuchen können.

- Kulturelle Unterschiede finden ebenfalls nur sehr eingeschränkt Berücksichtigung. Im wesentlichen wird hier aus der Perspektive eines deutschen Unternehmens argumentiert. Der Einsatz von Kommunikation in einem Land wie beispielsweise den USA kann dabei durchaus anders verlaufen, als dies in Deutschland der Fall ist, das in hohem Maße gewerkschaftlichen und arbeitsrechtlichen Restriktionen unterliegt.

- Auch von der Informationssystemtechnologie wird nur untergeordnet die Rede sein, obwohl manche sie für einen Schlüssel zum Erfolg halten mögen. Ihr Einfluß und ihre Bedeutung im Rahmen einer Verbesserung der unternehmensinternen Kommunikation wird am Schluß der Arbeit diskutiert.

- Bei der Analyse dieses komplexen Prozesses werden mehrere Wissenschaftsbereiche angesprochen. Dem Forscher stehen dadurch zahlreiche unterschiedliche Ansatzpunkte offen. So läßt sich diese Thematik vor dem Hintergrund der betriebswirtschaftlichen Sichtweise erörtern, wobei hier besonders die Organisationslehre angesprochen ist. Doch wenn es um die Gestaltung von Organisationen geht, sind immer auch Menschen betroffen. Damit sind die Erkenntnisse der Verhaltenswissenschaften, wie z.B. der (Sozial-)Psychologie - also die wissenschaftliche Erforschung des menschlichen Verhaltens und der diesem zugrundeliegenden seelischen Prozesse - gefragt. Weiterhin ist Wandel immer mit mehr oder weniger ausgiebigen Lernprozessen verbunden. Deshalb können auch Aspekte der Pädagogik in die Analyse einbezogen werden. Die besondere Situation in Deutschland macht es außerdem erforderlich, bei organisatorischen Veränderungen rechtliche und hier besonders arbeitsrechtliche Tatbestände zu beachten. Zudem haben organisatorische Veränderungen in Unternehmen, sofern sie in einem bestimmten Zeitraum vermehrt auftreten, Auswirkungen auf das gesamtwirtschaftliche Gefüge. Somit sind in eingeschränktem Maße auch volkswirtschaftliche Aspekte nicht zu vernachlässigen. In dieser Arbeit werden die Forschungsfragen jedoch vorrangig aus der verhaltenswissenschaftlichen Perspektive der Betriebswirtschaftslehre beantwortet. Nur dort, wo wichtige Berührungspunkte mit anderen Wissenschaftsbereichen bestehen, fließen Erkenntnisse aus ihnen ein. Dies bedeutet - und dieser Problematik ist sich der Autor durchaus bewußt - daß an bestimmten Stellen die ein oder andere Frage aus der Sichtweise eines Vertreters einer anderen Wissenschaftsdisziplin nicht zur vollsten Zufriedenheit beantwortet ist. Anders ausgedrückt heißt dies aber auch, daß dieses Buch durchaus ein zweites oder drittes Mal geschrieben werden kann, wobei der zugrundliegende Prozeß jeweils aus einer anderen Perspektive - beispielsweise einer psychologischen - betrachtet wird.

Auf der Grundlage dieser Einschränkungen kann die zugrundeliegende Problematik einer Lösung zugeführt werden. Dazu wird im folgenden zuerst überprüft, ob in der Theorie grundsätzlich ein kausaler Zusammenhang zwischen der unternehmensinternen Kommunikation und dem Änderungswiderstand der Mitarbeiter nachgewiesen werden kann. Dies führt zu der ersten Forschungsfrage:

F 1	***Läßt sich der unterstellte kausale Zusammenhang zwischen unternehmensinterner Kommunikation und dem Widerstand der Mitarbeiter gegen die Änderung theoretisch begründen?***	F 1

Kann dies bestätigt werden, wird die unternehmensinterne Kommunikation als Interaktionsvariable im Wandlungsprozeß von Unternehmen verstanden. Es wird ein Ansatz für ein effizientes Kommunikationsmanagement im Wandlungsprozeß erarbeitet. Im Mittelpunkt steht dabei die Beschreibung, Analyse und effiziente Gestaltung des Zusammenhangs von \`Kommunikation´ und \`Organisatorischem Wandel´. Er veranschaulicht einerseits die Synthese der beiden Themenbereiche, andererseits zeigt er aber auch, wie unternehmensinterne Kommunikation einzusetzen ist, um die Erfolgsrate von Veränderungsvorhaben in Unternehmen zu verbessern. Dies läßt sich durch die zweite Forschungsfrage darstellen:

F 2	***Wie ist die unternehmensinterne Kommunikation auszugestalten, damit sie den Widerstand der Mitarbeiter reduziert und den Erfolg von Änderungsprozessen erhöht?***	F 2

Da dieser aus der Theorie abgeleitete Ansatz nicht nur wissenschaftlichem Selbstzweck dienen, sondern auch ein möglichst gutes Abbild der Realität repräsentieren soll, erfolgt neben der reinen theoretischen Diskussion eine fundierte empirische Überprüfung. Daraus leitet sich die letzte Forschungsfrage ab:

F 3	***Kann der aus der Theorie entwickelte Ansatz zur effizienten Gestaltung des Zusammenhangs empirisch bestätigt werden?***	F 3

Damit besteht der Problemlösungsanspruch des gesamten Forschungsvorhabens in der Beantwortung dieser Forschungsfragen vor dem Hintergrund der angeführten Restriktionen. Am Ende kann daraus der Erkenntnisgewinn für die Wissenschaft und auch für die Praxis abgeleitet werden.

Teil B

Theoretischer Bezugsrahmen für \`organisatorischen Wandel´

πaντα ρει **\`Alles fließt´** (Heraklit)

1 Begriffliche und theoretische Einordnung

1.1 Begriffliche Abgrenzung

Den Ausgangspunkt für die Beantwortung der ersten Forschungsfrage bildet die fundierte Analyse des Themenbereichs \`Organisatorischer Wandel´. Versuche, diese Bezeichnung mit einem Vorstellungsinhalt zu versehen, sind jedoch gerade in der neueren Managementliteratur ebenso zahlreich, wie divergent. Eine genaue Betrachtung und Diskussion der Thematik verlangt aber nach einem klaren und eindeutigen Begriffsverständnis. Deshalb wird im folgenden zuerst ein einheitliches Begriffsverständnis erzeugt und eine theoretische Einordnung vorgenommen. Anschließend werden zentrale Aspekte der Initiierung und Implementierung von Wandel diskutiert, bevor vertiefend auf die Probleme eingegangen wird.

1.1.1 Der Begriff des organisatorischen Wandels

"Der Ausdruck \`Wandel´ steht in der deutschsprachigen Literatur auch für das amerikanische \`Change´, was ebensogut mit \`Veränderung´ hätte übersetzt werden können [...]." (Ulrich, 1994, S. 6) Sicherlich kann zwischen diesen Begriffen noch detailliert unterschieden werden, doch bringt diese Unterscheidung keinen Mehrwert für die anstehende Diskussion. Die drei Bezeichnungen werden deshalb im folgenden synonym verwendet.

Der Versuch einer Definition des Wortes \`Wandel´ bzw. \`Veränderung´ führt den Forscher in den Wissenschaftsbereich der Philosophie. Hier wird darunter "das Anderswerden, der Übergang von einem qualitativ oder lagemäßig bestimmten Sein zu einem anderen" (Schmidt/u.a., 1991, S.752) verstanden. "\`Das Ding ändert sich´ heißt: bei aller Konstanz eines bestimmten Zusammenhanges, einer bestimmten Struktur werden einzelne Zustände, Beschaffenheiten durch andere ersetzt infolge fremder Einflüsse und eigener Wirksamkeit." (Eisler, 1930, S. 377) Schon *Aristoteles* differenziert zwischen qualitativer und quantitativer Veränderung und unterscheidet daneben die Veränderung des Ortes und der Substanz. Im Zeitalter der Aufklärung gewinnt Veränderung, im Sinne der Entwicklung bzw. der fortschreitenden Verbesserung bis hin zur Vervollkommnung des Menschen, zunehmend an Bedeutung. (vgl. Brockhaus, 1994, S. 122) Doch diese Art von Wandel ist eher im Sinne von *Abraham Maslow* als "self-actualization" und weniger als organisatorischer Wandel zu bezeichnen. (vgl. Kanter/u.a., 1992, S. 9)

In der amerikanischen Managementliteratur setzen sich einige Autoren bereits in den 40er Jahren dieses Jahrhunderts intensiv mit Wandel im Sinne einer Systemeigenschaft auseinander. *Ronald Lippitt et alter* unterscheiden als eine der ersten in ungeplante und geplante Veränderungen sozialer Systeme. Geplanter Wandel ist demnach "change, which derives from a purposeful decision to effect improvements in a personality system or social system and which is achieved with the help of professional guidance." (Lippitt R./u.a., 1958, S. VI). Die Autoren betonen dabei, daß der Ursprung geplanten Wandels in der `bewußten Entscheidung eines Systems´ liegt, seine `Leistungsfähigkeit zu verbessern´. Diese Definition ist richtungsweisend für eine Vielzahl weiterer Publikationen zu dieser Thematik. Auch im folgenden steht dieser geplante Wandel im Mittelpunkt der Betrachtung. Ungeplanter Wandel, also die permanente, nicht intendierte und eher zufällige Veränderung eines Systems ist nicht Gegenstand der Diskussion.

Bennis et alter definieren geplanten Wandel in Anlehnung an *R. Lippitt* als "conscious, deliberate, and collaborative effort to improve the operations of a human system, whether it be a self-system, social system, or cultural system, through the utilization of valid knowledge." (Bennis/u.a., 1985, S. 4; vgl. auch Bennis, 1973, S. 67 ff.) *Gordon L. Lippitt* beschäftigt sich ebenfalls mit dem Wort `Change´ und kommt zu einer vergleichbaren Definition. "One type is unplanned change, which will happen to and in all human systems. [...] In its reaction it will maintain homeostasis, which, by definition, is the tendency shown by an organism or a social system to seek a new balance when its elements have been distributed. [...] A second category of change is planned change [...] It can be defined as a conscious, deliberate, and usually collaborative effort to improve the operations of a system." (Lippitt G., 1982, S. 52) *Levy/Merry* analysieren darüber hinaus noch weitere Definitionen und elaborieren vier wesentliche Charakteristika, die geplanten Wandel bestimmen:

> "1. Planned change involves a deliberate, purposeful, and explicit decision to engage in a program of change.
>
> 2. Planned change reflects a process of change.
>
> 3. Planned change involves external or internal expertise.
>
> 4. Planned change generally involves a strategy of collaboration and power sharing (power derived from knowledge, skills, and competencies) between the expert and the client system." (Levy/u.a., 1986, S. 4)

Auch *Staehle* (vgl. Staehle, 1991, S. 829) lehnt sich an die Definition von *R. Lippitt* an und stellt fest, daß sich geplanter Wandel von ungeplantem Wandel dadurch unterscheidet, daß er eine bewußte Entscheidung des Systems voraussetzt, seine Arbeits- bzw. Funktionsweise durch das Einleiten eines Wandlungsprozesses zu verändern, um dadurch eine Effizienzverbesserung zu erreichen.

Mit der Bezeichnung `organisatorischer Wandel´ wird das Begriffsverständnis von Wandel bzw. Veränderung auf das System der Organisation übertragen. Dabei werden unter dem Begriff `Organisation´ grundsätzlich mehrere Begriffsinhalte subsumiert. Nach *Schertler* kann darunter "beispielsweise eine Institution (z.B. die Organisation der Vereinten Nationen) oder ein System von Handlungsvorschriften und Regelungen (z.B. Organisationsrichtlinien) oder die Aktivität des Organisierens (z.B. Organisation der Informationsverarbeitung) in einem System verstanden [...] werden." (Schertler, 1995, S. 20) Hier wird der Begriff im Sinne von *Kieser/Kubicek* verwendet. Sie verstehen Organisationen als "soziale Gebilde, die dauerhaft ein Ziel verfolgen und eine formale Struktur aufweisen, mit deren Hilfe Aktivitäten der Mitglieder auf das verfolgte Ziel ausgerichtet werden." (Kieser/u.a., 1992, S. 4)

Eine Beschränkung des Verständnisses von organisatorischem Wandel auf die Veränderung der formalen Struktur oder beispielsweise "the adaption of a new idea or behavior by an organization" (Daft, 1994, S. 362) greift jedoch zu kurz. *Dalton* grenzt organisatorischen Wandel gegenüber dem Wandel des einzelnen ab und versteht darunter die signifikante Verhaltensänderung mehrerer Individuen, die eine bestimmte Organisation bilden. Entsprechend ist es nicht möglich, eine formale Organisation unabhängig vom Verhalten der dort tätigen Menschen zu ändern. Damit muß das Ziel eines organisatorischen Veränderungsvorhabens auch darin bestehen, das Verhalten und die Einstellungen der einzelnen Individuen in der Organisation zu verändern. (vgl. Dalton, 1970, S. 231) Mithin umfaßt organisatorischer Wandel Struktur- und Verhaltensänderungen.

Im folgenden wird *geplanter, organisatorischer Wandel* somit verstanden als
die bewußte Entscheidung einer Organisation, einen auf ihre Funktionsweise und das Verhalten der Organisationsmitglieder ausgerichteten Veränderungsprozeß durchzuführen, mit dem Ziel, das vorhandene Effizienzniveau der Organisation zu verbessern.

Nach *Bartlett et alter* fordert die bewußte Entscheidung der Organisation, sich zu verändern, ein *Management des Wandels in Organisationen.* (vgl. Bartlett/u.a., 1973, S. 4) Entsprechend der o.a. Definition ist dieses `Change Management´ oder

`Veränderungsmanagement´ auf zwei Bereiche ausgerichtet. Zum einen sind dies die sogenannten `Hardware Changes´, also beispielsweise Veränderungen der Organisationsstruktur. Zum anderen betrifft es die `Software Changes´, also die Veränderungen der Werte und Verhaltensweisen der in der Organisation tätigen Individuen. Der Forschungsfokus dieser Schrift liegt vorrangig auf diesem zweiten Bereich. Zum besseren Verständnis werden jedoch zuerst einige allgemeine Aspekte organisatorischen Wandels diskutiert, die beide Bereiche betreffen.

1.1.2 Dimensionen organisatorischen Wandels

Geplanter, organisatorischer Wandel kann in zweierlei Dimensionen verstanden werden. Die eine Dimension bezieht sich auf die Intensität der Wandlungsaktivitäten, die andere auf den Zeitpunkt der Durchführung des Wandels im Hinblick auf die veränderten Rahmenbedingungen.

1.1.2.1 Die Intensität des Wandels

Jede Wandlungsaktivität kann unterschiedliches Ausmaß annehmen und mit unterschiedlicher Intensität durchgeführt werden. Lange Zeit wurde Wandel ausschließlich als evolutionärer Prozeß angesehen. Diese Annahme reflektiert die Sichtweise, daß organisatorische Veränderungen das Produkt mehrerer, kleinerer Anpassungen sind, die Schritt für Schritt über eine bestimmte Zeit folgen. (vgl. Greiner, 1967, S. 119) Inzwischen unterscheiden die meisten Autoren jedoch zwischen Wandel mit niedriger und Wandel mit hoher Intensität und verwenden zur Beschreibung dieser Zweiteilung unterschiedliche Begriffspaare.

Unter Wandel mit *niedriger* Intensität sind Modifikationen oder Verbesserungen von etwas Bestehendem zu verstehen. Der vorhandene organisatorische Bezugsrahmen wird durch diese Art von Wandel nicht verändert. *Greiner* (vgl. Greiner, 1972, S. 38) bezeichnet ihn beispielsweise als `evolutionärer Wandel´. Diese Bezeichnung wird in der Literatur recht häufig übernommen. Andere Termini sind auch `inkrementaler Wandel´ oder `Transition Change´. Demgegenüber beschreibt Wandel mit *hoher* Intensität einschneidende, paradigmatische Veränderungen der Arbeitsweise und des Bezugsrahmens einer gesamten Organisation. Ein solcher Wandel wird nach *Greiner* als `revolutionär´ betitelt. (vgl. Greiner, 1972, S. 38). Hierfür werden z.B. auch die Worte `fundamentaler Wandel´ oder `Transformation Change´ verwendet.

Levy/Merry verwenden das Begriffspaar \`First-Order-Change´ und \`Second-Order-Change´ zur Unterscheidung dieses Sachverhaltes und geben in ihrem Buch \`Organizational Transformation´ einen ausführlichen Überblick über die vorhandene Begriffsvielfalt. (vgl. Levy/u.a., 1986, S. 6 ff.) Aus der Analyse der unterschiedlichen Bezeichnungen und der dazugehörigen Erläuterungen entwickeln sie eine aussagekräftige Gegenüberstellung mit den wesentlichen Charakteristika von First- und Second-Order-Changes, die in Abb. 7 dargestellt ist.

Abb. 7: Charakteristika von First- und Second-Order-Change

First-Order Change	Second-Order Change
A change in one or a few dimensions, components, or aspects	Multidimensional, multicomponent, and multiaspectual
A change in one or a few levels (individual and group levels)	Multilevel change (individuals, groups the whole organization)
Change in one or two behavioral aspects (attitudes, values)	Changes in all the behavioral aspects (attitudes, norms, values, perceptions, beliefs, world view, behaviors)
A quantitative change	A qualitative change
A change in content	A change in context
Continuity, improvements, and development in the same direction	Discontinuity, taking a new direction
Incremental changes	Revolutionary jumps
Logical and rational	Seemingly irrational, based on different logic
Does not change the world view, the paradigm	Results in new world view, new paradigm
Within the old state of being (thinking and acting)	Results in a new state of being (thinking and acting)

Quelle: Levy/u.a., 1986, S. 9

Staehle übernimmt diese Bezeichnungen in der deutschen Übersetzung (\`Wandel 1. Ordnung´ und \`Wandel 2. Ordnung´) und ordnet die beiden Begriffe der \`Organisationsentwicklung´ und des \`Organisational Tranformation´ in diese Kategorisierung ein. "Organizational Development and organizational tranformation represents two different approaches to the understanding of organizational change." (Bartunek/Louis zitiert in: Dumphy/u.a., 1993, S. 906) Danach ist Organisationsentwicklung[8] das angemessene Konzept zur Durchführung eines Wandels 1. Ordnung. Genauer gesagt ist sie "eine Form des geplanten Wandels, bei der unter der Verwendung verhaltenswissenschaftlicher Erkenntnisse (meist aus der Kleingruppenforschung) ein organisationsweiter Veränderungsprozeß eingeleitet wird." (Staehle, 1991, S. 846) Organizational Transformation ist demgegenüber zu den neueren Konzepten zu rechnen und ein typischer Fall von Wandel 2. Ordnung. Er wird vom Top-Management initiiert und betrifft die gesamte Organisation. (vgl. Staehle, 1991, S. 854)

Einzelne Autoren unterscheiden jedoch auch mehr als zwei Intensitätsstufen. So differenziert *Jick* in Anlehnung an *Ackerman* in `Developmental Change´ ("Improvement of what is"), `Transitional Change´ ("Implementation of a known new state. Management of the interim transition state, over a controlled period of time") und `Transformational Change´ ("Emergency of a new state, unknown until it takes shape, out of remains of the chaotic death of the old state. Time period not easily controlled."). (Jick, 1993, S. 2) Diese Unterteilung ist ebenfalls bei *Marshak* zu finden. (vgl. Marshak, 1993, S. 47) Demgegenüber grenzen *Dumphy/u.a.* mit `Fine Tuning´, `Incremental Adjustments´, `Modular Transformation´ und `Corporate Transformation´ (vgl. Dumphy, 1993, S. 908 f. und 917 f.) vier Typen gegeneinander ab[9]. Solche Unterteilungen bringen jedoch keinen zusätzlichen Mehrwert für die nachstehende Analyse. Deshalb wird nachfolgend die Zweiteilung von *Greiner* verwendet.

1.1.2.2 Der zeitliche Bezug des Wandels

Die zweite Dimension bezieht sich auf das Verhältnis zwischen dem Durchführungszeitpunkt des Wandels und dem Eintreten der Veränderung der Rahmenbedingungen. So kann organisatorischer Wandel einerseits als Reaktion auf eine Veränderung der Rahmenbedingungen bzw. der Determinanten durchgeführt werden. Diese Art der Veränderungsaktivität wird als *reaktiver Wandel* bezeichnet. "Many organizational changes are made in direct response to some external event. These changes, which are forced upon the organization, are called

---

[8] Im folgenden wird der Begriff `Organisationsentwicklung´ in dem angegebenen Verständnis verwendet. Auf eine vertiefende Diskussion der Begrifflichkeit wird an dieser Stelle verzichtet. Hierzu wird beispielsweise auf die Publikationen von *Kieser* (vgl. Kieser, 1993, S. 113 ff.), *Rosenstiel* (vgl. Rosenstiel/u.a., 1988, S. 182 ff.), *Staehle* (vgl. Staehle, 1991, S. 846 ff.), *Bartölke* (vgl. Bartölke, 1980, Sp. 1468 ff.) oder *Sanzgiri* (vgl. Sanzgiri/u.a., 1992, S. 57 ff.) verwiesen. Vergleiche auch Gliederungspunkt 1.2.1.2.

[9] Diese Unterscheidungen werden an dieser Stelle nicht mehr weiter vertieft. Der interessierte Leser sei auf die angegebene Literatur verwiesen.

reactive." (Nadler/u.a., 1990, S. 79) Diese Reaktion variiert dabei mit der subjektiven Wahrnehmung einer Veränderung der Rahmenbedingungen sowie mit der subjektiven Bewertung der Notwendigkeit zur Veränderung. Die Intensität des organisatorischen Wandels, hängt damit entscheidend von der Genauigkeit der Wahrnehmung ab. (vgl. Gawthrop, 1973, S. 19)

Andererseits kann Wandel auch in der Voraussicht auf das Eintreten einer zukünftigen Veränderung der Einflußfaktoren eingeleitet werden. Dieser Wandel wird als *antizipatorischer Wandel* bezeichnet. "At other times, strategic organizational change is initiated not because of the need to respond to a contemporaneous event, but rather because senior management believes that changes in anticipation of events still to come will provide competitive advantage. These changes are called *anticipatory.*" (Nadler/u.a., 1990, S. 79) Dabei ist es wesentlich, daß die Kräfte, die den Wandel notwendig machen, entdeckt werden, bevor sie in offensichtlicher und dynamischer Weise zum Vorschein kommen.

1.1.3 Typen organisatorischen Wandels

Die Verknüpfung der beiden oben genannten Dimensionen zeigt, daß organisatorischer Wandel eine proaktive oder reaktive, evolutionäre oder revolutionäre Antwort auf die Veränderung einer oder mehrerer Determinanten ist. Eine bekannte Systematisierung hierzu stammt von *Nadler et alter,* die beide Dimensionen zu einer Vier-Felder-Matrix kombinieren und vier unterschiedliche Typen von organisatorischem Wandel isolieren (vgl. Abb. 8).

Abb. 8: Typen organisatorischen Wandels nach *Nadler/Tushman*

	Incremental	**Strategic**
Anticipatory	Tuning	Re-orientation
Reactive	Adaptation	Re-creation

Quelle: Nadler/u.a., 1990, S. 80

Unter \`Tuning´ verstehen sie inkrementale Veränderungen, die in der Voraussicht auf das Eintreten zukünftiger Ereignisse durchgeführt werden. Bei \`Adaptation´

handelt es sich ebenfalls um inkrementale Veränderungen. Sie werden jedoch als Reaktion auf eine Veränderung der Einflußfaktoren initiiert. Unter `Reorientation´ fassen sie revolutionäre Veränderungen, die bereits vor dem Eintreten zukünftiger Ereignisse, die einen organisatorischen Wandel unumgänglich machen würden, durchgeführt werden. Zur Implementierung solcher Veränderungen ist noch die notwendige Zeit vorhanden. Obwohl sie die fundamentale Neuausrichtung der gesamten Organisation erfordern, gehen sie ohne einen Bruch mit der Vergangenheit und dem organisatorischen Rahmen vonstatten. Daher bezeichnen sie *Nadler/u.a.* auch als `Frame-Bending-Changes´. `Recreation´ steht ebenfalls für revolutionären Wandel, allerdings ist er durch das Eintreten bestimmter Ereignisse notwendig geworden. Da solche Ereignisse den Weiterbestand der Organisation gefährden, erfordern sie einen sofortigen Bruch mit der Vergangenheit und bestehenden Werten. Sie werden von den Autoren deshalb auch als `Frame-Breaking-Changes´ bezeichnet. (vgl. Nadler/u.a., 1993, S. 228; vgl. Nadler/u.a., 1990, S. 80; vgl. Tushman/u.a., 1986, S. 34 ff.) Neben dieser Systematisierung finden sich in der Literatur durch die Kombination unterschiedlicher Sachverhalte noch weitere Typisierungen auf die jedoch an dieser Stelle nicht näher eingegangen wird.[10]

1.2 Einordnung in die Theorie

Neben der begrifflichen Abgrenzung ist es für das allgemeine Verständnis des Gesamtzusammenhanges wesentlich, das Konzept des organisatorischen Wandels einer theoretischen Fundierung zuzuführen. Dazu wird zunächst geklärt, inwieweit dieses Konzept bereits in der klassischen Organisationstheorie berücksichtigt wurde und welche neueren Organisationstheorien sich damit befassen. Abschließend wird der Begriff des organisatorischen Wandels in das Begriffsfeld des Strategischen Managements eingeordnet.

1.2.1 Organisatorischer Wandel und Organisationstheorie

"Organisationstheorien dienen dem Zweck, Organisationen zu erklären und zu verstehen." (Kieser, 1993, S. 1) Die Existenz einer Vielzahl verschiedenartiger

---

[10] *Meyer et alter* kombinieren beispielsweise die Erscheinungsformen des First- und Second-Order-Change mit dem Niveau des Wandels (Industrie versus Unternehmen). Sie konstruieren ebenfalls eine Vier-Felder-Matrix und erhalten vier unterschiedliche Typen des Wandels. (vgl. Meyer/u.a., 1990, S. 96) *Dumphy/u.a.* bringen ihre vier Intensitätsstufen mit vier unterschiedlichen Führungsstilen zusammen und bilden eine Sechzehn-Felder-Matrix. Dort fassen sie jedoch jeweils vier Felder zu einem Typ zusammen, so daß sie schließlich insgesamt ebenfalls vier Typen elaborieren. (vgl. Dumphy/u.a., 1993, S. 908)

organisationstheoretischer "Schulen" wird zumeist mit der Entstehung neuer, revolutionärer Paradigmen aufgrund der Unzufriedenheit ob der Unzulänglichkeiten des gerade vorherrschenden Paradigmas begründet. Zudem erscheint es unmöglich - da es sich bei Organisationen um hochkomplexe Gebilde handelt - alle Eigenschaften und Beziehungen zwischen den Elementen einer Theorie zu erfassen. (vgl. Kieser, 1993, S. 1 ff.; vgl. Theis, 1994, S. 118 ff.) Deshalb verfügt jede dieser Theorien über eine selektive Realitätsauffassung, die im Sinne einer `Scheinwerferfunktion´ (vgl. Kieser/u.a., 1992, S. 33) das Verständnis der zu problematisierenden Aspekte determiniert.

Kirsch et alter (vgl. Kirsch/u.a., 1979, S. 64) und *Steinle* (vgl. Steinle, 1985, S. 113 f.) untersuchen die verschiedenen Ansätze und Forschungsrichtungen in den Organisationswissenschaften bezüglich der Berücksichtigung von Wandel. Sie weisen daraufhin, daß Aspekte des organisatorischen Wandels in der betriebswirtschaftlichen Diskussion explizit nur in der Klassifikation von *Kirsch* und *Meffert* (1970) enthalten sind und sonst nur implizit oder überhaupt nicht aufgenommen werden. Doch auch diese Klassifikation zeigt den `State of the Art´ der Organisationsforschung Ende der 60er Jahre und kann heute nicht mehr aufrecht erhalten werden. (vgl. Kirsch/u.a., 1979, S. 66) Im folgenden wird dargestellt, welche Perspektiven und Überlegungen ausgewählte Organisationstheorien zur Erklärung des Konzeptes des organisatorischen Wandels anbieten. Die Thematik wird zuerst vor dem Hintergrund des Scientific Managements, des Human-Relation Ansatzes, der Systemtheorie und des Situativen Ansatzes diskutiert, bevor der Blick auf neuere theoretische Erklärungsversuche gelenkt wird.[11]

1.2.1.1 Managementlehre und Scientific Management

Diese Organisationstheorie ist geprägt von den Arbeiten ihrer ersten Vertreter *Taylor* (1856 - 1917) und *Fayol* (1841 - 1925) sowie deren Suche nach der optimalen Organisation. Entsprechend will die Managementlehre Manager lehren, wie sie arbeiten können oder sollen und Richtlinien für die Gestaltung effizienter Organisationsstrukturen erarbeiten. Ihr Begründer *F. Taylor* entwickelte mit dem Scientific Management eine Methode zur Gestaltung der Arbeit in der Produktion. (vgl. Kieser/u.a., 1992, S. 38) "Den Ausgangspunkt seines Ansatzes bildete ein systematisches Studium von Arbeitsprozessen und der physisch möglichen

[11] Die ausgewählten Ansätze werden in ihren Inhalten nur im Überblick dargestellt. Die detaillierten Inhalte sowie kritische Interpretationen der organisationstheoretischen Ansätze finden sich u.a. bei *Kieser* (vgl. Kieser, 1993), *Kieser/u.a.* (Kieser/Kubicek, 1978) und *Frese* (vgl. Frese, 1992, Sp. 1708 ff.)

Arbeitsleistungen durch *Zeitmessungen* und *Bewegungsstudien*, deren Ziel darin bestand, den *Kräfteeinsatz zu minimieren, tote Zeiten zu eliminieren und Richtwerte für zumutbare Leistungen aufzustellen.*" (Kieser/u.a., 1978, S. 117) *Fayol* konzentrierte sich demgegenüber auf den Verwaltungsbereich und entwickelte aus dem Ansatz von *Taylor* ein System für die betriebliche Verwaltung. (vgl. Kieser/u.a., 1978, S. 120) "Die `Konstruktionsanleitungen´ werden [dort] vorwiegend in Form von *Prinzipien* gegeben." (Kieser/u.a., 1992, S. 38)

Grundsätzlich wird die Organisation hier als Aufgabenerfüllungssystem begriffen. Im Mittelpunkt des Forschungsinteresses steht ihr technisch und ökonomisch effizientes Funktionieren. Die Arbeiten sind geprägt von der Suche nach der besten Organisation und in eben diesem Kontext "sind das Prinzip der Einheit der Auftragserteilung und das Einliniensystem von *Fayol* bzw. das Funktionsmeistersystem von *Taylor* zu sehen." (Bea/u.a., 1995, S. 357)

Für Organisatorischen Wandel im Sinne einer Verhaltensänderung ist in dieser Organisationstheorie wenig Platz. Ansatzpunkte für Veränderungsmaßnahmen sind einzig die Technik und die entsprechenden Regeln, die die formale Organisationsstruktur bilden. (vgl. Kieser/u.a., 1978, S. 37) Das Absatzpotential wird als unerschöpflich angenommen und situative Bedingungen finden daher keine Berücksichtigung. Es existiert die situationsunabhängig, überlegene Organisationsform. Der Mensch wird einseitig als Träger von Funktionen unter weitgehendem Verzicht auf eine Berücksichtigung menschlicher Ziele, Motivationen und Verhaltensweisen angesehen. (vgl. Bea/u.a., 1995, S. 357 f.) Damit ist der Taylorismus von einer Gestaltungsphilosophie geprägt, in der "Individuen nicht Aktivposten, sondern Fehlerquellen sind und in der die ideale Organisation so geplant wird, daß sie sich selbst von menschlichen Irrtümern oder menschlichen Interventionen freimacht und im Selbstlauf Produktionsergebnisse und vorhersagbaren Gewinn hervorbringt."(Kanter, zitiert in: Kieser, 1993, S. 90)

Die Rezeption tayloristischer Strukturen wurde in den Industrienationen nach der Jahrhundertwende durch das Fehlen einer effizienten Arbeitsorganisation begünstigt. Heute ist dies aber der Grund für organisatorischen Wandel, denn es führt in den Unternehmen zu einer Aufblähung des mittleren Managements. (vgl. Kieser, 1993, S. 80 f.) Arbeitsteilung und Spezialisierung im Sinne einer situationsunabhängigen, überlegenen Organisation erweisen sich als obsoletes

Paradigma, da sie eine gewisse Flexibilität verhindern, die eine Anpassung an sich laufend verändernde Bedingungen ermöglicht. (vgl. Hammer/u.a., 1994, S. 22 ff.)

1.2.1.2 Der Human-Relation-Ansatz

Der Human-Relation-Ansatz findet in den Hawthorne-Experimenten von 1924 bis 1932 (*Mayo*, *Roethlisberger* und *Dickson*) seine wissenschaftliche Legitimation und hat vor allem die Zufriedenheit und Motivation der Individuen in der Organisation zum Gegenstand. (vgl. Kieser/u.a., 1992, S. 40) Diese Bewegung löste die Taylorismus-Fordismus-Bewegung nicht ab, sondern erweiterte lediglich das Methodenarsenal der `Rationalisierungsbewegung´. (vgl. Kieser, 1993, S. 107) Da der Taylorismus nicht zu der erhofften Disziplinierung der Mitarbeiter führen konnte und vielmehr einen Verlust der Individualität zur Folge hatte, wird jetzt das Organisationsmitglied mehr in den Vordergrund gestellt und von den Managern eine andere Art der Menschenführung gefordert. *McGregor* bezeichnet die Grundannahmen des Scientific Managements als `Theorie X´ und sieht die wesentlichen Grundannahmen der Human-Relation-Bewegung als die Grundpfeiler seiner `Theorie Y´ an. Diese Annahmen unterstellen, daß der Führungsstil und das durch ihn erzeugte soziale Klima in der Arbeitsgruppe die Zufriedenheit des Organisationsmitgliedes beeinflußt, was bei diesem automatisch zu einer höheren Leistung führt. Der Führungsstil wird somit zu einer entscheidenden Variable in diesem Ansatz. (vgl. Kieser/u.a., 1978, S. 16 ff.)

Wogegen im Scientific Management vorrangig Fragen der Struktur und ihrer Effizienz beantwortet werden, dominieren in dieser Theorie vor allem Ziele, Motivationen, Konflikte und Verhalten von bzw. zwischen Organisationsmitgliedern. Erst in neueren Ansätzen von *Argyris*, *McGregor*, *Bennis* und *Likert* werden auch strukturelle Aspekte berücksichtigt und Anforderungen an die Struktur auf einer motivationstheoretischen Basis generiert. (vgl. Bea/u.a., 1995, S. 358)

Trotz des hohen Anspruches, den sich dieser Ansatz setzt, bleibt er doch hinter den Erwartungen zurück. *Kieser/Kubicek* kommen bei ihrer Beurteilung zu dem Schluß, daß er keine sehr konkreten Empfehlungen enthält, wie Motivation und Zufriedenheit in Organisationen zuverlässig herbeigeführt werden können. (vgl. Kieser/u.a., 1978, S. 35) Vielmehr führte die Verbreitung der Human-Relation-Bewegung in der Praxis zu einem enormen Aufschwung der Organisationspsychologie an amerikanischen Universitäten. "Die von letzteren erarbeiteten

Modelle wurden jedoch immer komplexer und verloren dadurch an Wert für die Praxis. Als Reaktion darauf entstanden Ansätze der Organisationsentwicklung und der Humanisierung der Arbeit." (Kieser, 1992, S. 95)

Mit der Organisationsentwicklung wird den Forderungen der Praxis nach anwendungsreifen Konzepten zur Beeinflussung des Verhaltens der Organisationsmitglieder und zur Gestaltung der Organisation Rechnung getragen. (vgl. auch Gliederungspunkt 1.1.2.1). Ansatzpunkt für Interventionen zur Gestaltung von Organisationen sind Einstellungen und Verhaltensweisen. *K. Lewin*, der als der Begründer der Organisationsentwicklung gilt, begann schon in den 40er Jahren damit, Hypothesen zur Gruppendynamik zu überprüfen und neue Methoden zur Gestaltung von sozialen Beziehungen in Organisationen zu entwickeln (vgl. hierzu auch Gliederungspunkt 2). Seitdem ist das Problem der Implementierung von Änderungen in Organisationen insbesondere in den USA Gegenstand praktischer und wissenschaftlicher Bemühungen. (vgl. Bartölke, 1980, Sp. 1469) Der Gedanke der Organisationsentwicklung ist aus der Tatsache heraus entstanden, daß der Taylorismus nicht in der Lage war, aufbauend auf empirischen Ergebnissen ein Führungsverhalten vorzugeben, welches den Bedürfnissen der Mitarbeiter und den Zielen der Organisation entspricht. Es wurde daher nach einem Konzept gesucht, wie man Vorgesetzte und Mitarbeiter dazu veranlassen kann, sich über Probleme der Führung zu verständigen und gemeinsam Änderungen auszuprobieren, die beide Parteien befriedigen. (vgl. Kieser, 1993, S. 113) Doch auch die Organisationsentwicklung muß sich Kritik gefallen lassen. So postuliert sie beispielsweise, die verschiedenen Interessen der in einer Organisation aktiven Menschen zum Ausgleich bringen zu können. In der Realität kann sie diesem Anspruch, bedingt durch das Machtverhältnis zwischen Betroffenen und Organisationsspitze, aber meist nicht gerecht werden, da hinter diesen Projekten oft Rationalisierungsvorhaben in einem `sozialen Tarnmantel´ stehen. (vgl. Kieser, 1993, S. 119)

1.2.1.3 Die Systemtheorie

Ausgangspunkt dieser Theorie ist das System und das Systemverhalten. Die Grundlagen für eine Ausbreitung der Systemtheorie wurden von *Bertalanffy* in den 30er Jahren (vgl. Grochla, 1976, S. 555) durch eine Verallgemeinerung der `organismischen Systemkonzeption´ zum Bezugsrahmen einer `Allgemeinen Systemtheorie´ gelegt. (vgl. Bertalanffy, 1976, S. 542 ff.) Dies beruht auf der

Annahme, daß Lebewesen und Sozialgebilde nach den gleichen Prinzipien funktionieren. (vgl. Kieser/u.a., 1978, S. 78 f.)

Das wohl wichtigste Merkmal für ein Verständnis dieser Theorie ist die Art und Weise des Denkens. Grundlegende Auffassung ist, daß Systeme als "Satz von Elementen mit bestimmten Beziehungen zwischen den Elementen und zwischen ihren Eigenschaften" (Hall/Fagen, zitiert in: Kieser/u.a., 1978, S. 78) definiert werden. Im Mittelpunkt steht der Denkansatz der Ganzheitslehre (vgl. Grochla, 1976, S. 554), für den der folgende Satz charakteristisch ist: "Das Ganze ist mehr als die Summe der Teile." (Schiemenz, 1990, S. 364, Grochla, 1976, S. 555). Die allgemeine Systemtheorie vertritt damit die These, "daß es Prinzipien gebe, die sich allgemein auf Ganzheiten - die er [Bertalanffy] Systeme nennt - anwenden lassen, unabhängig davon, welche Art die Elemente und die Beziehungen und Kräfte zwischen ihnen sind." (Ulrich, 1970, S. 102)

Ein weiteres zentrales Merkmal der Systemtheorie ist die Konzeption des `Offenen Systems´. (vgl. Kieser/u.a., 1978, S. 79) Die Allgemeine Systemtheorie geht basierend auf dem Verständnis des Organismus als ein dynamisches System davon aus, daß Systeme in Austauschbeziehungen zu ihrer Umwelt stehen. Ein offenes System charakterisiert sich daher durch eine System-Umwelt-Relation wobei es sich sowohl im Inputprozeß als auch im Outputprozeß selektiv verhält. (vgl. Kieser/u.a., 1978, S. 79)

Die Offenheit der Systeme und die Tatsache, daß offene Systeme grundsätzlich ein stabiles Verhältnis zu ihrer Umwelt anstreben, führt dazu, daß sie im Gegensatz zu geschlossenen Systemen nie ein statisches Gleichgewicht erreichen können, sondern sich durch ein Fließgleichgewicht auszeichnen. Dies bedeutet, daß die systembildenden Elemente fortwährend abgebaut und erneuert werden. Beim Erzielen dieses Fließgleichgewichtes verhalten sich die Systeme `äquifinal´ (vgl. Bertalanffy, 1976, S. 550), was heißt, daß ein offenes System ausgehend von unterschiedlichen Anfangsbedingungen auf verschiedenen Wegen den gleichen Endzustand erreichen kann. Dieses teleologische Verhalten setzt die Koordination von Handlungen und Prozessen voraus und beruht vielfach "auf der Fähigkeit, über die Bandbreite einer vorgegebenen Sollgröße hinauszugehen und durch strukturelle Veränderungen auf Störungen zu reagieren." (Grochla, 1976, S. 558)

Systemorientierte Ansätze der Organisationstheorie verstehen Organisationen als Systeme von regelhaft vernetzten Elementen bzw. als sozio-technische Systeme. (vgl. Bea/u.a., 1995, S. 359; vgl. auch Gliederungspunkt 2.2). Unternehmen sind damit dynamisch, komplexe Systeme, die mit einer ebenfalls dynamisch, komplexen Umwelt interagieren. (vgl. Zahn, 1979, S. 142)

Ausgehend von der Erkenntnis, daß offene Systeme ein Fließgleichgewicht anstreben, bietet dieser Ansatz sowohl in der internen als auch in der externen Systembetrachtung Überlegungen zur Erklärung des Konzeptes des organisatorischen Wandels an. Im Rahmen der internen Betrachtung stehen die Interaktionen zwischen den Elementen und die Anpassungsvorgänge der betrieblichen Subsysteme im Vordergrund. Bei der externen Betrachtung liegt die Betonung auf den Austausch- und Anpassungsvorgängen des Systems `Organisation´ mit seiner Umwelt. (vgl. auch Grochla, 1976, S. 559) Daraus wird für das allgemeine Verständnis des organisatorischen Wandels deutlich, daß dieser "seinen Ursprung nicht nur in endogenen Erscheinungen hat, die jeweils bestimmte gezielte, prozeßstimulierende Aktivitäten auslösen, sondern über das Aktion-Reaktion-Gefüge zwischen Unternehmen und Umwelt auch von exogenen Ereignissen und Entwicklungen induziert werden kann. Aufgrund dieser Interaktion können Änderungen in der Umwelt zu Änderungen im Unternehmen führen, die wiederum Änderungen in der Umwelt bewirken usw." (Zahn, 1979, S. 143) Damit wird der Wandel der Organisation in die Betrachtung einbezogen, allerdings vorrangig auf die Überlebensproblematik offener Systeme zurückgeführt.[12] Diese Zwangsläufigkeit der Anpassung im Sinne der Überlebensfrage bzw. des Krisenmodells des Wandels wird jedoch zunehmend kritisiert und die Fähigkeit des Menschen, neue Ideen zu entwickeln, im Sinne eines *geplanten*, organisatorischen Wandels in den Vordergrund gerückt. (vgl. Kirsch/u.a., 1979, S. 139 ff.)

1.2.1.4 Der Situative Ansatz

Der `Situative Ansatz´ (engl. Contingency Approach -> Kontingenzansatz) fand Ende der 50er Jahre Eingang in die Organisationsforschung (vgl. Bea/u.a., 1995, S. 359) und konzentriert sich auf die Beantwortung der Frage nach den Unterschieden in der Organisationsstruktur. Er ist aus der Kritik an älteren organisationstheoretischen Ansätzen wie dem Bürokratieansatz von *Weber* und

---

[12] *Kirsch et alter* unterscheiden mit dem entscheidungsorientierten, dem funktionalen, dem kybernetischen und dem situativen Systemansatz vier Varianten, in denen die Konzeptionen von Gleichgewicht und Überleben jeweils eine große Rolle spielen. (vgl. Kirsch/u.a., 1979, S. 137 ff.)

der Managementlehre entstanden. (vgl. Kieser/u.a., 1978, S. 105 f.) Wichtigste Vertreter dieses Ansatzes sind *Woodward, Burns* und *Stalker, Blau, Schönherr* und *Pugh* sowie im deutschsprachigen Raum *Kieser* und *Kubicek.* (vgl. Bea/u.a., 1995, S. 359; Kieser/u.a., 1978, S. 105 ff.)

Der Situative Ansatz postuliert einen starken Einfluß der formalen Organisationsstruktur auf das Verhalten der Organisationsmitglieder und die Effizienz einer Organisation. Allerdings gibt es nicht die eine universell effiziente Organisationsstruktur, sondern in Abhängigkeit von der jeweiligen Situation unterschiedlich effiziente Organisationsformen. Damit bestimmt die Situation die jeweilige Struktur und diese wiederum die Effizienz der Organisation. Entsprechend sind die Unterschiede in den realen Organisationsformen auf Situationsunterschiede zurückzuführen. Daraus läßt sich ableiten, daß Organisationen, wenn sie effizient sein wollen, ihre Strukturen an die jeweilige Situation anpassen müssen. (vgl. Kieser, 1993, S. 161)

Eine Anpassung an die jeweilige Situation setzt voraus, daß die situativen Faktoren sowie die Organisationsstrukturen meßbar sind und bestimmt werden kann, welche Auswirkungen bestimmte situative Faktoren und Organisationstrukturen auf das Verhalten der Organisationsmitglieder und die Effizienz der Organisation haben. Es ist also mit Hilfe von empirischen Untersuchungen zu ermitteln, wie Organisationsformen aussehen, die in bestimmten Situationen zu der höchsten Effizienz der Organisation führen. Damit hat sich durch den Situativen Ansatz die Organisationsforschung zu einer empirischen Forschung entwickelt. (vgl. Bea/u.a., 1995, S. 360)

Mit der Anpassung der Organisationsstrukturen an die jeweilige Situation enthält auch dieser Ansatz eine Komponente zur Erläuterung des Konzeptes des organisatorischen Wandels. Nach *Pugh* zielt der Ansatz darauf ab, wenigstens eine \`development sequence´ in der Gesamtentwicklung der Organisation zu erklären. (vgl. Kirsch/u.a., 1979, S. 153) Allerdings wird kritisiert, daß auch hier eine quasi automatische Anpassung der Struktur an die Veränderungen des Kontextes unterstellt wird. Der Ansatz enthält kein Konzept, was erklärt, durch welche Prozesse die Anpassung erreicht wird. Zudem muß die Gestaltung der Organisationsstruktur als eigenständige Variable angesehen werden, die unter bestimmten Umständen vom Kontext völlig oder zumindest in Teilbereichen unabhängig ist. *Child* weist als erster auf den Gestaltungsspielraum des Organisationsgestalters hin. (vgl. Kieser/u.a., 1978, S. 136) Aus den Kritikpunkten an dieser Theorie leitet er ab, daß der situative Ansatz keine adäquate Theorie zur Erklärung des organisatorischen Wandels darstellen kann. (vgl. Kirsch/u.a., 1979, S. 154 f.)[13]

1.2.2 Organisatorischer Wandel und neuere Organisationsansätze

Die bisherigen Ausführungen zeigen, daß keine der angeführten traditionellen Organisationstheorien in der Lage ist, das Phänomen des organisatorischen Wandels vollends zu erklären. Es läßt sich feststellen, daß immer nur einzelne Aspekte von Veränderungen in Organisationen aus der speziellen Perspektive der jeweiligen Theorie Berücksichtigung finden.[14] Neuere Entwicklungen in der Organisationsforschung nehmen sich daher verstärkt dieser Problematik an und versuchen, das Konzept der Veränderung von Organisationen im Zeitablauf in der Organisationstheorie als eigenständigen Ansatz zu etablieren. *Türk* systematisiert die Vielzahl neuerer Erklärungsversuche und unterscheidet drei Grundmodelle, wie sich Organisationen mit organisatorischem Wandel auseinandersetzen können. (vgl. Türk, 1989, S. 51 ff., besonders S. 58 ff und vgl. Staehle, 1991, S. 837) In Anlehnung an diese Unterscheidung werden im folgenden neuere theoretische Ansätze zur Erklärung organisatorischen Wandels im Überblick dargestellt.

1.2.2.1 Entwicklungsmodelle

Entwicklungsmodelle beschreiben organisatorischen Wandel als Ursache von immanenten Triebkräften in Organisationen. Entsprechend suchen sie nach einer Antwort auf die Frage, ob es allgemeine, regelmäßig zu beobachtende typische Entwicklungsmuster im Leben von Organisationen gibt.

In der Organisationstheorie finden sich eine Reihe von Modellen, die mehr oder weniger abgrenzbare Phasen im Leben einer Organisation unterstellen, die einer

[13] Auch *Türk* setzt sich in seinen Ausführungen intensiv mit der Kritik an diesem Ansatz auseinander und stellt die wesentlichen Aspekte des Kontingenzansatzes und seine Gegenpositionen übersichtlich gegenüber. (vgl. Türk, 1989, S. 2 ff. besonders S. 6 ff.)

[14] Im weiteren ist es nicht das Anliegen des Autors, eine neue Theorie des geplanten, organisatorischen Wandels oder eine weitere rationalistische Erklärung für das Entstehen von neuen Organisationsstrukturen zu entwickeln, liegt doch der Forschungsschwerpunkt in der integrativen Betrachtung von organisatorischem Wandel und Kommunikation. An dieser Stelle geht es darum, Perspektiven und Überlegungen ausgewählter traditioneller und neuerer organisatorischer Ansätze zur Erklärung dieses Konzeptes aufzuzeigen. Der interessierte Leser sei daher die Publikation von *Steinle* (vgl. Steinle, 1985) empfohlen, die sich eingehend mit der Entwicklung einer integrativen Theorie von `Organisation´ und `Wandel´ auseinandersetzt.

gewissen Eigendynamik folgen. Innerhalb dieser Modelle differenziert *Türk* bezüglich des inhaltlichen Wandels in Lebenzyklusmodelle, Wachstumsmodelle und Kristallisationsmodelle. (vgl. Türk, 1989, S. 55 u. S. 58 ff.) Demgegenüber unterscheiden *Levy/Merry* in eine Lebenszyklusperspektive und eine mehr empirisch ausgerichtete Entwicklungsperspektive, bei der die einzelnen Stadien durch Krisen, Chaos oder `Durchwursteln´ eingeleitet werden. (vgl. Levy/u.a., 1986, S. 229 ff.) Da Wachstumsmodelle und Kristallisationsmodelle nicht die typischen Entwicklungsmodelle repräsentieren und auch das Abgrenzungskriterium von *Levy/Merry* nicht hinreichend klar erscheint, wird im folgenden in Anlehnung an *Kirsch*, *Staehle* oder *Quinn/Cameron* auf eine solche Differenzierung verzichtet. Stattdessen werden stellvertretend drei Modelle vorgestellt, die diese Theorierichtung nachhaltig geprägt haben.

1.2.2.1.1 Das Lebenszyklusmodell von Lippitt/Schmidt

Lebenszyklusmodelle unterstellen eine gerichtete, irreversible, immanente Entwicklungslogik von Organisationen von der Gründung an. Dabei entwickeln sich die einzelnen Entwicklungsphasen aus den Bedingungen der vorangegangenen Phasen fort. (vgl. Türk, 1989, S. 60) *Haire* (1959) war einer der ersten, der annahm, daß das Wachstum einer Organisation gesetzmäßigen Prozessen folgt, die den Wachstumsgesetzen von lebenden Systemen ähnlich sind. Er argumentierte, daß der Wachstumsprozeß von Organisationen natürlichen Gesetzen unterliegt und die Entdeckung dieser Gesetze die Voraussetzung darstellt, den Veränderungsprozeß von Organisationen zu verstehen. (vgl. Levy/u.a., 1986, S. 229)

Grundsätzlich besteht der organisatorische Lebenszyklus aus den fünf Phasen Geburt, Wachstum, Reife, Erneuerung und Niedergang. *Lippitt & Schmidt (vgl. Lippitt/u.a., 1967, S. 102 ff.)* entwickelten eines der ersten Lebenszyklusmodelle für private Organisationen. Sie gehen jedoch davon aus, daß Organisationen nur drei Entwicklungsstadien durchlaufen. Dabei verstehen sie Organisationen als soziotechnische Systeme, die während ihrer Entwicklungsstadien mit wenigstens sechs speziellen Problemen konfrontiert werden, die das Management beherrschen muß. Danach geht es im Stadium der Geburt in erster Linie darum, ein lebensfähiges Unternehmenssystem aufzubauen. Die Jugendphase ist dadurch gekennzeichnet, daß Stabilität und Reputation entwickelt werden. In der Reifephase steht schließlich das Erreichen von Einzigartigkeit und Anpassungsfähigkeit im Vordergrund. (vgl. Abb. 9)

Abb. 9: Stadien organisatorischer Entwicklung

Developmental stage	Critical concern	Key issues	Consequences if concern is not met
Birth	1. To create a new organization	What to risk	Frustration and interaction
	2. To survive as a viable system	What to sacrifice	Death of organization; further subsidy by `faith´ capital
Youth	3. To gain stability	How to organize	Reactive, crisis-dominated organzation; opportunistic rather than self-directing attitudes and policies
	4. To gain reputation and develop pride	How to review and evaluate	Difficulty in attracting good personnel clients; inappropriate, overly aggressive, and distorted immage building
Maturity	5. To archieve uniqueness and adaptability	Whether and how to change	Unnecessarily defensive or competitive attitudes; diffusion of energy; loss of most creative personnel
	6. To contribute to society	Whether and how to share	Possible lack of public respect and appreciation; bankruptcy or profit loss

Quelle: Lippitt/u.a., 1967, S. 103

Auf diesen Überlegungen bauen eine Vielzahl weiterer Modelle auf, die jedoch z.T. andere Abgrenzungskriterien für die einzelnen Phasen und damit auch andere Bezeichnungen wählen. So charakterisiert z.B. das Drei-Phasen-Modell von *Scott* (1971) die einzelnen Phasen durch die Veränderung bestimmter Merkmale einer Organisation wie beispielweise das Produktprogramm, der Absatzweg oder die Organisationsstruktur. Auf der ersten Stufe steht das Ein-Produkt-Unternehmen, bei dem alle Merkmale verhältnismäßig gering ausgeprägt sind und sich alles am Eigentümer ausrichtet. Die zweite Stufe ist durch eine funktionale Spezialisierung gekennzeichnet. Es wird systematisch nach neuen Produkten gesucht, die auf demselben Markt vertrieben werden. Eine zunehmende Differenzierung und das Mehr-Produktunternehmen sind schließlich charakteristisch für die dritte Stufe. Hier sind nun einzelne organisatorische Einheiten für bestimmte Produkte und den Absatz verantwortlich. (vgl. Kirsch/u.a., 1979, S. 145) *Child* (1984) erweitert *Scotts* Phasenmodell später noch um die Stufe IV der multinationalen Unternehmung. (vgl. Staehle, 1991, S. 544)

1.2.2.1.2 Das Krisenmodell von Greiner

Eines der bekanntesten Entwicklungsmodelle ist das Krisenmodell von *Greiner.* (vgl. Greiner, 1972, S. 37 ff.) Seine Besonderheit besteht darin, daß der Übergang von einer Phase zur anderen durch Krisen oder Chaos eingeleitet wird.

Aus der Analyse empirischer Studien ermittelt er fünf Dimensionen, die wesentliche Bestandteile eines Modells zur Entwicklung von Organisationen darstellen. (vgl. Greiner, 1972, S. 38 ff.) Im einzelnen sind dies das Alter und die Größe der Organisation, die Evolutionsphasen, die Revolutionsphasen und die Wachstumsrate der Industrie. Ausgehend von diesen Dimensionen grenzt er im Entwicklungsprozeß einer Organisation fünf Phasen ab, deren entscheidendes Merkmal der Wechsel zwischen evolutionären und revolutionären Phasen darstellt. (vgl. Abb. 10) Dabei resultiert jede Phase aus Lerneffekten und Problemen der Vorangehenden. Sie stellt somit gleichzeitig Wirkung der Vorhergehenden und Ursache für die Nachfolgende dar. Damit kann keine Phase übersprungen werden.

Abb. 10: Die fünf Wachstumsphasen nach *Greiner*

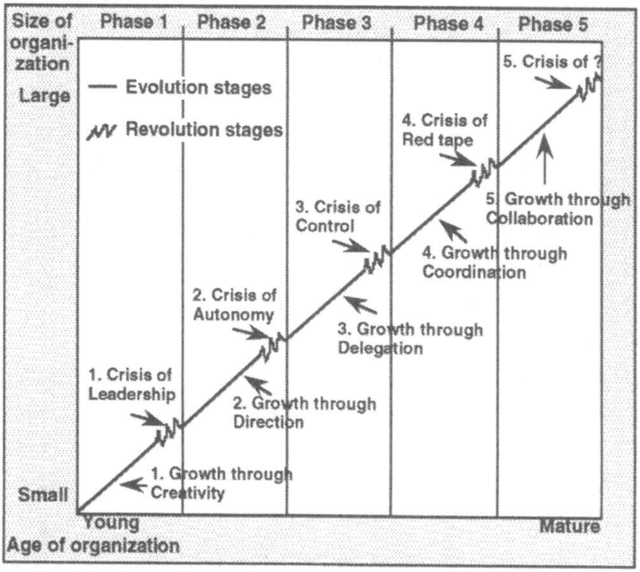

Quelle: Greiner, 1972, S. 41

Die einzelnen Wachstumsphasen sind durch folgende Merkmale gekennzeichnet: (vgl. im folgenden Greiner, 1972, S. 41 - 44)

- Phase 1: Wachstum durch Kreativität / Krise durch den Führungsstil
  Das Gründungsstadium einer Organisation ist gekennzeichnet durch das neue Erschaffen eines Produktes und eines Marktes. Dabei ist der Gründer des Unternehmens gewöhnlich technisch oder unternehmerisch orientiert. Die Kommunikation in der Belegschaft ist häufig und informal. Lange Arbeitszeiten werden durch bescheidene Gehälter entlohnt und die Kontrolle der Aktivitäten erfolgt über das unmittelbare Feedback des Marktes. Doch diese individualistischen und kreativen Tätigkeiten sind schon die Wiege der ersten Krise. Wachstum verlangt nämlich nach einer effizienteren Produktionsweise. Die Belegschaft läßt sich nicht mehr alleine durch informale Kommunikation leiten, Rechnungswesen und Kostenkontrolle werden notwendig und zusätzliches Kapital muß sichergestellt werden. Daraus entwickelt sich die erste Revolution in Gestalt einer Führungskrise, deren Bewältigung eine starke Führungskraft erfordert.

- Phase 2: Wachstum durch Führung / Krise durch Autonomie
  Die Unternehmen, die die erste Phase überlebt haben, wachsen unter einem fähigen Management weiter. Eine funktionale Organisation, eine formalisiertere Kommunikation und die Einführung eines Lager- und Rechnungswesens ermöglichen dies. Doch dieses Wachstum führt zu einer immer komplexeren Organisation, deren Führung zunehmend nach Spezialwissen verlangt. Die zentralen Managementpraktiken werden in Frage gestellt. Einen Ausweg aus dieser Krise der Autonomie findet sich in einer stärkeren Delegation von bestimmten Aufgaben auf untere Ebenen.

- Phase 3: Wachstum durch Delegation / Krise durch Kontrolle
  Die größere Verantwortung der Werkleiter und Produktmanager sowie Profit-Center, Bonussysteme und ein Management by Exception basierend auf periodischen Berichten führen einerseits zu weiterem Wachstum. Andererseits läßt dies aber beim Management den Eindruck entstehen, daß es Gefahr läuft, die Kontrolle über die stark diversifizierten Operationen zu verlieren. Damit ist die dritte Phase der Revolution eingeleitet. Da die Rückkehr zu einem zentralen Management meist nur schwierig möglich ist, wird der Ausweg nur in der Einführung spezifischer Koordinationsmechanismen gesehen.

- Phase 4: Wachstum durch Koordination / Krise durch Bürokratie
  In dieser Phase ist die evolutionäre Periode dadurch charakterisiert, daß formale Koordinationsmechanismen (z.B. formale Planungsmethoden, Richtlinien, ...) eingesetzt werden. Das Top-Management trägt die Verantwortung für die Initiierung und Verwaltung dieser Systeme. Über die Zeit führt dies aber meist zu einer Inflation solcher Koordinationsmechanismen. Dadurch verschlechtert sich die Zusammenarbeit zwischen Linie und Stab bzw. zwischen Zentrale und einzelnen Geschäftsbereichen zusehens. Da der Zusatznutzen dieser Systeme zunehmend fraglich wird, kritisieren beide Seiten die angewachsene Bürokratie.

- Phase 5: Wachstum durch Teamgeist / Krise durch ?
  Während Phase 4 in erster Linie über formale Systeme gemanagt wurde, betont diese Phase die Spontanität von Mangementaktionen. Teamarbeit und die geschickte Konfrontation bei interpersonellen Unstimmigkeiten stehen dabei im Vordergund. Die Evolution in dieser Phase wird damit durch ein flexibleres Management sowie Selbstdisziplin ermöglicht. Matrixorganisationen, Ausbildungsprogramme, Real-Time-Informationssysteme und das Anbinden der Belohnungen an die Teamarbeit sind Instrumente, die dies unterstützen helfen. Für *Greiner* ist die Art der Krise noch unklar. Er vermutet jedoch, daß sie die \`Psychological Saturation´ der Mitarbeiter betreffen wird, die von der ständigen Teamarbeit und dem dauernden Druck nach innovativen Problemlösungen emotional und physisch erschöpft sind. Eine Lösung sieht er in neuen Strukturen und Programmen, die den Mitarbeitern periodische Ruhe- und Revitalisierungspausen ermöglichen.

1.2.2.1.3 Das Integrationsmodell von Quinn/Cameron

Quinn/Cameron (vgl. Quinn/u.a., 1983, S. 33 ff.) beschreiben und analysieren neun dieser organisatorischen Entwicklungsmodelle. Jedes Modell ist durch bestimmte Merkmale charakterisiert, die Organisationen in unterschiedlichen Stadien ihrer Entwicklung identifizieren. Sie leiten daraus ein Meta-Modell (vgl. Staehle, 1991, S. 837) ab, das die spezifischen Eigenschaften aller Modelle integriert und aus den vier Stadien Unternehmertum, Gemeinschaft, Bürokratisierung und Restrukturierung (vgl. zur deutschen Übersetzung Staehle, 1991, S. 838) besteht. (vgl. Abb. 11)

Abb. 11: Die Integration von neun Entwicklungsmodellen nach *Quinn/Cameron*

1. Entrepreneurial Stage	2. Collective Stage	3. Formalization and Control Stage	4. Elaboration of Structure Stage
• marshalling of resources • lots of ideas • entrepreneurial activities • little planning and coordination • formation of a "niche" • "prime mover" has power	• informal communication and structure • sense of collectivity • long hours spent • sense of mission • innovation continues • high commitment	• formalization of rules • stable structure • emphasis on efficiency and maintenance • conservatism • institutionalized procedures	• elaboration of structures • decentralization • domain expansion • adaptation • renewal

Quelle: Quinn/u.a., 1983, S. 35

Die vier Stufen werden darüber hinaus im Hinblick auf effizienzbezogene Orientierungsmuster untersucht. *Quinn/Cameron* verwenden dazu ein zweidimensionales Raster, in dem die Effizienzorientierungen in den Dimensionen Flexibilität versus Kontrolle und interne versus externe Orientierung als Muster abgetragen werden. Es zeigt sich, daß in jeder Stufe ein anderes Effizienzmodell vorherrschend ist. (vgl. Türk, 1989, S. 62 ff. u. vgl. Quinn/u.a., 1983, S. 41 ff.)

Die Autoren finden es überdies bemerkenswert, daß sich nur ein Modell mit dem Niedergang einer Organisation beschäftigt. Anscheinend gehen alle davon aus, daß die letzte Phase der Restrukturierung in jedem Fall gelingt. (vgl. Staehle, 1991, S. 838) Mit welchen Schwierigkeiten dies jedoch verbunden ist und welche Vorausetzungen dafür notwendig sind, beschreiben sie dagegen weniger. *Beatty/Ulrich* greifen diese Thematik auf und beschäftigen sich eingehend mit der Frage, wie eine Restrukturierung einer Organisation in der Reifephase ihres Lebenszykluses durchzuführen ist, um den Niedergang zu verhindern. (vgl. Beatty/u.a., 1991, besonders S. 20)

1.2.2.2 Selektionsmodelle

Die evolutionstheoretischen Ansätze beantworten die Frage nach der Ursache für die empirisch vorfindbare Vielfalt von Organisationen mit der Selektionskraft der Umwelt. (vgl. Staehle, 1991, S. 840) Sie verstehen organisatorischen Wandel nicht als Manifestation interner Entwicklungsprozesse, sondern als Ergebnis von Selektionsprozessen bestimmter Strukturen oder ganzer Organisationen in der Umwelt. (vgl. Türk, 1989, S. 80) Grundsätzlich wird bei der Erklärung von Veränderungsprozessen unterstellt, daß der Gestalter die Änderungen wie geplant durchführt. Demgegenüber wird in den evolutionstheoretischen Ansätzen die Meinung vertreten, Organisationen seien zu komplex, um sie geplant verändern zu können. Die Gestalter setzen daher oft Änderungsprozesse in Gang, die sie nur teilweise kontrollieren können. Letztlich entscheidet - in Anlehnung an *Darwin* - die Auslese durch die Umwelt, welche Organisationsstruktur sich durchsetzt oder nicht. (Kieser, 1993, S. 243 f.) Damit erweisen sich diese Ansätze als eine dynamisierte Weiterentwicklung des Situativen Ansatzes. (vgl. Türk, 1989, S. 80)

Innerhalb dieser Theorierichtung existieren eine Reihe von Ansätzen, die sich dadurch unterscheiden, daß sie jeweils andere Einheiten der Evolution definieren. Manche analysieren beispielsweise die Evolution ganzer Organisationen, andere die Evolution von Verhalten in einer Organisation. Das verbindende Element dieser Ansätze ist der Versuch, Prinzipien der Evolution zur Anwendung zu bringen. (vgl. Kieser, 1993, S. 245) Um das unterschiedliche Verständnis von Evolution in diesen Ansätzen zu verdeutlichen, werden nachfolgend vier Ansätze vorgestellt, wobei dem Population-Ecology-Ansatz wegen seiner Bedeutung für diese Theorie der größte Platz eingeräumt wird.

1.2.2.2.1 Der Population-Ecology-Ansatz

Der am weitesten verbreitete Ansatz ist der *Population-Ecology-Ansatz* (ab 1978), als dessen wichtigste Vertreter *Aldrich/McKelvey* und *Hannan/Freeman* zu nennen sind. Es ist ihr Verdienst, auf die evolutionären Aspekte im Rahmen des organisatorischen Wandels aufmerksam gemacht zu haben. Die Vertreter dieses Ansatzes setzen bei der Analyse des organisatorischen Wandels nicht bei der einzelnen Organisation an, sondern bei ganzen Populationen von Organisationsformen, deren Auftauchen und Ausdifferenzierung (Variation), Auswahl der Besten (Selektion) sowie Bewahrung und Reproduktion (Retention) in einem Drei-Phasen-

Prozeß gesehen wird. (vgl. Staehle, 1991, S. 840 f.) Evolutionäre Prozesse entstehen danach vorwiegend durch Innovationen oder durch die Imitation bestehender Organisationsformen, die zu Variationen führen. Langfristig stellen diese Variationen das `Material´ für den Prozeß der Auslese dar, denn weniger effiziente Organisationen werden im Konkurrenzkampf unterliegen. Die selektierten Varianten werden mit Hilfe gesellschaftlicher Institutionalisierung und der Herausbildung bürokratischer Routinen konserviert und können wieder an neue Organisationen weitergegeben werden. (vgl. Kieser, 1993, S. 246 ff.)

Da der Manager in diesen Ansätzen ein passiver Bestandteil der Organisation ist, der keinen Einfluß auf die Selektionskräfte der Umwelt hat und daher nur über einen geringen Gestaltungsbereich verfügt, läßt dieser Ansatz auch wenig Raum für anwendungsorientierte Aussagen zu. Dennoch müssen zwei Grundtendenzen unterschieden werden, die richtungsweisende Konsequenzen für die Gestaltung, Lenkung und Entwicklung von Systemen nach sich ziehen. (vgl. Semmel, 1984, S. 196 ff.) Einerseits wird aufgrund der Trägheit bestehender Organisationen den offenen Gestaltungsspielräumen wie z.B. den Neugründungen von Organisationen eine große Bedeutung beigemessen. Großunternehmen sollten die Initiative ergreifen, den externen Selektiondruck etwa durch den Aufbau von Markteintritts-barrieren oder durch das Erbitten staatlicher Schutzmaßnahmen herabzusetzen. Andererseits wird durch die Berücksichtigung interner, partieller, absichtsvoller Variationen der Handlungsspielraum des Managements vergrößert. Der Zufall spielt dabei zwar ebenfalls eine entscheidende Rolle, doch kann der Manager aktiv einige elementare Grundsätze des Lenkens und Gestaltens von Systemen in die Praxis umsetzen. So wird im Bereich der Variation derjenigen Organisation eine größere Überlebenschance eingeräumt, die experimentierfreudig agiert und aus Fehlern lernt. Die Retention kann beispielsweise dadurch verbessert werden, daß man die Träger entscheidender Fähigkeitskomponenten einer Organisation durch entsprechende Anreize an diese bindet bzw. Mittel und Wege findet, Träger vorteilhafter Fähigkeitskomponenten von anderen Organisationen abzuwerben.

Kritisiert wird dieser Ansatz vor allem in seinen Annahmen und in den empirischen Studien, die zu seiner Bestätigung durchgeführt wurden. Die empirischen Studien stützen sich auf Modelle der Evolutionsbiologie und zeigen nicht mehr, als daß Neugründungen und Untergänge von Organisationen mit bestimmten Umwelt-variablen kovariieren. Analysen, die z.B. auf Lebenszykluskonzepten aufbauen, kommen zu ähnlichen Ergebnissen. Bezüglich der Annahmen wird beispielweise kritisiert, daß die Gründung von Organisationen nicht der bestimmende Variationsmechanismus und die Elimination von Organisationen nicht der dominierende Selektionsmechanismus darstellt, was sich empirisch nachprüfen läßt. Zudem vernachlässigt der Ansatz auch die Evolution organisationaler Evolutionsmechanismen. (vgl. Kieser, 1993, S. 253 ff.)

1.2.2.2.2 Der Ansatz von Weick

Ein weiterer jedoch etwas anders aufgebauter evolutionstheoretischer Ansatz ist der *Ansatz von Weick*. Im Gegensatz zum Population-Ecology-Ansatz geht *Weick* nicht von einer Analogie zur biologischen Evolution, sondern zur Antropologie aus. Danach läuft die Evolution menschlichen Verhaltens anders ab, als die an die Gene gebundene Evolution der Eigenschaften von Lebewesen. Entsprechend analysiert er in seinem Ansatz auch nicht ganze Populationen von Organisationen, sondern die in einer Organisation zum Einsatz kommenden Erklärungsmuster. (vgl. Kieser, 1993, S. 259)

Grundsätzlich haben nach der Ansicht von *Weick* Änderungen in der Umwelt keinen Einfluß auf die Organisation, solange die verantwortlichen Führungskräfte sie nicht wahrnehmen. Manager nehmen aber ihre Umwelt nicht unmittelbar wahr, sondern schaffen sich ihre Umwelt durch Deutungen, die letztlich ihr Verhalten bestimmen. Als Selektionsmechanismus wird von ihm die Bewährung solcher Erklärungsmuster angesehen, in dem Sinne, daß sich bestimmte Muster von Ursache-Wirkungs-Zusammenhängen wiederholt als hilfreich für die Reduzierung der Mehrdeutigkeit von Darstellungen erweisen. Die Muster, die hilfreich sind, werden tendenziell selektiert, die anderen tendenziell eliminiert. (vgl. Weick, 1985, S. 252 ff.) Für das Management heißt das, daß man neue Erklärungsmuster ausprobieren und eine größere Toleranz gegenüber abwegigen Ideen aufbringen soll. Zudem soll der Manager keine Angst vor chaotischen Aktivitäten haben, da eine vollständige Interpretation erst aufgrund vollendeter Handlung möglich ist und im Vorfeld Erfahrungen gesammelt werden können. Damit will er Manager dazu bringen, frei über die Organisation zu reflektieren und zu assoziieren, da nach seiner Meinung rationale analytische Schemata die Interpretation der Realität einengen und damit die Evolution der Organisation beeinträchtigen. (vgl. Kieser, 1993, S. 261)

1.2.2.2.3 Der Mechanistische Ansatz

Die Vertreter des *Mechanistischen Ansatzes* begreifen Organisationen als offene Systeme, eingebettet in eine sich wandelnde Umwelt, auf die sie zwecks Ressourcenbeschaffung angewiesen sind und deren Anpassung durch interne evolutionäre Mechanismen der Variation, Selektion und Bewahrung erreicht wird. Sie setzen sich dabei sowohl mit den Elementen der biologischen als auch der soziokulturellen Evolutionstheorie auseinander und übertragen die Erkenntnisse auf soziale Systeme. Aufgrund der Analyse beider Evolutionsschichten legen sie schließlich ihren Ausführungen eine prozeßorientierte, die Mechanismen der Evolution betonende Sichtweise zugrunde. (vgl. Semmel, 1984, S. 237 und ff.)

Das soziale System wird als ein hierarchisch strukturiertes Gebilde verstanden, welches sich aus Individuen, Gruppen und Subsystemen zusammensetzt, die auf allen Ebenen horizontalen und vertikalen Evolutionsprozessen unterliegen. Bei der Übertragung ihrer Theorie auf soziale Systeme gehen die Vertreter dieses Ansatzes von einer Zweiteilung aus. Sie fordern, daß zwischen einer inhaltlichen Ausprägung evolvierender Komponenten und der Ausgestaltung der Mechanismen, die die Evolutionsprozesse in einem sozialen System hervorbringen, unterschieden wird. Damit wird indirekt ein gestalterischer Eingriff in die Mechanismen der Evolution angestrebt.

Dem Menschen wird unterstellt, daß er sich selbst aktiv und gestalterisch in die Organisation einbringen möchte. Es ist daher wichtig, daß die Organisation die Vorteilhaftigkeit gewisser Praktiken erkennt und somit die Fähigkeit zur Anpassung an Umweltveränderungen entwickelt und fördert. Blinde Variationen, originale Variationen (sind von Mitgliedern einer Organisation vollkommen neu erfunden), gezielte inkrementale Variationen und geliehene Variationen (werden von anderen Organisationen imitiert) werden selektiert und erfolgreich beurteilte Praktiken im kollektiven Gedächnis der Organisation aufbewahrt. (vgl. Semmel, 1984, S. 240 ff.) Sie lassen sich in Zukunft in ähnlichen Situationen wieder abrufen und einer erneuten Selektion unterziehen. Somit besteht das oberste Ziel des Managements darin, einer Organisation die Fähigkeit zur kontinuierlichen Anpassung zu vermitteln, also eine Unternehmung mit der Eigenschaft der `Selbst-Evolutionsfähigkeit´ (vgl. Semmel, 1984, S. 268) zu versehen.

1.2.2.2.4 Der St. Galler Ansatz

Die Frage, welche Konsequenzen sich für das Management ergeben, wenn Organisationen als evolvierende Systeme verstanden werden, versuchen die Ansätze des evolutionären Managements zu beantworten, zu denen die von *Ulrich* begründete `St. Galler Schule´ und der entsprechende *St. Galler Ansatz* zuzuordnen ist. (vgl. Kieser, 1993, S. 268)

Zwei zentrale Konzepte bilden die Ausgangsbasis dieses Ansatzes. Zum einen ist es das Konzept der `spontanen Ordnung´ von *Hayek*, nach dem Verhaltensregeln, auf denen spontane Ordnung beruht, als das allmählich gewachsene Ergebnis eines Evolutionsprozesses zu verstehen sind. Sie bieten dem Management Orientierungsmöglichkeiten für vernünftiges Handeln, da sich in ihnen im Evolutionsprozeß `Wissen´ abgelagert hat. Damit vermitteln sie sozialen Systemen durch die wechselseitige, antizipierende Anpassung und Modifikation des Verhaltens der beteiligten Personen die Fähigkeit zur Selbstorganisation und die Möglichkeit sich an verändernde Umweltbedingungen anzupassen. Zum anderen ist es *Ashbys* `law of requisite variety´, wonach die Überlebensfähigkeit eines Systems dann gefährdet ist, wenn seine eigene Komplexität nicht ausreicht, um die notwendige Varietät zur Lösung auftauchender Umweltprobleme zu erzeugen. (vgl. Kieser, 1993, S. 268)

Dem Manager wird deshalb geraten, die Varietät des Systems so hoch wie möglich zu halten und über die Selektionen möglichst wenig Komplexität auszublenden. Dies ist deshalb wichtig, da die Umwelt immer komplexer ist, als das System und Anpassungsvorgänge sonst beeinträchtigt würden. (vgl. Kieser, 1993, S. 269)

Somit wird nach *Bleicher* "ein Brückenschlag versucht zu allgemeinen - nahezu metatheoretischen - Vorstellungen der stochastischen Evolution biologischer Systeme, deren Anpassung an komplexe Umweltbedingungen über Mechanismen der Mutation, Selektion und Retention erfolgt, und zu einer im Sinne des Voluntarismus vollzogenen Entwicklung sozialer Systeme, deren Funktionalität im sinnhaften Lernen über den Umgang mit Komplexität gesehen werden kann." (Bleicher, 1995, S. 41)

Insgesamt wird an allen Ansätzen der Evolutionstheorie bzw. den Selektionsmodellen mehr oder weniger kritisiert[15], daß sie die Analogie zu biologischen Organismen bei weitem übertreiben. Zudem kann der Markt nicht als organisationsunabhängiger Selektionsmechanismus angenommen werden. Manager und Eigentümer überlassen nämlich i.d.R. ihre Unternehmen nicht einfach der Selektion des Marktes, sondern greifen gerade in neuerer Zeit verstärkt durch das Einleiten von Lern- und Entwicklungsprozessen in den Mechanismus ein. (vgl. Staehle, 1991, S. 841)

1.2.2.3 Lernmodelle

Vertreter dieser Denkrichtung sind der Ansicht, daß permanente Verbesserung und damit Wandel in Unternehmen engagiertes Lernen voraussetzt. (vgl. Garvin, 1993, S. 78) Auch Unternehmen vertreten in der heutigen Zeit zunehmend die Meinung, daß alle bisherigen Effizienz- und Reengineering-Programme von Time-Based-Management bis hin zu Kontinuierlichen Verbesserungsprozessen in ein gesamtheitliches Denkmodell integriert und um die zusätzliche Dimension menschlicher Lernfähigkeit erweitert werden müssen. (vgl. Maier, 1994, S. 36) Entsprechend versuchen Lernmodelle organisatorischen Wandel nicht wie die Selektionsmodelle im Sinne einer extroversen Bewährung zu erklären, sondern verstehen ihn im Sinne einer epigenetischen Optimierung, also dem Streben nach einer Verbesserung der internen Effizienz. Damit laufen in diesen Modellen die Selektions- und Retentionsvorgänge sozusagen innerhalb der Einheit ab. Das Spektrum der Erklärungsmodelle reicht von einfachen Stimulus-Response-Modellen, denen Bedürfnisbefriedigung bzw. -versagung zugrundeliegt, bis hin zu komplexeren Modellen, in denen kognitive Lernprozesse unterstellt werden. Sie gehen dabei häufig von kumulativen Prozessen aus und unterstellen eine Richtung der Veränderungsprozesse entlang eines Optimierungspfades bezüglich der unterstellten Zielgröße. (vgl. Türk, 1989, S. 57)

Die Lernzyklen können sowohl von Individuen als auch von Kollektiven - also ebenso von Organisationen - durchlaufen werden. Die Problematik besteht jedoch darin, daß organisatorische Lernvorgänge beide Zyklen miteinander verbinden. Wenn von organisatorischem Lernen die Rede ist, erscheint es naheliegend, die

---

[15] Die Ansätze der Evolutionstheorie werden hier einschließlich ihrer Kritik und ihrer Schwachstellen nur überblicksartig vorgestellt, da eine fundierte Diskussion den Rahmen der Ausführungen übersteigen würde. Detaillierte Beschreibungen finden sich beispielsweise bei *Semmel* (vgl. Semmel, 1984) und *Kieser* (vgl. Kieser, 1993, S. 253 ff.).

Erkenntnisse individueller Lernprozesse auf die Organisation zu übertragen. Es stellt sich jedoch heraus, daß das Lernen von Organisationen mehr ist als nur kumulatives Lernen von Individuen. Organisationen besitzen beispielsweise Mittel, um Informationen ohne Zutun des einzelnen zu speichern, so daß das erlernte Wissen auch ohne das lernende Individuum erhalten bleibt. Um organisatorische Lernvorgänge effektiv gestalten zu können, muß das Management daher sowohl Vorstellungen über die kognitiven Strukturen ihrer Mitarbeiter entwickeln als auch verstehen, wie Lernprozesse auf individueller *und* organisatorischer Ebene zu initiieren sind.

Aufgrund der zunehmenden Bedeutung dieser Thematik in der neueren betriebswirtschaftlichen Literatur - besonders unter dem Begriff der `Lernenden Organisation´ oder des `Wissensmanagements´ -, werden diese Lernmodelle auch hier etwas ausführlicher behandelt.[16]

1.2.2.3.1 Individuelles Lernen

Innerhalb der Lernmodelle bilden individuelle Lernprozesse die Grundlage von organisatorischen Lernprozessen und damit von organisatorischem Wandel. "The most basic premise for thought and action associated with learning organizations is that the point of departure is in the individual and his/her learning and behaviour." (Arvedson, 1993, S. 7) Lernen wird dabei meist als eine Veränderung im Verhalten der Menschen definiert. "Learning is the changing of behaviour." (Sweringa, 1992, S. 19) Allerdings kann festgestellt werden, daß nicht jeder Lernvorgang zu einer Verhaltensänderung führen muß. Deshalb wird in diesem Zusammenhang oft der Begriff des Verhaltenspotentials verwendet. Unter Lernen soll daher im folgenden "eine Veränderung im Verhalten oder im Verhaltenspotential eines Organismus hinsichtlich bestimmter Situationen [verstanden werden], die auf wiederholte Erfahrungen des Organismus in dieser Situation zurückgeht, vorausgesetzt, daß diese Verhaltensänderung nicht auf angeborene Reaktionstendenzen, Reifung oder vorübergehende Zustände (wie etwa Müdigkeit, Trunkenheit, Triebzustände, ...) zurückgeführt werden kann." (Bower/u.a., 1983, S. 31)

Während die o.a. Definitionen das Ergebnis eines Lernprozesses beschreiben, versuchen Lerntheorien den Prozeß des Lernens zu erklären. Die Literatur

[16] Obwohl sich an dieser Stelle wegen der Aktualität ausführlicher mit Lernmodellen befaßt wird, kann die Darstellung aufgrund der Komplexität nur Überblickscharakter besitzen. Zur Vertiefung sei daher auf die zugrundeliegende Literatur verwiesen.

unterscheidet grundsätzlich in die Vertreter des Behaviorismus und des Kognitivismus. (vgl. Bower/u.a., 1983 u. 1984) Da die behavioristischen Modelle in ihrer Einfachheit weniger geeignet sind, komplexe Lernvorgänge zu erklären, wie sie z.B. bei organisatorischen Veränderungen auftreten, wird der Schwerpunkt im folgenden auf die kognitiven Lerntheorien gelegt.

Die ersten Theorien aus der ersten Hälfte des 20. Jahrhunderts waren behavioristisch orientiert. Der Organismus wird als Back-Box aufgefaßt und die Fokussierung liegt auf dem unmittelbar beobachtbaren Verhalten. Zwei unterschiedliche Erklärungsansätze haben diese Theorierichtung nachhaltig beeinflußt. Zum einen ist dies das Lernen im Sinne der konditionierten Reaktion bzw. das klassische Konditionieren. Diese Denkrichtung wurde besonders von dem russischen Wissenschaftler *Pawlow* mit seinen Versuchen mit Hunden und den daraus abgeleiteten konditionierten Reiz-Reaktionen geprägt. (vgl. Bower/u.a., 1983, S. 80 ff.) Zum anderen ist dies das Lernen nach dem Verstärkerprinzip. Diese Erklärungsrichtung befaßt sich mit dem operanten oder instrumentellen Konditionieren. Einer der ersten Wissenschaftler, die sich mit diesem Phänomen beschäftigten, war der amerikanische Psychologe *Thorndike*. (vgl. Bower/u.a., 1983, S. 42 ff.) Er führte Experimente mit Katzen durch, welche durch Belohnungen ihre erfolgreichen Versuche, den Ausgang aus einem Problemkäfig zu finden, wesentlich verbesserten. Bei diesen Versuchen wurde er von der Annahme geleitet, daß das Verhalten eine Funktion der erlaubten Konsequenzen ist.

Mit den kognitiven Lerntheorien, die in neuerer Zeit wieder an Bedeutung gewinnen, rückt das Bewußtsein und die dahinter liegenden kognitiven Vorgänge wie Denken und Problemlösen in den Mittelpunkt des Interesses. Als Initiator dieser Argumentationslinie gilt *Tolman*. Er war von seiner ursprünglichen Einstellung eigentlich ein Behaviorist. Jedoch unterscheidet er sich von den anderen Behavioristen dadurch, daß es ihm darum ging, die Verhaltenstheorie mit Begriffen wie Wissen, Denken, Planen, Schlußfolgern und Absicht in Kontakt zu bringen. Er nannte seine Theorie zuerst `zweckorientierter Behaviorismus´, bezeichnete sie aber später als `Zeichen-Gestalt-Theorie´ (Sign-Gestalt-Theory) bzw. als Erwartungstheorie. Alle diese später geprägten Begriffe heben seine kognitive Orientierung hervor. Seine Hauptüberzeugungen wurden davon geleitet, daß Verhalten auf der Ebene von Handlungen und nicht auf derjenigen der Bewegung analysiert werden soll. Zudem ist Verhalten zielgerichtet und damit absichtsvoll aber auch flexibel. (vgl. Bower/u.a., 1984, S. 88)

Ein Ansatz, der die Betrachtung der kognitiven Vorgänge beschreibt und zugleich den Bezug zum realen Verhalten herstellt, basiert auf den Überlegungen von *Kolb*. Er nennt sein Modell \`experiential learning´, weil er einerseits den historischen Bezug zu den sozialpsychologischen Wurzeln (Lewin) des Ansatzes herstellen und andererseits die besondere Bedeutung der Erfahrung im Lernprozeß hervorheben will. (vgl. Kolb, 1976, S. 21)

Unter Berufung auf *Lewin* beschreibt er den Lernzyklus als vierstufigen Kreislauf, (vgl. Abb. 12) der Aufschluß über die einzelnen Fähigkeiten gibt, die ein lernendes Individuum besitzen muß, um ohne Verzerrung eine neue Erfahrung machen und bewerten zu können. Danach ist die konkrete Erfahrung die Ausgangsbasis für Beobachtung und Reflektion. Die Beobachtungen werden in Theorien überführt, aus denen neue Implikationen und Handlungen deduziert werden können. Diese Hypothesen dienen dann wiederum als Aktionsleitlinien, um neue Erfahrungen zu sammeln. (vgl. Kolb, 1976, S. 21)

Abb. 12: The experiential learning model

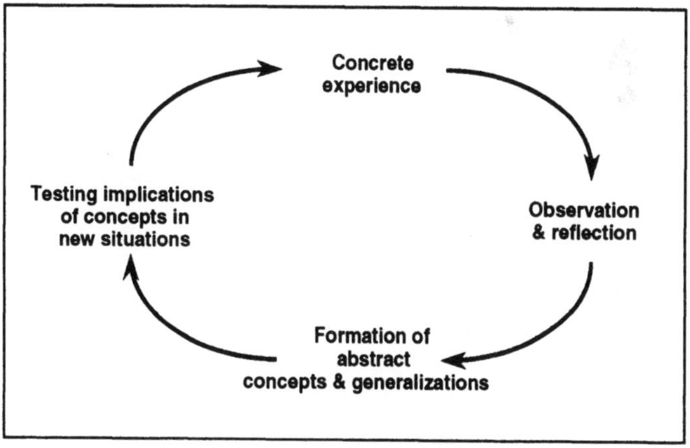

Quelle: Kolb, 1976, S. 22

Aufgrund der Lebenserfahrung, der vorangegangenen Ausbildung und den Anforderungen der gegenwärtigen Umwelt entwickeln die meisten Menschen einen individuellen Lernstil. Die Präferenzen des Individuums resultieren dabei in einem spezifischen Verhalten, welches zwischen aktivem und reaktivem sowie intuitivem und analytischen Vorgehen variieren kann. *Kolb* unterscheidet daher innerhalb des Lernzykluses vier verschiedene Lerntypen, die jeweils spezifische Kombinationen der Fähigkeiten, die im Lernzyklus benötigt werden, aufweisen: (vgl. Kolb, 1976, S. 23)

- `Diverger´: Alternativen erarbeiten; Probleme erkennen
- `Assimilator´: Theorien formulieren; Probleme definieren
- `Converger´: Theorien testen; Probleme lösen
- `Akkommodator´: Ressourcen beschaffen; Lösungen ausführen.

In Anlehnung an die verschieden Lerntypen oder die Stationen im Lernzyklus kann weiterhin eine Unterteilung in zwei unterschiedliche Ebenen vorgenommen werden. Während das aktive Experimentieren und das konkrete Erleben der operationalen Ebene zugeschrieben werden kann, sind die Schritte der Beobachtung & Reflexion sowie der abstrakten Konzeptionalisierung eher konzeptioneller Natur. (vgl. Kim, 1993, S. 38)

Obwohl dieser Zyklus dazu beiträgt, den individuellen Lernprozeß zu verstehen, erscheint er dahingehend unvollständig, daß die Wissenspeicherung darin nicht explizit berücksichtigt wird. *Bower/u.a.* beschäftigen sich im Rahmen der kognitiven Psychologie eingehend mit den Speicherkomponenten und Kontrollprozessen, welche in modernen Gedächnistheorien im allgemeinen postuliert werden. Sie entwickeln ein Diagramm, welches zeigt, wie die typischen Hauptkomponenten des Wahrnehmungs- und Gedächnissystems zusammenwirken. (vgl. Bower/u.a., 1984, S. 218 ff. besonders S. 226)

Kim greift die Erkenntnisse des Experiential Learning, der Differenzierung in operationale und konzeptionelle Lernebenen sowie der Wissensspeicherung auf und stellt den Zusammenhang in einem einfach strukturierten Modell dar. (vgl. Abb. 13) Allerdings verwendet er bei der Darstellung des Lernzykluses nicht die Bezeichnungen nach *Kolb*, sondern die von *Kofman*, die den gleichen Sachverhalt ausdrücken, aber nach seiner Meinung klarer verständlich sind. Die beiden Lernebenen finden auch in der Wissensspeicherung ihr Adäquat. Innerhalb der `Individual Mental Models´ wird das konzeptionelle Wissen als `Frameworks´ und das operationale Wissen als `Routines´ bezeichnet.

Abb. 13: Simple model of individual learning: OADI-Individual mental models (IMM) Cycle

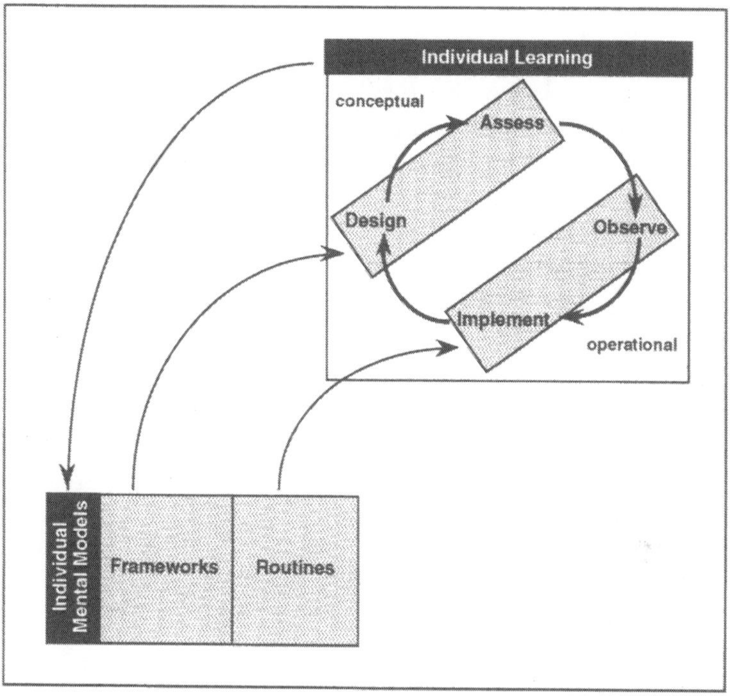

Quelle: Kim, 1993, S. 40

1.2.2.3.2 Organisatorisches Lernen

Obwohl das individuelle Lernen die Basis für organisatorisches Lernen darstellt, beinhaltet dies mehr als die reine Aggregation der einzelnen Lernprozesse der Individuen. Die Theorie muß daher klären, worin aus ihrer Sicht der Prozeß besteht, durch den ein System lernt. Organisatorisches Lernen läßt sich in einer ersten Annäherung als die Entwicklung eines von allen Organisationsmitgliedern geteilten Wissensbestandes interpretieren. Es zeigt sich aber, daß Organisationen auch mehr oder weniger personenunabhängige Lernsysteme entwickelt haben. (vgl. Staehle, 1991, S. 842) Entsprechend wird organisatorisches Lernen in der Literatur entweder als stellvertretendes Lernen von Personen in einer Organisation oder als Lernen von Organisationen jenseits der Personifizierung verstanden.

Beide Richtungen werden dabei meist parallel verwendet. *Pautzke* unterscheidet vier Ansätze: (vgl. Pautzke, 1989, S. 104 ff.)

- organisatorisches Lernen als stellvertretendes Lernen einer Elite: Eine dominierende Koalition (z.B. Management) `beherrscht´ die Organisation. Es wird ein enger Zusammenhang zwischen Macht und Lernen unterstellt. Danach hat das in individuellen Lernprozessen erworbene Wissen der Mächtigen die größte Chance, in organisatorische Entscheidungsprozesse einzufließen.

- organisatorisches Lernen als die Veränderung eines von allen Organisationsmitgliedern geteilten Wissens: Dies ist die am häufigsten anzutreffende Auffassung. *Argyris & Schön* sprechen in diesem Zusammenhang von `organizational maps´, *Jelinek* bezeichnet diese gemeinsame Wissensbasis als `shared frames of reference´(vgl. Pautzke, 1989, S. 105) und *Senge* (vgl. Senge, 1993, S. 8 f. u. S. 174 ff.) nennt es einfach `mental models´. Besonders in der neuen Diskussion der Unternehmenskultur wird die Bedeutung dieses gemeinsamen Wissensbestands betont. (vgl. Scott-Morgan, 1994, besonders S. 143 ff.)

- organisatorisches Lernen als die Nutzung, Veränderung und Fortentwicklung der organisatorischen Wissensbasis: Im Mittelpunkt steht das für die Organisation prinzipiell verfügbare Wissen. Es wird bewußt offen gelassen, welche Personen in der Organisation Träger des Lernprozesses sind. Danach umfaßt das organisatorische Lernen sowohl das Lernen einer Elite als auch das von allen Organisationsmitgliedern geteilte Wissen, sofern es der Organisation zur Verfügung steht.

- organisatorisches Lernen als Veränderung der Organisation in dem Sinne, daß Lernerfahrungen in organisatorischen Standardprozeduren, Normen, Werten, Verfahren, ... einfließen und damit konserviert werden.

Sattelberger (vgl. Sattelberger, 1991, S. 15) fügt mit organisatorischem Lernen als Lernen anderer Subkulturen, worunter er z.B. Seilschaften, politische Allianzen oder spezifische Managementebenen faßt, einen fünften Weg hinzu, auf dem sich organisatorisches Lernen vollziehen kann und stellt diese Erkenntnisse zusammenfassend dar. (vgl. Abb. 14)

Abb. 14: Lernen in Organisationen

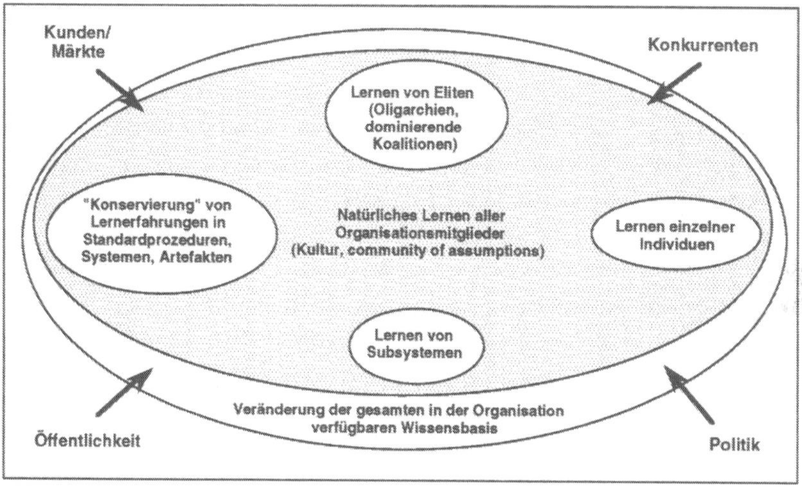

Quelle: Sattelberger, 1991, S.16

Es läßt sich ableiten, daß die Informationsspeicherung in einer Organisation sowohl in personeller als auch in formeller Form geschehen kann. Im Sinne einer personellen Speicherung stehen der Organisation durch die einzelnen Mitarbeiter potentielle Speicherkapazitäten zur Verfügung (sei es in der Elite oder in allen Individuen), auf die bei Bedarf zurückgegriffen werden kann. Wichtige Voraussetzung, damit der individuelle Wissenszuwachs für die Organisation oder einzelne Bereiche auch zu einem organisatorischen Wissenszuwachs beiträgt, ist eine hinreichende *Kommunikation*. Nur individuelles Wissen, was auch konmmunizierbar ist, kann zu einer Erweiterung der organisatorischen Wissensbasis beitragen. (vgl. Pawlowsky, 1992, S. 220) Der Nachteil dieser Wissenspeicherung besteht darin, daß beim Ausscheiden eines Wissensträgers aus der Organisation für diese die Informationen ebenfalls verloren gehen. Aus diesem Grund ist zusätzlich die formelle Form der Speicherung von großer Wichtigkeit. Sie erlaubt die personenunabhängige Konservierung individueller Erkenntnisse aus Lernprozessen für die Organisation in Form von Standardprozeduren, Strategien, Systemen, Normen, ... "Normally it is argued that organizations try to perpetuate the fruits of their learning by formalizing them." (March/u.a., 1975, S. 157)

March & Olsen beschreiben den Prozeß organisatorischen Lernens ähnlich dem des individuellen Lernens als einen Lernzyklus. (vgl. March/u.a., 1975, S. 150 ff. u. Hedberg, 1981, S. 3) Sie stellen ihn als ein Stimulus-Response-Modell dar und zeigen die Verbindung von individuellem und organisatorischem Lernen auf. Dabei gehen sie davon aus, daß zu einem bestimmten Zeitpunkt einige Organisationsmitglieder eine Diskrepanz zwischen ihren Vorstellungen und der Realität feststellen. Diese Erkenntnisse und Präferenzen der Individuen beeinflussen ihr Verhalten. Dieses individuelle Verhalten und die Teilnahme an Entscheidungen bedingen ein bestimmtes organisatorisches Handeln und Entscheidungsverhalten. Dieses organisatorische Verhalten löst wiederum Reaktionen in der Umwelt aus. Die Umweltreaktionen beeinflussen schließlich wieder die Erkenntnisse und Präferenzen der Individuen. (vgl. Abb. 15)

Abb. 15: The complete cycle of choice

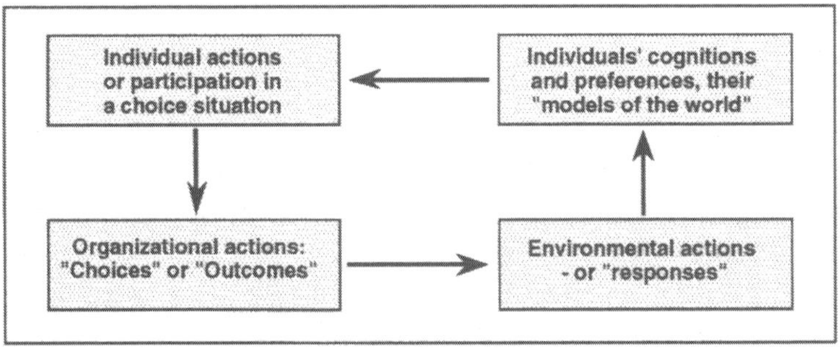

Quelle: March/u.a., 1975, S. 150

Damit zeichnet sich organisatorisches Lernen dadurch aus, daß sich das kollektiv geteilte Verhaltensrepertoire bzw. die akzeptierten Interpretationschemata ändern. (vgl Staehle, 1991, S. 845) Das Modell von *March & Olson* ist Ausgangspunkt weiterer Modelle zur Beschreibung organisatorischen Lernens.

Argyris & Schön bezeichnen das Verhaltensrepertoire, nach dem Menschen handeln, mit dem Begriff `Theories-in-use´. Es wird ständig mit den `Espoused theories´, den offiziell vereinbarten Führungsgrundsätzen und Theorien, verglichen. Abweichungen lassen sich im Rahmen der bestehenden `Theories-in-use´ korrigieren. (vgl. Argyris, 1985, S. 79 ff. u. vgl. Staehle, 1991, S. 845) Entsprechend differenzieren nach *Pawlowsky* die meisten Autoren in drei

Lerntypen. (vgl. Pawlowsky, 1992, S. 205) Die wohl bekannteste Unterscheidung ist die Dreiteilung von *Argyris & Schön.* (vgl. Argyris & Schön, 1978, beispielweise S. 20 ff.) Zum einen reagieren Organisationen auf Abweichungen von vorgegebenen Standards, indem sie Fehlerquellen identifizieren und abstellen. Diese Identifikation von Abweichungen und deren Korrektur wird als `Single-loop-learning´ bezeichnet. Zum anderen zeigt sich organisatorisches Lernen in einer Konfrontation von organisatorischen Hypothesen, Normen und Handlungsanweisungen mit Beobachtungen der Umwelt und einer Rückkopplung an die Organisation. Diese Prüfung organisatorischen Wissens an der Umwelt und dessen eventuelle Modifikation wird als organisatorisches Lernen zweiter Ebene oder als `Double-loop-learning´ verstanden. Die dritte Lernebene schließlich, die von *Argyris & Schön* `Deutero-learning´ genannt wird und das Lernen zu lernen erfaßt, stellt eine Meta-Perspektive organisatorischen Lernens dar. Die Verbesserung der Lernfähigkeit wird selbst zum Lernprozeß. (vgl. Pawlowsky, 1992, S. 206 ff.) Diese unterschiedlichen Lerntypen zeigen die Verwandtschaft mit den o.g. Dimensionen des Wandels (vgl. Gliederungspunkt 1.1.2.1). Manche Autoren verwenden sie auch als Bezeichnungen für die einzelnen Phasen des Veränderungsprozesses (vgl. Gliederungspunkt 2.1).

Kim versucht diesen Zusammenhang in seinem `Integrated Model of Organizational Learning´ (vgl. Kim, 1993, S. 44) darzustellen. Dazu ersetzt er die Position der `Individuals' cognitions´ aus dem Modell von *March & Olson* durch das in Abb. 13 vorgestellte OADI-Modell des individuellen Lernens. Er will so die Verbindung zwischen individuellem Lernen, kollektiv geteiltem Verhaltensrepertoire und organisatorischem Lernen herstellen. Individuelles Lernen beeinflußt danach über die Unternehmenskultur (Shared Mental Models) das organisatorische Lernen. Damit wird betont, daß Organisationen einerseits nur mit Hilfe ihrer Mitglieder in der Lage sind, überhaupt zu lernen, andererseits aber nicht von einem speziellen Mitglied abhängig sind.

Wandel im Sinne dieser Modelle bedeutet zum einen das Erlernen von neuen Verhaltens- und Denkweisen. Zum anderen setzt er aber auch das Verlernen alter, überholter Verhaltens- und Denkroutinen voraus. Mit dem Hören auf Widersprüche, dem Denken in Alternativen und dem Experimentieren zeigen *Nystrom/Starbuck* drei Wege auf, in denen Manager eigene Theories-in-use verlernen können. (vgl. Staehle, 1991, S. 846)

Für *Türk* gilt der Lernprozeß der gesamten Organisation als abgeschlossen, wenn sich die gewonnen Erkenntnisse operativ niedergeschlagen haben. (vgl. Türk, 1989, S. 57) Neuere Überlegungen zur Thematik einer `Lernenden Organisation´ verfolgen allerdings die Vision eines kontinuierlichen und immerwährenden Lernprozesses. Lernende Organisationen sind demnach "organizations where people continually expand their capacity to create the results they truly desire, where new and expansive patterns of thinking are nurtured, where collective aspiration is set free, and where people are continually learning how to learn together." (Senge, 1993, S. 3)

Zum Abschluß dieser Diskussion stellt sich die Frage, welche der vorgestellten Theorien oder Ansätze für die Erklärung des Konzeptes des organisatorischen Wandels den größten Beitrag leistet oder am vielversprechensten ist. Diese Frage zu beantworten, wäre rein willkürlich, denn alle Ansätze tragen etwas zur Beantwortung bei. Auch sie sind immer geprägt von einer speziellen Denkrichtung oder organisationstheoretischen "Schule", schließen sich aber nicht gegenseitig aus. Von daher erscheint es sinnvoller, eine Integration der unterschiedlichen Theorien und Ansätze anhand einer konkreten Problemstellung vorzunehmen und ihren Beitrag zu diskutieren, als sich auf eine tiefergehende und endlose Methodendiskussion einzulassen.

1.2.3 Organisatorischer Wandel und Strategisches Management

Neuere Therorieentwicklungen und der enge thematische Bezug verlangen außerdem danach, das Konzept des organisatorischen Wandels gegenüber dem Ansatz des Strategischen Managements abzugrenzen. In der Literatur wird dieser Aspekt nur relativ selten thematisiert und meist stillschweigend umgangen. Dies ist nicht zuletzt damit zu begründen, daß beide Begriffe nahezu identische Sachverhalte erfassen und eine Abgrenzung daher äußerst schwierig ist.[17]

Etymologisch gesehen stammt der Begriff `Strategie´ vom altgriechischen Wort `*Strategos*´ (= Heerführer) ab und bezeichnet die Kunst der Heeresführung. In der Militärwissenschaft erhält er von *v. Clausewitz* im 19. Jahrhundert eine neue Bedeutung, der damit den "Gebrauch des Gefechts zum Zwecke des Krieges" (v.

[17] An dieser Stelle ist es nicht das Anliegen des Autors, die Thematik des Strategischen Managements in allen Einzelheiten zu erläutern. Die Darstellung beschränkt sich daher auf einen Überblick über die wesentlichen Aspekte. Das Hauptaugenmerk liegt in der Abgrenzung der beiden Begriffsfelder `Organisatorischer Wandel´ und `Strategisches Management´.

Clausewitz zitiert in: Staehle, 1991, S. 561) bezeichnet. Er war es auch, der als erster den Vergleich zwischen Militär und Wirtschaft zog und auf die Anwendbarkeit militärwissenschaftlicher Erkenntnisse in der Wirtschaft aufmerksam machte. (vgl. Staehle, 1991, S. 561)

Entsprechend ihrer Herkunft aus der Lehre der Kriegsführung betont die strategische Denkweise in der Betriebswirtschaftslehre Aspekte wie beispielsweise die Konzentration der Kräfte, die Vermeidung von Schwächen bzw. der Aufbau von Stärken und das Ausnutzen von Umweltbedingungen. (vgl. Schertler, 1995, S. 97) *Schertler* charakterisiert *strategisches Denken* anhand von sechs Merkmalen:

"Visionäres Denken:	Kreatives Auseinandersetzen mit der Zukunft; der "leitende Gedanke", die "zentrale Idee";
Richtungsdenken:	Alternative Stoßrichtungen für zukünftiges Handeln, "Wenn-Dann-Planung", Diskontinuität ist normal, ist Chance;
Vorteilsdenken:	Orientierung an Erfolgsfaktoren und Wettbewerbskräften (driving forces); Betonung des "Anders seins", Suche nach Differenzierung;
Potentialdenken:	Identifikation von Chancen und "Wecken schlummernder Kräfte" (Nischen, Fähigkeiten, Motivation; kurzfristige Nachteile werden zugunsten langfristiger Vorteile bewußt in Kauf genommen);
Ganzheitliches Denken:	Systemoptimierung, Suche nach "Gestalt" (Gesamtheit, Ganzheit) und des "Selbst" (Identität, Abgrenzungsleistung),
Vernetztes Denken:	Beachten von Abhängigkeiten und Wechselwirkungen, Prozeßorientierung, Dynamik der Entwicklung von Mensch und Organisation." (Schertler, 1994, o.S.)

Nach *Ansoff* und *Mintzberg* findet das strategische Gedankengut in den 60er Jahren innerhalb der *Strategischen Planung* Berücksichtigung im Management. (vgl. Ansoff, 1984, S. 14 ff.; vgl. Mintzberg, 1994, S. 107 f.; vgl. Mintzberg, 1991, S. 12 f.) Die Strategische Planung ist dabei in erster Linie ein analytischer Prozeß, der aus einer gründlichen Wettbewerbsanalyse besteht und eine optimale strategische Entscheidungsfindung zum Ziel hat. Im Vordergrund stehen betriebswirtschaftliche, ökonomische und technolgische Variablen. (vgl. Ansoff, 1988, S. 235)

Bis hierher erscheint eine Differenzierung zum Konzept des organisatorischen Wandels im wesentlichen klar. Während sich die strategische Planung in erster Linie mit Analysen und der Suche nach einer optimalen Strategie auseinandersetzt, befaßt sich das Konzept des organisatorischen Wandels mit den Konsequenzen von Strategien im Sinne einer Implementierung von Veränderungen und den damit verbundenen Aktivitäten und Problemen während des Veränderungsprozesses.

Der Begriff und die Konzeption des *Strategischen Managements* findet sich erstmals 1971 bei *Ansoff*. Die Überlegungen gründen dabei auf Vorarbeiten von *Drucker* (1954) und *Chandler* (1962) zur Strategiethematik. (vgl. Hammes, 1993, S. 65) Demnach ist Strategisches Management im Gegensatz zur Strategischen Planung ein langfristig orientierter, organisatorischer Handlungsprozeß, in dessen Mittelpunkt strategische Resultate stehen. Er schließt psychologische, soziologische und politische Variablen ein und beinhaltet damit neben der einfachen Formulierung von Strategien und der Ausgestaltung unternehmerischer Fähigkeiten auch deren Implementierung. (vgl. Ansoff, 1988, S. 235)

Abb. 16: Von der Finanzplanung zum Strategischen Management

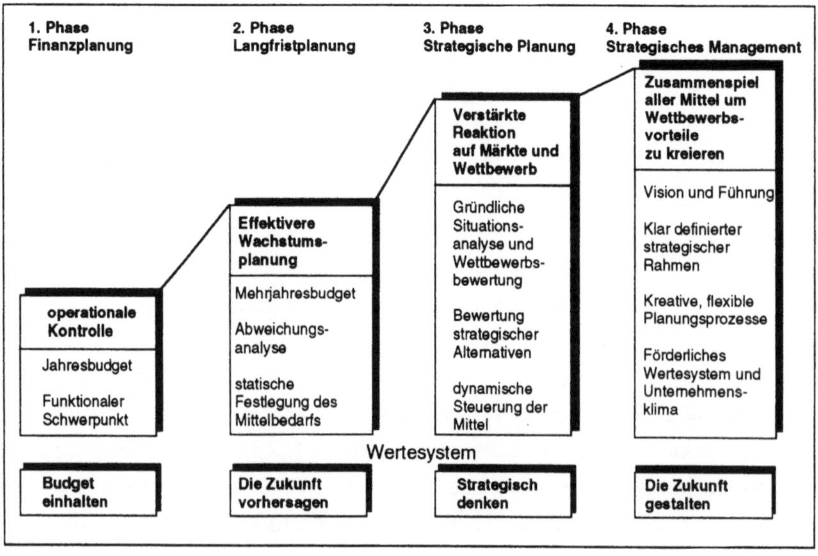

Quelle: (übersetzt nach Gluck/u.a. 1980, S. 157)

Ansoff stellt in seinen Ausführungen zur Entwicklung verschiedener Managementtechniken die Entwicklungsschritte zum Strategischen Management dar. (vgl. Ansoff, 1984, S. 14 ff.) *Gluck et alter* (vgl. Gluck/u.a., 1980, S. 154 ff.) greifen diese Erkenntnisse auf und fassen die Entwicklungsphasen in einem Schaubild zusammen. (vgl. Abb. 16) Mittlerweile hat die Zahl der Veröffentlichungen zum Strategischen Management eine nicht mehr überschaubare Vielfalt erlangt. Dies ist u.a. ein Grund dafür, daß bis heute noch kein einheitliches Verständnis darüber existiert, was dieser Ansatz letztlich beinhaltet. *Thomas/u.a.* haben die unterschiedlichen Ansätze analysiert und sie 10 verschiedenen Ausrichtungen zugeordnet. (vgl. Thomas/u.a., 1986, S. 1 ff. besonders S. 10) Das bedeutenstes Konzept ist sicherlich der industrieökonomische Ansatz zum Strategischen Management von *Porter*. (vgl. Porter, 1989, 1990) Er baut auf dem Structure-Conduct-Performance Paradigma auf und versteht die Industriestruktur bzw. deren genaue Analyse (fünf Wettbewerbskräfte) als zentralen Ausgangspunkt des Strategischen Managements. (vgl. Porter, 1990, S. 25 ff.)

Mit der Relevanz der sogenannten `Fit´-Ansätze für das Strategische Management (vgl. Bea/u.a., 1995, S. 368 ff.) wird jedoch eine Abgrenzung zum Konzept des organisatorischen Wandels zunehmend erschwert, da die Entwicklung aller Teilbereiche des Unternehmens in den Blickpunkt rückt. Diese Ansätze gehen auf die Ergebnisse einer empirischen Studie von *Rumelt* aus dem Jahre 1974 zurück. Ausgehend von *Chandlers* `structure follows strategy´ (vgl. Chandler, 1993, S. 14) und der kontrovers geführten Diskussion, ob es nun `structure follows strategy´ oder auch `strategy follows structure´ heißen muß (vgl. beispielsweise Schertler 1995, S. 121 ff.), fordert *Rumelt* ein `Fit´ (deut.: passen, übereinstimmen) zwischen Strategie und Struktur. (vgl. Bea/u.a., 1995, S. 369) Neuere Ansätze dehnen diese Sichtweise weiter aus. In jüngster Zeit wird in dem Zusammenhang auch der Unternehmenskultur verstärkt Bedeutung beigemessen. (vgl. Bea/u.a., 1995, S. 371) So schreibt beispielsweise *Porter*: "Für den Erfolg eines jeden Strategietyps sind unterschiedliche Fertigkeiten und Voraussetzungen erforderlich, die im allgemeinen sich in unterschiedliche Organisationsstrukturen und Unternehmenskulturen umsetzen." (Porter, 1989, S. 47) Ebenso wie jede Struktur durch die Unternehmenskultur geprägt ist, wird auch jede Strategie von den vorherrschenden Normen und Werten in einem Unternehmen beeinflußt. Dies ist darauf zurückzuführen, daß die Strategie von Menschen entworfen wird, die selbst wiederum Bestandteil einer Unternehmenskultur sind. (vgl. Bleicher, 1990, S. 881) Deshalb wird vielfach darauf hingewiesen, daß die drei Elemente Strategie,

Struktur und Kultur im Sinne eines strategischen Fits zusammenpassen müssen. (vgl. hierzu auch Gliederungspunkt 2.2) Entsprechend interpretiert *Hinterhuber* das Konzept des Strategischen Managements im Sinne einer strategischen Unternehmensführung und integriert in seine Gesamtkonzeption neben der Strategie u.a. auch die Organisation und die Unternehmenskultur. (vgl. Hinterhuber, 1989, besonders S. 39) Damit erscheint organisatorischer Wandel als integrierter Bestandteil des Strategischen Managements.

Dieser Eindruck wird mit Begriffen wie `Strategic Change´ oder `Strategischer Wandel´ noch unterstrichen, die in neuerer Zeit in den Mittelpunkt der Diskussion rücken und die allgemeine Konfusion komplettieren. Bereits 1979 bringt *Kirsch* das Strategische Management mit der strategisch geplanten Evolution der langfristigen Organisationsentwicklung in Verbindung und betrachtet die Theorien des geplanten, organisatorischen Wandels und die Zielforschung als wichtige Quellen des Strategischen Managements. (vgl. Knyphausen-Aufsess, 1995, S. 22) Er versteht die organisatorische Evolution als eine von einer konzeptionellen Gesamtsicht gesteuerten Folge von Episoden organisatorischen Wandels. Er spricht dann von Strategischem Management, "wenn eine solche Folge von Episoden durch eine konzeptionelle Gesamtsicht der langfristigen Organisationsentwicklung gesteuert wird und wenn diese konzeptionelle Gesamtentwicklung im Rahmen einer institutionalisierten strategischen Planung systematisch fortentwickelt wird." (Kirsch, 1979, S. 316)

Gewisse Aufklärung verheißt die auf *Chandler* (1962) und *Ansoff* (1965) zurückgehende Unterscheidung in `Strategy Content´ und `Strategy Process´, wobei ""Strategy Content" all das bezeichnet, was entschieden wird, während "Process" die Frage betrifft, wie die Entscheidungen in der Organisation durchgesetzt werden." (Knyphausen-Aufsess, 1995, S. 38) Auch die damit eng verbundene Differenzierung in Strategieformulierung und -implementierung läßt auf Klarheit hoffen. Es erscheint offensichtlich, daß Strategy Process und Strategieimplementierung einen engen Bezug zu Fragen der Organisation und damit auch des organisatorischen Wandels besitzen. Dagegen macht sich jedoch in neuerer Zeit mit den Ideen des Ressourcenorientierten Ansatzes (vgl. dazu beispielsweise Rühli, 1994, S. 42 ff. oder Grant, 1995, S. 113 ff.) verstärkt Kritik breit. Es wird argumentiert, daß bestimmte Fähigkeiten bzw. Kernkompetenzen (vgl. Prahalad/ u.a., 1991, besonders S. 68 ff.) die Wurzeln der Wettbewerbsfähigkeit einer Unternehmung darstellen, zu denen auch die Beherrschung von Prozessen gehören, die der Implementierung von Strategien dienen. Damit werden die Grenzen der Differenzierungen fraglich. (vgl. Knyphausen-Aufsess, 1995, S. 38 f.)

Entsprechend interpretiert beispielsweise *Pettigrew* den Zusammenhang: "In this formulation, the management of strategic change involves consideration of not only the content of a chosen strategy, or even of analytical process which reveals various content alternatives, but also the management of the process of change, and the context in which it occurs." (Pettigrew, 1988, S. 5) *Grundy* vertritt ebenfalls die Ansicht, daß eine isolierte Betrachtung von organisatorischem Wandel aufgegeben und das Management des organisatorischen Wandels als ein strategischer Prozeß verstanden werden muß. Nur so sei es möglich, proaktiv vorgehen zu können und den Wandel nicht als gegeben hinnehmen zu müssen. Er versteht Veränderungsinitiativen "not in isolation, but in relation to the `big picture´ - in other words, at strategic level. This may highlight gaps in programmes or existing processes for managing change, as well as raise questions about strategic, operational, organisational and financial benefits that change aims to generate." (Grundy, 1993, S. 19)

Eine separate Diskussion von Strategie und Wandel erscheint damit nach neueren Erkenntnissen weniger zweckmäßig. Beide Aspekte bedingen sich gegenseitig und interagieren miteinander. Strategisches Denken heißt auch, den Status quo herausfordern. Entsprechend schließt der Ansatz des Strategischen Managements im neueren Verständnis sowohl die Strategieformulierung als auch die -implementierung ein. Um jedoch das Konzept des organisatorischen Wandels explizit zu berücksichtigen und eine Substitution des Begriffes des Strategischen Managements durch alternative Begriffe wie Strategic Change oder Evolutionäres Management - wie dies beispielsweise *Knyphausen-Aufsess* andeutet (vgl. Knyphausen-Aufsess, 1995, S. 41) - zu vermeiden, da dies keinesfalls zu einer Klärung des Sachverhaltes beitragen würde, wird der Ansatz des Strategischen Managements nachfolgend als die übergeordnete, integrierende Managementkonzeption verstanden. Das Konzept des organisatorischen Wandels wird innerhalb dieses Ansatzes im Sinne der engeren Betrachtungsweise der Strategieimplementierung eingeordnet und vor dem Hintergrund der strategischen Denkweise prozessorientiert diskutiert.

2 Initiierung und implementierung von Wandel

2.1 Organisatorischer Wandel als Prozeß

Einigkeit besteht in der Forschung darüber, daß organisatorischer Wandel als ein komplizierter Prozeß verstanden werden muß. Dieser wird meist durch eine Abfolge von Phasen und Aktivitäten beschrieben. In der Literatur finden sich eine Vielzahl solcher Phasenmodelle, die im wesentlichen auf den Gedanken von *Lewin* aufbauen. Etwas Ordnung in diese Modellvarietät bringt eine ausführliche Gegenüberstellung von *Kirsch* (vgl. Kirsch/u.a., 1979, S.38 f.), die die Verschiedenartigkeit der Phaseneinteilungen und die empfohlenen Aktivitäten von ausgewählten Phasenschemata bis zum Jahre 1976 im Überblick darstellt. Eine neuere, nicht so umfangreiche Übersicht, die allerdings vier Modelle aus dem Zeitraum von 1980 bis 1989 beinhaltet, findet sich bei *Kanter* (vgl. Kanter/u.a., 1992, S. 376). Von diesen Modellen werden nachfolgend drei vorgestellt. Im einzelnen sind dies die Modelle von *Lewin* und von *Beckhard/Harris*, die wegen ihrer nachhaltigen Bedeutung ausgewählt werden, sowie das Modell von *Tichy*, welches zur Zeit das wahrscheinlich aktuellste ist.

Abb. 17: Phasenmodelle des Wandels

Modell	Phasen des Veränderungsprozeß		
Lewin (1947)	Unfreezing	Moving	Refreezing
Beckhard/Harris (1977)	Present State	Transition State	Future State
Beer (1980)	Dissatisfaction X	Process X	Model
Kanter (1983)	Departures from Tradition and Crises	Strategic Decisions and Prime Movers	Action Vehicles and Internationalizat.
Tichy/Devanna (1986)	Act I Awakening	Act II Mobilizing	Act III (Epiloque) Reinforcing
Nadler/Tushman (1989)	Energizing	Envisioning	Enabling
Tichy (1993)	Act I Awakening	Act II Envisioning	Act III Rearchitecting

Quelle: erweitert in Anlehung an: Kanter/u.a., 1992, S. 376

2.1.1 Der Veränderungsprozeß nach Lewin

Lewin (vgl. Lewin, 1947, S. 34 f.; Lewin, 1951/1963, S. 262 f.; Lewin, 1958, S. 207 ff.) war einer der ersten, der sich mit dem Ablauf von Prozessen des geplanten Wandels, genauer gesagt mit den Gesetzmäßigkeiten und Beeinflußbarkeiten von Gruppenverhalten bei Veränderungen, auseinandersetzte. Sein Modell läßt sich als Basismodell von organisatorischen Veränderungsprozessen interpretieren, dessen Grundüberlegungen auch heute noch Bestand haben. Im Rahmen seiner Kräftefeld-Analyse, die menschliches Verhalten innerhalb von psychologischen Kräftefeldern versteht, kommt er zu zwei wesentlichen Erkenntnissen. Zum einen ändern einzelne Menschen ihre Einstellungen und Verhaltensweisen mit großer Wahrscheinlichkeit nicht, wenn die Werte und Verhaltensweisen ihrer sozialen Gruppe nicht geändert werden. Zum zweiten lassen sich erfolgreiche Änderungsprozesse durch die drei Phasen Auftauen (`unfreezing´), Bewegen (`moving´) und Einfrieren (`refreezing´) beschreiben (vgl. Bartölke, 1980, Sp. 1471 f. u. vgl. Lewin, 1947, S. 34). Letztere Erkenntnis läßt sich in einem Drei-Phasen-Modell darstellen. (vgl. dazu Abb.18)

Abb. 18: Kräftefeld des Wandels nach *Lewin*

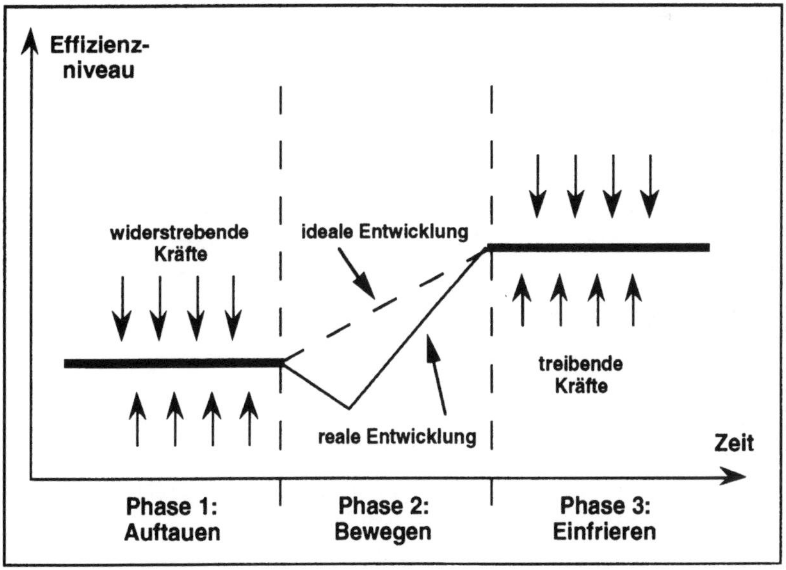

Quelle: erstellt in Anlehnung an Lewin, 1951/1963, S. 207 f.

Basierend auf seiner Feldtheorie geht *Lewin* von einem bestehenden sozialen Kräftefeld aus, in dem in jeder Situation Kräfte existieren, die den Wandel fördern, und solche, die ihn hemmen. Wollen soziale Systeme auf Dauer überleben, dann müssen sie für ein Gleichgewicht dieser Kräfte sorgen, welches er als "quasi-stationary equilibrium" (vgl. Lewin, 1947, S. 13 ff.) bezeichnet. Dies erklärt, warum sich Organisationen grundsätzlich in ihrem Ausgangszustand im Gleichgewicht befinden und eine gewisse Stabilität gegenüber Änderungsbemühungen zeigen.

Soll nun ein bestehendes Effizienzniveau einer Organisation zugunsten eines neuen auf eine höhere Ebene angehoben werden, so kann dies nur erfolgreich geschehen, wenn der zu einem bestimmten Zeitpunkt gegebene Gleichgewichtszustand in irgendeiner Weise aufgehoben wird. *Lewin* bezeichnet diese Phase als *`Unfreezing´* (vgl. Lewin, 1947, S. 34 f.) und meint damit das Auftauen bestehender Verhaltensweisen und Gewohnheiten (`the old way of doing things´). Bei dem einzelnen oder der Gruppe soll eine gewisse Veränderungsbereitschaft erzeugt und er/sie für die Veränderungsaktivitäten motiviert werden. (vgl. Hersey/u.a., 1972, S. 162 u. vgl. Schein, 1973, S. 139) "To break open the shell of complacency and self-righteousness it is sometimes necessary to bring about deliberately an emotional stir-up." (Lewin, 1947, S. 35) Dies geschieht meist dadurch, daß versucht wird, die betroffenen Mitarbeiter von der Notwendigkeit der Veränderung zu überzeugen. *Schanz* (vgl. Schanz, 1982, S. 347 f.) führt vier sozialtechnologische Maßnahmen an, die dies unterstützen. Zum einen nennt er den Grenzfall des völligen Verzichts auf eventuelle Hilfsmittel. Dies bedeutet, daß diese Phase mittels einer Strategie des Bombenwurfes einfach übersprungen wird (vgl. hierzu Gliederungspunkt 2.3). Zum anderen führt er mit der fehlenden Bestätigung oder Verunsicherung, der Induzierung von Schuldangst und dem Anbieten von Sicherheit trotz Wandel drei weitere Mechanismen an, die in diesem Sinne als Bestandteile der organisatorischen Informationspolitik betrachtet werden können (vgl. dazu Teil C).

Sind nun die Mitarbeiter auf die Veränderung vorbereitet, folgt mit der Phase des *`Moving´* oder *`Changing´* die eigentliche Veränderung des alten Zustandes. Diese Phase ist durch die Vorgabe der Veränderungsrichtung sowie die Implementierung und das Erlernen neuer Verhaltensweisen charakterisiert. *Schein* ist der Ansicht, daß dieser Prozeß auf zwei unterschiedliche Arten durchgeführt werden kann. Den ersten Mechanismus bezeichnet er als `Identifikation´ und meint damit das Erlernen von neuen Verhaltensweisen durch das Identifizieren mit und das Nacheifern von

Verhaltensweisen, die andere schon besitzen. Den zweiten Mechanismus sieht er in der `Internationalisierung´. Danach werden neue Verhaltensweisen dadurch erlernt, daß eine Person mit einer neuen Situation konfrontiert wird, in der diese Verhaltensweisen unbedingt erforderlich sind, um ein vorhandenes Problem zu lösen. (vgl. Schein, 1973, S. 139)

In der letzten Phase des *`Refreezing´* geht es schließlich darum, wieder Ruhe und Sicherheit in die Organisation einkehren zu lassen. Die innere Unruhe, die durch den Wandel induziert wurde, muß wieder auf ein vertretbares Maß reduziert werden. Das Ziel besteht darin, einen neuen Gleichgewichtszustand auf dem erreichten, höheren Effizienzniveau zu festigen. Damit wird die Organisation einerseits wieder voll handlungsfähig und es wird andererseits verhindert, daß sie wieder in den Ausgangszustand zurückfällt. (vgl Schanz, 1982, S. 349) Dieses Wiedereinfrieren ist jedoch nicht als ein starres Festschreiben von Neuerungen zu verstehen. Vielmehr stellt diese Phase den Ausgangspunkt für weitere Veränderungen und somit ein neues Auftauen und Ändern dar, was im Idealfall der Lernenden Organisation in einem immerwährenden Verbesserungszirkel mündet.

Die Erfahrung zeigt, daß Menschen tendenziell den Status quo mehr lieben als die Veränderung. Während des Veränderungsprozesses sind daher die änderungshemmenden Kräfte oft im Übergewicht (vgl. Gliederungspunkt 3). Es gelingt vielfach nicht direkt, alle Mitarbeiter von der Änderungsnotwendigkeit zu überzeugen und die änderungshemmenden Kräfte im notwendigen Maße abzuschwächen. Unruhe, Unsicherheit und Orientierungslosigkeit treten auf, was gerade in der Anfangsphase zu einem Effizienzrückgang führen kann. Im schlimmsten Fall mißlingen die Veränderungen ganz oder werden erheblich verzögert (vgl dazu auch Teil A). Je besser es deshalb in der "Auftau"-Phase gelingt, die Mitarbeiter von der Notwendigkeit des Wandels zu überzeugen, um so größer sind die Chancen, daß sich die reale Entwicklung der idealen Entwicklung (vgl. Abb. 18) angleicht und das anvisierte Effizienzniveau erreicht wird. Damit ist der Verlauf und das Gelingen des Änderungsprozesses auch vom Ablauf der Unfreezing-Phase und nicht - wie vielfach vermutet - nur von der Moving-Phase abhängig. Dies heißt jedoch nicht, daß erfolgreiches Auftauen schon ein problemloses Verändern garantiert.

2.1.2 Das Modell von Beckhard/Harris

Während die meisten Phasenmodelle die einzelnen Phasen in Anlehnung an die Vorgehensweise von *Lewin* nach den jeweils prägenden Aktivitäten benennen, bezeichnen *Beckhard* & *Harris* die Phasen nach der zeitlichen Sequenz des jeweiligen Stadiums. Sie interpretieren Wandel als einen Übergang (`Transition´) von einem momentanen Zustand (`Present´) in einen Zustand in der Zukunft (`Future´). Entsprechend differenzieren sie in die Phasen `Present State´, `Transition State´ und `Future State´. (vgl. Beckhard/u.a., 1977, S. 16 ff.) Im wesentlichen basieren die in den drei Phasen durchzuführenden Aktivitäten auf dem Modell von *Lewin*, weisen aber außerdem einige neue Aspekte auf.

Nach Ansicht von *Beckhard* & *Harris* hängt die Durchführung eines erfolgreichen Veränderungsvorhabens im wesentlichen von drei Voraussetzungen ab. (vgl. Beckhard/u.a., 1977, S. 17 ff.) Erstens muß sich die Unternehmensführung im *`Present State´* über die Notwendigkeit der Veränderung bewußt sein. Sie muß die Bedingungen für die Veränderung genau diagnostizieren und dabei besonders Symptome und Gründe voneinander unterscheiden. Zweitens ist es wichtig, ein klares und genaues Bild über die Dynamik des Ausgangsstadiums zu erhalten. Dieses Bild bzw. die Diagnose muß alle Subsysteme identifizieren, die von dem Vorhaben in irgendeiner Weise betroffen sind. Es ist festzustellen, wie die Einstellung des gesamten Systems und seiner Führung gegenüber der Veränderung ist. Dazu sind die Bereitschaft zur Veränderung und die Fähigkeiten, diese auch durchzuführen, objektiv zu bewerten. (vgl. Beckhard/u.a., 1977, S. 21 ff.) Schließlich ist es drittens entscheidend, ein möglichst genaues Bild über das *`Future State´* aufzuzeigen. *Beckhard* & *Harris* empfehlen dem Management, ein detailliertes Bild zu entwerfen, wie die Organisation in der Zukunft aussehen soll, da dies als Richtschnur zum Entwurf der endgültigen Strategie dienen kann. Darin ist die gewünschte Organisationsstruktur, das Entlohnungssystem, die Personalpolitik, der Managementstil und vieles mehr zu spezifizieren.

Beckhard & *Harris* schenken dem *`Transition State´* in ihrem Modell besondere Aufmerksamkeit. Darunter verstehen sie den Zeitraum zwischen dem Identifizieren der Notwenigkeit für eine Veränderung und dem Erreichen des erwünschten Zukunftsstadiums. Dieses Übergangsstadium wird als besonders gefährlich bewertet, da es durch ein hohes Maß an Dynamik gekennzeichnet ist. Die Organisation befindet sich in einem Zustand, indem sie nicht mehr das ist, was sie einmal war, und noch nicht das ist, was sie werden soll. Die Kräfte in der Organisation sind nicht mehr im Gleichgewicht, und die Stabilität ist durchbrochen. (vgl. Kanter; u.a., 1992, S. 375)

Aufgrund der Wichtigkeit und Problematik dieses Stadiums bedarf es eines separaten Managements, welches die Durchführung genau plant, um die entstehende Konfusion während dieses Übergangs (transition period) zu reduzieren. Im wesentlichen sind dabei vier Punkte zu beachten: (vgl. Beckhard/u.a., 1977, S. 28 ff)

- Das Management muß analysieren, inwieweit es die Gründe oder Bedingungen kontrollieren oder beeinflussen kann, die den Stimulus für die Veränderung liefern. Es muß also nicht nur entscheiden, wie zu verändern ist, sondern auch ob überhaupt verändert werden muß oder ob in anderer Weise auf die Stimuli geantwortet werden kann.
- Es ist festzustellen, was vorab verändert werden muß. In Anlehnung an das, was bezüglich des Ausgangsstadiums gesagt wurde, ist es vielfach notwendig, die Bereitschaft und die Befähigung zur Durchführung der Veränderung in der Organisation zu erhöhen. Aufbauend auf den beiden genannten Punkten läßt sich eine Strategie der Veränderung entwickeln. (vgl. Gliederungspunkt 2.3)
- Nach dem Entwurf dieser Strategie muß das Management entscheiden, wo in der Organisation mit dem Vorhaben begonnen werden soll. *Beckhard/Harris* heben hervor, daß es hierzu keine genauen Regeln (`cookbook´) gibt, sondern daß situationsspezifisch entschieden werden muß.
- Schließlich ist zu bestimmen, wie der Prozeß stetig vorangetrieben werden kann.

Insgesamt umfaßt der Veränderungsprozeß eines komplexen Systems nach *Beckhard/Harris* sechs wichtige Aspekte:

" 1. Diagnosing the present condition, including the need for change;
2. Setting goals and defining the new state or condition after the change,
3. Defining the transition state between the present and the future;
4. Developing strategies and action plans for managing this transition;
5. Evaluating change effort;
6. Stabilizing the new condition and establishing a balance between stability and flexibility." (Beckhard/u.a., 1977, S. 16)

2.1.3 Das Modell von Tichy

Nach *Tichy* ist der Veränderungsprozeß ein `Drama in drei Akten´ - "[...] a tragedy, perhaps, always with a catharsis and hopefully with a happy ending." (Tichy, 1993, S. 304) Die Beschreibung des Prozesses baut ebenfalls auf den Überlegungen von *Lewin* auf und enthält mit dem `Envisioning´ einen Aspekt, der bei *Beckhard/ Harris* in deren `Future State´ zentrale Beachtung fand. Neu ist dagegen, daß der Wandel der Organisation explizit von der Veränderung der dort tätigen Individuen getrennt wird (vgl. Abb. 19). Nach Ansicht von *Tichy* finden individuelle Dramen statt, während das Drama der gesamten Organisation läuft. Ihnen mißt er besondere Bedeutung bei, da sie über den Erfolg oder Mißerfolg einer Veränderung entscheiden. "These individual psychological dramas govern the flow of emotional energy in the organization. They are crucial to the success or lack of success of a transformation." (Tichy, 1993, S. 305)

Abb. 19: Drama in drei Akten

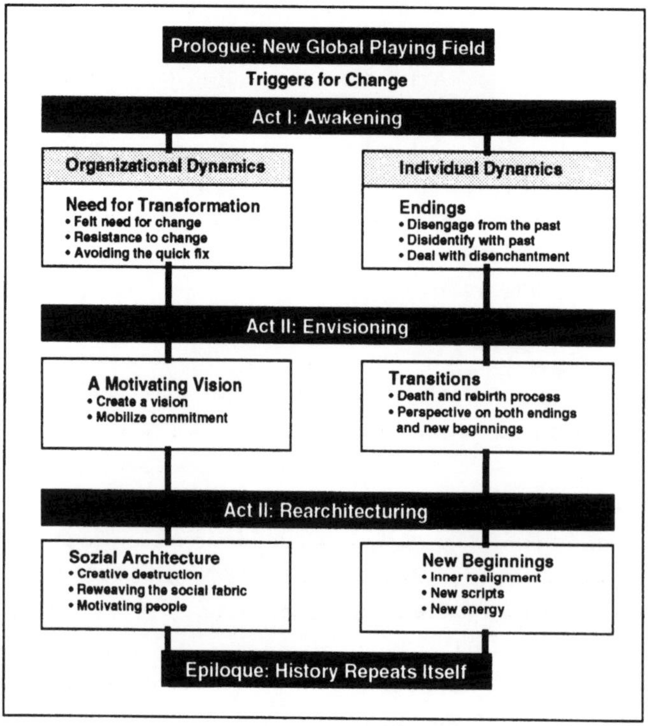

Quelle: Tichy, 1993, S. 305

• Der erste Akt: Das Erwachen

Der Veränderungsprozeß beginnt mit dem Erwachen der Organisation und dem Erkennen der Veränderungsnotwendigkeit. Es ist wichtig, ein Gefühl der Unumgänglichkeit des Wandels in der gesamten Organisation zu erzeugen. Doch während sich die Organisation der neuen Herausforderung stellt, kämpft der einzelne mit Verlusten, denn er muß sich von Gewohntem trennen. Deshalb ist auch mit Widerstand (vgl. Gliederungspunkt 3) zu rechnen, den es zu erkennen und auszuräumen gilt. Das physische Loslösen von der Vergangenheit stellt dabei den einfachsten Teil dar. Darüber hinaus müssen sich die Mitarbeiter jedoch auch psychisch von ihrer Vergangenheit lösen. Alte Loyalitäten und Beziehungen zu Vergangenem sind zu entflechten. Schließlich folgt der Prozeß der Ernüchterung. Die Mitarbeiter müssen sich damit auseinandersetzen, was sie in der Vergangenheit gut fanden und sich letztlich auch davon trennen.

• Der zweite Akt: Die Visionierung

Im Übergangsstadium bzw. während des Prozesses zwischen Tod und Wiedergeburt, beginnt die Organisation, die Vorstellungen über die Zukunft in einer Vision (vgl. dazu auch Teil D) abzubilden. Veränderungsprozesse benötigen Visionen, um die gesamte Organisation und darin enthaltene Emotionen in eine neue Richtung zu lenken. Denn dieser Prozeß erfordert von den Mitarbeitern, daß sie sich von der Vergangenheit lösen und emotional zu einer neuen Zukunft bekennen. Dazu benötigen sie Zeit, denn sie müssen erst eine neue Sichtweise gegenüber dem Ende und dem Neuanfang einnehmen.

• Der dritte Akt: Die Kunst des Wiederaufbaus

Tichy bezeichnet diesen Akt mit dem Wort `Rearchitecting´ und meint damit die neue Art und Weise der Umstrukturierung und Neugestaltung von Organisationen. Architektur, die Kunst des Erschaffens neuer Strukturen, erfordert Kreativität; dies schließt Konzeptionieren und Design ebenso ein wie die Durchführung des Vorhabens. Soziale Architektur umfaßt die Kunst des Gestaltens und Errichtens komplexer, sozialer Organisationen. Veränderungen erfordern zuerst kreative Zerstörung, dann aber das Gestalten und Erschaffen einer neuen Organisation, also eine `Rearchitektur´. Für die Mitarbeiter bedeutet das, daß sie nach dem Durchlaufen der Übergangsphase auf Frustrationen vorbereitet sein müssen. Diese gehen mit den Fehlern einher, die passieren, wenn alte Routinen durch neue ersetzt werden, weil sich die Mitarbeiter erst ordnen und neue Energie sammeln müssen. (vgl. Tichy, 1993, S. 306 ff.)

2.2 Ansatzpunkte für organisatorischen Wandel

Mit der Beantwortung der Frage, *was* in Organisationen verändert werden kann, um ihre Funktionsfähigkeit und Effizienz zu steigern, beschäftigen sich eine Vielzahl von Autoren. Besonders die Aussagen älterer Autoren sind jedoch geprägt von der jeweiligen organisationstheoretischen "Schule" (vgl. Gliederungspunkt 1.2), der sie angehören. Es erscheint offensichtlich, daß eine solche einseitige Organisationsauffassung, wie sie vor allem im Taylorismus und der Human-Relation-Bewegung vorherrscht, zur Beantwortung der zugrundeliegenden Fragestellung wenig förderlich ist.

Ein Ansatz, der diese monistische Organisationsauffassung überwindet, ist der soziotechnische Systemansatz. Der Begriff des sozio-technischen Systems wurde 1951 von *Trist* und *Bamforth* geprägt. Die Entwicklung dieses Ansatzes, "der mit Hilfe des systemtheoretischen Begriffsinstrumentariums die Notwendigkeit einer Integration zwischen ingenieurmäßigem und verhaltenswissenschaftlichem Denken betont, ist vor allem von einer Forschergruppe (Miller, Rice, Trist, u.a.) am Londoner Tavistock Institute of Human Relations gepflegt worden und hat heute unter dem Begriff Tavistock-Modell international Beachtung und Anwendung gefunden." (Staehle, 1973, S. 9 f.) Der sozio-technische Systemansatz ist ein ganzheitlicher Ansatz, bei dem die Unternehmensorganisation eine veränderliche Struktur besitzt, um sich an wandelnde Umstände der Umwelt anzupassen, Erfahrungen zu sammeln und sich weiterzuentwickeln. Gegebene Gestaltungsspielräume müssen zu einer gemeinsamen Optimierung des sozialen und technischen Systems im Sinne eines `Best Fit´ führen. (vgl. Malik, 1984, S. 75 ff.)

Ausgehend von diesen Überlegungen entwickelte *Leavitt* (1964) einen der bekanntesten Klassifikationsversuche der Ansatzpunkte organisatorischer Veränderungen. (vgl. Leavitt, 1970, S. 198 ff.) Wie aus Abb. 20 ersichtlich wird, betrachtet er die Organisation als ein multivariables System, in dem die vier gleichberechtigten Gestaltungsparameter Aufgaben, Menschen, Technologien und Strukturen die Kernelemente bilden. Damit wird die Organisation als ein komplexes System beschrieben, in dem Menschen mit Hilfe von Sachmitteln bzw. technischen Tools in einer Struktur bestimmte Aufgaben erledigen.

Abb. 20: Vier Ansatzpunkte für organisatorischen Wandel nach *Leavitt*

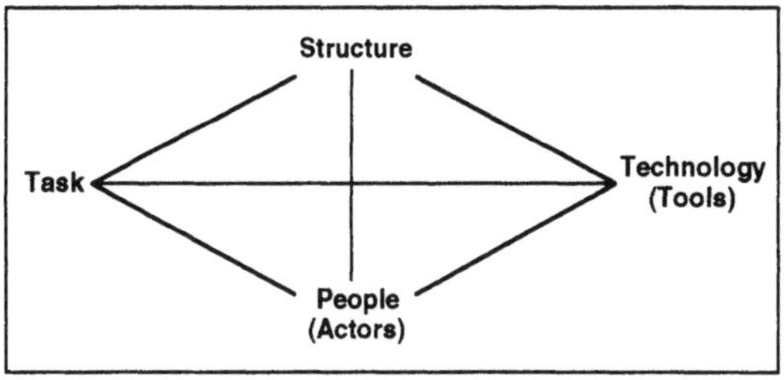

Quelle: Leavitt, 1970, S. 198

Diese vier Systemvariablen bilden die Ansatzpunkte für organisatorischen Wandel. Sie interagieren miteinander, so daß die Veränderung einer Variable in den meisten Fällen eine Veränderung einer anderen induziert. "On occasion we have tried to manipulate only one of these variables and discovered that the others move in unforeseen and often costly directions." (Leavitt, 1970, S. 211) Damit kann organisatorischer Wandel entweder direkt, als Veränderung einer Variablen, oder indirekt, als Veränderung einer zweiten Variablen als Folge der Veränderung einer ersten erfolgen. Bei gegebener Aufgabe/Arbeit gibt es damit strukturelle, technologische und personale Ansatzpunkte, um eine Veränderung der Arbeitsweise, der Aufgabendefinition oder der Leistung zu erreichen: (vgl. Leavitt, 1970, S. 199 ff.)

- Technologische Veränderungen:
  Leavitt integriert in dieser Kategorie sowohl Maschinen als auch Programme. Ausgangspunkt seiner Überlegungen sind die Gedanken des Scientific Managements. (vgl. Gliederungspunkt 1.2.1.1) Entsprechend betreffen technologischen Veränderungen primär den Produktionsprozeß. Sie sind darauf ausgerichtet, die Produktion eines Produktes oder einer Dienstleistung effizienter zu gestalten.

- personale bzw. kulturelle Veränderungen:
  Basierend auf der Kritik am Taylorismus berücksichtigt diese Kategorie personale und im weiteren Sinne auch kulturelle Veränderungen. Solche Veränderungen betreffen in erster Linie die Denkweise und Verhaltensstruktur der Mitarbeiter. Sie können sich auf einige wenige Mitarbeiter beziehen, die beispielsweise ein Führungstraining besuchen und danach ihr Führungsverhalten ändern. Sie können aber auch die Organisation als Ganzes betreffen,

wenn z.B. die Organisationskultur im Hinblick auf eine stärkere Kundenorientierung oder ein höheres Qualitätsbewußtsein verändert wird. Dies geschieht dadurch, daß durch eine Veränderung des Verhaltens der einzelnen Organisationsmitglieder die Kultur der gesamten Organisation gewandelt wird.

- Strukturelle Veränderungen:
  Solche Veränderungen umfassen die Hierarchie, die Organisationsstruktur, das Kommunikationssystem oder sonstige Managementsysteme. Sie können darauf ausgerichtet sein, eine bestehende Struktur zu optimieren oder neue Strukturen beispielsweise in Form einer stärkeren Dezentralisierung oder einer Netzwerkorganisation zu schaffen.

Leavitt begreift die Arbeit/Aufgabe als "raison d`etre" der Organisation und sieht sie als gegeben an. (vgl. Leavitt, 1970, S. 198) Veränderungen der anderen Variablen zielen darauf ab, die Arbeitsweise zu verbessern und die Leistungsfähigkeit zu erhöhen. Allerdings wird in neuerer Zeit auch der Daseinsgrund einer Organisation im Sinne des angebotenen Produktes oder der Dienstleistung bzw. der zugrundeliegenden Arbeitsprozesse als veränderbar angesehen. Damit ergibt sich neben den drei o.g. Ansatzpunkten mit den Veränderungen des Elementes `task´ ein vierter Ansatzpunkt.

Versteht man in diesem Zusammenhang den Ansatz des Strategischen Managements als übergeordnete Managementkonzeption, so muß angemerkt werden, daß im o.a. Modell der Aspekt der Strategie explizit nicht berücksichtigt wird und nur implizit eine Strategieänderung als Auslöser für organisatorischen Wandel unterstellt wird. Ein Modell, welches die Strategie explizit integriert und die Ansatzpunkte organisatorischer Veränderungen detailliert zusammenfaßt, ist das 7-S-Modell von *Peters/Waterman*. (vgl. Peters/u.a., 1984, S. 30 ff.) Es weitet die Gedanken von *Leavitt* (vgl. Peters/u.a., 1984, Fußnote S. 33) aus und bietet einen Ansatzpunkt, systematisch sowohl über die organisatorische Hardware (Strategie und Struktur) als auch über die entsprechende Software nachzudenken. Anhand der sieben Elemente Strategie, Struktur, Stil, Systeme, Spezialkenntnisse, Stammpersonal und Selbstverständnis wird gezeigt, daß "all das, was Sie [professionelle Manager] so lange als nicht beeinflußbare, irrationale, intuitive oder informelle Elemente der Organsation abgetan haben, [...] *doch* durch Führungsmaßnahmen gesteuert werden [kann]." (Peters/u.a., 1984, S. 30)

Grundy geht noch einen Schritt weiter und sieht das Strategische Dreieck als höchste Abstraktion und als Erklärungsrahmen der Ansatzpunkte von organisatorischem Wandel an. Ausgehend von obigem 7-S-Modell extrahiert er die drei übergeordneten Bestandteile Strategie, Struktur und Kultur, wobei "[...] strategy as a core part of the change system, staff, structure and hard skills are subsumed under structure, whilst shared values, style, and soft skills are subsumed under culture." (Grundy, 1993, S. 28) Allerdings erscheint eine solche Abstraktion vor dem Hintergrund einer möglichst detaillierten Beschreibung der Ansatzpunkte organisatorischen Wandels weniger sinnvoll und empfehlenswert, so daß hier das 7-S-Modell oder das Modell von *Leavitt* vorzuziehen ist.

Daß die Grundgedanken von *Leavitt* auch heute noch Berücksichtigung finden, zeigen *Hammer/Champy* mit ihrem `Geschäftssystem-Diamanten´. (vgl. Hammer/ u.a., 1994, S. 109 ff.) Er faßt die Veränderungen zusammen, die Business Reengineering im Unternehmen hervorruft und kann als eine überarbeitete Form von *Leavitt´s* Modell interpretiert werden. An der Spitze des Diamanten stehen die Unternehmensprozesse bzw. die Arbeitsweise des Unternehmens, was dem Element `task´ im Modell von *Leavitt* entspricht. Das zweite Element umfaßt die Organisationsstruktur, was in `structure´ sein Referenzelement findet. Das dritte Element, die Managementsysteme bzw. die Bewertungs- und Entlohnungssysteme, ist nicht direkt im Modell von *Leavitt* enthalten. Wertvorstellungen und Überzeugungen bzw. die Unternehmenskultur entsprechen dagegen wieder dem Element `people´. Bleibt die Frage offen, wo die Technologie verblieben ist. Ihr kommt mit der Informationssystemtechnologie innerhalb der Reengineering-Prozesse *die* tragende Rolle zu. (vgl. Hammer/u.a., 1994, S. 112 ff.) Sie ermöglicht es, die Unternehmensprozesse neu zu gestalten. Abgeändert sind zudem die Verbindungen zwischen den Elementen und die Tatsache, daß die Arbeitsprozesse als Ausgangspunkt der Veränderungen angesehen werden. Während im Modell von *Leavitt* alle Elemente miteinander verbunden sind und die Aufgaben/Arbeiten als unveränderbar angesehen werden, zeigt das Modell von *Hammer/Champy* eine sequenzielle Abfolge, bei der jedes Element beginnend bei den Unternehmensprozessen durch das Vorhergehende bestimmt wird.

2.3 Die Durchführung organisatorischer Veränderungen

Neben der Identifikation der Ansatzpunkte organisatorischen Wandels ist weiterhin zu erörtern, *wie* Veränderungen in Organisationen initiiert werden können. Um eine kreative Spannung (vgl. Gliederungspunkt 3) aufzubauen (vgl. Senge, 1993, S. 150 f.) und eine möglichst breite Änderungsbereitschaft bei den Mitarbeitern zu erzeugen (vgl. Lewin, 1951/1963, S. 208 f.), ist es in Anlehnung an die Feldtheorie von *Lewin* (vgl. Gliederungspunkt 2.1.1) bereits in der Unfreezing-Phase erforderlich, die änderungshemmenden Kräfte durch ein Bündel von Maßnahmen einzudämmen und/oder die fördernden Kräfte zu verstärken. *Staehle* (vgl. Staehle, 1991, S. 552) schlägt mit der Umkehr der Richtung einer Kraft noch eine dritte Alternative vor. Ausgehend von intensiven Analysen der änderungshemmenden Kräfte wird versucht, die Abwehrreaktionen als solche zu entlarven und die dahinter verborgene Energie in änderungsfördernde Kräfte umzuwandeln. Eine Reihe von Autoren haben sich detailliert mit der Durchführung solcher Veränderungen befaßt und entsprechende Strategien und Interventionstechniken unterschieden. Die wichtigsten Ansätze werden nachfolgend im Überblick vorgestellt.

2.3.1 Veränderungsstrategien

Veränderungsstrategien beinhalten konzeptionelle Festsetzungen hinsichtlich der Interventionsziele (Ansatzpunkte), der Interventionsebene in der Hierarchie (top down; bottom up; from middle both ways), dem Grad der Standardisierung der Interventionstechnik (vorgeplante standardisierte Programme; maßgeschneiderte Programme) und der Intensität der Intervention (radikal, revolutionär; graduell bzw. in dem Ausmaß, wie die Organisation Wandel verkraften kann). (vgl. Staehle, 1991, S. 859) Bereits Ende der 60er Jahre differenzieren *Chin/Benne* drei generelle Strategietypen, um Veränderungen in sozialen Systemen zu bewirken. (vgl. Chin/u.a., 1985, S. 22 ff.)

Die erste Gruppe wird von ihnen als *empirisch-rationale Strategien* bezeichnet. Diesen Strategien liegt die Annahme zugrunde, daß Individuen rational denken und entsprechend ihrem rationalen Eigeninteresse handeln. Veränderungen werden vorgeschlagen, wenn sie als wünschenswert, wirkungsvoll und im Einklang mit dem Eigeninteresse der betroffenen Person oder Gruppe erachtet werden. Da die Menschen als rational handelnde Wesen aufgefaßt werden, werden sie diese

Veränderungen nur dann übernehmen, wenn sie rational gerechtfertigt werden können und die Betroffenen von ihrer Vorteilhaftigkeit überzeugt sind. Diese Art von Wandel wird nach *Chin/Benne* besonders durch solche Strategien bewirkt, die darauf abzielen, die Grundlagenforschung zu fördern, die Forschungsresultate durch Erziehung und Bildung zu verbreiten, die wichtigen Positionen mit den richtigen Leuten zu besetzen oder die Diffusion der Forschungsresultate zu verbessern. (vgl. Chin/u.a., 1985, S. 24 ff.) Im Rahmen der betriebswirtschaftlichen Organisationslehre sind hierfür Verfahren der Reorganisation typisch, die dem Ablauf eines rationalen Entscheidungsprozesses (Problemerkenntnis, Erhebung, Analyse, Entwicklung von Alternativen, Bewertung und Auswahl) folgen. (vgl. Staehle, 1991, S. 861)

Zum zweiten sind es *normativ-reedukative Strategien*. Sie lehnen Rationalität und Intelligenz nicht grundsätzlich ab, gehen aber davon aus, daß das individuelle Verhalten überwiegend von soziokulturellen Normen und der Indentifikation mit ihnen bestimmt wird. Diese Normen basieren auf den Einstellungen und dem Wertesystem des einzelnen. Eine Veränderung des Verhaltens läßt sich nur dann realisieren, wenn es gelingt, die Individuen von den alten Normen zu lösen und mit neuen zu identifizieren. Dies verlangt eine Veränderung ihrer Einstellungen und Werte und nicht nur ihres Wissens oder der Rationalen ihres Handelns. Ein solcher Wandel wird durch Strategien erreicht, die die Problemlösungsfähigkeit des Systems verbessern und die Lernfähigkeit der betroffenen Personen, die dieses System bilden, fördern. (vgl. Chin/u.a., 1985, S. 31 ff.) Dazu gehören z.B. Strategien zur Veränderung der Unternehmenskultur (vgl. Staehle, 1991, S. 864 f.) sowie solche, die auf den Erkenntnissen der Lerntheorie aufbauen (vgl. Gliederungspunkt 1.2.2.3).

Die dritte Gruppe von Strategien wird als *Macht- oder Zwang-Strategien* bezeichnet. Hier basiert die Durchsetzung der Veränderung auf Macht, die mittels ökonomischer, politischer und sozialer Sanktionen ein bestimmtes Verhalten erzwingt. Das Spektrum reicht von der Strategie der Gewaltlosigkeit (z.B. Gandhi) über das Ausnutzen politischer Institutionen bis hin zum vollständigen Austausch ganzer Machteliten (z.B. Marx). (vgl. Chin/u.a., 1985, S. 38 ff.) *Greiner* ordnet organisatorische Veränderungsstrategien dieser Kategorie auf einem Macht-Kontinuum ("power distribution" continuum) an. "At one extreme are those which rely on *unilateral* authority. More toward the middle of the continuum are the *shared* approaches. Finally, at the opposite extreme are the *delegate* approaches."

(Greiner, 1973, S. 49) Unter diesen drei Ansätzen faßt er eine Reihe von Veränderungstechniken zusammen: (vgl. Greiner, 1973, S. 50 ff.)

- einseitige Machtausübung
  - Veränderung durch Anordnung;
  - Veränderung durch personellen Wechsel (replacement);
  - Veränderung durch Strukturveränderungen.

- gemeinsame Machtausübung
  - Veränderung durch Gruppenentscheid;
  - Veränderung durch Problemlösung in der Gruppe.

- delegierte Machtausübung
  - Veränderung durch Falldiskussion;
  - Veränderung durch T-Gruppen-Sitzungen/Diskussionen.

Basierend auf den Erkenntnisse einer empirischen Analyse kommt *Greiner* zu dem Schluß, daß der Ansatz der gemeinsamen Machtausübung denen der einseitigen und delegierten Machtausübung vorzuziehen ist. (vgl. Greiner, 1973, S. 61 f.)

Porter et alter greifen die o.a. Erkenntnisse auf und unterscheiden nach dem Startpunkt der Veränderung drei alternative Einstiegsstrategien. (vgl. Porter/u.a., 1975, S. 473 ff.) Erstens besteht die Möglichkeit, das Vorhaben an oberster Stelle im Unternehmen zu beginnen, welches dann die Organisation von oben nach unten durchdringt (*Top-Down-Strategie*). Diese Strategie wird von den meisten Vertretern des Organisationsentwicklungsansatzes präferiert und basiert auf rationalen Überlegungen. Danach hat ein Vorhaben, welches innerhalb der Organisation eine gewisse Spannung erzeugt, nur dann eine Chance auf Erfolg, wenn sich die Verantwortlichen des Unternehmens demgegenüber aufgeschlossen zeigen und sich zu dieser Veränderung bekennen. *Kirsch et alter* präsentieren mit der Strategie des `Bombenwurfs´ einen nach ihrer Meinung erfolgreichen Ansatz, bei dem ein Grobkonzept zur Veränderung schlagartig und unwiderruflich in einer Organisation initiiert wird. Diese Strategie verbindet die Top-down-Vorgehensweise mit einer Machtkomponente, denn ausschließlich das Top-Management ist mit ihrer Entwicklung betraut (die Betroffenen werden damit regelrecht überrascht) und ihre Durchsetzung erfolgt unter Einsatz harter Machtmittel (Bombenwurf). (vgl. Kirsch/u.a., 1979, S. 180 ff.)

Zweitens können Veränderungsmaßnahmen im mittleren Management begonnen werden und von dort sowohl nach unten als auch nach oben diffundieren. (*From-Middle-Both-Directions-Strategie*). Nach *Porter et alter* ist diese Strategie dann zu wählen, wenn Organisationsstrukturen und/oder -systeme verändert werden. In diesem Fall verspricht sie eine höhere Effektivität, da das Management die zu erwartenden \`Spin-Off´-Effekte (sowohl horizontal als auch vertikal) an der Stelle ihres Ursprunges überwachen kann. (vgl. Porter/u.a., 1975, S. 474)

Abb. 21: Einstiegsstrategien

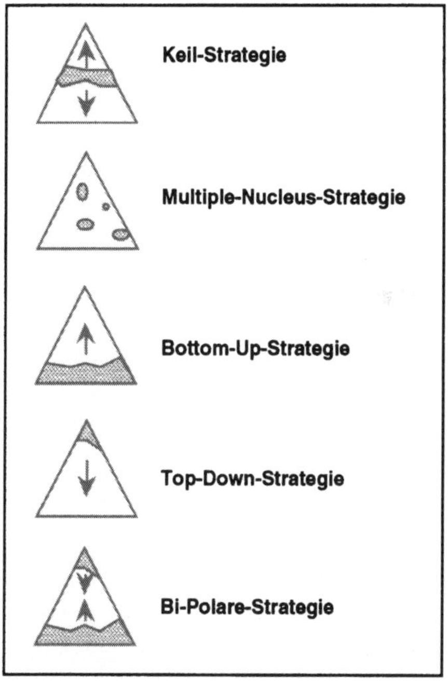

Quelle: nach Glasl, 1975, zitiert in: Schertler, 1995, S. 147 (vereinfachte Darstellung)

Schließlich besteht drittens die Alternative der *Bottom-Up-Strategie*, wonach die Maßnahmen auf einer niederen Hierarchieebene der Organisation beginnen und sich von dort bis an die Spitze ausbreiten. Diese Strategie gründet auf Beobachtungen von *Argyris* und integriert Überlegungen der normativ-reedukative Strategien von *Chin/Benne* sowie der gemeinsamen und delegierten Machtausübung von *Greiner*. Sie wird besonders bei strukturellen Veränderungen als angemessen angesehen, da hier die Mitarbeiter der unteren Ebenen aufgrund ihrer geringeren Arbeitsverantwortung die Zielgruppe darstellen. Im Gegensatz dazu haben Mitarbeiter auf einer höheren Ebene mehr Verantwortung und werden daher eher mit interpersonellen Veränderungen konfrontiert. Allerdings bedarf auch eine Bottom-Up-Strategie der Unterstützung des Top-Managements sowie der persönlichen Einbeziehung des mittleren Managements, damit sie erfolgreich und beständig ist. (vgl. Porter/u.a., 1975, S. 475)

Glasl (vgl. Schertler, 1995, S. 146 ff.) ergänzt die drei Strategien von *Porter et alter* um zwei weitere Einstiegsstrategien zur Initiierung von Änderungsprozessen in hierarchisch strukturierten Organisationen. Während *Porter et alter* mit der `From-middle-both-directions-Strategie´ nur eine Strategie nennen, die im mittleren Management ansetzt, differenziert er in eine Keil- und eine Multiple-Nucleus-Strategie. Letztere initiiert Veränderungen an den verschiedensten Stellen im Unternehmen, die jedoch gebündelt und im Hinblick auf ein gemeinsames Programm abgestimmt ablaufen. Desweiteren beschreibt er mit der Bi-Polare-Strategie eine Vorgehensweise, bei der von oben und unten gleichzeitig Veränderungen eingeleitet werden. Alle fünf Einstiegsstrategien sind in Abbildung 21 schematisch dargestellt.

Obwohl immer wieder versucht wird, die Vorteilhaftigkeit einer Strategie gegenüber anderen herauszustellen, herrscht in der Literatur kein vollständiges Einvernehmen darüber, welche Strategie in welcher Situation zum größten Erfolg führt. Besonders die Frage, ob eine Bottom-up- oder Top-down-Strategie die bessere Alternative darstellt, beschäftigt schon länger die Diskussion. Wenn auch eine Vielzahl von Autoren (*Schein*, *Bennis*, *Argyris*, *Blake*, ...) und die herrschende Meinung der Praxis die Top-down-Vorgehensweise präferieren (vgl. dazu Blake/u.a., 1973, S. 254 f.; vgl. Porter, 1975, S. 473; vgl. Staehle, 1991, S. 859), so wird doch ebenso der Bottom-Up-Strategie Bedeutung beigemessen. *Lupton* (vgl. Lupton, 1991, S. 4 ff.) z.B. schlägt vor, daß Veränderungen, egal welcher Art, besser von unten nach oben als umgekehrt durchzuführen sind. Nach seiner Meinung werden die meisten Veränderungen im Rahmen einer Top-down-Strategie von oben nach unten "durchgedrückt" und den unteren Ebenen "verkauft". "Most significant organizational changes originate with higher management, and are `pushed through´ in one way or another. Resistance from `lower levels´ is usually expected and plans are made to overcome it." (Lupton, 1991, S. 4) Aber schon *McGregor* und einige andere Wissenschaftler haben darauf hingewiesen, daß Organisationen, wenn sie effizient sein wollen, ihre technischen und administrativen Kompetenzen mit den Fertigkeiten der Mitarbeiter kombinieren müssen. Es wurde ebenso erkannt, daß hohe organisatorische Effizienz zusammen mit Arbeitszufriedenheit nur dann erreicht wird, wenn auch die Bedürfnisse der Untergebenen beachtet werden. *Lupton* rät daher dem Top-Management, die von der Veränderung betroffenen Mitarbeiter anzuhören, sie in den gesamten Prozeß einzubeziehen und die Veränderungen nicht Top-down, sondern Bottom-up durchzuführen. (vgl. Lupton, 1991, S. 6 ff. besonders S. 9 f.)

Lawrence/Lorsch (1969) betonen ebenfalls eine umfassende Partizipation der Mitarbeiter aus verschiedenen Hierarchieebenen der Organisation während des gesamten Veränderungsprozesses. Sie stellen ähnlich wie *Greiner* (vgl. Greiner, 1973, S. 62) die Funktion einer gemeinsamen Konzeption in den Vordergrund. (vgl. Schertler, 1995, S. 146)

Ein neuer Ansatz, der auf Erkenntnissen aus der Beratungspraxis aufbaut und sowohl den Top-down- als auch den Bottom-up-Ansatz integriert (vgl. Abb. 22) stammt von *Dichter et alter.*

Abb. 22: Transformation Triangle

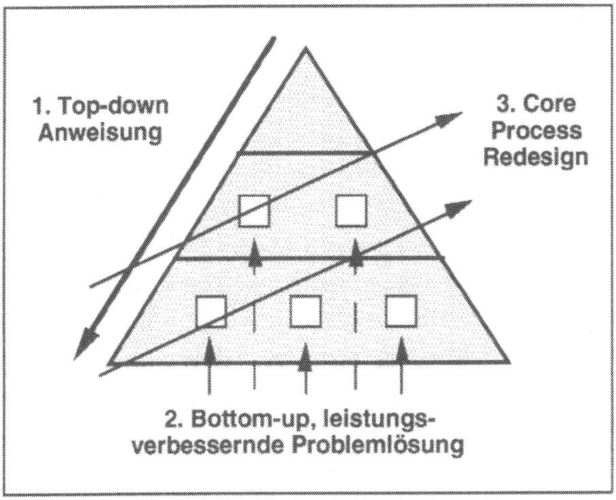

Quelle: Dichter/u.a., 1993, S. 91

Die McKinsey-Berater haben während ihrer Beratungspraxis erkannt, daß eine einseitige Vorgehensweise keine akzeptablen Leistungsverbesserungen erzeugt.

Entsprechend schafft zwar der Top-down-Ansatz den notwenigen Fokus und die Voraussetzungen für die Initiierung von Veränderungen, ist aber alleine nicht ausreichend. Besonders wenn es darum geht, eine große Anzahl von Mitarbeiter im Rahmen eines fundamentalen Wandels zu motivieren, bedarf es gleichzeitig der Partizipation der Mitarbeiter der unteren Hierarchieebenen. Sie müssen in die Lage versetzt werden, eigenständig Probleme zu lösen und ihre Leistungsfähigkeit zu verbessern. Da aber sowohl Top-down- als auch Bottom-up-Aktivitäten innerhalb bestehender Organisationsstrukturen operieren, muß außerdem eine funktionsübergreifende Perspektive eingenommen und die Menschen, Aktivitäten und Informationen in einer neuen Art und Weise kombiniert werden. (vgl. Dichter/u.a., 1993, S. 92 ff.) "Together these three axes make up what we think of as a `transformational triangle´ - a balanced, integrated framework for combining separate initiatives into a coherent overall program." (Dichter/u.a., 1993, S. 91) *Dichter et alter* betonen dabei, daß alle drei Achsen auf ein klares Ziel fokussiert sein, integriert bzw. simultan arbeiten, ausbalanciert eingesetzt und auf Teamarbeit basieren müssen. (vgl. Dichter/u.a., 1993, S. 98 f.)

Neben der Frage des Startpunktes der Veränderung unterscheidet *Glasl* noch weitere Implementierungsstrategien. (vgl. Schertler, 1995, S. 149) Er differenziert ebenso wie *Böhm* in seinem `Taktik-Würfel´ (vgl. Böhm, 1981, S. 94 ff. besonders S. 103) in die Intensität und Extensität des Vorgehens. Im Rahmen der Intensität unterteilt er in Strategien, die auf einen sehr breiten Problemumfang (integrale Strategien), auf einige Probleme (multi-partielle Strategien) oder nur auf ein einziges Problem (uni-partielle Strategien) eingehen. Bezüglich der Extensität unterscheidet er, ob alle Unternehmensbereiche (totale Strategien), einige (multi-sektorale Strategien) oder nur einer (uni-sektorale Strategien) betroffen sind.

Darüber hinaus lassen sich die Strategien auch nach der Intensität des Wandels (vgl. Gliederungspunkt 1.1.2.1), nach den Ansatzpunkten (vgl. Gliederungspunkt 2.2) und danach, ob sie ein oder mehrere Systeme tangieren, unterscheiden. Abschließend bleibt anzumerken, daß die Situation der Neugründung als erstmalige Strukturierung der Organisation nicht betrachtet wird.

Welche der jeweiligen Strategien oder Strategiekombinationen letztlich Anwendung finden, bestimmt die zugrundliegende Problemstellung. Eine Entscheidung ist deshalb in jedem Fall situationsspezifisch zu treffen.

2.3.2 Interventionstechniken

Neben den Veränderungsstrategien basieren die Konzepte des organisatorischen Wandels in der Praxis auf einer Vielzahl von Interventionstechniken. Grundsätzlich werden darunter Maßnahmen verstanden, die darauf ausgerichtet sind, bei den betroffenen Mitarbeitern Lernprozesse zu initiieren und dadurch Veränderungen in bestehenden Organisationen herbeizuführen. Sie werden i.d.R. so durchgeführt, daß die von einer Veränderung betroffenen Personen an der Maßnahme teilnehmen und sowohl vom Inhalt als auch vom Prozeß her durch Erfahrung oder neues Wissen lernen können. (vgl. auch Schertler, 1995, S. 149)[18]

Kirsch et alter geben einen Überblick über die vielfältigen Techniken aus dem Bereich der Organisationsentwicklung bzw. über Veröffentlichungen, in denen diese näher erläutert werden. Sie gehen darüber hinaus detailliert auf die Teamentwicklung, das Laboratoriumstraining und den Survey Feedback[19] ein. (vgl. Kirsch/u.a., 1979, S. 206 ff.) Insgesamt kommen sie zu dem Ergebnis, daß

- eine Reihe von Techniken - vornehmlich Verfahrensweisen zum Training von Gruppen - von fast allen Autoren diskutiert werden;
- einige Techniken \`Steckenpferde´ eines Verfassers bleiben;
- sich ganze \`Bündel´ von Techniken durch mehr oder weniger zahlreiche Veröffentlichungen verfolgen lassen. (vgl. Kirsch/u.a., 1979, S. 206)

Schertler unterteilt die Interventionstechniken in die drei Typen Gruppentraining (Entwicklung interpersoneller Fähigkeiten), Datenrückkopplung (Survey Feedback) und Prozeßberatung (Erlernen prozeßorientierter Fähigkeiten). (vgl. Schertler, 1995, S. 149 f.) *Steinmann/Schreyögg* führen anstelle des Gruppentrainings das Verhaltensgitter von *Blake/Mouton* an. (Steinmann/u.a., 1993, S. 437 ff.)

---

[18] Eine Vielzahl von Autoren hat sich mit einzelnen oder mehreren Interventionstechniken befaßt und sie eingehend beschrieben. Eine detaillierte Auseinandersetzung mit den einzelnen Techniken führt nicht zuletzt wegen der großen Varietät der Interventionen an dieser Stelle zuweit. Zudem haben sich bereits einige Autoren mit der zusammenfassenden Darstellung dieser Techniken beschäftigt, so daß der interessierte Leser auf die im Text genannten Literaturquellen verwiesen werden kann. An dieser Stelle wird sich deshalb nur auf eine überblicksartige Beschreibung beschränkt.

[19] Die Teamentwicklung widmet sich Prozessen zur Sensibilisierung des individuellen Gruppenverhaltens. Die Annahme ist hier, daß aus der Veränderung der interpersonellen Beziehung ein Wandel der Arbeitsmuster und -beziehungen resultiert. Das Laboratoriumstraining hilft Gruppen zu lernen, wie man am besten lernt. Mit Hilfe des Survey Feedback wird eine Rückkopplung von Befragungsergebnissen über die verschiedenen Aspekte der Funktionsweise der Organisation und des Arbeitslebens ihrer Mitglieder erreicht.

Abb. 23: Interventionstechniken

Interventionstechnik	Kurzbeschreibung
Techniken auf der Ebene des Individuums	
Sensitivity Training (Laboratory Training; T-Gruppen)	Lernen durch Selbsterkenntnis, primär aus Erfahrungen aus Gruppenkontakten, die der Lernende selbst macht
Encounter Gruppen (personal-growth laboratories)	Begegnung mit sich selbst; richtet sich primär auf individuelles Wachstum und Persönlichkeitsentwicklung
Transaktionsanalyse	gruppentherapeutische Methode; kombiniert verhaltenstheoretische Ansätze und tiefenpsychologische Denkweisen im Rahmen der Werte humanistischer Psychologien und Psychotherapien
Coaching	psychologische Beratung des einzelnen Organisationsmitgliedes, um Leistungsvermögen und Zufriedenheit zu erhalten oder zu erhöhen
Techniken auf der Ebene der Gruppe	
Prozeßberatung	Beratung zur Analyse und Diagnose von Gruppenprozessen in Organisationen
Drittparteien-Intervention	Form der Konflikthandhabung, die interpersonale Konflikte als Anlaß für Veränderungen benutzt
Teamentwicklung	Entwicklung einer Gruppe zu einem echten Team
Intergruppen-Intervention	setzt an den Schnittstellen zwischen bestehenden Arbeitsgruppen an und dient zur Verbesserung von Intergruppen-Beziehungen
Lernstatt (Lernen + Werkstatt)	Intervention `von unten´; kognitive Wissensvermittlung im Gruppenrahmen mit dem Ziel der Arbeitsverbesserung
Arbeitsstrukturierung	Neustrukturierung der Arbeit mittels neuer Formen der Arbeitsorganisation wie Job Enlargement, - Enrichment, - Rotation, teilautonome Arbeitsgruppen
Techniken auf der Ebene der Organisation	
Interventionsprozeß nach dem Kontingenzansatz	folgt einem Outside-in-Ansatz, der über drei Ebenen abläuft: 1. organization-environment interface; 2. group-to-group interface; 3. individual-and-organization interface
Survey Feedback	Verfahren der Datensammlung innerhalb einer Organisation und Rückkopplung ausgewerteter Daten an die Organisationsmitglieder
Konfrontationssitzung	Gruppendiskussion unter Leitung eines Experten
Grid Organisationsentwicklung	Methode zur Veränderung von Personen, Gruppen und Organisationen, die auf dem Managerial Grid (Verhaltensgitter) von *Blake/Mouton* beruht, nach dem eine gemeinsame Betonung des Menschen und der Produktion anzustreben ist
Nederlands Pedagogisch Instituut-Modell	Konzept der Veränderungsberatung von Unternehmen, ..., das auf einem ganzheitlichen Menschenbild basiert und sich an sozialphilosophischen Grundannahmen der Anthroposophie orientiert
Management by Objectives	Konzept der Zielvereinbarung
Systemische Interventionen	Im Mittelpunkt steht die Frage, welche internen Handlungen Systeme initiieren müssen, um Ereignisse zu verdichten und organisatorisch zu verknüpfen, um das Überleben des Systems zu sichern

Quelle: eigene Erstellung in Anlehnung an Staehle, 1991, S. 870 - 894

French/Bell (1977) typologisieren die Interventionstechniken nach Zielgruppen. Sie differenzieren in Interventionen zur Steigerung

- der individuellen Effektivitäten,
- der Effektivität von Paaren und Dreiergruppen,
- von Team- und Gruppeneffektivität,
- von Intergruppenbeziehungen,
- der Effektivität ganzer Organisationen

und subsumieren darunter die einzelnen Techniken. (vgl. Schertler, 1995, S. 150)

Staehle lehnt sich an die o.a. Typologie an und elaboriert daraus drei Analyseebenen. (vgl. Staehle, 1991, S. 869 ff.) Dabei unterscheidet er in Techniken auf der Ebene des Individuums, der Gruppe und der Organisation. An dieser Einteilung orientiert sich auch die Überblicksdarstellung in Abbildung 23.

2.3.3 Managementkonzepte zur Realisierung von Wandel

Managementkonzepte zur Realisierung von organisatorischem Wandel basieren auf einer Kombination der o.a. Veränderungstrategien und Interventionstechniken und enthalten Maßnahmen, um den Prozeß der Neuausrichtung der Organisation mit ihrer Umwelt im Sinne eines Managements des Wandels zu initiieren, voranzutreiben und zu stabilisieren. (vgl. dazu auch Berger/u.a., 1994, S. 7) Aufgrund der Vielzahl möglicher Strategien (vgl. Gliederungspunkt 2.3.1) und Interventionstechniken (vgl. Gliederungspunkt 2.3.2) sind der Phantasie bei der Gestaltung solcher Managementkonzepte keine Grenzen gesetzt. Dies führt nicht zuletzt zu einer Inflation von neuen Konzeptionen und zu einem nicht mehr überschaubaren Begriffspluralismus (vgl. Abb. 24), der Wandel oder `Change´ gerade in letzter Zeit zu einem Modewort in Theorie und Praxis werden ließ.

Angefangen bei Veränderungen der Produktpolitik über Downsizing, Lean Management, Kaizen, Total-Quality-Management (TQM) und Restrukturierungen bis hin zu Kooperationen und M&A`s gibt es für innovative Manager eine Reihe von zukunftssichernden Maßnahmen des geplanten, organisatorischen Wandels. Bisherige Recherchen konnten jedoch kein einheitliches Begriffssystem feststellen, das insbesondere auch neuere Techniken oder Strategien des Wandels integriert sowie M&A oder Kooperationen als Wandlungsstrategien erfaßt. Entsprechend basiert die Anwendung dieser Begriffe in Theorie und Praxis oft auf unterschiedlichen Verwendungen und Auslegungen.

Abb. 24: Begriffspluralismus im Change Management

Um die wissenschaftliche Diskussion in diesem Forschungsfeld klarer zu gestalten, wird an dieser Stelle versucht, eine allgemeine Systematik zur Einordnung der bekanntesten Konzeptionen zur Realisierung eines Managements des organisatorischen Wandels zu entwickeln. Es sei hierzu angemerkt, daß es nicht darum geht, alle dazugehörigen Begriffe aufzulisten, zu definieren und gegeneinander abzugrenzen[20], sondern nur die wichtigsten und aktuellsten zu erfassen und zu systematisieren. Der Aufbau der nachfolgenden Systematik folgt einer "Top-Down"-Vorgehensweise. Dazu wird zunächst das grundsätzliche Abgrenzungskriterium vorgestellt, bevor dann auf einer weiteren Ebene detaillierter einzelne Konzeptionen zugeordnet werden.

Wird eine Organisation als ein dynamisches, offenes und soziales System verstanden (vgl. Gliederungspunkt 1.2.1.3), lassen sich die Managementkonzepte grundsätzlich danach differenzieren, ob sie einen intrasystemischen oder einen intersystemischen Wandel induzieren. Sie können zum einen auf die veränderten Einflußfaktoren dadurch reagieren (bzw. im Hinblick auf zukünftige Veränderungen

[20] Dies würde an dieser Stelle sicherlich zuweit führen und den Rahmen der vorliegenden Schrift um ein weites übersteigen. Der interessierte Leser sei daher auf die angegebenen Literaturquellen verwiesen.

agieren), daß sie innerhalb ihres Unternehmens unter Berücksichtigung von handlungs- und verhaltensorientierten Aspekten Veränderungen initiieren und implementieren. Die Beziehung zu anderen Unternehmen wird nicht verändert und die Strategie des Unternehmens ist auf das Ziel ausgerichtet, weiterhin alleine im Wettbewerb zu agieren. Da sich diese Maßnahmen nur auf den Wandel innerhalb einer bestehenden Organisation beziehen, lassen sie sich als *intrasystemischer Wandel* begreifen. Kontinuierliche Verbesserungsprozesse, der Abbau von Hierarchieebenen, Restrukturierungs- und Reorientierungsaktivitäten sowie das Reengineering eines Unternehmens sind Beispiele für Veränderungsprozesse dieser Art.

Zum anderen können Organisationen auf die veränderten Anforderungen ihrer Umwelt auch reagieren (bzw. auf zukünftige Veränderungen agieren), indem sie externe Beziehungen eingehen. Der strategische Erfolg soll in diesem Fall dadurch gesichert werden, daß das Unternehmen in irgendeiner Weise eine Beziehung mit einem anderen Unternehmen aufbaut und nicht mehr alleine im Wettbewerb aktiv bleibt. Im Mittelpunkt steht damit zunächst nicht das Management des Wandels innerhalb eines Unternehmens, sondern das Management einer veränderten Beziehung zwischen verschiedenen Unternehmen. Dies hat mehr oder weniger starke Konsequenzen sowohl auf die eigene als auch auf die Organisation des Partnerunternehmens. Solche Veränderungen lassen sich als *intersystemischer Wandel* bezeichnen. Unter dieser Option lassen sich Beteiligungen, Kooperationen, Akquisitionen und Fusionen subsumieren.[21]

Um außerdem eine Typologie der einzelnen Managementmethoden innerhalb der jeweiligen Kategorie zu entwerfen, bietet sich als Abgrenzungskriterium der Intensitätsgrad an, mit der sie Wandel initiieren (vgl. Gliederungspunkt 1.1.2.1). Andere Kriterien wie beispielsweise der Startpunkt (z.B. Top-down/Bottom-up) oder der Umfang (z.B. Unternehmensteil/ganzes Unternehmen) der Initiative erweisen sich als nicht immer eindeutig.

Analysiert man nun die Konzepte des intrasystemischen Wandels, so können drei Typen unterschieden werden:

---

[21] Diese Systematik ist bezüglich ihrer theoretischen Begriffsabgrenzung in sich `mutually exclusive collectively exhaustiv´. In der Praxis muß dies jedoch nicht notwendigerweise der Fall sein. Hier ist es beispielsweise möglich, daß ein Unternehmen während einer Restrukturierungsphase eine Kooperation eingeht oder in der Integrationsphase einer Akqusition eine Reorganisation durchführt. Im folgenden wird in erster Linie die Kategorie des intrasystemischen Wandels betrachtet. Der intersystemische Wandel wird am Beispiel der Kooperation ausführlich bei Mohr, 1995, S. 317 ff. diskutiert.

- Die Konzepte des ersten Typs leiten einen inkrementalen Wandel ein. Sie sind darauf ausgerichtet, die bestehende Organisation zu verbessern bzw. zu optimieren. Zu dieser Kategorie gehören die Organisationsentwicklung/ Organizational Development (vgl. Gliederungspunkt 1.1.2.1), Time-Based-Management (vgl. Stalk, 1988, besonders S. 50 u. Stalk/u.a., 1993, S. 93 ff.), Kaizen (vgl. Davidow/u.a., 1993, S. 146 ff.) bzw. kontinuierliche Verbesserungsprozesse und Total-Quality-Management. (vgl. Davenport, 1993, S. 7 f.)

- Der zweite Typ beschreibt Managementkonzeptionen, die sich meist nur auf einzelne Bereiche oder Prozesse im Unternehmen konzentrieren und deren Intensität von der jeweiligen Situation abhängt. Sie können je nach Begebenheit eher inkrementale oder eher radikale Veränderungen initiieren und sind deshalb weder der ersten noch der dritten Kategorie eindeutig zuzuordnen. So bezeichen beispielsweise *Hamel/u.a.* mit Restrukturierung (vgl. z.B. Hamel/u.a., 1994, S. 123 ff.) einen inkrementalen Wandel, wogegen *Strebel* der Ansicht ist, daß es sich dabei um fundamentale Veränderungen handelt. (vgl. Strebel, 1994, S. 38 ff.) Neben der Restrukturierung lassen sich auch Konzepte wie Reorganisation, Delayering, Downsizing (vgl. Cameron, 1994, S. 189), kultureller Wandel (vgl. Scott-Morgan, 1994) und Corporate Renewal (vgl. Strebel, 1994, S. 36 f.) unter dieser Kategorie zusammenfassen.

- Methoden der dritten Gruppe induzieren im Unternehmen durch fundamentales Neugestalten aller Prozesse einen radikalen Wandel. Hierzu zählen die Organisationsveränderung/Organizational Transformation (vgl. Gliederungspunkt 1.1.2.1), Reorientierung (vgl. Nadler/u.a., 1990, S. 80), Revitalisierung (vgl. Strebel, 1994, S. 38 f.), Business Process Reengineering (vgl. Hammer/ u.a., 1994, S. 48)[22], Process Innovation (vgl. Davenport, 1993, S. 7), Core Process Redesign (vgl. Dichter/u.a., 1993, S. 97 ff.; Kaplan/u.a., 1994, S. 16 ff.), Business Process Redesign (vgl. Hess/u.a., 1995)[23] und Reinvention. (vgl. Goss/u.a., 1993, S. 98 ff.)

---

[22] Die Reengineering-Bibliothek enthält Titel für jeden Geschmack, Beispiele für jede Branche und Spezialbehandlungen für die wichtigsten Unternehmensbereiche. Allerdings enthalten sie keine Zauberformeln und ein Blick in die Bücher lohnt sich dann um so mehr, je weiter man selbst fortgeschritten ist. *Metzen* hat sich durch den Berg der Reengineering-Literatur gearbeitet und gibt einen interessanten Überblick über 30 Veröffentlichungen zu dieser Thematik. (vgl. Metzen, 1994, besonders S. 284, ff.)

[23] *Hess/Brecht* analysieren und vergleichen die 15 wichtigsten, heute auf dem Markt verfügbaren methodischen Ansätze zum Business Process Redesign und elaborieren die Gemeinsamkeiten und Unterschiede dieser Methoden. (vgl. Hess/u.a., 1995)

Abb. 25: Systematisierung der Managementkonzeptionen

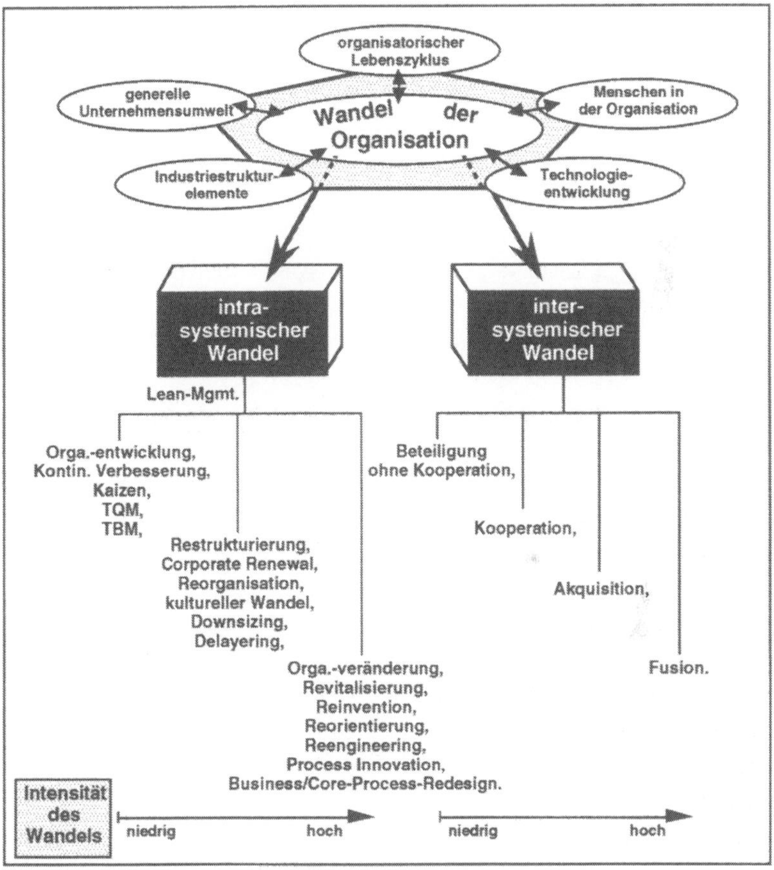

Innerhalb der Kategorie des intersystemischen Wandels ist der Grad der Bindung zum jeweiligen Partner bzw. die verbleibende Autonomie beider Partner das wesentliche Unterscheidungsmerkmal. Mit diesem Grad der Bindung korreliert die Intensität des Wandels, so daß sich vier Kategorien unterscheiden lassen. Von der Beteiligung ohne Kooperation bis zur Fusion erhöht sich der Grad der Bindung kontinuierlich, und die verbleibende Autonomie nimmt ab (vgl. Hammes, 1993, S. 40) Entsprechend nimmt ausgehend von der völligen Nicht-Integration bis hin zur völligen Integration, welche bei einer Fusion mit der Verschmelzung zweier oder mehrerer Partner angestrebt wird, das Ausmaß des Wandels kontinuierlich zu. Dies betrifft in besonderem Maße die Target-Organisation; allerdings darf auch die Wirkung auf die Organisation des übernehmenden Partners nicht unterschätzt werden.

Eingehende Literaturanalysen haben schließlich unter Verwendung der angegebenen Vorgehensweise zu der in Abbildung 25 dargestellten Systematisierung geführt. Dabei fällt auf, daß die Bezeichnung Lean-Management nur auf der ersten Abgrenzungsebene positioniert wurde. Sie ist eine Managementphilosophie, die sich ihrerseits aus mehreren, auf der zweiten Ebene systematisierten Maßnahmen zusammensetzt. (vgl. Davidow/u.a., 1993, S. 132 ff. u. Bösenberg/u.a., 1993) Auf Basis der zugrundeliegenden Abgrenzungskriterien läßt sie sich daher nur allgemein dem intrasystemischen Wandel zuordnen.

2.4 Beteiligte im Veränderungsprozeß - Change Agents

Bei der Durchführung von organisatorischen Veränderungen sind eine Vielzahl von Personen beteiligt oder in irgendeiner Weise betroffen, die unterschiedliche Rollen und Aufgaben in diesem Prozeß einnehmen. In der neueren Literatur werden sie meist unter der Bezeichnung `Change Agent´ zusammengefaßt. Die Beschreibung dieser Rollen und Aufgaben ist ebenso Gegenstand dieses Kapitels wie die Darstellung der Personen, die sie innehaben. Zunächst soll jedoch Klarheit darüber geschaffen werden, was unter der Bezeichnung `Change Agent´ zu verstehen ist, welche ebenso wie das Konzept des organisatorischen Wandels mehr oder weniger starke Entwicklungen durchlaufen hat.

2.4.1 Der Begriff des Change Agents

Die Bezeichnung `Change Agent´ wurde 1947 vom National Training Laboratory eingeführt, um die Diskussion über die heterogenen Gruppen von berufsmäßigen Helfern im Zusammenhang mit geplantem organisatorischem Wandel zu erleichtern. Obwohl sich die Bezeichnung `Change Agent´ mittlerweile durchgesetzt hat, finden sich besonders in der älteren Fachliteratur auch nahezu gleichzusetzende Termini wie `Advocat of change´ und `Behavioral Science Consultant´. (vgl. Kirsch/ u.a., 1979, S. 278 f.)

In den 60er Jahren, als der Begriff in der Fachliteratur zunehmend an Bedeutung gewann, wurden unter Change Agents typischerweise externe Berater verstanden.

Meist waren es Akademiker, die in die Organisationen kamen, deren Bedarf an Wandel bewerteten, Handlungspläne erarbeiteten und schließlich dem Senior-Management die Umsetzung überließen. *Lippitt et alter*, Mitbegründer des National Training Laboratory, gelten als diejenigen, die den Begriff `Change Agent´ nachhaltig prägten. Sie verstehen darunter einen Externen (`outside agent´), von dem die zu verändernde Organisation (`client system´) Hilfe während des Veränderungsprozesses erhält: "[...] planned change that originates in a decision to make a deliberate effort to improve the system and to obtain the help of an outside agent in making this improvement. We call this outside agent a change agent." (Lippitt/u.a., 1958, S. 10) Nach *Rogers/Shoemaker* handelt es sich um einen "[...] professional who influences innovation-decisions in a direction deemed desirable by a change agency." (Rogers/u.a., 1971, S. 227)

Während der 70er Jahre wurde die externe Rolle des Change Agents mehr und mehr ergänzt und sogar teilweise durch den internen Berater, der meist ein Mitglied der Personalabteilung der betroffenen Organisation war, ersetzt. Bereits 1965 bezeichnete *Bennis* die Sichtweise von *Lippitt* als zu eng und weitete sie dahingehend aus, daß er Change Agents nicht mehr ausschließlich als externe Berater betrachtete. "They may be members of the client system, arguing that inside knowledge is needed, or external agents, arguing that perspective, detachment, and energy from outside are needed." (Bennis, 1973, S. 72 u. Bennis/u.a., 1985, S. 5 f.). *Beckhard* greift dieses Verständnis auf und beschreibt die wesentlichen Merkmale eines Change Agents folgendermaßen: "`Change Agents´ refers to those people, either inside or outside the organization, who are providing technical, specialist or consulting assistance in the management of a change effort." (Beckhard, 1969, S. 101)[24]

Auch heute hat diese Sichtweise noch Bestand, obwohl gerade in den 80er Jahren die externe Beratung bei der Durchführung von Veränderungen in Unternehmen eine Renaissance erlebte. Nach der Meinung von *Ottaway* kann das dargelegte Begriffsverständnis dahingehend ausgeweitet werden, daß sich die Rolle des Change Agents nicht nur auf die spezielle Gruppe von Menschen bezieht, die während des Veränderungsprozesses agiert (intern oder extern), sondern jeden im System einbezieht, der während des Prozesses am Wandel beteiligt oder von ihm

[24] *Ottaway* gibt in seinem Artikel einen ausführlichen Überblick über die Metamorphose des `Change Agent´-Begriffes. Er beginnt dabei bei der ursprünglichen Definition von *Lippitt et alter* und zeigt die historische Entwicklung bis in die 80er Jahre auf. Zudem geht er auch auf empirische Studien zur Change Agent Thematik ein. (vgl. Ottaway, 1983, besonders S. 362 - 372)

betroffen ist. (vgl. Ottaway, 1979, S. X u. Ottaway, 1983, S. 373 ff.; vgl. dazu auch Gliederungspunkt 2.4.2) Darin ist die Vorstellung enthalten, daß jeder, der von der Veränderung direkt oder indirekt tangiert ist, früher oder später zu einem Change Agent werden muß, um letztlich eine immerwährende Veränderungsbereitschaft der Organisation zu gewährleisten. Dieses Verständnis spiegelt sich ebenfalls in der Definition von *Jick* wieder: "Change Agents can be teams, they can be `empowered´ workers; they play all the parts - envisioning, implementing, as well as receiving, for many times they are implementing their own change as well as others." (Jick, 1993, S. 353 f.)

Damit sind - sofern es sich um einen geplanten Wandel handelt - mit den externen Beratern und den Mitgliedern der zu verändernden Organisation grundsätzlich zwei Gruppen im Veränderungsprozeß beteiligt, die sich jedoch beide im oben elaborierten Sinne als Change Agents interpretieren lassen. Zur detaillierteren Diskussion der Rollen und Aufgaben im Veränderungsprozeß erscheint es daher sinnvoll, im folgenden die beiden Gruppen separat zu analysieren und in einen `Change Agent im weiteren Sinne´ und einen `Change Agent im engeren Sinne´ zu unterscheiden.

- `Change Agent im weiteren Sinne´ bezeichnet hier jedes Mitglied der zu verändernden Organisation (bzw. des Organisationsbereichs), welches in irgendeiner Weise an dem Veränderungsprozeß beteiligt oder davon betroffen ist.

- Unter `Change Agent im engeren Sinne´ wird ein Berater (outside oder inside consultant) verstanden, der die Organisation während des Wandlungsprozesses durch professionelle Hilfe unterstützt. Unabhängig davon, ob er grundsätzlich Mitglied der Gesamtorganisation ist, wird er, bezogen auf den zu verändernden Bereich der Organisation, als Externer angesehen, da er in der Ausübung dieser Tätigkeit keiner Linienhierarchie untersteht.

Beide Typen werden nachfolgend diskutiert. Es ist dabei anzumerken, daß die Fachliteratur zu dieser Thematik sehr reichhaltig und vielseitig ist. Die vorgestellten Aspekte oder Typologien werden vom Verfasser als wesentlich angesehen, stellen aber nur einen Auszug aus der gesamten Literaturpalette dar. Zur besseren Verständlichkeit der Argumentation wird zuerst die Thematik des Change Agents i.w.S. behandelt, bevor näher auf den Change Agent i.e.S. eingegangen wird.

2.4.2 Change Agent im weiteren Sinne

Unter Change Agents im weiteren Sinne sind wie o.a. sämtliche Mitarbeiter der sich wandelnden Organisation zu verstehen. Dieses Verständnis entspricht der oben eingeführten, weiten Definition eines Change Agents von *Ottaway* oder *Jick*. Demnach sind prinzipiell alle Mitarbeiter eines Unternehmens als Change Agents zu interpretieren. Da ein Unternehmen in bezug auf seine Mitarbeiter sehr heterogen ist, ist davon auszugehen, daß die damit verbundenen Rollen und Aufgaben im Veränderungsprozeß ebenfalls sehr verschieden sind.

Ottaway hat sich eingehend mit dieser Problematik auseinandergesetzt und auf der Analyse einer Vielzahl von Definitionen des Change Agent Begriffes eine Taxonomy - ursprünglich für jede Art des sozialen Wandels - entwickelt. Ziel ist es, jeder Person eine adäquate Rolle im Veränderungsprozeß zuzuordnen und sich nicht nur auf die professionellen Helfer zu beschränken. Entsprechend teilt er Change Agents in 10 Kategorien ein und ordnet sie den einzelnen Phasen des Veränderungsprozesses nach *Lewin* (vgl. Gliederungspunkt 2.1.1) zu. (vgl. Ottaway, 1983, S. 373)

2.4.2.1 Aufgaben und Rollen nach Ottaway

Ottaway ist der Ansicht, daß neben den zehn Kategorien noch zwei weitere zu nennen sind, die bereits wirken, bevor der eigentliche Prozeß beginnt. Er bezeichnet sie als \`Pretaxonomic Categories´ (vgl. Ottaway, 1982, S. 388) und meint damit die Kategorien des \`Mentors´ und des \`Trigger Agents´. Bei dem Mentor handelt es sich um eine Art Vorbild des später beschriebenen \`Key Change Agent´, der den Wandel in Bewegung setzt. *Ottaway* nennt *Gandhi* als Beispiel für einen Mentor, der das Handeln des Change Agents *Martin Luther King* beeinflußte. Der Trigger Agent löst demgegenüber meist unwissend oder unbewußt den Änderungsprozeß aus. Hier führt er beispielsweise *Rosa Parks* an, die durch das Auslösen des Montgomery Bus-Boykotts *Martin Luther King* als Change Agent aktivierte.

In seiner eigentlichen Taxonomie differenziert er in die drei Guppen \`Change Generators´, \`Change Implementors´ und \`Change Adopters´ und ordnet ihnen insgesamt zehn Kategorien zu:

Die erste Gruppe - die *Change Generators* - unterteilt er in die vier Kategorien `Key Change Agent´, `Demonstrator´, `Patron´ und `Defender´. Entsprechend dem Phasenmodell von *Lewin* sind sie diejenigen, die in der Phase des Unfreezings wirken. (vgl. Ottaway, 1982, S. 377 u. S. 381 ff.) Die erste Kategorie, der `Key Change Agent´, repräsentiert die entscheidende Person, die ein Streitthema zur Sprache bringt und dadurch ein Gefühl für die Notwendigkeit des Wandels erzeugt. Seine Methode und Werte bestimmen den gesamten Prozeß. Nach Auffassung von *London* entspricht diese Art von Change Agent einem charismatischen Führer, wie er beispielsweise durch *Lee Iacocca* (vgl. London, 1988, S. 58) oder *Jack Welch* verkörpert wird. Die Aufgabe des `Demonstrators´ ist es, Unterstützung für den vom Key Change Agent initiierten Veränderungsprozeß zu demonstrieren. Er ist der erste, der sich mit denjenigen auseinandersetzen muß, die sich dem Wandel widersetzen. Der `Patron´ sorgt für die notwendige finanzielle Unterstützung und öffentliche Anerkennung des Veränderungsprozesses. Meinungsführer in einer Gemeinschaft können eine solche Rolle einnehmen. Aufgabe des `Defenders´ ist es, die Intension des Veränderungsprozesses zu verteidigen und aufrecht zu halten. Übertragen auf das Unternehmen bedeutet das, daß er den beabsichtigten Wandel auf den unteren Ebenen der Organisation verteidigt.

Die zweite Gruppe - die *Change Implementors* - wird von *Ottaway* in die drei Kategorien `External Change Implementor´, `External/Internal Change Implementor´ und `Internal Change Implementor´ differenziert. Sie treten in den Prozeß ein, wenn die Aufgabe der Change Generators erledigt ist und leiten die Phase des Movings ein. (vgl. Ottaway, 1982, S. 377 u. 383 ff.) *Ottaway* versteht sie als `Enabler´, die eng mit der sich verändernden Organisation zusammenarbeiten und den Wandel implementieren. Im Sinne der zugrundeliegenden Unterteilung sind es die eigentlichen Change Agents i.e.S., die in Punkt 2.4.3 genauer behandelt werden. Der `External Change Implementor´ entspricht der Definition von *Lippitt* und verkörpert einen externen Helfer oder Berater, der von der Organisation beauftragt wird, den Wandel zu implementieren. Die Aufgabe des `External/Internal Change Implementors´ besteht darin, interne Implementoren zu entwickeln. Dabei kann es sich beispielsweise um Mitarbeiter der Zentrale eines Unternehmens handeln, die von den einzelnen Filialen als Externe angesehen werden. `Internal Change Implementors´ sollen den Wandel in ihrer eigenen Gruppe implementieren und arbeiten mit den beiden anderen Implementoren zusammen.

Die letzte Gruppe - die *Change Adopters* - praktizieren die neuen Verhaltensweisen und normalisieren damit im Sinne eines Refreezings den Wandel. Sie tragen nicht bewußt zum Wandel bei, müssen ihn aber leben. (vgl. Ottaway, 1982, S. 377 u. S. 385 ff.) Nach *Jick* sind sie die wichtigste Gruppe. Ohne ihr Zutun scheitern jegliche Veränderungsbemühungen. "No Organization can institute change if its employees will not, at the very least, accept the change. [...] Change can be \`managed´ externally by those who decide when it is needed and how it \`should´ be implemented. But it *will* be implemented only when employees accept change - and the specific change - internally." (Jick, 1993, S. 323) *Ottaway* unterscheidet in \`Early Adopters´, \`Maintainers´ und \`Users´. (vgl. Ottaway, 1982, S. 385 ff.) Die \`Early Adopters´ sind die Ersten, die den Wandel annehmen. (vgl. auch Rogers/u.a., 1971, S. 184 u. Rogers, 1983, S. 248 f.) Sie stellen damit das Bindeglied zwischen den Implementoren und den übrigen Adoptern dar. Die Aufgabe der \`Maintainer´ ist es, den Wandel zu übernehmen, während sie sich zum Erhalt der Organisation bekennen. Sie zeigen sich grundsätzlich loyal und verstehen Veränderungen als für das Überleben der Organisation unabdingbar. Schließlich müssen die \`User´ die Produkte oder Dienstleistungen der veränderten Organisation nutzen und dies zur Gewohnheit werden lassen. Sie sind damit genauso wichtig wie alle anderen Kategorien, da ohne ihr Zutun kein Wandel erfolgreich stattfinden kann.

2.4.2.2 Die Taxonomie in der Unternehmenshierarchie

Die Taxonomie von *Ottaway* beschreibt Change Agents im Prozeß des sozialen Wandels und läßt sich somit leicht auf den Veränderungsprozeß in Organisationen bzw. Unternehmen übertragen. Viele Autoren lehnen sich an diese Taxonomie an und vertreten ebenfalls die Ansicht, daß organisatorischer Wandel niemals durch eine einzelne Person oder Gruppe alleine zustande gebracht werden kann. In ihren Beschreibungen verwenden sie z.T. auch andere Bezeichnungen, die jedoch im wesentlichen denen von *Ottaway* entsprechen. So werden die Change Generators z.B. auch als Change Strategists (vgl. Kanter, 1992, S. 377 f.) und die Change Adopters als Change Recipients (vgl. z.B. Kanter, 1992, S. 379 f.; Jick, 1993, S. 322 ff.) bezeichnet. *Kanter* faßt diese Erkenntnisse zusammen, indem sie konstatiert, daß erfolgreicher Wandel in Organisationen nur auf der konstruktiven Interaktion von drei verschiedenen Gruppen ablaufen kann. "Three basic groups must be coordinated if change is to be effectively implemented: change strategists, change implementors, and change recipients." (Kanter, 1992, S. 370)

Werden diese Erkenntnisse auf ein Unternehmen übertragen, lassen sich die drei Gruppen den drei bekannten Organisationsebenen des Top, Mittleren und Unteren Managements zuordnen. Wenn in diesem Zusammenhang davon die Rede ist, daß eine Ebene besonders mit einer bestimmten Phase des Veränderungsprozesses korrespondiert, dann bedeutet dies allerdings nicht, daß sie ausschließlich in dieser Phase aktiv ist. Es wäre unsinnig zu behaupten, daß die Tätigkeit einer bestimmten Gruppe mit dem Ende einer Phase erledigt ist. Grundsätzlich ist anzunehmen, daß die Rolleninhaber in den einzelnen Phasen des Veränderungsprozesses mit unterschiedlicher Intensität aktiv werden.[25]

Change Generators bzw. Strategen des Wandels identifizieren die Notwendigkeit des Wandels, entwickeln eine Vision und entscheiden welche Art von Veränderung durchgeführt wird. Nach *Kanter* sind es meist Vorstände, Mitglieder des Top-Managements oder Berater, die diese Aufgaben übernehmen. Sie haben den besten Überblick über das Verhältnis zwischen Organisation und Umwelt und sind dadurch in der Lage, den Veränderungsbedarf einer Organisation zu bewerten. Sie sind besonders zu Beginn des Veränderungsprozesses - in der Unfreezingphase - aktiv. (vgl. Kanter, 1992, S. 16 u. S. 376 f.) Bereits *Beckhard* betonte, daß i.d.R. ein Mitglied der Geschäftsleitung entscheidet, ob und welches Änderungsprogramm eingeführt wird, da es aufgrund seiner Position die Macht besitzt, ein solches Vorhaben voranzutreiben. (vgl. Beckhard, 1969, S. 101 f.) Diese Aussage bestätigt auch *Gabele* mit einer empirischen Untersuchung, aus der ersichtlich wird, daß der Vorstand in jeder Gruppenkonstellation den signifikant höchsten Beitrag zur Bewältigung des Wandels leistet. (vgl. Gabele, 1978, S. 215) Häufig wird die Ansicht vertreten, daß es die erste Pflicht des Top-Managements ist, den unternehmensweiten Wandel zu leiten. "Orchestrating this companywide change process is the first responsibility of senior management." (Beer/u.a., 1990a, S. 165) In diesem Zusammenhang sprechen *Beer et alter* auch vom `Revitalization Leader´, der jedoch nicht unbedingt ein Vorstand sein muß. Es sollte allerdings ein Manager einer höheren Ebene sein, der über die Fähigkeit verfügt, die Mitarbeiter von der Vision überzeugen und sie durch entsprechende Kommunikation und konsistentes Verhalten implementieren zu können. (vgl. Beer/u.a., 1990b, S. 181 ff.) Auch nach Meinung von *Hammer/Champy* soll es ein Mitglied des oberen Führungskreises mit genügend Einfluß sein, von dem der Auftrag und die Motivation für die Reengineering-Anstrengungen ausgehen. (vgl. Hammer/u.a., 1994, S. 134 f.)

---

[25] *Moss-Kanter* thematisiert dies und gibt einen interessanten Überblick, in welchem sie die Rollen im Veränderungsprozeß mit den typischerweise angesprochenen Organisationsebenen und den Phasen des Veränderungsprozesses, in der sie am stärksten aktiv sind, kombiniert. (vgl. Kanter, 1992, S. 381)

Die Change Implementors sind verstärkt in der Phase des Movings aktiv. Meist sind es Manager der mittleren Ebene, die das Vorhaben in konkrete Handlungen umsetzen und durch den gezielten Einsatz von Kommunikationsinstrumenten, Interventionstechniken, Trainings und Entwicklung von Übergangsstrukturen den Prozeß des Wandels managen. Dies schließt jedoch nicht aus, daß diese Rolle auch von Top-Managern übernommen werden kann. Entsprechend kann das mittlere Management ebenso Anregungen für die Ausgestaltung von Veränderungsmaßnahmen geben. (vgl. Kanter, 1992, S. 16 u. 378 f.) *Gabele* bezeichnet das mittlere Management als eigentlichen Träger der Neuerung. (vgl. Gabele, 1978, S. 216) Die Manager dieser Ebene verfügen über grundlegendes und für den Wandel wichtiges, organisationsspezifisches Wissen, so daß sie einen entscheidenden Beitrag im Prozeß des Wandels leisten können. Allerdings sind sie nach *Hammer/Champy* auch meist das Ziel von Veränderungen. Deshalb werden sie häufig aus Angst, nach einem erfolgreich durchgeführten Veränderungsprozeß ihren Arbeitsplatz zu verlieren, zu aktiven Barrieren. (vgl. Hammer/u.a., 1993, S. 52) Diese Problematik wird noch durch ihre Position in diesem Prozeß verstärkt. Eigentlich sollen sie die Pläne im Auftrag der Change Generators verwirklichen. *Kanter* empfiehlt deshalb eine überlappende Zusammenarbeit der beiden Gruppen. (vgl. Kanter, 1992, S. 16 u. S. 378) Allerdings fehlt es ihnen meist an der notwendige Autorität, um die Veränderungen auf den unteren Ebenen durchzusetzen. Sie benötigen daher sowohl die Unterstützung von oben, als auch die kooperative Mitarbeit der unteren Ebene. Von daher befinden sie sich in einer schwierigen Position zwischen beiden Parteien. (vgl. Oshry, 1993, S. 401 ff.) Es ist daher die Aufgabe des Top-Managements, die Mitglieder der mittleren Organisationsebene frühzeitig in den Änderungsprozeß einzubeziehen und ihnen offen mögliche Konsequenzen und Chancen, die durch den Wandel entstehen, zu kommunizieren.

Die Gruppe der Change Adopter bzw. der Change Rezipients repräsentiert mit den unteren Ebenen der Organisation die meisten Mitarbeiter. Sie sind am stärksten von dem Wandel bzw. seiner Implementierung betroffen, haben aber kaum Gelegenheit, Einfluß darauf auszuüben. Sie sind besonders in der Refreezing-Phase von Bedeutung, da ihre Akzeptanz und ihr Verhalten über den endgültigen Erfolg der Veränderungsmaßnahme entscheidet. (vgl. Kanter, 1992, S. 16 u. S. 379 ff.) Ein Indiz dafür sind die hohen Mißerfolgsraten (vgl. Teil A). Nicht zuletzt deshalb wird ihnen in der Change Management Literatur hauptsächlich im Zusammenhang mit Widerstand gegenüber Veränderungen (vgl. Gliederungspunkt 3) Beachtung geschenkt. Dieser Aspekt ist mit Sicherheit wichtig, um zu verstehen, warum die Mitarbeiter ein bestimmtes Verhalten an den Tag legen. Wird diese Gruppe jedoch nur noch als potentielle Widerständler wahrgenommen, kann sich dies auch zu einer sich selbst erfüllenden Prophezeiung entwickeln. Deshalb wird den Mitarbeitern der unteren Ebenen zunehmend auch im Zusammenhang mit Einstiegsstrategien (vgl Gliederungspunkt 2.3.1) oder der Partizipation bei der Ausgestaltung von Veränderungen (vgl. Teil D) Bedeutung beigemessen. *Laker* beispielsweise vertritt ähnlich wie einige andere Autoren die Ansicht, daß die Umsetzung von Veränderungen nicht ausschließlich von oben erfolgen soll, sondern von jedem Mitarbeiter gelebt werden muß. (vgl. Laker, 1992, S. 19) Deshalb dürfen die unteren Ebenen nicht lediglich Rezipienten des Wandels sein. Nach der Überzeugung von *Jack Welch* haben sie das größte Potential an neuen Ideen und sollen deshalb die Möglichkeit erhalten, eigene Änderungsvorschläge einzubringen und aktiv bei der Veränderung mitzuwirken. (vgl. die Ausführungen zu Work-Out in Teil F)

2.4.3 Change Agent im engeren Sinne

Change Agents im engeren Sinne sind interne oder externe Berater, die die Organisation im Veränderungsprozeß durch professionelle Hilfe unterstützen. Ihr Aufgabenspektrum ist vielfältig und verändert sich mit dem Verlauf des Veränderungsprozesses. Damit verändern sich auch die Rollen, die die Change Agents i.e.S. während dieses Prozesses einnehmen können.

"Change Agent ist der unabhängige von außen. Er gestaltet den Prozeß, stellt den Prozeßweg zur Diskussion, stimmt ihn ab, und er ist auch derjenige, der sozusagen die Impulse immer wieder setzt."

"Change Agent ist ein Moderator von Veränderungsprozessen. Er ist beispielsweise in einer Workshopdiskussion derjenige, der den Prozeß steuert, aber selbst keinen Inhalt einbringt. Aufgabe des Change Agents von außen ist es außerdem, einen Change Agent innen aufzubauen."

Diese beiden Zitate geben die Sichtweise zweier Berater von weltweit tätigen, Unternehmensberatungen wieder. Die Statements zeigen ansatzweise die Vielfältigkeit der Aufgabenpalette eines externen Beraters. Sie beziehen sich jedoch in erster Linie auf den Externen, der das vorhandene Änderungspotential im Client System aktiviert. Nach *Wohlgemuth* sind jedoch sowohl der externe als auch der interne Change Agent i.e.S. notwendig, um einen unternehmensweiten Wandel zu meistern. (vgl. Wohlgemuth, 1985, S. 81) Nach *McLean et alter* unterscheiden sich der externe und interne Change Agent i.e.S. eigentlich nur dadurch, daß der Externe einer anderen Organisation angehört, eine Vielzahl von Klienten berät und somit lediglich einen geringeren Teil seiner Zeit in der zu verändernden Organisation verbringt, während letzterer Vollzeit-Angestellter derselben ist. (vgl. dazu auch McLean/u.a., 1982, S. 24) Dieses Abgrenzungskriterium wird auch in der nachfolgenden Diskussion zugrunde gelegt.

2.4.3.1 Aufgaben und Rollen des Change Agents i.e.S.

Nach *Zaleznik/Moment* beinhaltet das Aufgabenspektrum des Change Agent i.e.S. im wesentliche drei Teilaufgaben. Zum einen ist es seine Aufgabe, seine Klienten mit der Realität zu konfrontieren und ihnen die Notwendigkeit des Wandels offen darzulegen (confronting). Zum anderen muß er die betroffene Organisation während des Änderungsprozesses und der Anpassung sowohl technisch als auch sozio-emotional unterstützen (supporting). Schließlich ist es seine Aufgabe, im Falle des Auftretens von Änderungswiderstand entsprechende Aktivitäten zu ergreifen, die die Betroffenen in der richtigen Richtung beeinflussen (influencing). (Zaleznik/u.a., 1964, S. 475)

Rogers/Shoemaker unterscheiden sieben Rollen bzw. Aufgaben im Veränderungsprozeß. Danach entwickelt der Change Agent beim Klienten ein Bewußtsein für die Notwendigkeit von Wandel, er baut eine Beziehung zu ihm auf und analysiert bzw. diagnostiziert seine Problemsituation. Weiterhin ist es seine Aufgabe, den Klienten zur Veränderung zu motivieren, die Absicht zum Wandel in konkrete Handlungen zu transformieren und die neuen Verhaltensweisen im Sinne eines Refreezings zu stabilisieren. Schließlich muß er beim Klienten eine immerwährende Veränderungsbereitschaft erzeugen, indem er - idealerweise - sich selbst dadurch die Geschäftsgrundlage nimmt, daß er dem Klienten die Fähigkeit vermittelt, sein eigener Change Agent zu sein. (vgl. Rogers/u.a., 1971, S. 229 f.)

Basierend auf den unterschiedlichen Aufgaben des Change Agents unterscheiden *Havelock/Havelock* vier grundsätzliche Helferrollen: (vgl. Havelock/u.a., 1973, S. 60 ff.)

- Katalysator (Catalyst): Das ist derjenige, der etwas in Gang bringt und den Antrieb zum Wandel in der Phase des Unfreezings liefert. Da die Menschen Änderungen eher restriktiv gegenüberstehen und auch an Dingen festhalten, die längst einer Modifiaktion bedürfen, ist es die Aufgabe eines Katalysators, den Status Quo zu stören und die Organisationsmitglieder davon zu überzeugen, daß Wandel aufgrund der unbefriedigenden gegenwärtigen Situation notwendig und Selbstzufriedenheit unangepaßt ist.

- Lösungsgeber (Solution Giver): Der Katalysator wirft nur Fragen auf und regt zum Nachdenken an, gibt aber keine passenden Antworten. Daher bedarf es der zusätzlichen Rolle des Lösungsgebers, der eine genaue Vorstellung darüber besitzt, wie der Wandel ablaufen soll. Er verfügt über eine Lösung und erwartet, daß die Organisationsmitglieder diese Lösung annehmen und verinnerlichen. Um dies erfolgreich durchführen zu können, muß er die Lösung an die spezielle Situation der Organisation anpassen - was eine genaue Kenntnis des organisatorischen Wertesystems unabdingbar macht - und insbesondere wissen, wann und wie er diese Lösung kommuniziert.

- Prozeßhelfer (Processhelper): Er liefert ebenfalls keine fertigen Lösungen, sondern hilft dem Client System bei der Durchführung des Problemlösungs- bzw. Veränderungsprozesses. Er unterstützt die Organisation dabei, die eigenen Probleme selbst zu lösen, indem er ihr zeigt, wie Bedürfnisse und Probleme erkannt und Ziele gesetzt werden. Er hilft beim Erwerb der dafür relevanten Resourcen und zeigt, wie Lösungen ausgewählt, an die jeweilige Situation angepaßt und implementiert werden.

- Mittelkoordinator (Resource Linker): Effektives Problemlösen erfordert das Koordinieren von auftretenden Bedürfnissen und entsprechenden, zu deren Befriedigung führenden Mitteln. Dieser Koordinator bringt Menschen zusammen, die dem Client System helfen, die Ressourcen innerhalb und außerhalb des eigenen Systems so effektiv wie möglich zu nutzen.

Nach *Havelock/Havelock* ist eine Kombination der einzelnen Typen möglich. Zudem umfaßt die o.a. Typologie nur die grundsätzlichen Rollen und erhebt keinen Anspruch auf Vollständigkeit. Sie läßt sich ohne weiteres durch zusätzliche Rollen wie beispielsweise den "evaluator", "system analyst", "planner" oder "implementer" ergänzen. (vgl. Havelock/u.a., 1973, S. 62)

Tichy/Hornstein differenzieren ebenfalls vier Typen von Change Agents. (vgl. Tichy/u.a., 1976, S. 946 ff. u. Ottaway, 1983, S. 371) Ihre Kategorisierung basiert auf einer empirischen Analyse von Befragungsergebnissen von 133 Change Agents. Anhand der drei Dimensionen \`focus or target for change´, \`the leverage point or point from which pressure is applied´ und \`relationship with the system undergoing change´ (Tichy/u.a., 1976, S. 948) unterscheiden sie in den

- Outside-Pressure-Type: Er übt von außen Druck auf die Organisation aus (durch Demonstrationen, Gewalt, usw.) und verursacht dadurch den Wandel. Er ist eher Gegner als Helfer der Organisation und somit kein Change Agent im Sinne der o.a. Definition.

- Analysis-for-the-Top-Type: Er konzentriert sich primär auf die Beziehung zwischen System und Umwelt und ist daran interessiert, die Effektivität und den Output des Systems zu verbessern. In erster Linie beinhalten seine Empfehlungen technische und strukturelle Veränderungen der Organisation (vgl. Gliederungspunkt 2.2) Er ist ratgebender Experte und versucht die Verantwortlichen im Unternehmen (Top-Management) von der Sinnhaftigkeit seiner Lösung zu überzeugen.

- Organization-Development-Type: Dieser Typ betrachtet die Organisation kritisch von innen und will die Problemlösungsfähigkeit des Client System durch die Anwendung verhaltenswissenschaftlicher Techniken verbessern. Er vertritt die Auffassung, daß das Verhalten der Mitglieder einer Organisation durch ihre Organisationskultur reguliert wird und empfiehlt daher hauptsächlich Veränderungen des Wertesystems und der Struktur der Organisation (vgl. Gliederungspunkt 2.2). Dieser Typ handelt nicht in erster Linie als Experte, sondern erarbeitet gemeinschaftlich mit der zu verändernden Organisation passende Problemlösungen.

- People-Change-Technology-Type: Er konzentriert seine Anstrengungen auf das individuelle Arbeiten innerhalb der Organisation. Er ist handelnder Experte, der beispielsweise über Verhaltensmodifikationen direkt Einfluß auf das zu verändernde System nimmt. (vgl. Tichy/u.a., 1976, S. 949 ff.)

In der Typologisierung von *Tichy/Hornstein* wird bereits ersichtlich, daß der Grad des Einflusses, den der Berater auf den Änderungsprozeß ausübt, wesentlich seine

Rolle in diesem Prozeß bestimmt. Die sich dadurch ergebenden verschiedenen Arten der Beratung lassen sich auf einem Kontinuum von direktiv bis nicht direktiv abbilden. Für *Lippitt/Lippitt* bedeutet direktives Rollenverhalten, daß der Change Agent die Führung übernimmt und selbst Aktivitäten initiiert. Der weniger direktiv handelnde Berater hingegen stellt in erster Linie Informationen für die Entscheidungsfindung in dem betroffenen System bereit. Entsprechend diesem Verständnis differenzieren die Autoren acht Typen von Change Agents, die sich hinsichtlich ihrer Einflußnahme im Veränderungsprozeß unterscheiden: (vgl. Lippitt/u.a., 1984, S. 44 ff.)

- der Advokat: lenkt den gesamten Veränderungsprozeß; das Client System ist daher in hohem Maße von ihm abhängig;
- der technische Spezialist: Experte, der Entscheidungshilfen zur Lösung spezifischer Probleme anbietet; ebenfalls hohe Abhängigkeit;
- der Trainer: entwickelt unter den Mitgliedern des Systems die erforderlichen Fähigkeiten, die sie in die Lage versetzen, bestehende und/oder neu auftretende Probleme selbst zu lösen; initiiert Lernprozesse zur Erlangung spezieller Kompetenzen;
- der Mitarbeiter an Problemlösungen: gleichberechtigter Partner des Client System bei der Identifikation und Lösung von Problemen im Veränderungsprozeß; wahrt die Objektivität;
- der Erkenner von Alternativen: nicht direkt an der Entscheidungsfindung beteiligt; beschränkt sich darauf, dem Client System geeignete Problemlösungsalternativen einschließlich möglicher Konsequenzen vorzulegen;
- der Rechercheur: sammelt mit Hilfe geeigneter Methoden Daten über das Client System, die als Informationsgrundlage für die geplante Durchführung des Wandels dienen;
- der Verfahrensspezialist: Prozeßberater, der dem Client System hilft, Ereignisse des Veränderungsprozesses wahrzunehmen, zu verstehen und entsprechend zu handhaben.
- der objektive Beobachter/Reflektor: stellt der zu verändernden Organisation kritische Fragen, die zum Nachdenken anregen und helfen die Situation aus einer anderen Perspektive zu betrachten.

In allen Typologien kommt zum Ausdruck - und dies bestätigen auch Gespräche mit Experten aus der Praxis - daß während des Änderungsprozesses in den einzelnen

Phasen durchaus unterschiedliche Typen von Change Agents tätig werden. Hervorgehoben wird ebenfalls, daß es auf der Beraterseite jemanden geben muß (einen Internen oder Externen), der den gesamten Änderungsprozeß begleitet und somit den "roten Faden" behält.

2.4.3.2 Externer vs. interner Berater - Das Beratungsteam

Es stellt sich die Frage, ob zur Wahrnehmung der speziellen Aufgaben bzw. Rollen ein Change Agent von außen oder ein Mitglied der Organisation zu wählen ist. (zu beiden Rollen vgl. McLean/u.a., 1982, S. 21 ff.) Über die Notwendigkeit eines externen Beraters gehen die Meinungen in Theorie und Praxis auseinander. Meist werden externe Berater wegen ihrer Problemdistanz und Objektivität bevorzugt. Aber auch ihre Erfahrung aufgrund früherer Tätigkeiten im Zusammenhang mit Veränderungsprozessen sowie ihre Unabhängigkeit von der vorhandenen Organisationsstruktur verschaffen ihnen einen Vorteil gegenüber internen Beratern.

Trotzdem ist die Bedeutung des internen Beraters nicht zu unterschätzen. Unternehmensinterne Beratung, meist in Form von Stabsstellen, dient als ständiges Hilfsorgan zur Unterstützung der überlasteten Linie. Die Mitglieder solcher Abteilungen unterstehen keiner Linienhierarchie, was ihnen ein gewisses Maß an Unabhängigkeit verleiht. Große Unternehmen verfügen häufig über eine Abteilung "Organisationsentwicklung" oder gründen speziell zur Unterstützung von umfangreichen Veränderungsvorhaben Change- oder Mobilisierungsinitiativen, die in Form von Stabstellen organisiert sind. Ihre Mitglieder werden ähnlich ihren externen Kollegen als Experten auf dem Gebiet des Change Managements eingesetzt. Gegenüber dem externen Berater verfügt der interne über intime Kenntnisse der Organisation. *Hunsaker* spricht in diesem Zusammenhang von dem fehlenden \`inside understanding´ des externen Beraters. (vgl. Hunsaker, 1982, S. 19) Dieser ist nicht mit den Werten des Client System vertraut und spricht nicht dessen Sprache. Zudem wird dem externen Berater häufig Mißtrauen und Argwohn entgegengebracht. Dies ist bei dem internen Berater weniger der Fall, da er aufgrund seiner Organisationszugehörigkeit eine andere Vertrauensbasis zu den Organisationsmitgliedern aufbauen kann. Schließlich ist es auch eine Kostenfrage, einen externen Berater zu engagieren. Grundsätzlich lassen sich somit alle Vorteile des externen Beraters als Nachteile des Internen auslegen und umgekehrt. (vgl. Staehle, 1991, S. 897)

Es läßt sich konstatieren, daß eine Zusammenarbeit beider Change Agents während des Veränderungsprozesses empfehlenswert ist. Aus diesem Grund erscheint ein Beraterteam, bestehend aus unterschiedlichen Typen von externen und internen Beratern als die sinnvollste Form der professionellen Unterstützung, da es die Vorteile beider Typen kombiniert. Damit die erweiterten und neuen Möglichkeiten zum Tragen kommen, ist allerdings eine koordinierte Arbeitsteilung unter den Teammitgliedern notwendig. (vgl. Wohlgemuth, 1985, S. 87 u. auch Katzenbach/u.a., 1993, S. 111 ff.)

Innnerhalb des Teams durchläuft die Dominanz der Beratertypen während des Wandlungsprozesses eine Metamorphose, was sich auch auf ihre Aufgaben und Rollen auswirkt. (vgl. McLean/u.a., 1982, beispielsweise S. 32) So ist der Externe besonders in der Unfreezing-Phase von Bedeutung, wenn nicht sogar unbedingt erforderlich. Die Change Generators im Unternehmen konsultieren ihn, da er als Experte für die Durchführung von Veränderungen gilt. Nach dem Aufbau einer Vertrauensbasis mit dem Top Management (vgl. Wohlgemuth, 1985, S. 83) ist es seine Aufgabe, als Katalysator bzw. Antreiber für den Wandel zu fungieren. In der Unfreezing-Phase sammelt er Daten, die ihm einen Überblick über die gegenwärtige Situation des Unternehmens geben, wobei er von seiner Unabhängigkeit und Objektivität profitieren kann. Zudem ist er Moderator und Lösungsgeber bei der Maßnahmenentwicklung. Der interne Berater liefert in dieser Phase hauptsächlich internes, organisationsspezifisches Wissen, was bei der Anpassung der Maßnahmen an die Besonderheiten der Organisation unbedingt erforderlich ist. Mit dem Übergang zur Moving-Phase werden beide zu gleichberechtigten Partnern, erarbeiten gemeinsam Problemlösungen und trainieren die Mitarbeiter. Schließlich wird der Externe mehr und mehr zum Coach, der den Internen zum Change Agent entwickelt und damit beim Klienten die Fähigkeit erzeugt, sich eigenständig und kontinuierlich zu verändern. Somit ist der Interne für die Sicherung der Kontinuität und die Stabilisierung des Wandels verantwortlich. Dazu muß er sukzessive die Aufgaben des externen Change Agents übernehmen. (vgl. Lippitt/u.a., 1984, S. 37 f.) Entsprechend wandelt sich in der Refreezing-Phase die Rolle des Externen mit zunehmender Institutionalisierung eines internen Change Management Teams in die des Prozeßberaters bzw. des Reflektors oder neutralen Dritten.

Abbildung 26 zeigt abschließend eine zusammenfassende Darstellung der Rollen und Aufgaben aller Beteiligten im Veränderungsprozeß.

Abb. 26: Rollen und Aufgaben von Change Agents im Veränderungsprozeß

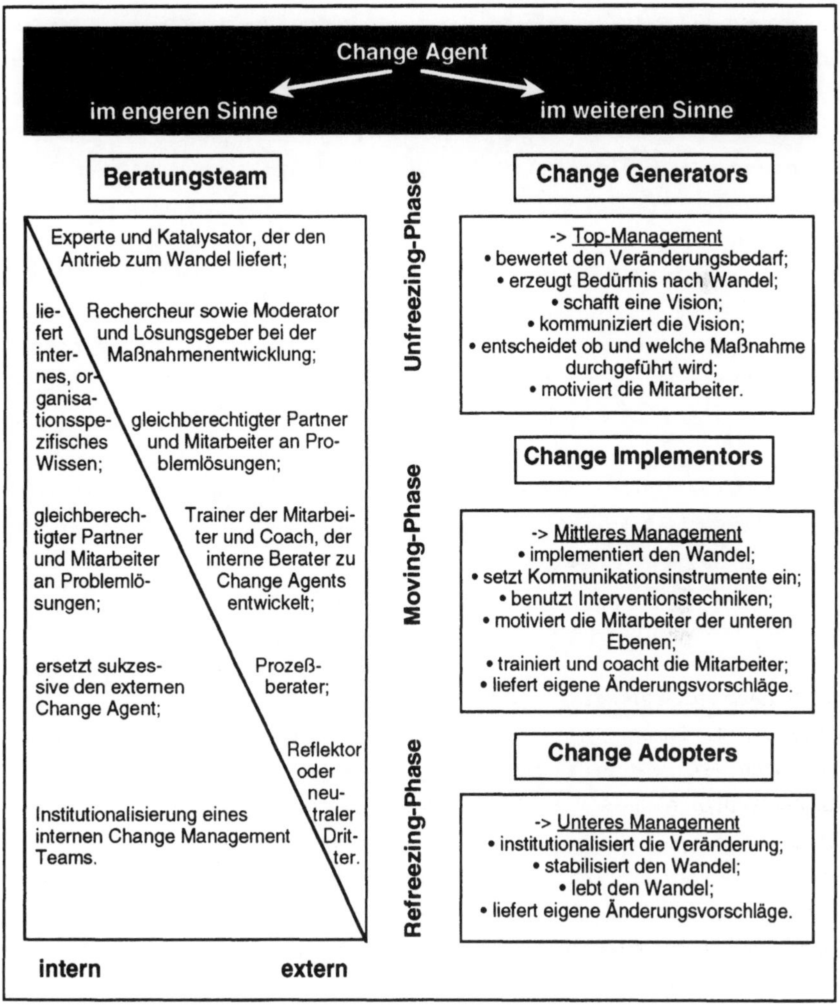

3 Probleme im Veränderungsprozeß

Organisatorische Strukturen lassen sich leicht auf dem Papier verändern. Wandel von Organisationen, gleich welcher Strategie und Technik, heißt jedoch auch Veränderung der Menschen, die in diesen Organisationen tätig sind. Ihre Werte, Denkmuster und Verhaltensformen, die sogenannten `Soft-Factors´, entscheiden letztendlich über den Erfolg oder Mißerfolg des Veränderungsprojektes und damit langfristig über die Zukunft des Unternehmens. Die Menschen tendieren aber dazu, eher an dem Status Quo festzuhalten, da er ihnen die notwendige Sicherheit gibt. Denn wird er angezweifelt oder gar aufgehoben, erwarten sie Nachteile im Hinblick auf die Befriedigung der eigenen Bedürfnisse (vgl. hierzu Schertler, 1995, S. 145) und geraten in ein Stadium der Unsicherheit, welches wiederum Furcht, Angst und letztlich Widerstand gegen diese Veränderung auslöst. (vgl. auch Ansoff, 1988, S. 205 ff.) Dabei ist es gerade in der heutigen, wirtschaftlich relativ unsicheren Zeit nicht einmal zwingend erforderlich, daß eine Bedrohung - objektiv betrachtet - überhaupt vorliegt. Es ist bereits ausreichend, wenn die Veränderung von den Betroffenen als eine solche aufgefaßt (vgl. Schanz, 1982, S. 331 f.) und mit Verlusten gleichgesetzt wird.

3.1 Der Änderungswiderstand

Nach *Leibniz* ist Widerstand "die Gegenwirkung, die ein Wille, ein Wirken, eine Kraft oder eine Bewegung durch eine andere erfährt." (Eisler, 1930, S. 548) Dieses Verständnis findet sich bei *Lewin* im Sinne einer pysikalischen Psychologie wieder, wenn er im Zusammenhang mit seiner Kräftefeldanalyse (Force Field Analysis) von `Restraining Forces´ spricht. Das sind die Kräfte, die den Wandel behindern und den `Driving Forces´, den wandel-fördernden Kräften, gegenüberstehen (vgl. Abbildung 18). Werden diese Erkenntnisse auf das Verhalten von Organisationen übertragen, so läßt sich die Stabilität einer gegebenen Situation gegenüber Änderungsbemühungen entsprechend erklären (vgl. Gliederungspunkt 2.1.1).

Ansoff versteht unter Widerstand grundsätzlich "a multi-faceted phenomenon, which introduces unanticipated delays, costs and instabilities into the process of a strategic change." (Ansoff, 1988, S. 207) Bezogen auf den Veränderungsprozeß manifestiert sich Widerstand in der Anfangsphase in Form von unvorhersehbaren Verzögerungen beim Start und bei der Implementierung dieses Wandelprozesses sowie in steigenden Kosten durch Ineffizienzen. Gegen Ende des Prozesses zeigt er sich häufig in einem Leistungseinbruch sowie dem Bestreben, die Veränderung rückgängig zu machen und den Ausgangszustand wieder herzustellen. (vgl. Ansoff, 1988, S. 207) Während diese Definition im wesentlichen auf den Ausprägungen des Widerstandes basiert, berücksichtigen *Doppler/Lauterburg* auch die beiden Aspekte `Logig´ und `Emotion´. Nach ihrer Ansicht kann von Änderungswiderstand immer dann gesprochen werden, "wenn vorgesehene Entscheidungen oder getroffene Maßnahmen, die auch bei sorgfältiger Prüfung als sinnvoll, `logisch´ oder gar dringend notwendig erscheinen, aus zunächst nicht ersichtlichen Gründen bei einzelnen Individuen, bei einzelnen Gruppen oder bei der ganzen Belegschaft auf diffuse Ablehnung stoßen, nicht unmittelbar nachvollziehbare Bedenken erzeugen oder durch passives Verhalten unterlaufen werden." (Doppler, 1994, S. 202) Demnach hat man es mit einem facettenreichen Phänomen zu tun, welches nicht nur auf schlichten Überlegungen und/oder logischen Argumenten begründet ist, sondern vielfach auf Emotionen bzw. Gefühlen basiert, was eine Auseinandersetzung mit Widerstand zusätzlich erschwert. (vgl. Doppler, 1994, S. 203) Dieses Verständnis wird auch im folgenden zugrunde gelegt.

Veränderungen ohne Widerstand sind grundsätzlich undenkbar. Wo er auftaucht, stellt er allerdings diejenigen, die etwas verändern wollen, vor ernsthafte Probleme und zwingt sie nicht selten zu einer Korrektur der geplanten Veränderung. Daher wird er oft mißachtet, ja verdrängt, insbesondere wenn Zeitdruck herrscht. Dann wird die Veränderung der Organisation, gleichgültig auf welcher Ebene und in welchem Umfang, nur als ein planerisches Problem angesehen. Im Mittelpunkt steht die Auswahl der optimalen Lösung, die es zu realisieren und zu kontrollieren gilt. Die Implementierung der neuen Lösung reduziert sich im wesentlichen auf das Anweisungsproblem - im Extremfall auf die Veränderung durch Anordnung. (vgl. Steinmann/u.a., 1993, S. 431)

Doch ein solches Vorgehen ist nur selten erfolgreich und wird deshalb hier nicht thematisiert. Denn wenn Widerstand nicht rechtzeitig erkannt und ausgeräumt wird, kann er zu Blockaden oder Fehlschlägen führen (vgl. Teil A und E). Gerade diese Fehlschläge haben bei einer Reihe von Führungskräften inzwischen zu einem geänderten Denken geführt. Konstruktiver Umgang mit Widerstand wird zunehmend als Erfolgsfaktor im Veränderungsprozeß angesehen. Menschen sind nicht von Natur aus gegen Veränderungen, sie sind vielmehr dagegen, verändert zu werden. Daher ist es wichtig, Widerstand ernst zu nehmen und nicht nur als negatives Phänomen zu interpretieren. Er ist als Indikator dafür anzusehen, daß im

Änderungsprozeß bestimmte, bisher noch nicht berücksichtigte Probleme vorhanden sind. Um ihn erkennen und dann reduzieren zu können, ist es notwendig, zu verstehen, welche Ausprägungen er annehmen kann und welche Ursachen sein Entstehen begründen. Diese Ausprägungen und Ursachen werden nachstehend dargestellt, bevor Möglichkeiten erörtert werden, die sich Change Agents bieten, um sich mit dieser Problematik konstruktiv auseinanderzusetzen.

3.1.1 Ausprägungen von Änderungswiderstand

In der Literatur haben sich eine Vielzahl von Autoren mit den Ausprägungen von Änderungswiderstand auseinandergesetzt. Diese Ausprägungen werden dabei in erster Linie am Verhalten der Rezipienten abgelesen. *Coch/French* gehören zu den ersten, die sich eingehend mit dieser Thematik des Widerstandes bei organisatorischen Veränderungen und den Möglichkeiten zu seiner Überwindung beschäftigten. In einer empirischen Studie, in der sie die Einführung eines neuen Arbeitsverfahrens in einer Textilfabrik unter verschiedenen Bedingungen untersuchten, stellten sie bereits 1948 unterschiedliche Formen bzw. Ausprägungen von Änderungswiderstand bei den Arbeitern in der Produktion fest. Dieser Widerstand zeigte sich vorrangig in Form von Beschwerden über die neuen Vorgaben, verminderter Arbeitsleistung, niedriger Effektivität, Agressivität gegenüber dem Management und unerlaubter Abwesenheit vom Arbeitsplatz. (vgl. Coch/u.a., 1948, S. 512, 517 ff. u. 530 f.)

Demgegenüber unterscheidet *Huse* in offenes und verdecktes defensives Verhalten. Unter offenem defensivem Verhalten versteht er beispielsweise Streiks oder die Verlangsamung des Arbeitstempos. Als verdecktes defensives Verhalten bezeichnet er z.B. abnehmende Loyalität gegenüber dem Unternehmen, Motivationsverlust, Zunahme der Fehlerhäufigkeit oder vermehrte Abwesenheit vom Arbeitsplatz aufgrund von `Krankheit´. (vgl. Huse, 1975, S. 112 f.)

Nach *Ansoff* kann sich Widerstand in einer ablehnenden Haltung gegenüber der Maßnahme, in Verzögerungen, Ineffizienzen, Sabotage oder in Regression wie z.B. in Form eines Beitragsrückganges äußern. (vgl. Ansoff, 1988, S. 207)

Hellriegel et alter führen als Formen des Widerstandes zunehmenden Absentismus, die Bitte um Versetzung, Resignation, Verlust der Arbeitsmotivation, Fehler und langsame Arbeitsverrichtung an. (vgl. Hellriegel/u.a., 1983, S. 526)

Nach *Kotter/Schlesinger* zeigt sich Widerstand gegenüber Wandel sehr vielfältig. "Nevertheless, for number of reasons, individuals or groups can react very differently to change - from passively resisting it, to agressively trying to undermine it, to sincerely embracing it." (Kotter/u.a., 1979, S. 107)

In ähnlicher Weise elaboriert *Böhnisch* unterschiedliche Formen des Anpassungsverhaltens bei Innovationen. Organisatorische Veränderungen lassen sich als Innovationen interpretieren. Nach der Ansicht von *Rogers et alter* macht es wenig Sinn, beide Begriffe zu unterscheiden. "Most people, however, use the terms \`innovation´ and \`change´ almost interchangeably. We, too, do not find it fruitful to make much of the distinction. The communication patterns for change and innovation in organization are rather similar." (Rogers/u.a., 1976, S. 153) Von den Betroffenen wird daher in diesem Kontext auch von \`passiv Innovierenden´ gesprochen. Damit lassen sich nach *Böhnisch* "die aus den subjektiven Erlebnissen des passiv Innovierenden resultierenden Handlungsentwürfe [lassen sich] auf einem Kontinuum anordnen, beginnend mit dem Idealfall der 100prozentigen Anpassungsbereitschaft bis hin zum Ausscheiden aus der Unternehmung als dem negativen Extrem." (Böhnisch, 1979, S. 100) Basierend auf psychologischen Überlegungen beschreibt er neben der \`Aktivierung´, dem positiven Anpassungsverhalten, vier weitere allgemeine Reaktionsmodi, die dem Begriffsverständnis von Widerstand entsprechen.

- \`Fixierung´: Beibehaltung bzw. Beharren auf überholten Arbeitsweisen;
- \`Regression´: Beitragsminderung, Bremsen, Ausschuß;
- \`Agression´: Ablehnung, Gereiztheit, Streit, Zerstörung;
- \`Aus dem Felde gehen´: Wunschdenken; Absenz; Krankheit, Ausscheiden. (vgl. Böhnisch, 1979, S. 104)

Eine weitere, recht ausführliche Auflistung unterschiedlicher Formen von Widerständen findet sich bei *Staehle*. Er übernimmt die Einteilung von *Watson* (1975) in individuelle und organisatorische Widerstände bei der Übernahme von Innovationen. Auf der Ebene des Individuums unterscheidet er in Gewohnheit (Bekanntes wird bevorzugt), selektive Wahrnehmung (Verdrängung von nicht akzeptablen Informationen), Abhängigkeit, Selbstzweifel sowie Unsicherheit und Regression. Auf der Ebene der Organisation differenziert er in Konformität mit Normen, Interdependenz von Subsystemen, Privilegien, Tabus und Widerstand gegen Externe. (vgl. Staehle, 1991, S. 901)

Doppler/Lauterburg präsentieren eine aktuelle und ebenfalls sehr umfangreiche Auflistung. Sie unterteilen ebenso wie *Watson* in die Anzeichen für Widerstand bei Individuen und auf Unternehmensebene. (vgl. Doppler/u.a., 1994, S. 204 f.) Zusammenfassend stellen sie die zentralen Ergebnisse in einer Tabelle dar, die in Abbildung 27 wiedergegeben ist und in der sie in aktive bzw. passive und verbale bzw. non-verbale Symptome unterscheiden.

Abb. 27: Allgemeine Symptome für Widerstand

	verbal (Reden)	**non-verbal** (Verhalten)
aktiv (Angriff)	**Widerspruch** Gegenargumentation Vorwürfe Drohungen Polemik Sturer Formalismus	**Aufregung** Unruhe Streit Intrigen Gerüchte Cliquenbildung
passiv (Flucht)	**Ausweichen** Schweigen Bagatellisieren Blödeln ins Lächerliche ziehen Unwichtiges debattieren	**Lustlosigkeit** Unaufmerksamkeit Müdigkeit Fernbleiben innere Emigration Krankheit

Quelle: Doppler/u.a., 1994, S. 205

Insgesamt zeigt sich, daß die Ausprägungen von Widerstand sehr vielfältig und unterschiedlich intensiv sind. In Voraussicht auf die später durchzuführende empirische Überprüfung der Kausalität zwischen Kommunikation und Änderungswiderstand (vgl. Teil E) ist es an dieser Stelle bereits sinnvoll, *die* Formen von Änderungswiderstand herauszukristallisieren, die eine gute Operationalisierung des Begriffes `Änderungswiderstand´ ermöglichen. Die einzelnen Formen unterscheiden sich stark in der Güte ihrer Meßbarkeit. So sind beispielsweise `Schweigen´ oder `Unwichtiges debattieren´ zwar mögliche Anzeichen von Widerstand, allerdings im Rahmen einer empirischen Untersuchung schwierig zu erfassen. Auch ist ihre Beziehung zum Änderungswiderstand nur oberflächlich zu isolieren. Aus den reichhaltigen und vielfältigen Aufzählungen in der Literatur werden daher die Formen ausgewählt, die zum einen offensichtlich Widerstand anzeigen und zum anderen relativ gut meßbar sind.

Es lassen sich somit folgende sechs Ausprägungstypen von Änderungswiderstand extrahieren, die später in der empirischen Analyse (vgl. Gliederungspunkt 2.3.1, Teil E) als *Meßvariablen* dienen. Im einzelnen sind dies:

- Diffamierung/Intrigen
- Versetzungsgesuche
- Fluktuation
- Kritik
- Krankheit/Abwesenheit
- Dienst nach Vorschrift

3.1.2 Ursachen von Änderungswiderstand

"An administrator must know what the resistance means in order that he may effectively lessen it by working on the causes instead of the symptom." (Zander, 1973, S. 407) Dieses Zitat von *Zander* unterstreicht die Bedeutung dieses Gliederungspunktes. Formen oder Ausprägungen von Widerstand lassen sich als Symptome interpretieren. Wichtiger für die Reduzierung von Widerstand ist jedoch die Identifikation der zugrundeliegenden Ursachen. Es reicht nicht aus, zu verstehen, wie Individuen sich verhalten, sondern es gilt zu erforschen, warum sie sich in einer bestimmten Weise verhalten.

Grundsätzlich sind die Ursachen für Widerstand, wenn man sich in die Lage der Betroffenen versetzt, durchaus nachvollziehbar. *Jacobi* definiert Widerstand als "die unmittelbare Folge der Undurchdringlichkeit bei der Berührung." (Eisler, 1930, S. 548) Das, was nicht greifbar ist, was der einzelnen nicht versteht, wird meist aus Angst vor dem Ungewissen instinktiv zurückgewiesen. Demnach entsteht Widerstand dadurch, daß die betroffenen Mitarbeiter die Notwendigkeit der Veränderung, die Motive und Beweggründe nicht verstehen.

Nach *Lawrence* haben Veränderungen grundsätzlich einen technischen und einen sozialen Aspekt. Bereits 1954 hat er erkannt, daß Menschen nicht grundsätzlich Veränderungen widerstreben. Nach seiner Erkenntnis sind es in erster Linie die sozialen Veränderungen - Veränderungen in ihren persönlichen Beziehungen -, die häufig mit technischen Veränderungen einhergehen und die Betroffenen zum Widerstand veranlassen. (vgl. Lawrence, 1973, S. 387)

Kotter/Schlesinger stellen im wesentlichen vier Gründe vor, warum Menschen Veränderungen ablehnen. Als ersten Grund nennen sie die Befürchtung der

Betroffenen, daß sie durch die Veränderung etwas Wertvolles verlieren werden. Der zweite Grund basiert auf einer fehlenden Vertrauensbasis zwischen dem, der den Wandel initiiert und denen, die davon betroffen sind. Dadurch werden die Implikationen der Veränderung mißverstanden und ihre Nachteile stärker bewertet. Drittens wird argumentiert, daß die Betroffenen den Sinn der Veränderung anders evaluieren als die Manager und deshalb ebenfalls eher Nachteile als Vorteile erkennen. Schließlich ist es viertens möglich, daß sie fürchten, nicht in der Lage zu sein, die von ihnen geforderten neuen Fertigkeiten und das neue Verhalten zu entwickeln. (vgl. Kotter/u.a., 1979, S. 107 ff.)

Demgegenüber unterscheiden *Hellriegel et alter* in Widerstand des Individuums und Widerstand der Organisation. Beide Arten interagieren, haben aber nach ihrer Erkenntnis unterschiedliche Ursachen. Individueller Widerstand kann aus einer selektiven Aufmerksamkeit, aus Gewohnheit, Abhängigkeit, Furcht vor dem Ungewissen, wirtschaftlichen Gründen oder aus der Suche nach Sicherheit in Vergangenem resultieren. Organisatorischer Widerstand dagegen basiert auf der Bedrohung vorhandener Machtstrukturen, einer spezifischen Organisationsstruktur, begrenzten Resourcen, Sunk Costs oder auf Vereinbarungen zwischen Organisationen (z.B. durch Arbeitsverträge). (vgl. Hellriegel/u.a., 1983, S. 526 ff.)

In ähnlicher Weise differenziert *Ansoff* in Widerstand des einzelnen und der Gruppe. Nach Erkenntnissen aus der Psychologie sowie eigenen Erfahrungen widersetzt sich der einzelne einer Veränderung, weil diese ihn unsicher macht oder weil sie seine Machtposition bedroht. Eine Gruppe lehnt den Wandel ab, wenn ihre Machtposition angegriffen und fundamentale Normen oder Werte gefährdet werden. Sie ist auch dann nur schwer für eine Veränderung zu begeistern, wenn diese auf Informationen basiert, die von der Gruppe als irrelevant angesehen werden oder wenn der Wandel auf einem Realitätsmodell gründet, welches nicht dem der Gruppe entspricht. (vgl. Ansoff, 1988, S. 210 ff.)

3.1.3 Die Analyse des individuellen Verhaltensentwurfs

Die voranstehenden Überlegungen haben den Nachteil, daß sie sich mehr oder weniger auf Aufzählungen möglicher Ursachen von Widerstand beschränken. Auch der Aspekt des Widerstandes der Organisation, wie er von *Hellriegel et alter* dargestellt wird, ist zwar wichtig, bringt aber die Diskussion vor dem Hintergrund der zugrundeliegenden Thematik nur unwesentlich weiter. Sicherlich stehen

Organisationen z.B. wegen der Gefahr von Sunk Costs oder begrenzten Resourcen Veränderungen abweisend gegenüber. Wie eingangs erwähnt, wird jedoch hier davon ausgegangen, daß die Leitung der Organisation dies bereits bewertet und sich entschlossen hat, eine bestimmte Veränderung zu initiieren. Im Mittelpunkt des Interesses steht nun die Ausrichtung der Werte und Verhaltensnormen der betroffenen Mitarbeiter auf diese neue Aufgabenstellung, um eine effiziente Umsetzung der Maßnahme zu gewährleisten (vgl. auch Gliederungspunkt 1.1.1). Damit wird im folgenden vorrangig das Verhalten *in* Organisationen - und weniger das Verhalten *von* Organisationen - betrachtet und analysiert. Zur Erläuterung dieses Aspekts genügen jedoch Aufzählungen nicht. Es ist detailliert zu erforschen, wie der Betroffene zu seinem Verhaltensentwurf kommt und welche Variablen seine Entscheidungsfindung beeinflussen.

Wenn von Widerstand gesprochen wird, dann ist damit im wesentlichen ein bestimmtes Verhalten ein oder mehrerer Personen gemeint. Als geeignetes Grundmodell zur Erklärung menschlichen Verhaltens empfehlen die Neo-Behavioristen das sogenannte Stimulus-Organismus-Response (S-O-R)-Konzept. Dieser Forschungsansatz bringt zum Ausdruck, daß ein Individuum auf stofflich-energetische und informationelle Stimuli (S) der Umwelt reagiert (R), wobei zwischen Stimulus und Reaktion die intervenierenden Variablen des Organismus (O) eingeschoben sind. Sie kennzeichnen das psychophysische System der untersuchten Person und bilden ab, wie diese bestimmte Stimuli aufnimmt, sie verarbeitet und in Verhalten umsetzt. (Müller-Hagedorn, 1986, S. 66 ff. besonders S. 73 f.) Damit läßt sich das Verhalten des einzelnen - und somit auch Widerstand - als Funktion der Umwelt-Stimuli und des Zustandes des Organismus erklären.

Abb. 28: "X"-Chart

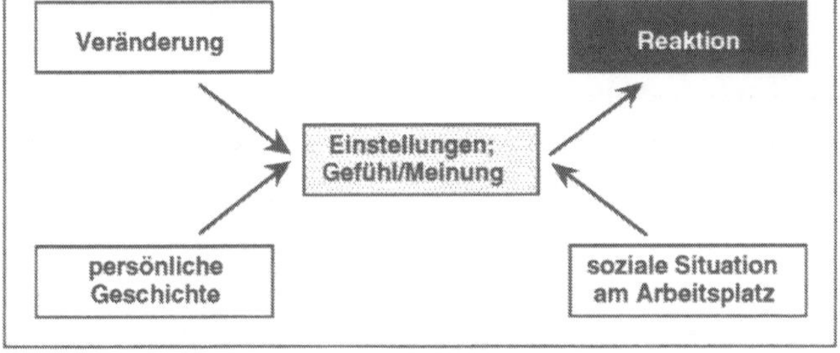

Quelle: übersetzt nach Roethlisberger, 1965, S. 21

Ein Ansatz, der diese Überlegungen aufgreift und die Reaktion auf Veränderungen erklären will, findet sich bei *Roethlisberger* in seinem "X"-Chart-Modell (1941) (vgl. Abb. 28). Danach interpretiert das einzelne Individuum jede Veränderung vor dem Hintergrund seiner Einstellungen. Das sich daraus entwickelnde Gefühl bestimmt seine Reaktion auf die Veränderung. Dieses Gefühl bzw. die Einstellungen entstehen jedoch nicht in einem Vakuum. Sie entstehen in einem sozialen Kontext, der auf der einen Seite von der persönlichen Geschichte der Person (dem individuellen Hintergrund, der sozialen Erfahrung, ...) bestimmt wird. Diese bringt der einzelne an seinen Arbeitsplatz mit. Auf der anderen Seite wird er aber auch durch die soziale Situation an seinem Arbeitsplatz geprägt. Sie reflektiert die Normen und Werte der jeweiligen Bezugsgruppe, der der einzelne Mitarbeiter angehört. (vgl. Roethlisberger, 1965, S. 18 ff.)

Die Ausführungen von *Roethlisberger* geben erste Ansatzpunkte zur Erklärung der Ursachen von Widerstand. Allerdings beschreiben sie sowohl die Stimuli als auch den Organismus nur recht oberflächlich. Demgegenüber hat sich *Böhnisch* unter Zuhilfenahme psychologischer Erkenntnisse eingehend mit der Prognose und Bewertung von Innovationskonsequenzen (wie bereits in Gliederungspunkt 3.1.1 erläutert, können organisatorische Veränderungen als Innovationen verstanden werden) durch den passiv Innovierenden befaßt und bringt Licht in den Organismus. Er erläutert detailliert, wie der einzelne zu seinem Verhaltensentwurf kommt. Dabei gelangt er zu dem Ergebnis, daß die verhaltensbestimmenden Stimuli, bei denen es sich um Informationen über den Änderungsprozeß handelt, von den Organisationsmitgliedern vor dem Hintergrund ihrer Persönlichkeits- und Bedürfnisstruktur evaluiert werden. Danach erfolgt zuerst "der Versuch einer Prognose und Bewertung der Innovationskonsequenzen, ehe sich der einzelne, je nach subjektiver Einschätzung der Vorteilhaftigkeit der Innovation, einen Verhaltensentwurf als Reaktion auf die veränderte Stimulussituation zu eigen macht." (Böhnisch, 1979, S. 87)[26]

Auf Organisationen übertragen bedeutet das, daß der einzelne zuerst - aktiv oder passiv - Informationen über die Veränderungsmaßnahme wahrnimmt. Auf Basis dieser vermeintlich richtigen Informationen prognostiziert er mögliche Folgen des Vorhabens und bewertet - sofern diese Prognose eindeutig ist - die Konsequenzen

[26] *Böhnisch* referiert in seinen Ausführungen ebenfalls über eine Reihe von Einzelaspekten und Theorien, die eine dem Individuum immanente rigide Grunddisposition erklären können. Desweiteren geht er auf kognitive und motivationale Aspekte des Verhaltens passiv Innovierender ein, bevor er das personale Anpassungsverhalten analysiert. (vgl. Böhnisch, 1979)

vor dem Hintergrund seiner individuellen Bedürfnistruktur.[27] Dabei ist sowohl ein positives als auch ein negatives Bewertungsergebnis denkbar, welches letztlich den Anreizcharakter und damit die Anpassungsbereitschaft des einzelnen bestimmt. Bei jedem Betroffenen entsteht so ein individuelles Bild über die neue Situation (Gewinner, Verlierer), welches seinerseits zu einem subjektiven Empfinden für diese Situation (Angst, Unsicherheit, Anreiz, Konflikt) führt. Dieses Empfinden bewegt den Betroffenen zu einem bestimmten Verhalten, welches sich in totaler Anpassungsbereitschaft, Indifferenz oder Widerstand des Mitarbeiters äußern kann. (vgl. Böhnisch, 1979, S. 86 f.)

Mit dem Aspekt des subjektiven Empfindens versucht *Böhnisch* typische, über das Rationalitätskalkül hinausgehende Reaktionsweisen zu erfassen und dadurch eine Annäherung an die Realität des personalen Verhaltens zu erreichen. (vgl. Böhnisch, 1979, S. 89) Er nimmt dabei an, daß dieses subjektive Empfinden einen aktivierenden Einfluß auf das Verhalten ausübt. Nach Ansicht des Verfassers muß jedoch in Frage gestellt werden, inwieweit dies im Rahmen organisatorischer Veränderungen tatsächlich zutrifft. Bei psychischen Vorgängen kann nämlich in aktivierende und kognitive Prozesse unterschieden werden (vgl. Kroeber-Riel, 1992, S. 45 ff.), wobei der Unterschied darin besteht, daß die aktivierenden Prozesse eine intensionale Komponente enthalten. Aufgrund von Ergebnissen aus der Einstellungsforschung ist unbestritten, daß die Einstellung einen lenkenden Einfluß auf das Verhalten hat. Nicht alle Autoren unterstellen jedoch zwangsläufig ein aktivierendes Einwirken. (vgl. Müller-Hagedorn, 1986, S. 80 ff.) So ordnet *Kroeber-Riel* beispielsweise die Einstellung den aktivierenden Prozessen zu (vgl. Kroeber-Riel, 1992, S. 50 ff.), wogegen *Howard/Sheth* einen aktivierenden Einfluß ablehnen. (vgl. Müller-Hagedorn, 1986, S. 88 f.)

Besonders im Hinblick auf die Akzeptanz von organisatorischen Neuerungen ist es - auch in Anlehnung an *Rogers* - zweckmäßig, der subjektiven Einstellung keine aktivierende Funktion zuzuordnen und explizit in Einstellung und endgültige Verhaltensabsicht zu differenzieren. "It is often one thing for the individual to decide to adopt a new idea, and quite a different thing to put the innovation into use."

---

[27] Im Gegensatz zu Instinkten und Trieben, die als angeboren oder genbedingt gelten, sind Bedürfnisse zum großen Teil erlernt. Als psychologische Ungleichgewichte bezeichnen sie ein generelles Mangelgefühl, dessen Befriedigung der Motivator menschlichen Verhaltens darstellt. Das wohl bekannteste Modell der Klassifikation bzw. Hierarchisierung von Bedürfnissen ist die Bedürfnispyramide von *Maslow*. Darin ordnet er die Bedürfnisse auf der Grundlage klinisch-psychologischer Erfahrungen in fünf Hauptkategorien ein. Auf der untersten Ebene befinden sich die physiologischen Grundbedürfnisse (Hunger, Durst, ...). Auf den nächsten Ebenen folgen das Sicherheitsbedürfnis, das Bedürfnis nach Zugehörigkeit, das Bedürfnis nach Achtung und das Bedürfnis nach Selbstverwirklichung. (vgl. dazu Maslow, 1981, besonders S. 62 ff.)

(Rogers, 1983, S. 174) Dies ist zum einen damit zu begründen, daß organisatorische Änderungsmaßnahmen nur dann effektiv und effizient umgesetzt werden können, wenn die betroffenen Mitarbeiter ein passendes Aktivitätsniveau zeigen. Da die Informationsverarbeitungskapazität des Individuums erheblichen Beschränkungen (begrenzte Rationalität) unterliegt, kann z.B. ein Überschreiten dieser Kapazität im Veränderungsprozeß einen kognitiven Streß hervorrufen. Darauf reagiert das Individuum mit Strategien, die vom entscheidungslogischen Ideal abweichen (vgl. Kirsch, 1970, S. 65) und die Veränderung scheitern lassen können. Zum anderen folgt aus einer positiven Einstellung nicht, daß die Mitarbeiter ihre Motivation über die gesamte Dauer des Änderungsprozesses beibehalten. Schließlich besagt sie auch nicht automatisch, daß alle Mitarbeiter die Maßnahme im Sinne des gemeinsamen Organisationsziels realisieren. Gerade bei der Implementierung eines Vorhabens muß der organisatorischen Dimension Rechnung getragen werden (vgl. Rogers, 1983, S. 174), denn das Verhalten der Betroffenen muß geordnet und zielgerichtet im Sinne des anvisierten Organisationsziels ablaufen.[28] Für den Erfolg solcher Maßnahmen ist es mithin entscheidend, daß das Aktivitätsniveau der Mitarbeiter im Bereich kreativer Spannung gehalten (vgl. Senge, 1993, S. 150 ff.) und in Richtung des Organisationsziels kanalisiert wird. (vgl. Hellriegel/u.a., 1983, S. 353)

Abb. 29: Der Verhaltensentwurf

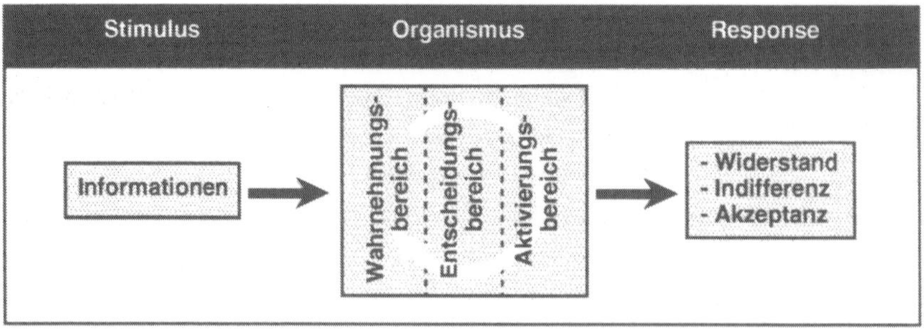

Diese Ausführungen lassen den Schluß zu, daß die Informationen über das Vorhaben - vereinfacht dargestellt - im wesentlichen drei Bereiche im Organismus

[28] Dies ist anschaulich am Beispiel eines Orchesters darzustellen. Hier kann angenommen werden, daß jedes Mitglied des Orchesters eine positive Einstellung zum Musizieren hat. Spielt jedoch jeder das, was er will, so läuft dies einem wohlklingenden, erfolgreichen Auftritt des Orchesters zuwider. Der gemeinsame Klang entsteht erst, wenn jeder Musizierende seine persönlichen Aktivitäten entsprechend dem gemeinsamen Ziel ausrichtet.

ansprechen (vgl. dazu auch Schulz von Thun, 1987, S. 72), in denen jeweils Ursachen für Widerstand vermutet werden können. (vgl. Abb. 29). Dabei handelt es sich nur um eine gedankliche Fiktion, die helfen soll, den Enstehungsprozeß eines bestimmten Verhaltens zu verstehen, und es wird keinesfalls der Anspruch eines Totalmodells erhoben. Zudem werden die Bereiche zum besseren Verständnis als separate Einheiten präsentiert. In Wirklichkeit ist jedoch davon auszugehen, daß es sich um einen geschlossenen Prozeß handelt, in dem die einzelnen Komponenten ineinandergreifen und sich gegenseitig bedingen. Somit wird angenommen, daß der individuelle Verhaltensentwurf im Veränderungsprozeß abhängt von

(1) der individuellen Aufnahme der Stimuli, also der Qualität und Quantität der Informationen und ihrer Wahrnehmung (dem Wahrnehmungsbereich)
(2) der individuellen Verarbeitung der aufgenommenen Stimuli, also dem Bewertungsergebnis der wahrgenommenen Informationen bzw. dem resultierenden subjektiven Empfinden (dem Entscheidungsbereich) und
(3) dem individuellen Aktivierungsgrad, um im Sinne des Organisationsziels effektiv und effizient zu handeln (dem Aktivierungsbereich).

3.1.3.1 Der Wahrnehmungsbereich

Wie bereits erwähnt, sind es Informationen über die Veränderungsmaßnahme, die bei den Betroffenen erste Prognosen und Erwartungen über mögliche Folgen auslösen. (vgl. Böhnisch, 1979, S. 86) Abgesehen von der objektiven Quantität und Qualität dieser ausgesendeten Informationen, die die Rezipienten nur unwesentlich beeinflussen können, ist ihre Aufnahme und Interpretation Sache der Empfänger (vgl. dazu auch Teil C). Dabei ist nicht davon auszugehen, daß die Informationen in ihrer objektiven Beschaffenheit aufgenommen werden. In diesem Bereich geht es daher um den Prozeß des Wahrnehmens und Verstehens der Informationen. Nach *Howard/Sheth* lassen sich mit der Aufmerksamkeit, der Informationssuche, der Stimulus-Mehrdeutigkeit und der Wahrnehmungsverzerrung vier Bestimmungsfaktoren isolieren (vgl. Abb. 30), die die Qualität und Quantität der Informationsaufnahme determinieren und mögliche Problemfelder im Wahrnehmungsbereich darstellen. (vgl. Müller-Hagedorn, 1986, S. 141 ff.)

Aufmerksamkeit, Aktivität bei der Informationssuche und Stimulus-Mehrdeutigkeit bestimmen die aufgenommene Informationsmenge. Unter Aufmerksamkeit wird "die Bereitschaft eines Individuums verstanden, Reize aus der Umwelt aufzunehmen." (Müller-Hagedorn, 1986, S. 143) Ihr kommt die Aufgabe eines Schleusentores zu, mit dem die Menge der über die fünf menschlichen Sinne eindringenden Informationen gesteuert wird. Allerdings obliegt es dem einzelnen auch teilweise selbst, welche und wieviele Stimuli er aufnehmen will. Somit beschreibt die Aktivität der Informationssuche die Stärke des Bedürfnisses, aktiv nach weiteren Informationen zu suchen. Mit der Stimulus-Mehrdeutigkeit wird der Mangel an Klarheit der Informationen beschrieben, denen sich der einzelne ausgesetzt sieht. Sie wirkt sich ebenfalls auf die Quantität der Informationsaufnahme aus, indem sie die Einflußfaktoren Aufmerksamkeit und Aktivität der Informationssuche beeinflußt. (vgl. Müller-Hagedorn, 1986, S. 142 ff.)

Abb. 30: Probleme im Wahrnehmungsbereich

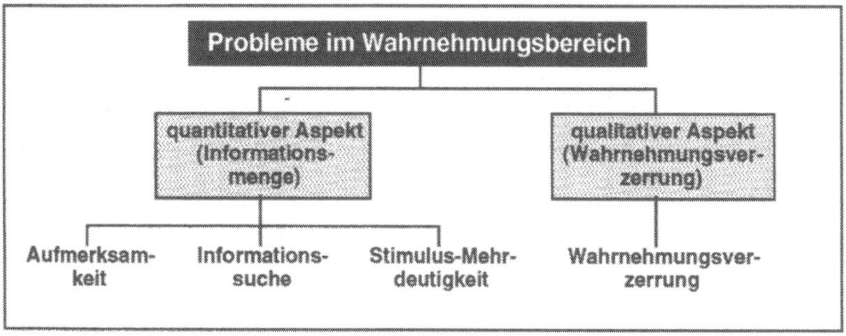

Quelle: Müller-Hagedorn, 1986, S. 142 (leicht verändert)

Die Wahrnehmungsverzerrung repräsentiert schließlich die Qualität der aufgenommenen Informationen. Durch diesen Faktor wird der komplizierte Prozeß des Denkens und Interpretierens dargestellt, durch den die Informationen selektiert und verzerrt werden. (vgl. Leavitt, 1978, S. 25 ff., Hellriegel/u.a., 1983, S. 74 ff., Robbins, 1991, 123 ff.) Damit wird der Aspekt berücksichtigt, daß der Empfänger die vom Sender kodierten Signale dekodiert und bei dieser Tätigkeit der Bedeutungsverleihung in erhöhtem Maße auf sich alleine gestellt ist. (vgl. Teil C)

3.1.3.2 Der Entscheidungsbereich

Auf Basis der wahrgenommenen Informationen entscheidet der einzelne dann, ob er mit der Maßnahme einverstanden ist. Dabei führen subjektive Erwartungen über den Eintritt bestimmter Folgen zu einer positiven oder negativen Einstellung gegenüber der Maßnahme. (vgl. Roethlisberger, 1965, S. 20 f.; vgl. Böhnisch, 1979,

S. 89 ff.) Je mehr Informationen er über die potentielle Maßnahme aufnimmt und verarbeitet, umso größer wird seine Urteilssicherheit. Aufgrund der begrenzten Rationalität des Individuums ist jedoch ein Zustand vollkommener Information im Rahmen von Änderungsvorhaben unrealistisch. Es wird daher angenommen, daß die Bewertung der organisatorischen Neuerung aufgrund unvollkommener, subjektiv wahrgenommener Informationen und unter Berücksichtigung individueller Ziele und kollektiver Normen erfolgt. (vgl. Staehle, 1991, S. 487)

Das subjektive Empfinden des einzelnen, das sich nach *Böhnisch* aufgrund der Prognose und Bewertung von Konsequenzen ergibt (vgl. Böhnisch 1979, S. 86), läßt sich somit auch als Entscheidung unter Risiko darstellen. Sie ist dadurch charakterisiert, daß subjektive oder objektive Wahrscheinlichkeiten für die Leistungsfähigkeit der Veränderung und ihre Auswirkungen auf die jeweilige Bedürfnisstruktur ermittelt werden. (vgl. dazu auch Bamberg/u.a., 1992, S. 66 ff.) Dies wird häufig unter dem Konstrukt des `wahrgenommenen Risikos´[29] thematisiert, wonach erst dann eine Entscheidung getroffen wird, wenn dasselbe als subjektiv vertretbar angesehen wird. Im vorliegenden Fall wird das wahrgenommene Risiko in Anlehnung an *Cunningham* (vgl. Cunningham, 1967, S. 83 ff.) als eine Funktion der prognostizierten Konsequenzen der Veränderung (objektspezifisches Risiko) und der Unsicherheit bezüglich der Befriedigung der individuellen Bedürfnisstruktur (subjektspezifisches Risiko) verstanden. Der funktionale Zusammenhang läßt sich als eine Vier-Quadranten-Matrix darstellen, in der die einzelnen Mitarbeitergruppen nach ihrer individuellen Risikobewertung und der daraus abgeleiteten Einstellung eingeordnet werden können (vgl. Abb. 31).

Das `objektspezifische Risiko´ bezeichnet die vertikale Achse der Matrix. Es repräsentiert die von den Betroffenen erwartete Leistungsfähigkeit der Veränderungsmaßnahme. Mit dieser Größe bewertet der einzelne die Leistung und den Nutzen

---

[29] Das Konstrukt des wahrgenommenen Risikos wird besonders in der Theorie des Konsumentenverhaltens diskutiert, um (i.d.R. als eine von mehreren Einflußgrößen) den Zustand eines Konsumenten zu einem bestimmten Zeitpunkt zu erklären und sein Unsicherheitsverhalten beim Vergleich einzelner Marken zu erläutern. (vgl. beispielsweise Müller-Hagedorn, 1986, S. 107 ff.) Das Konstrukt geht auf *Bauer* zurück und wird auch im Rahmen neuer Forschungsergebnisse zum Leapfrogging-Behavior bei der Adoption neuer Technologien von *Weiber/Pohl* thematisiert. (vgl. Weiber/u.a., 1994, S. 94 ff.) Nach Ansicht des Verfassers sind die Situation eines Konsumenten beim Kauf einer Innovation und die der Betroffenen bei der Einführung organisatorischer Neuerungen vergleichbar. In beiden Fällen geht es darum, den `Kunden´ (und die Betroffenen können in diesem Fall auch als Kunden angesehen werden) von der Zweckmäßigkeit der Neuerung zu überzeugen und ihn zur Übernahme derselben zu bewegen. Besonders die Überlegungen von *Cunningham* sind hierbei interessant, der das wahrgenomme Risiko bei einer Kaufentscheidung mit Hilfe der beiden Komponenten Kauffolgen und Unsicherheit definiert. (Cunningham, 1967, S. 84) *Zeira/Avedisian* messen dem wahrgenommenen Risiko auch im Rahmen von geplanten, organisatorischen Veränderungen Bedeutung bei. Nach ihrer Ansicht ist die Bereitschaft einer Organisation zur Veränderung eine Funktion der Zufriedenheit der betroffenen Mitarbeiter mit dem Status Quo und dem wahrgenommenen Risiko, falls die Veränderung nicht durchgeführt wird. (vgl. Zeira/u.a., 1989, S. 36 f.)

des Vorhabens für die Organisation und sein spezifisches Arbeitsumfeld. "Das bringt ja alles sowieso nichts!" oder "Wir haben hier bestimmt schon zehn Vorhaben angefangen und keines hat zu irgendeiner Verbesserung geführt!" sind spöttische Kommentare, die diese Risikokategorie indizieren. "People also resist change because they have had past experiences with change processes that have been failures." (Richmond/u.a., 1992, S. 101) Es ist kein Vertrauen in die Maßnahme selbst vorhanden und Erfahrungen aus vorherigen Vorhaben fließen in diese Bewertung ein. Oft passiert es dabei, daß die Bewertung des Managements und die der Betroffenen auseinanderfallen. (`Different assessments´, vgl. auch Kotter/u.a., 1979, S. 108)

Abb. 31: Risikobewertung und Einstellung bei organisatorischem Wandel

objektspezifisches Risiko \ subjektspezifisches Risiko	niedrig bewertet	hoch bewertet
niedrig bewertet	Pioniere ! - Befürworter der Änderung; - "Let´s try"; - risikofreudig; => positive Einstellung.	Bremser ! - von der Leistung der Änderung überzeugt; - unsicher bzgl. der eigenen Situation; => negative Einstellung.
hoch bewertet	Skeptiker ! - keine Bedenken bzgl. der eigenen Situation - von der Leistung der Änderung nicht überzeugt => negative Einstellung.	Widerstandskämpfer ! - von der Leistung der Änderung nicht überzeugt; - unsicher bzgl. der eigenen Situation; => stark negative Einstellung.

Das `subjektspezifische Risiko´ beschreibt die horizontale Achse der Matrix. Hier bewertet der einzelne seine persönlichen Einbußen, die er durch das Vorhaben erwartet. "[...] the [...] reason people resist change is that they are fearful that their position or status in the organization might change." (Richmond/u.a., 1992, S. 100)

Entscheidend für die Bewertung sind dabei die individuellen Eigenschaften, besonders seine Persönlichkeits- (rigide/flexible Persönlichkeit) und Bedürfnisstruktur. (vgl. Böhnisch, 1979, S. 28 ff. u. 89 ff.) Aussagen wie "Ich muß danach wahrscheinlich wesentlich mehr arbeiten!" oder "Bisher gab es bei solchen Maßnahmen immer mehr Verlierer als Gewinner." weisen auf eine solche Risikobewertung hin.

Die Risikobewertung hängt stark von der persönlichen Historie, der sozialen Situation (vgl. Roethlisberger, 1965, S. 20 f.) und der Anspruchsniveaufixierung (vgl. Staehle, 1991, S. 488) des einzelnen ab. Auch Erfahrungen mit vergangenen Vorhaben finden Berücksichtigung. Dies geschieht entweder dadurch, daß sie direkt in die Risikobewertung einfließen oder aber indirekt die Aktivität der Informationssuche im Wahrnehmungsbereich beeinflussen. Entsprechend der beiden Dimensionen lassen sich die betroffenen Mitarbeiter bezüglich ihrer Einstellung gegenüber dem Vorhaben in vier Segmente differenzieren:

- Pioniere: Sie befürworten die Veränderung als erste und sind die `Early Adopters´ im Sinne von *Ottaway* (vgl. Gliederungspunkt 2.4.2.1). Diese Mitarbeiter bewerten sowohl das objektspezifische als auch das subjektspezifische Risiko relativ niedrig und gelten als risikofreudig. Sie stehen dem Vorhaben mit einer positiven Einstellung gegenüber. Eine solche Gruppe von Mitarbeitern bietet sich gerade in großen Unternehmen als idealer Startpunkt für eine neue Maßnahme an. In älteren Unternehmen stellen sie aufgrund einer meist starken und rigiden Kultur zahlenmäßig die kleinste Gruppe dar. Dagegen bestehen junge Unternehmen eher mehrheitlich aus solchen Mitarbeitern, was nicht zuletzt begründet, warum sie anpassungsfähiger sind als etablierte Unternehmen.

- Skeptiker: Sie bewerten das objektspezifische Risiko hoch, weil sie nicht von der Leistungsfähigkeit der Maßnahme überzeugt sind. Deshalb haben sie kein Vertrauen in das Vorhaben und entwickeln demgegenüber eine eher negative Einstellung, die sich in kognitiven Dissonanzen äußert. Ihr persönliches Risiko bewerten sie als relativ gering. Um sie zum Mitmachen zu bewegen, sind sie daher in erster Linie von der Leistungsfähigkeit der Maßnahme zu überzeugen.

- Bremser: Sie bewerten im Gegensatz zu den Skeptikern ihr persönliches Risiko hoch und das objektspezifische Risiko niedrig. Obwohl sie von der Notwendigkeit der Veränderung überzeugt sind, glauben sie, daß die Veränderung ihnen mehr Nachteile als Vorteile bringen wird. Ihre negative

Einstellung zeigt sich daher in Angst oder Furcht vor diesen Nachteilen. Um sie zu überzeugen, sind ihre persönlichen Vorteile in den Vordergrund zu stellen.

- Widerstandskämpfer: Sie schätzen sowohl das subjektspezifische als auch das objektspezifische Risiko hoch ein. Die Beratungspraxis zeigt, daß diese Gruppe eine hartnäckige, stark negative Einstellung gegenüber der Neuerung besitzt, die bis hin zu offener Aggression reichen kann. Diese Mitarbeiter werden ihren Status Quo bis zuletzt verteidigen und u.U. sogar eher das Unternehmen verlassen, als die Veränderung zu akzeptieren und zu unterstützen. Sie sind in zweierlei Hinsicht zu überzeugen und daher vielfach nur durch klare und unmißverständliche Erfolge des Vorhabens umzustimmen.

3.1.3.3 Der Aktivierungsbereich

Bis zu diesem Punkt ist der Prozeß des Verhaltensentwurfs ein rein mentaler Prozeß. In diesem Bereich entscheidet sich nun, welches Verhalten tatsächlich sichtbar wird. (vgl. Richmond/u.a., 1992, S. 115; vgl. Rogers, 1983, S. 174 f.) Um zu elaborieren, wie aus der subjektiven Einstellung eine Verhaltensabsicht resultiert, welche zudem das Veränderungsvorhaben unterstützt, sind die Komponenten zu isolieren, die eine energieauslösende und ausrichtende Funktion innehaben. Nach *Kroeber-Riel* sind solche Vorgänge als energieauslösend oder aktivierend anzusehen, die mit innerer Erregung oder Spannung zu umschreiben sind und den Organismus mit Energie versorgen und in einen Zustand zielgerichteter Leistungsbereitschaft versetzen. In Anlehnung an die Psychologie wird Aktivierung auch als moderner Ausdruck für psychische Aktivität verstanden, was wiederum so viel bedeutet wie Erregung, die den Organismus zum Aktivsein stimuliert. Entsprechend kann die Stärke der Aktivierung als ein Maß für die Wachheit, Reaktionsbereitschaft und Leistungsfähigkeit eines Organismus aufgefaßt werden. (vgl. Kroeber-Riel, 1992, S. 55)

Zur Präzisierung des Verhältnisses von Leistungsbereitschaft und Aktivierungsgrad wird auf die Erkenntnisse der individualpsychologischen Aktivierungstheorie zurückgegriffen. Sie geht in ihrer Grundkonzeption von einem Kontinuum psychischer und neurologischer Erregungszustände aus, welches von tiefem Schlaf, Apathie, usw. über Zustände normaler Wachheit bis hin zu höchster Anspannung, Streß, usw. reicht. (vgl. Hellriegel/u.a., 1983, S. 500 ff.; vgl. Böhnisch, 1979, S. 56) Bereits in den 50er Jahren (u.a. Hebb, 1955; Malmo, 1959) wurde die

Wirkung der einzelnen Erregungszustände bzw. des jeweiligen Aktivierungsgrades auf die Leistungsfähigkeit eines Menschen untersucht. Der Zusammenhang wurde in der Lambda- oder kurvilinearen Aktivierungshypothese festgehalten, die besagt, daß bei zunehmender Stärke der Aktivierung die Leistung eines Individuums zunächst ansteigt, dann aber ab einer bestimmten Stärke wieder abfällt. (vgl. Kroeber-Riel, 1992, S. 74) Graphisch läßt sich dieser Zusammenhang als eine glockenförmige Kurve visualisieren (vgl. Abb. 32). Es wird ersichtlich, daß sowohl ein zu geringes Maß an Aktivierung als auch ein extremer Grad an Überaktivierung zu einer verminderten Leistungsfähigkeit führt.

Abb. 32: Aktivierungsgrad, kreative Spannung und Änderungskapazität

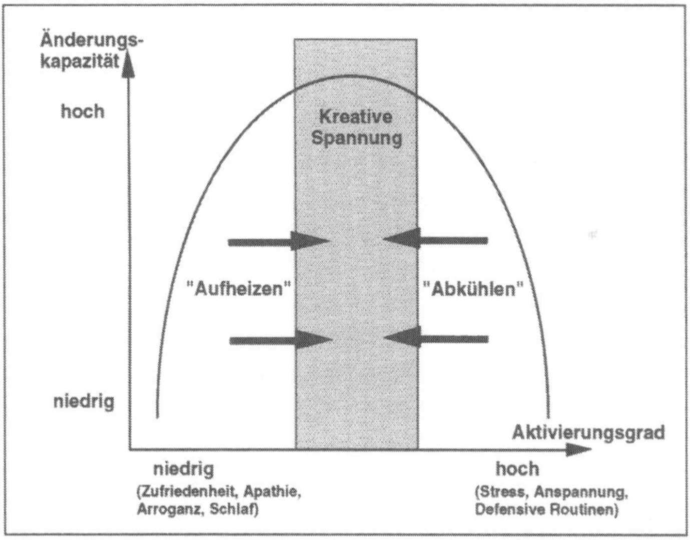

Quelle: erweiterte Darstellung, teilweise angelehnt an Hellriegel/u.a., 1983, S. 501

Dieser Zusammenhang wurde auf das Verhalten in Organisationen übertragen und es wurden Rückschlüsse auf die organisatorische Effizienz gezogen. Nach Untersuchungen u.a. von *Coser* (1956) und *Kelly* (1970) erscheint der oben dargestellte Kurvenverlauf für den Zusammenhang von Erregungszustand bzw. Konfliktniveau und organisatorischer Effizienz plausibel. (vgl. Staehle, 1991, S. 366) Die Effizienz der Organisation ist ebenfalls im mittleren Bereich des Kontinuums am höchsten. *Senge* bezeichnet diesen Bereich als einen Zustand \`kreativer Spannung´ (creative tension), den es zu erreichen gilt. Er überträgt diese

Erkenntnis auf die Veränderungsfähigkeit einer Organisation und sieht die kreative Spannung als wichtige Voraussetzung zur Durchsetzung von Veränderungen in Organisationen an. (vgl. Senge, 1992, S. 150) *Evans* leitet daraus ab, daß der Aktivierungsgrad einen Einfluß auf die Änderungskapazität hat und sich daher ebenfalls entsprechend der o. a. Hypothese darstellen läßt (vgl. Abb. 32). (vgl. Evans, 1992, o.S.) Will man also Veränderungen erfolgreich managen, so muß auch das Aktivitätsniveau der Organisationsmitglieder gemanagt werden. Ziel muß es dabei sein, den Zustand kreativer Spannung zu erreichen. Ist der Aktivierungsgrad zu niedrig, dann folgen den Worten keine Taten und der geplante Wandel läßt sich nicht durchsetzen. Dann ist es notwendig, die Mitglieder der Organisation durch gezielte Maßnahmen `aufzuheizen´. Ist der Erregungszustand dagegen sehr hoch, ist Wandel ebenso unmöglich und eher ein Krisenmanagement gefordert. In diesem Fall muß das Spannungsniveau der Mitarbeiter auf ein konstruktives Maß `abgekühlt´ werden.

Die Aktivierung des einzelnen im Sinne einer kreativen Spannung reicht jedoch bei organisatorischen Veränderungen alleine nicht aus. Allgemein wird mit einer geplanten, organisatorischen Veränderungsmaßnahme das Ziel verfolgt, nicht nur das Verhalten einzelner Organisationsmitglieder zu verändern, sondern das vorhandene Effizienzniveau der gesamten Organisation zu verbessern (vgl. Def. in Gliederungspunkt 1.1.1). Dieses Ziel ist jedoch nur dann zu erreichen, wenn es gelingt, daß alle Mitarbeiter an einem Strick in die gleiche Richtung ziehen. (vgl. Hinterhuber, 1989, S. 67 f.) Aus diesem Grund muß der Aufbau einer kreativen Spannung unter Berücksichtigung der organisatorischen Dimension geschehen.

3.2 Instrumente zur Reduzierung von Widerstand

Es stellt sich nun natürlich die Frage, welche Stimuli die drei o.g. Bereiche im Organismus optimal ansprechen und einen positiven Verhaltensentwurf auslösen. Die Literatur auf dem Gebiet des organisatorischen Wandels ist voll von mehr oder weniger gut fundierten und unterschiedlich umfangreichen Empfehlungen zur Überwindung von Änderungswiderstand. (vgl. dazu auch Staehle, 1991, S. 904) Deshalb wird an dieser Stelle zunächst ein kurzer Überblick über die wesentlichen Instrumente gegeben, bevor der Blick des Lesers schließlich auf ein Instrument - die Kommunikation - gelenkt wird.

3.2.1 Allgemeine Ansätze zum Umgang mit Widerstand

Erste wesentliche Erkenntnisse zur Erforschung des Widerstandes und seiner Reduzierung stammen aus den Arbeiten von *Lewin* (1941). Bekannt sind hierzu seine Versuche zur Änderung bestimmter Essensgewohnheiten. So wollte er beispielsweise herausfinden, wie amerikanische Hausfrauen überzeugt werden können, auch aus für sie unüblichen bzw. von ihnen verabscheuten Lebensmitteln wie z.B. Innereien wohlschmeckende Speisen zuzubereiten. Dazu unterteilte er eine größere Anzahl von Hausfrauen in sechs Gruppen. Um den Widerstand abzubauen, wurden bei den ersten drei Gruppen Vorträge über Nährwerte und Zubereitungsformen der neuen Speisen gehalten; die Hausfrauen der anderen drei Gruppen wurden aktiv in die Zubereitung der neuen Speisen einbezogen. Es zeigte sich, daß letztere ihr Ekelgefühl signifikant eher ablegten als die Hausfrauen der ersten drei Gruppen. *Lewin* leitete daraus ab, daß der gemeinsame, partizipative Lernprozeß in der Gruppe dem reinen Lehransatz überlegen ist. (vgl. Lewin, 1966, S. 201 ff.) Diese Studien bilden zusammen mit seinen Überlegungen zum Ablauf von Veränderungsprozessen (vgl. Gliederungspunkt 2.1.1) den Grundstein für das, was in späteren Veröffentlichungen im Zusammenhang mit einer erfolgreichen Durchführung von organisatorischen Veränderungen beschrieben wird.

1948 weisen *Coch/French* in einer Studie nach, daß sich durch Partizipation der Mitarbeiter und effektives Kommunizieren bei der Durchführung der Maßnahme Widerstand gegenüber Änderungen in der Arbeitsweise fast vollständig beseitigen läßt. (vgl. Coch/u.a., 1948, S. 531) Seitdem gilt Partizipation als das entscheidende Allheilmittel gegen Widerstand. Doch 1969 beschreibt *Lawrence* in seinem viel zitierten Artikel `How to deal with resistance to change´, daß auch Partizipation alleine nicht ausreicht. Er analysiert den Versuchsaufbau und die Ergebnisse von *Coch/French* und kommt zu dem Resultat, daß nicht klar ersichtlich wird, ob Partizipation überhaupt der einzige bestimmende Faktor in ihrem Experiment ist. Nach seiner Ansicht sollte Partizipation, obwohl als sehr wichtiges Instrument im Zusammenhang mit der Überwindung von Widerstand anerkannt, eher als ein spezieller Stil von Leadership angesehen werden. (vgl. Lawrence, 1973, S. 389) In diesem Zusammenhang mißt er einer adäquaten Kommunikation eine entscheidende Bedeutung bei. (vgl. Lawrence, 1973, S. 396) Er warnt davor, Widerstand als etwas ausschließlich Negatives zu betrachten, das es unbedingt zu überwinden gilt. "When resistance *does* appear, it should not be thought of as something to be *overcome*. Instead, it can best be thought of as a useful red flag - a signal that something is going wrong." (Lawrence, 1973, S. 397)

Neuere Publikationen beschränken sich meist nicht auf die Beschreibung einer einzelnen Methode, sondern beinhalten eine Vielzahl von unterschiedlichen Instrumenten und Vorgehensweisen im Umgang mit Widerstand. Eine bekannte Systematisierung stammt von *Kotter/Schlesinger,* die insgesamt sechs unterschiedliche Instrumente anführen. Sie empfehlen den situationsspezifischen Einsatz von Kommunikation, Partizipation, Training/Hilfe, Verhandlung und Einigung, Manipulation und Beeinflussung sowie von explizitem oder implizitem Zwang und beschreiben Situationen, in denen die jeweilige Methode gewöhnlich den größten Erfolg verspricht. (vgl. Kotter/u.a., 1979, S. 109 ff.)

Davis/Newstrom raten, bereits im Planungsstadium einer organisatorischen Veränderungsmaßnahme eine Kosten-/Nutzen-Analyse durchzuführen und psychologische, soziale und ökonomische Kosten sowie den von der Maßnahme zu erwartende Nutzen zu ermitteln. Beide Größen werden bewertet und gegenübergestellt. Die Kostenseite ist u.a. ein Ausdruck für die Stärke des zu erwartenden Widerstandes, da dieser aus den genannten Kostenfaktoren resultiert. (vgl. Davis/u.a., 1984, S. 238 ff.) Nach ihrer Ansicht läßt er sich durch das Ausnutzen gruppendynamischer Kräfte, Partizipation, anteilige Belohnung, Sicherheiten für die Mitarbeiter, Kommunikation oder die Zusammenarbeit mit Gewerkschaften reduzieren. (vgl. Davis/u.a., 1984, S. 247 ff.)

3.2.2 Kommunikation als Möglichkeit zur Reduzierung von Widerstand

Die Liste solcher Aufzählungen läßt sich beliebig fortsetzen.[30] Bis auf zum Teil nur geringfügige Variationen enthalten jedoch alle Quellen die gleichen, mehr oder weniger gut fundierten Ratschläge. Allerdings deutet die eingehende Analyse der unterschiedlichen Literaturquellen auf zweierlei hin.

1. Es gibt nicht nur *ein* Instrument oder *eine* Methode, durch dessen/deren Einsatz sich Änderungswiderstand reduzieren läßt. Anscheinend sind daran über den

[30] Nun ist es nicht im Sinne des Verfassers, alle möglichen Stimuli aufzulisten und zu analysieren, die in irgendeiner Weise die drei Bereiche im Organismus ansprechen und den Erfolg von Veränderungsmaßnahmen beeinflussen. An dieser Stelle soll vielmehr der Blick des Lesers auf die Bedeutung der Kommunikation im Hinblick auf eine Reduzierung von Änderungswiderstand gerichtet werden. Der interessierte Leser sei daher bezüglich anderer, möglicher Stimuli auf die im Text angegebene Literatur oder auf Staehle, 1991, S. 904 f.; Daft, 1993, S. 374 f.; Cummings/u.a., 1993, S. 148 f.; Dunham, 1984, S. 483; Lippit/u.a., 1985, S. 99 ff. verwiesen.

gesamten Veränderungsprozeß mehrere dieser Instrumente beteiligt, die zudem mit unterschiedlicher Intensität wirken.

2. In nahezu allen Publikationen findet *Kommunikation* als ein bedeutendes Instrument im Zusammenhang mit der Reduzierung von Änderungswiderstand Berücksichtigung. (vgl. dazu auch Koller, 1990, S. 7) Allerdings wird sich meist auf Aufzählungen mit knappen Anmerkungen beschränkt, in denen u.a. kurz auf die Wichtigkeit der Kommunikation in diesem Prozeß bzw. der rechtzeitigen Information oder des gegenseitigen Verstehens hingewiesen wird; ihrer Bedeutung als entscheidende Interaktionsvariable wird aber kaum Rechnung getragen. Nur selten wird detaillierter beschrieben, warum Kommunikation eigentlich im Prozeß des organisatorischen Wandels so bedeutend ist, wo sie in diesem Prozeß ansetzt und in welcher Weise sie anzuwenden ist, um zum Erfolg von Änderungsprozessen beizutragen. Entsprechend dem zugrundeliegenden Forschungsvorhaben wird dieser zweite Aspekt im folgenden in den Mittelpunkt der Diskussion gestellt.

Lippitt gehört zu den wenigen, die die Bedeutung von Kommunikation im Prozeß des organisatorischen Wandels explizit und nicht nur rudimentär hervorheben. Er widmet der Kommunikation in seinem Buch \`Organization Renewal´ ein ganzes Kapitel und bezeichnet Information und Kommunikation als \`Interface-Prozeß´ im Rahmen der organisatorischen Erneuerung. (vgl. Lippitt, 1982, S. 81 ff.) Damit will er ausdrücken, daß erst Kommunikation Menschen in die Lage versetzt, sowohl ihre Beziehung untereinander als auch zwischen Mensch und Maschine zu handhaben und entsprechend auch zu ändern. Auch an anderer Stelle betont er die uneingeschränkte Wichtigkeit von Kommunikation im organisatorischen Wandlungsprozeß: "Regardless of anything stated previously we cannot too pointedly emphasize that - from the moment someone senses a need for change until long after a final crossing of the last \`t´ in a summary report of accomplishment - by far the most important element contributing to success is the art and act of communicating." (Lippitt/u.a., 1985, S. 111) Allerdings beschränkt er sich in seinen Ausführungen nur auf eine, wenn auch ausführliche Beschreibung der wesentlichen Aspekte unternehmensinterner Kommunikation. Eine genauere Analyse des Einflusses der Kommunikation im Prozeß des organisatorischen Wandels wird hingegen vermißt.

Auch *Doppler/Lauterburg* sind von der Wichtigkeit der Kommunikation im Veränderungsprozeß überzeugt und behandeln in ihrer aktuellen Veröffentlichung `Change Management´ die `Gestaltung der Kommunikation´ im Rahmen der Durchführung von Veränderungen in Unternehmen in einem eigenen Kapitel. (vgl. Doppler/u.a., 1994, S. 214 ff.) Für sie hat Kommunikation in einer zeitgemäßen Organisation einen zentralen Stellenwert. Im Zusammenhang mit der erfolgreichen Durchführung von Veränderungsmaßnahmen muß "Kommunikation als siamesischer Zwilling jeder Veränderungstrategie" (Doppler/u.a., 1994, S. 237) verstanden werden, da nach ihrer Überzeugung erfolgreiche Veränderungen in Unternehmen nur mit Unterstützung einer offenen Kommunikation zu erreichen sind. Ihre Ausführungen beschränken sich allerdings ebenfalls auf das reine Aufzählen von formellen und informellen Kommunikationsinstrumenten und enden mit einigen, sicherlich richtigen Gesetzmäßigkeiten der Kommunikation ohne jedoch detailliert und eindeutig die Beziehung zum Prozeß des geplanten Wandels herauszuarbeiten.

Es lassen sich noch weitere Literaturquellen anführen, die nachhaltig auf den Zusammenhang von unternehmensinterner Kommunikation und dem Akzeptanzverhalten (bzw. der Reduzierung von Widerstand) bei der Durchführung von Veränderungsvorhaben hindeuten (vgl. dazu auch Teil D). Allerdings sind alle Ausführungen dadurch gekennzeichnet, daß sie sich - vielleicht aufgrund der schwierigen Thematik - auf mehr oder weniger gut fundierte und systematisierte Ratschläge beschränken und es ihnen an einer klaren, das Problem fokussierenden Analyse sowie der Entwicklung einer entsprechenden Lösung mangelt.

Hier wird jedoch genau diese Schnittstelle zwischen unternehmensinterner Kommunikation und Änderungswiderstand bearbeitet und einer Lösung zugeführt. Ansatzpunkt der Erläuterungen bildet das in Gliederungspunkt 3.1.3 elaborierte Modell des Verhaltensentwurfs eines Organisationsmitgliedes (vgl. Abb. 29). Der Leser rufe sich in Erinnerung, daß dieser Verhaltensentwurf auf Basis der Vorgänge im Organismus (Insystem) der betroffenen Person diskutiert wurde. Um nun effiziente *kommunikatorische Stimuli* zur Reduzierung des Widerstands entdecken zu können, müssen zuerst die typischen Quellen von Widerstand in den drei relevanten Bereichen des Organismus isoliert werden. Die entsprechenden Komponenten der unternehmensinternen Kommunikation werden dann in den weiteren Kapiteln des Buches erarbeitet und präsentiert.

Es wurde bereits erwähnt, daß der Verhaltensentwurf von der Wahrnehmung und dem Verstehen der Informationen über bevorstehende Änderungen abhängt, die von einem Sender über bestimmte Informationskanäle an die betroffenen Mitarbeiter übermittelt werden. Dabei besitzt der einzelne nur dann eine Chance, die Gründe für die Maßnahme, das Vorgehen sowie ihre Ziele zu verstehen und zu einer für ihn korrekten Bewertung zu gelangen, wenn er ausreichende Informationen aufnimmt. Damit hängt der Grad der Anpassungbereitschaft einerseits von der quantitativen Wahrnehmung der mit der Änderung verbundenen Informationen ab. Allerdings heißt das noch nicht, daß die wahrgenommenen Informationen auch in der vom Sender intendierten Weise verstanden werden, denn dies ist außerdem davon abhängig, welche Bedeutung der Empfänger ihnen verleiht. Die Menschen, die die Veränderungen in den Organisationen leben, müssen jedoch ihre Notwendigkeit und ihre Besonderheit verstehen, denn ohne Verstehen gibt es keine Akzeptanz und ohne Akzeptanz keine Veränderungen. Daher ist andererseits auch der qualitative Aspekt der Informationswahrnehmung von entscheidender Bedeutung für das Gelingen des Veränderungsvorhabens. Somit müssen kommunikatorische Stimuli, die gezielt den Wahrnehmungsbereich ansprechen, den Übermittlungsprozeß der Informationen in technischer Hinsicht (Quantität und Qualität) optimieren, um ein besseres Verständnis für die Einzelheiten der Maßnahme zu erreichen. Da es sich dabei um organisatorische Veränderungen handelt, die das System \`Unternehmen´ betreffen, muß eine effiziente Ausgestaltung des Übermittlungsprozesses sowohl zwischenmenschliche als auch organisatorische Aspekte berücksichtigen (vgl. Teil D).

Aufgrund der Beschränkungen in der Informationsverarbeitungskapazität des einzelnen Individuums wird die Verhaltensentscheidung jedoch darüber hinaus durch die situationsspezifische und individuelle Bewertung des objekt- und subjektspezifischen Risikos bestimmt. Der einzelne evaluiert einerseits die Leistungsfähigkeit und den Nutzen des Vorhabens für das Unternehmen bzw. sein persönliches Arbeitsumfeld. Andererseits ermittelt er seine persönlichen Vor- und Nachteile. Aufgrund dieses Bewertungsvorgangs kommt er zu einer persönlichen Risikoeinschätzung. Handelt es sich bei dem Mitarbeiter nicht um einen \`Pionier´, dann überwiegen für ihn die negativen Konsequenzen und das Verstehen der Informationen reicht nicht aus, um sein Einverständnis zu erreichen. Fehlendes Vertrauen in die Leistungsfähigkeit der Maßnahme und/oder vermutete persönliche Nachteile sind damit ebenfalls Quellen von Widerstand. Die Risikobewertung spielt sich jedoch im Insystem des einzelnen ab und die dortigen Vorgänge entziehen sich der direkten Einwirkung. Da sich als indirekte, verhaltensbestimmende Stimuli in erster Linie Informationen anbieten, kann dieser Bewertungsvorgang nur dadurch positiv beeinflußt werden, daß bereits zu Beginn des Veränderungsprozesses im Kommunikationsprozeß überzeugende Botschaften über das Vorhaben vermittelt werden. *Böhnisch* schlägt deshalb eine gezielte Informationspolitik als Mittel der Verhaltensinduzierung vor. (vgl. Böhnisch, 1979, S. 126 ff.)

Schließlich bedeutet auch ein Einverständnis mit der Maßnahme noch nicht, daß der tatsächliche Verhaltensentwurf auch im Sinne derselben ausfällt. Akzeptanzprobleme können vielmehr auch darin begründet liegen, daß der einzelne einfach nicht mitmachen will, überaktiv ist und/oder ihm eine gewisse Orientierung fehlt. Jemanden zum Mitmachen bewegen, heißt, ihn durch gezielte Verhaltensbeeinflussung zu mobilisieren. Das ist Aufgabe der Führung, denn Führung ist die Beeinflussung von Einstellungen und Verhalten des einzelnen mit Hilfe von Kommunikationsprozessen, mit der Absicht, bestimmte Ziele (Organisationsziele) zu erreichen. (vgl. Baumgarten, 1977, S. 9) Letzteres spielt in Veränderungsprozessen eine besondere Rolle, da es darum geht, die Verhaltensänderung so herbeizuführen, daß alle betroffenen Mitarbeiter nach der Durchführung der Maßnahme nach den gleichen, gemeinsamen und neuen Zielen streben. Da an dieser Stelle von Zwang als Maßnahme abgesehen wird, sind die aktivierenden und richtungsweisenden Komponenten im Führungsverhalten ebenso von entscheidender Wichtigkeit. Sie gründen im kommunikatorischen Aspekt des Verhaltens bzw. genauer gesagt im Schaffen einer Umgebung (Kontext), die durch den Aufbau einer kreativen Spannung auf den einzelnen mobilisierend wirkt und ihn gleichzeitig auf das Organisationsziel hinlenkt.

Die angegebenen Überlegungen lassen zweierlei erkennen:

(1) Die Übermittlung von Informationen genügt alleine nicht, um den Verhaltensentwurf positiv zu beeinflussen. Vielmehr sind Verhaltensaspekte entscheidend, was eine Ausweitung der Betrachtung auf unternehmensinterne *Kommunikation* (vgl. zum Begriffsverständnis Teil C, Gliederungspunkt 1.1 und zur genaueren Erläuterung des Zusammenhanges Teil D, Gliederungspunkt 1) verlangt.

(2) Wenn diese unternehmensinterne Kommunikation effektiv sein soll, muß sie alle drei Bereiche im Organismus gleichermaßen ansteuern und die entsprechenden Quellen von Widerstand reduzieren. (vgl. Abb 33)

Abb. 33: Bereichsspezifische Quellen von Widerstand

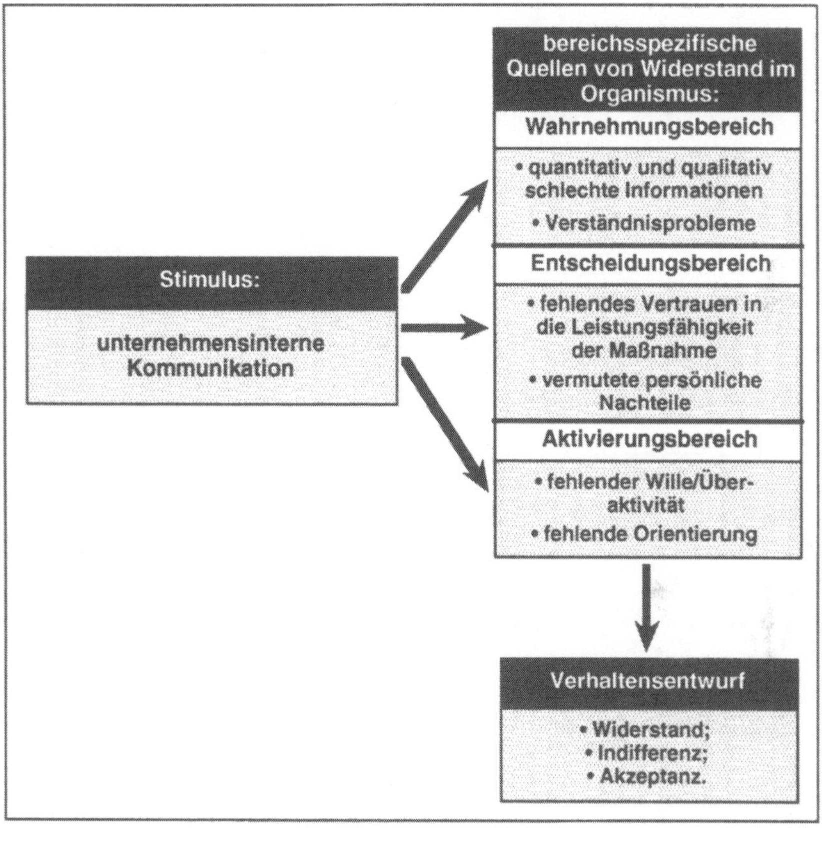

Diese Ausführungen sollen an der Stelle genügen, da sie in den Kapiteln D und E noch vertiefend diskutiert werden. Die logische Abfolge innerhalb des o.a. Konzeptes läßt jedoch bereits auf eine Kausalität zwischen unternehmensinterner Kommunikation und Änderungswiderstand schließen. Darüber hinaus wurde außerdem nachgewiesen, daß in einer Vielzahl der analysierten Literaturquellen auf eine negative Kausalität hingewiesen wird. Mithin kann die erste Forschungsfrage **F 1** (vgl. Teil A; Gliederungspunkt 3)

F 1	***Läßt sich der unterstellte kausale Zusammenhang zwischen unternehmensinterner Kommunikation und dem Widerstand der Mitarbeiter gegen die Änderung theoretisch begründen?***	F 1

mit "Ja" beantwortet werden. Es ist anzunehmen, daß unternehmensinterne Kommunikation eine wesentliche Interaktionsvariable im Veränderungsprozeß von Unternehmen darstellt und ein negativer kausaler Zusammenhang zwischen unternehmensinterner Kommunikation und Änderungswiderstand besteht. Daraus läßt sich die folgende Ausgangshypothese **H** formulieren:

Ausgangshypothese H:
Je effizienter die unternehmensinterne Kommunikation im Veränderungsprozeß eingesetzt wird, desto geringer ist der Widerstand der Mitarbeiter gegen das Vorhaben.

In den folgenden Kapiteln wird der Kommunikation als verhaltensbestimmendem Stimulus besondere Beachtung geschenkt und die theoretische Analyse weiter ausgedehnt. Zuerst wird in Teil C das notwendige Grundverständnis für die Kommunikationsthematik geschaffen. In Teil D werden die in Abb. 33 dargelegten Beziehungen zwischen der unternehmensinternen Kommunikation und den bereichsspezifischen Quellen des Änderungswiderstandes eingehend besprochen und elaboriert, wie durch den effizienten Einsatz verschiedener Komponenten von Kommunikation der Änderungswiderstand reduziert werden kann. Am Ende steht der Entwurf eines Ansatzes, der den Zusammenhang beschreibt und detailliert den effizienten Einsatz von unternehmensinterner Kommunikation im Prozeß des organisatorischen Wandels aufzeigt. Dieser wird schließlich in Verbindung mit der o.a. Ausgangshypothese in Kapitel E an der Realität getestet.

Teil C

Theoretische Grundlagen der `Kommunikation´

"Sprich, damit ich Dich sehe!" (Demosthenes)

1 Begriffliche Abgrenzung

Mangelnde Kommunikationsbereitschaft auf der einen Seite und begrenzte Kommunikationsfähigkeit auf der anderen Seite sind bis heute als Problemfelder in Unternehmen anzusehen. Zunehmend erkennen jedoch die Verantwortlichen vieler Unternehmen die Notwendigkeit und Wichtigkeit von Kommunikation als einem wesentlichen Produktivfaktor. (vgl. Argyris, 1994, S. 77) Allerdings ist festzustellen, daß gerade im Prozeß des geplanten Wandels Kommunikation noch allzu selten effektiv und effizient eingesetzt wird. Dies ist nicht zuletzt darauf zurückzuführen, daß vielfach die Grundlagen im Kommunikationsverhalten sowie die Ursachen von Kommunikationsproblemen nicht bekannt sind. Entsprechende Verbesserungsmöglichkeiten werden daher nicht entdeckt oder falsch eingesetzt.

Deshalb werden in diesem Teil zuerst die allgemeinen theoretischen Grundlagen von Kommunikation erläutert, bevor in Teil D detailliert auf den Einsatz von Kommunikation im Veränderungsprozeß eingegangen wird. Aufgrund der Breite dieser Thematik - nach *Graumann* arbeiten am Thema und Begriff der Kommunikation derart viele Wissenschaften (bereits 1959 wurde von vierzig verschiedenen Ansätzen ausgegangen), daß ein detaillierter Überblick eine eigene Monographie erfordern würde (vgl. Graumann, 1972, Sp. 1118) - werden jedoch nur die Aspekte angesprochen, die für ein klares Verständnis von Kommunikation im Veränderungsprozeß notwendig sind.

1.1 Diskussion des Kommunikationsbegriffs

"Kommunikation [ist] ganz offensichtlich eine Conditio sine qua non menschlichen Lebens und gesellschaftlicher Ordnung." (Watzlawick/u.a., 1972, S. 13) Trotz dieser Allgegenwart gehört Kommunikation zu den Begriffen, die in Wissenschaft und Praxis eher uneinheitlich und inkonsistent verwendet werden. Bisher ist es noch nicht gelungen, Kommunikation eindeutig zu definieren. Diese Problematik wird vielfach damit erklärt, daß dieser sozialwissenschaftliche Grundbegriff gerade wegen seiner Omnipräsenz sehr interdisziplinär benutzt wird und eine Erklärung daher automatisch mit einer Reihe von Folgeproblemen der jeweiligen Disziplin zu kämpfen hat. Entsprechend beklagt *Meggle* im Rahmen einer Analyse der Grundbegriffe der Kommunikation, daß trotz häufiger Verwendung dieses Begriffs in den verschiedenen Wissenschaften unklar bleibt, was im einzelnen darunter verstanden wird. (vgl. Meggle, 1981, S. 5) Auch *Merten*, der 160 Definitionen von Kommunikation analysiert (und diese Liste ist offensichtlich nicht vollständig), weist auf diese Problematik hin. (vgl. Merten, 1977, S. 12 ff. und S. 168 ff.) Die meisten Autoren umgehen daher das Aufstellen einer eindeutigen Definition und verweisen statt dessen auf die unterschiedlichen Modelle des Kommunikationsprozesses. Auch an dieser Stelle kann diese Problematik nicht umfassend gelöst werden - was darüber hinaus auch nicht der Zweck dieser Forschungsarbeit ist. Trotzdem soll zumindest eine Definition elaboriert werden, die klarstellt, wie Kommunikation im weiteren in dieser Schrift verstanden wird.

Etymolgisch betrachtet stammt Kommunikation vom lateinischen Wort "communis" bzw. "communicare" ab, was soviel bedeutet wie etwas gemeinsam machen, gemeinsam beraten, einander mitteilen. (vgl. Frech, 1993, S. 54) Der Gemeinsamkeit wird daher durch das Wort `Kommunikation´ implizit Bedeutung beigemessen. "When we communicate we are trying to establish a `commoness´ with someone. [...] At this moment I am trying to communicate to you the idea that the essence of communication is getting the receiver and the sender `tuned´ together for a particular message." (Schramm, 1954, S. 3) Damit wird auch klar, daß Kommunikation mindestens eine Sendequelle, eine Nachricht und einen Zielort erfordert. (vgl. Schramm, 1954, S. 3)

Viele Definitionen betonen jedoch weniger das Gemeinsame als den Mitteilungsaspekt bzw. die einfache Übertragung von Informationen. So schreibt beispielsweise *Miller* (1951) in Anlehnung an das Modell von *Shannon/Weaver*: "Communication means that information is passed from one place to another." (Miller, zitiert in: Graumann, 1972, Sp. 1120) *Watzlawick et alter* bezeichnen dies als Syntaktik der Kommunikation. Daneben gibt es nach ihrer Ansicht noch den semantischen und den pragmatischen Aspekt. Diese drei Gebiete lassen sich zwar in der Theorie begrifflich klar trennen, sind praktisch aber wechselseitig voneinander abhängig. (vgl. Watzlawick/u.a., 1972, S. 22) Zudem muß die Rolle des Kontextes, der die kommunikativen Abläufe bestimmt, in die Betrachtung mit einbezogen werden. *Watzlawick et alter* thematisieren hauptsächlich die Pragmatik und weisen daraufhin, daß Kommunikation und Verhalten praktisch gleichbedeutend sind. Deshalb gehen sie davon aus, daß "nicht nur Sprache, sondern alles Verhalten Kommunikation [ist], und jede Kommunikation - selbst die kommunikativen Aspekte jedes Kontextes - beeinflußt das Verhalten." (Watzlawick/u.a., 1972, S. 23) Dieser Gedanke wird von *Maturana/Varela* dahingehend modifiziert, daß Kommunikation im Bereich *sozialen* Verhaltens auftritt. (vgl. Maturana/u.a., 1987, S. 210 f; Witzer,

1992, S. 22) Kommunikation ist danach "das gegenseitige Auslösen von koordinierten Verhaltensweisen unter den Mitgliedern einer sozialen Einheit." (Maturana/ u.a., 1987, S. 210) Sie lehren ebenfalls, daß "das Phänomen der Kommunikation [hängt] nicht von dem ab[hängt], was übermittelt wird, sondern von dem, was im Empfänger geschieht. Und dies hat wenig zu tun mit `übertragener Information´." (Maturana/u.a., 1987, S. 212) Auch nach *Luhmann* ist die Übertragungsmetapher unbrauchbar, weil sie zu viel Ontologie impliziert. Nach seiner Ansicht suggeriert sie, daß der Absender was übergibt, was der Empfänger erhält und lenkt damit die Aufmerksamkeit auf den Mitteilenden. Die Mitteilung ist jedoch - und das werden die folgenden Ausführungen noch zeigen - nichts anderes als ein Selektionsvorschlag, eine Anregung. (vgl. Luhmann, 1988, S. 193 f.) Nach diesem Verständnis kommt Kommunikation erst durch die Synthese der drei Selektionen aus Information, Mitteilung und Verstehen zustande. (vgl. Luhmann, 1988, S. 196)[31]

Diese Ausführungen zeigen, daß Kommunikation über den reinen Transfer von Information hinausgeht und im wesentlichen soziales Verhalten darstellt. Dies führt zu der Konklusion der Unmöglichkeit, nicht zu kommunizieren bzw. zu der Aussage "*Man kann nicht* nicht *kommunizieren.*" (Watzlawick/u.a., 1972, S. 53 ff.; vgl. dazu auch S. 72 ff.) Im Rahmen des zugrundeliegenden Gesamtzusammenhangs stellt sich natürlich die Frage, inwiefern ein solches Verständnis zur Erläuterung des Forschungszieles geeignet ist. Da jedoch hier ebenfalls der pragmatische Aspekt betont wird, also die verhaltensmäßigen Wirkungen der Kommunikation im Mittelpunkt des Interesses stehen, liegt nach Ansicht des Verfassers gerade in einem solchen Verständnis die Besonderheit eines zielgerichteten Einsatzes von Kommunikation im organisatorischen Veränderungsprozeß. Von daher erscheint eine Definition in dieser Weite durchaus sinnvoll. Allerdings muß ein stärkerer Bezug zum organisatorischen Änderungsprozeß hergestellt werden. *Rogers/ Agarwalla-Rogers* tragen in ihrer Definition dem Aspekt der Verhaltensänderung explizit Rechnung, indem sie Kommunikation "as the process by which an idea is transferred from a source to a receiver with the intention of changing his or her behavior" (Rogers/u.a., 1976, S. 9) verstehen. Doch diese Definition greift offensichtlich ebenfalls zu kurz, da sie wiederum die Übertragung von Informationen betont und den kommunikativen Kontext nicht einbezieht.

---

31 An dieser Stelle wird die Diskussion unterschiedlicher Kommunikationsdefinitionen nicht weiter vertieft. Der interessierte Leser sei auf die angegebene Literatur verwiesen. Besonders die Veröffentlichungen von *Merten* und *Graumann* enthalten einen guten Überblick über eine Vielzahl unterschiedlicher Definitionen. (vgl. Merten, 1977, S. 168 ff.; vgl. Graumann, 1972, Sp. 1117 ff.)

Das Einbeziehen des organisatorischen Kontextes macht in Einklang mit *Koller* eine Ausweitung der Betrachtung auf die unternehmensinterne Kommunikation erforderlich. (vgl. Koller, 1990, S. 18) Der Kontext - so schreibt *Wahren* - wird in der Unternehmenskommunikation, und um eine solche handelt es sich unzweifelhaft, wenn von Kommunikation im Prozeß des organisatorischen Wandels die Rede ist, durch die Organisation(sstruktur) im Unternehmen gebildet. "Die Kommunikation in Unternehmen kann sich somit nicht frei entfalten wie die Kommunikation im privaten Bereich: sie wird geprägt durch den organisatorischen Kontext." (Wahren, 1987, S. 45) Somit muß sie sowohl die Erkenntnisse einbeziehen, die für Kommunikation allgemein gelten, als auch den organisatorischen Kontext berücksichtigen, der sie in Form und Inhalt beeinflußt. (vgl. Wahren, 1987, S. 45)

Unter Kommunikation wird deshalb im folgenden jegliches soziale Verhalten im Zusammenhang mit der Mitteilung von Informationen über eine geplante, organisatorische Änderung verstanden, welches im Rahmen einer Organisation darauf abzielt, bei den Betroffenen eine Verhaltensänderung herbeizuführen.

Der Vorteil dieser Definition besteht darin, daß sie den organisatorischen Kontext in die Betrachtung einbezieht. Sie geht über den einfachen Transfer von Information hinaus und umfaßt jegliches soziale Verhalten (bewußt/unbewußt; verbal/nonverbal; ...) Zudem ist jede Kommunikation, wie später noch gezeigt wird, zweckgerichtet, was in dieser Definition durch das Ziel einer Verhaltensänderung der Betroffenen ausgedrückt wird. Aufgrund der Tatsache, daß sowohl Kommunikation allgemein als auch im speziellen Kontext eine Rolle spielt, werden im Anschluß an eine Abgrenzung gegenüber den verwandten Begriffen Information und Interaktion, zuerst die allgemeinen Grundlagen zwischenmenschlicher Kommunikation diskutiert. Daran anschließend wird explizit auf die spezielle Situation der Kommunikation im organisatorischen Kontext eingegangen.

1.2 Abgrenzung gegenüber verwandten Begriffen

`Information´ und `Kommunikation´ sind zentrale Begriffe des Sprachgebrauchs, die allerdings teilweise semantisch unscharf verwendet werden. Besonders in Verbindung mit anderen Begriffen wie Politik (z.B. Informationspolitik; Kommunikationspolitik), Struktur oder Defizit ergeben sie neue, zusammengesetzte Begriffe, die in der Anwendung oft dasselbe meinen aber genau genommen unterschiedliches ausdrücken. Auch der Begriff der `Interaktion´ ist eng mit dem

Begriff `Kommunikation´ verbunden. Um eine eindeutige Argumentationsbasis und ein einheitliches Verständnis für die nachfolgende Diskussion zu gewährleisten, erscheint es daher sinnvoll, die Begriffe `Information´ und `Interaktion´ gegenüber dem Begriff `Kommunikation´ abzugrenzen.

1.2.1 Kommunikation und Information

Wenn von Kommunikation gesprochen wird, ist auch immer von Information die Rede. Vielfach wird der Begriff der Information dabei mit der Informationstheorie oder der Nachrichtentechnik assoziiert. In beiden Fällen geht es dabei um die mathematische Behandlung des formalen Aufbaus und der Störbeeinflussung der übermittelten Nachricht ohne Beachtung des Bedeutungsinhaltes. In der Informationstheorie wird ein Maß für den Informationsgehalt eines Ereignisses durch dessen Eintrittswahrscheinlichkeit gebildet, die der Empfänger erwartet. Im Sinne der Nachrichtentechnik beruht der Begriff der Information auf elektrischen Impulsen oder Signalen, die auf Basis eines Interpretationsrahmens einer Bedeutung zugeführt werden. (vgl. Brockhaus, 1970, S. 112 ff.) Auf dieser technischen Ebene geht es im wesentlichen um eine akkurate und verlustfreie Transmission von Information. Entsprechend läßt sich Information als Maß für Ungewißheit, als Anzahl der Mitteilungen, die notwendig sind, um diese Ungewißheit zu beseitigen oder als Anzahl von Alternativen, die eine Person hat, um das Ergebnis vorherzusagen, definieren. (vgl. Theis, 1994, S. 22) Die Maßeinheit dieses quantitativen Informationsbegriffs ist bit. Allerdings trägt dieses Verständnis von Information, welches bereits in den vierziger Jahren von *Shannon/Weaver* im Zusammenhang mit der Störbeeinflussung bei der Nachrichtenübertragung vorgeschlagen wurde (vgl. auch Gliederungspunkt 2.1), nur wenig zur Abgrenzung bei. Nach *Strohner* ist diese Quantifizierbarkeit der Information zwar für die Zwecke der technischen Nachrichtenübermittlung wichtig, bringt aber wenig für die inhaltliche Beschreibung der Information. Denn egal, ob beispielsweise eine Eins oder eine Sechs bei einem Mensch-ärgere-Dich-nicht-Spiel gewürfelt wird, der Informationsgehalt bleibt gleich und trotzdem ist die gewürfelte Zahl für den weiteren Verlauf des Spiels wichtig. (vgl. Strohner, 1990, S. 212 ff.)

Dies verlangt nach einem Informationsbegriff, der die inhaltliche Seite einbezieht. *Theis* unterscheidet deshalb neben der technischen bzw. syntaktischen Ebene des Informationsbegriffs noch die semantische und pragmatische. Auf der semantischen Ebene kommt das menschliche Element des Verstehens und der Interpretation hinzu. Information hängt somit in gewisser Weise vom Wissensstand des Empfängers ab. Die pragmatische Ebene oder Wirkungsebene des Informationsbegriffs bezieht sich demgegenüber auf die Tatsache, daß Information Einfluß auf das System hat. Sie wirkt auf den Empfänger und verändert diesen. (vgl. Theis, 1994, S. 22 ff.) In diesem Sinne versteht *Staehle* in Anlehnung an *Wittmann* unter Information zweckorientiertes Wissen bzw. Wissen, welches zur Erreichung eines Zweckes eingesetzt wird. Dieses Wissen erhält der einzelne durch den Empfang einer Nachricht. (vgl. Staehle, 1991, S. 275) In der Alltagssprache wird Information daher auch häufig identisch mit Nachricht gebraucht. (vgl. Moser, 1968, S. 13)

Im Unterschied zur Information wird der Kommunikation weniger eine dingliche Qualität zugeschrieben. Sie wird eher als ein Prozeß aufgefaßt. (vgl. Weingarten, 1990, S. 8) Genauer gesagt wird darunter der Prozeß der Übermittlung und Vermittlung von Informationen durch Ausdruck und Wahrnehmung (Transaktion) von Zeichen verstanden. (vgl. Brockhaus, 1990, S. 211) Kommunikation wird daher häufig als ein Austausch von Informationen (vgl. Watzlawick/u.a., 1972, S. 30; vgl. Fiehler, 1990, S. 107) oder schlicht als Informationsübertragung angesehen. (vgl. Weingarten, 1990, S. 8; vgl. Stohner, 1990, S. 214) Obwohl diese Übertragungsmetapher für den weiteren Gebrauch in dieser Schrift alleine nicht ausreicht (vgl. Gliederungspunkt 1.1), kann doch daraus abgeleitet werden, daß Information ein Bestandteil von Kommunikation ist. Information ist die Ware in diesem Prozeß und kann somit als Kommunikationsinhalt bzw. inhaltliches Element der Kommunikation im weitesten Sinne interpretiert werden. (vgl. Witzer, 1992, S. 23 f.; vgl. Koller, 1990, S. 20)

1.2.2 Kommunikation und Interaktion

Oft wird der Begriff der Kommunikation in Verbindung mit Interaktion oder Handlung gebraucht. Auch werden diese Begriffe synonym verwendet und eine Unterscheidung nicht näher erläutert. *Luhmann* sieht das Problem darin, "daß Kommunikation und Handlung in der Tat nicht zu trennen (wohl aber zu unterscheiden) sind und daß sie ein Verhältnis bilden, das als Reduktion eigener Komplexität zu begreifen ist. Der elementare, Soziales als besondere Realität konstituierende Prozeß ist ein Kommunikationsprozeß. Dieser Prozeß muß aber, um sich selbst steuern zu können, auf Handlungen reduziert, in Handlungen dekomponiert werden." (Luhmann, 1988, S. 193)

Interaktion ist eher ein allgemeiner Begriff sozialer Beziehung, wobei die Reziprozität, die Gegenseitigkeit des Handelns, als das wichtigste Merkmal von Interaktion angesehen werden kann. Nach *Graumann* sind die Begriffe Interaktion und Kommunikation sehr weit gefaßt und stehen zumindest auf den ersten Blick in keinem klar erkennbaren Verhältnis zueinander. Oft werden beide mit sozialem Verhalten gleichgesetzt. "Wo immer zwei oder mehr Individuen sich miteinander verhalten, sei es im Gespräch, in Verhandlungen, in Spiel oder Streit, in Liebe oder Haß, sei es um einer Sache oder ihrer selbst willen, sprechen wir von sozialen Interaktionen oder zwischenmenschlicher Kommunikation." (Graumann, 1972, Sp. 1109) Obwohl *Graumann* auch die Wechselseitigkeit als wichtiges Merkmal von Interaktion thematisiert, stellt er jedoch ebenfalls fest, daß alle diese Formen der Wechselwirkungen nur deshalb funktionieren, weil die Menschen voneinander Kenntnis nehmen. Damit enthält Interaktion implizit den Austausch von Informationen, der jedoch wie oben dargestellt eigentlich Kommunikation bezeichnet. Dies führt vielfach dazu, daß beide Begriffe schließlich undifferenziert verwendet werden. (vgl. Graumann, 1972, Sp. 1110 ff.)[32]

Einige Autoren versuchen allerdings eine begriffliche Differenzierung herbeizuführen. So bezeichnen *Watzlawick et alter* die einzelne Mitteilung als Kommunikation und "ein wechselseitiger Ablauf von Mitteilungen zwischen zwei oder mehreren Personen (wird) als Interaktion [bezeichnet]." (Watzlawick/u.a., 1972, S. 50 f.) Diese Sichtweise wird auch von *Schulz von Thun* vertreten: "[...] Kommunikation ist ja nicht damit beendet, daß der eine etwas von sich gibt und beim anderen etwas ankommt. Im Gegenteil, nun geht es ja erst richtig los! Der Empfänger reagiert, wird dadurch zum Sender und umgekehrt, und beide nehmen aufeinander Einfluß. Wir sprechen von Interaktion." (Schulz von Thun, 1989, S. 82)

In diesem Sinne läßt sich Interaktion als interpersonale Kommunikation verstehen. Interaktion erfaßt den wechselseitigen Aspekt menschlichen Miteinanders. Kommunikation konzentriert sich dagegen eher auf den materiellen Aspekt im Übertragungsprozeß von Informationen. (vgl. Wahren, 1987, S. 32) Welcher Begriff von beiden der breitere ist, läßt sich daraus nicht ableiten. (vgl. Graumann, 1972, Sp. 1118) Im weiteren wird dieses differenzierte Verständnis zugrunde gelegt.

---

[32] Derjenige, der an einer tieferen Diskussion der beiden Begriffe Kommunikation und Interaktion interessiert ist, sei auf die Publikation von *Graumann* verwiesen. Er diskutiert eingehend beide Begriffe und verarbeitet dabei eine Vielzahl unterschiedlicher Literaturquellen. Zudem beschränkt er sich nicht auf die reine Begrifflichkeit, sondern geht auch auf die wesentlichen Aspekte der Interaktions- und Kommunikationstheorien ein. (vgl. Graumann, 1972)

1.3 Das `Material´ jeder Kommunikation

"Der Mensch ist ein auf vielen Ebenen kommunizierendes Wesen, das manchmal auch spricht." (Birdwhistell, zitiert in: Hartig, 1983, S. 363) *Birdwhistell*, der Begründer der wissenschaftlichen Kinesik (Körpersprache), spielt mit dieser Aussage auf das in der Literatur oft falsch dargestellte Verhältnis zwischen verbaler und non-verbaler Kommunikation an. (vgl. Hartig, 1983, S. 363) Vielfach wird nämlich die non-verbale Kommunikation in ihrer Bedeutung gegenüber der verbalen vernachlässigt. Es steht jedoch fest, daß die non-verbale Kommunikation sowohl phylogenetisch als auch ontogenetisch älter ist als die verbale Kommunikation und von entscheidender Wichtigkeit für die allgemeine Verständigung ist. Im folgenden wird auf beide Bereiche eingegangen.

1.3.1 Verbale Kommunikation

Einigkeit besteht in der Literatur über das dominante Element der Verständigung, die Sprache. Sie ist wahrscheinlich der bedeutendste Unterschied zwischen den Menschen und den nicht-menschlichen Primaten. (vgl. Wahren, 1987, S. 24)

Abb. 34: Das Organon-Modell nach *Bühler*

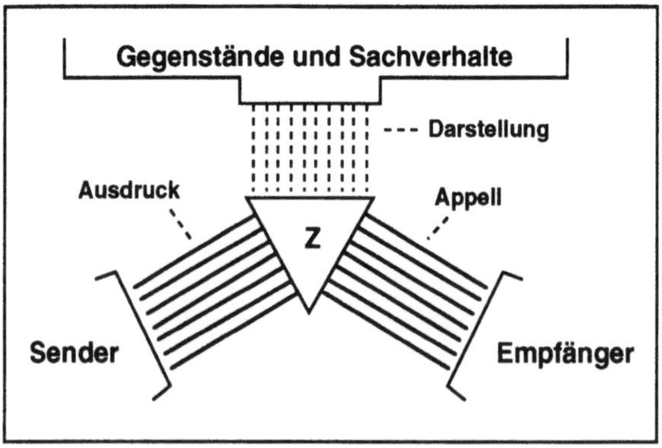

Quelle: Graumann, 1972, Sp. 1198

Die menschliche Sprache - gesprochen oder geschrieben - weist bestimmte Eigengesetzlichkeiten auf, die ihre Produktion und Rezeption regeln. Der wichtigste Aspekt ist sicherlich ihr Zeichencharakter. Das heißt, in ihr werden Aussagen über bestimmte Dinge übermittelt, indem auf sie verwiesen wird und nicht indem sie konkret vorgelegt werden. Damit ist Sprache im Sinne des Platon´schen Konzepts ein Werkzeug oder Organon. Werkzeug meint aber das Mittel, anderen etwas über Dinge mitzuteilen. (vgl. Graumann, 1972, Sp. 1197) Für die Sprachtheorie hat *Bühler* in diesem Organon-Konzept drei semantische Funktionen des sprachlichen Zeichens elaboriert. (vgl. Abb. 34). "In seiner Ausdrucksfunktion ist das Zeichen *Symptom* eines inneren Zustandes des Senders. In seiner Appellfunktion ist es *Signal* für einen Empfänger. In seiner Darstellungsfunktion ist das Zeichen *Symbol* für Gegenstände oder Sachverhalte, für die es steht." (Graumann, 1972, Sp. 1197) Dabei kommt eine Verständigung nur dann zustande, wenn zwei Subjekte gleichzeitig sowohl die Ebene der Intersubjektivität, auf der beide miteinander sprechen, als auch die Ebene der Gegenstände, über die sie sprechen, betreten. (vgl. Graumann, 1972, Sp. 1202)

Neben ihrer Bedeutung für die allgemeine Verständigung besitzt sie eine Reihe weiterer wichtiger Funktionen. So sind Menschen erst durch die Sprache in der Lage zu denken; denn Denken ist das innere Gespräch mit sich selbst mit Hilfe von Worten oder signifikanten Gesten. (vgl. Mead, 1988, S. 198) Sprache strukturiert die Wahrnehmung und in einem zweiten Schritt das Denken. Denn über sie werden Weltanschauungen vermittelt und Identitäten gebildet. Sprache geht damit über die reine Informationsübermittlung hinaus, weil sie die gesellschaftliche und historische Realität reflektiert. (vgl. Frech, 1993, S. 57) In Form von Geschichten oder Anekdoten hat sie die Funktion der Sinnvermittlung und gemeinsamen Konstruktion von Wirklichkeit.

Sprache bildet aber auch die Brücke von der Kommunikation zur Interaktion. "Wir reden nicht nur, um zu informieren (soviel Information gibt es überhaupt nicht), sondern auch, um Schweigen zu verhindern und menschlichen Kontakt herzustellen bzw. aufrechtzuerhalten." (Staehle, 1991, S. 278)

1.3.2 Non-verbale Kommunikation

Das `Material´ jeglicher Kommunikation sind jedoch keineswegs nur Worte, ihre Konfigurationen und ihre Bedeutungen, sondern auch alle non-verbalen Begleiterscheinungen. (vgl. Watzlawick/u.a., 1972, S. 23) Darunter werden alle sicht- und hörbaren Ausdrucksphänomene gefaßt, die nicht Sprache im linguistischen Sinne darstellen. *Graumann* differenziert hier in paralinguistische (Stimmvariation, Sprechgeschwindigkeit, Aussprache, aber auch Seufzen, Lachen, usw.) und in extralinguistische Kommunikationsphänomene (Gestik, Mimik, Blickverhalten, Körperhaltung, Raumverhalten, ...). (vgl. Graumann, 1972, Sp. 1195 und 1219 ff.) In der Regel werden sie nicht explizit gelehrt, aber doch durch Erfahrung gelernt.

Diese non-verbale Kommunikation hat zwei wesentliche Funktionen. Zum einen ersetzen non-verbale Zeichen die Sprache, zum anderen illustrieren sie das Gesprochene, indem sie während des Sprechaktes eingesetzt werden. Ziel ist es, im Idealfall die Wahrscheinlichkeit zu erhöhen, verstanden zu werden. Dies gelingt jedoch nur dann, wenn sich verbale und non-verbale Zeichen nicht widersprechen; sonst wird eher das Gegenteil bewirkt.(vgl. Frech, 1993, S. 59 f.)

Dieses Verhalten passiert keineswegs nur unabsichtlich, sondern wird häufig ganz bewußt eingesetzt. Aktuelle Kommunikationstrainings haben daher vor allem diesen Bereich zum Gegenstand und lehren den Schüler, ihn in der Kommunikation gezielt einzusetzen. Dies ist nicht zuletzt mit dem wesentlichen Einfluß zu begründen, den non-verbale Kommunikation ausübt.

Ihre Bedeutung unter anderem auch in der Literatur konnte eine von *Graham et alter* durchgeführte Untersuchung zur Wahrnehmung non-verbaler Kommunikation bestätigen. Sie stellten überdies fest, daß non-verbale Kommunikation die Interaktion zwischen Menschen stärker beeinflußt als verbale. Besonders geschulte Empfänger verlassen sich deshalb eher auf diese Signale. (vgl. Graham/u.a., 1991, S. 59 f.) Allerdings ist bei der Interpretation der einzelnen Signale immer Vorsicht geboten. Wichtig ist grundsätzlich das gesamte Muster. Interessant wird dies bei Inkonkruenzen zwischen verbaler und non-verbaler Kommunikation. In diesem Fall gibt eher letztere die richtige Information.

2 Das Funktionieren von Kommunikation

Nach *Merten* lassen sich die ersten belegten Vorstellungen über das Funktionieren von Kommunikationsprozessen schon bei *Aristoteles* (384 - 322 v. Chr.) nachweisen. Nach den von ihm entwickelten Grundsätzen der Rethorik muß eine verbale Kommunikation dann eine vorhersagbare, vom Kommunikator intendierte Wirkung haben, wenn bestimmte Bedingungen beim inhaltlichen Aufbau und bei der formalen Präsentation gewahrt werden. Zudem klassifiziert er den Kommunikationsprozeß im Sinne eines Wortmodells in drei voneinander unterscheidbare Elemente, nämlich den Kommunikator (Redner), die Kommunikation (Rede) und den Rezipienten (Zuhörer). (vgl. Merten, 1977, S. 14 f.)

Ebenso ist die bekannte *Laswell*-Formell (1948) ein Wortmodell. "A convenient way to describe an act of communication is to answer the following questions:

Who
says what
in which channel
to whom
with what effect?" (Laswell, 1971, S. 84)

Diese Wortmodelle beschreiben jedoch im wesentlichen nur einzelne Elemente, die in einem kausalen Zusammenhang stehen und liefern einen eher geringen Teil zur Erklärung der Funktionsweise von Kommunikationsprozessen. Es haben sich daher in neuerer Zeit eine Vielzahl von Erklärungsansätzen herausgebildet, die den Kommunikationsprozeß aus unterschiedlichen Sichtweisen beleuchten.

2.1 Informationstheoretische Erklärungsansätze

Nimmt man die Übertragungsmetapher zum Anlaß für die Erklärung von Kommunikation, dann läßt sich dieser Vorgang aus informationstheoretischer Sichtweise betrachten. In Anlehnung an die Erkenntnisse der Semiotik können bei diesem Übertragungsvorgang - wie schon an anderer Stelle beschrieben - eine syntaktische, eine semantische und eine pragmatische Dimension unterschieden werden, die sich auch auf das Gebiet der menschlichen Kommunikation übertragen lassen. Die syntaktische Dimension betrachtet die Probleme der reinen Nachrichtenübermittlung (Code, Eigenschaften des Übertragungskanals, Rauschen,

Redundanz), die nichts mit der eigentlichen Bedeutung der Sprache zu tun haben. Die Semantik bezieht sich auf die Relation zwischen den Zeichen und den Kommunikationspartnern. Sowohl Sender als auch Empfänger müssen über den gleichen Zeichenvorrat verfügen, damit eine Nachricht nicht nur übertragen, sondern auch verstanden werden kann. Schließlich befaßt sich die pragmatische Dimension mit der Beziehung zwischen Sender und Empfänger sowie der Beeinflussung des Verhaltens aller Teilnehmer. (vgl. Watzlawick/u.a., 1972, S. 22; vgl. Wahren, 1987, S. 40; vgl. Gebert, 1992, Sp. 1110 f.)

Das wohl bekannteste Kommunikationsmodell, was in der Literatur auch oft als das Grundmodell der Kommunikation bezeichnet wird, stammt von *Shannon* und *Weaver* (vgl. Abb. 35). Es hat seinen Ursprung in der Fernmeldetechnik und beschränkt sich im wesentlichen auf den syntaktischen Aspekt der Kommunikation. Trotzdem wurde es schon bald zur Beschreibung von Kommunikation zwischen Personen herangezogen. (vgl. Graumann, 1972, S. 1155)

Abb. 35: Kommunikationsmodell nach *Shannon* und *Weaver* (1949)

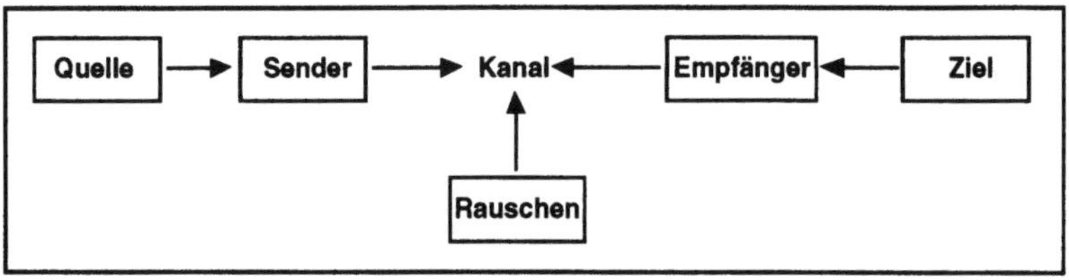

Quelle: Graumann, 1972, S. 1155

In diesem Modell von *Shannon/Weaver* wird der Kommunikationsprozeß als die Übermittlung von Nachrichten von einem Sender zu einem Empfänger beschrieben, einschließlich der damit zusammenhängenden Funktionen. Der Begriff der Nachricht bezeichnet dabei ein Zeichen, welches aus geordneten, relativ komplexen Zeichen konstruiert sein kann. Allerdings kann es bei der Übertragung der Nachricht zu Störungen bzw. `Rauschen´ kommen, weil Zeichen verloren gehen oder hinzugefügt werden. Solche Störungen sind i.d.R. kaum zu verhindern. Das Problem ist nur dadurch zu lösen, daß der Sender mittels Feedback überprüft, ob die ursprüngliche Nachricht beim Empfänger im intendierten Sinne eingegangen ist. Aus diesem Grund ergänzt *Staehle* dieses Modell um eine Rückkopplungsschleife. (vgl. Staehle, 1991, S. 274 f.)

In diesem Ur-Modell bleibt außerdem unberücksichtigt, daß jeder Mensch gleichzeitig Ausgangs- und Endpunkt im Kommunikationsprozeß ist. Er ist damit gleichzeitig Quelle, Sender, Empfänger und Ziel. (vgl. Crott, 1979, S. 16 f.; Frech, 1993, S. 65) *Osgood/Sebeok* haben daher dieses Grundmodell dahingehend erweitert, daß der Mensch als Kommunikationseinheit aufgefaßt wird. (vgl. Abb. 36) Er muß mit allen Elementen des *Shannon*-Modells ausgerüstet und dadurch in die Lage versetzt werden, Nachrichten zu empfangen, zu verarbeiten und zu senden. Wesentlich ist auch, daß durch das Einbeziehen der Kodier- und Dekodierprozesse in das Modell die Aufmerksamkeit auf die im nachrichtentechnischen Modell ausgesparte Bedeutungsproblematik gelenkt werden soll. Das in Abb. 36 dargestellte Modell einer individuellen Kommunikationseinheit entspricht noch nicht einem Modell interpersonaler Kommunikation. Um diesen sozialen Charakter auszudrücken, muß es mindestens zwei Kommunikationseinheiten umfassen. (vgl. Graumann, 1972, Sp. 1165 ff.)

Abb. 36: Die Kommunikationseinheit nach *Osgood* und *Sebeok* (1969)

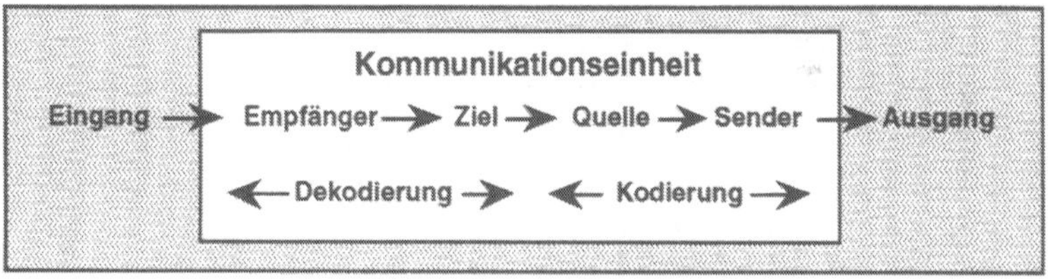

Quelle: nach Osgood/u.a., 1969, S. 2

Doch diese Darstellung greift ebenfalls zu kurz. So verfügen Menschen über Erfahrungen, Meinungen und Vorwissen. Diese Aspekte werden in den bisher gezeigten Modellen nicht berücksichtigt. Zudem werden sie der Wechselseitigkeit des Kommunikationsprozesses, dem sozialen Charakter von Kommunikation, nicht in vollem Umfang gerecht. *McCroskey et alter* stellen 1971 mit dem `Interpersonal Communication Model´ ein Modell vor, welches die bisherigen Erkenntnisse integriert und die angeführten Kritikpunkte berücksichtigt (vgl. Abb. 37). "As you can see, this model allows both persons to function as source and receiver; it also allows for the process nature of communication, for feedback, and for transmission of messages by either party. This model clearly presents human interaction as a process." (Richmond/u.a., 1992, S. 20; vgl. auch McCroskey/u.a., 1971)

Abb. 37: Interpersonal communication model

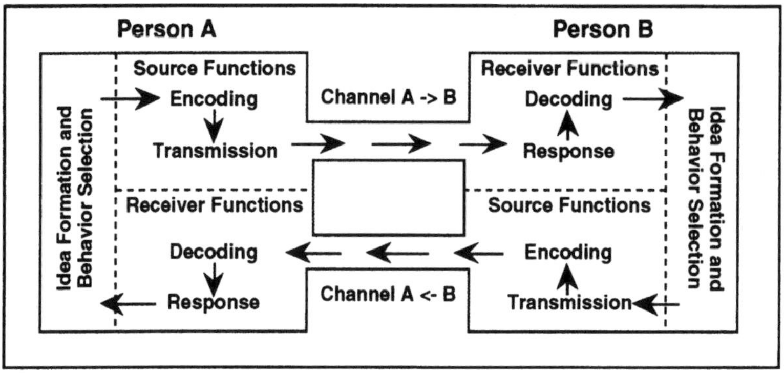

Quelle: Richmond/u.a., 1992, S. 21

Doch auch dieses Modell vernachlässigt, daß Kommunikation nicht im luftleeren Raum stattfindet. Vielmehr wird sie von einer Vielzahl weiterer Einflußgrößen bestimmt. Hier ist beispielsweise der zeitliche Aspekt zu nennen. So findet Kommunikation zu einer bestimmten Zeit statt und hat eine bestimmte Dauer. Ebenso sind auch die räumlichen Bedingungen zu berücksichtigen, denn sowohl die räumlichen Verhältnisse als auch die Distanz zwischen den Kommunikationspartnern ist für ihr Gelingen von Bedeutung. Desweiteren sind die von den Kommunikatoren eingesetzten Statussymbole, die Vorerfahrungen zum Kontext, die Glaubwürdigkeit der Partner, ihre Identität und der Anlaß der Kommunikation von großer Wichtigkeit im Kommunikationsprozeß. (vgl. Frech, 1993, S. 67) Diese Faktoren bestimmen das Umfeld, in dem die Kommunikation abläuft. Die `Umwelt´ jeder Kommunikation, ihr Kontext, hat damit eine mitbestimmende Rolle für die kommunikativen Abläufe. (vgl. Watzlawick/u.a., 1972, S. 23) Das bisherige Modell muß deshalb um diesen Kontext erweitert werden. *Wahren* präsentiert ein solches erweitertes Kommunikationsmodell, das im wesentlichen dem Modell von *McCroskey et alter* entspricht, jedoch um den Kontext ergänzt ist. (vgl. Wahren, 1987, S. 38)

2.2 Verhaltenswissenschaftliche Erklärungsansätze

Nach der Betonung des informationstheoretischen Aspektes der Kommunikation in früheren Jahren stehen in neuerer Zeit zunehmend verhaltenswissenschaftliche Überlegungen im Vordergrund. Wie schon im Verlauf von Gliederungspunkt 2.1

erkennbar wurde, reicht die syntaktische Betrachtungsweise nicht aus, um diesen komplexen Prozeß detailliert zu verstehen. Auch das Ergänzen sematischer Aspekte kann diese Problematik nur teilweise erfassen. Experten wie *Watzlawick* oder *Schulz von Thun* haben deshalb erkannt, daß zwischenmenschliche Kommunikation mehr ist als reine Informationsübermittlung. Sie muß als wechselseitiger Austausch von Mitteilungen zwischen Personen verstanden werden. Im folgenden werden daher vier bekannte Ansätze präsentiert, die Kommunikation in diesem Sinne begreifen.

2.2.1 Axiome zwischenmenschlicher Kommunikation

Grundlegend für alle weiteren Überlegungen in diesem Bereich und für das Verständnis von Kommunikation überhaupt sind die Arbeiten von *Watzlawick/ Beavin/Jackson* zur menschlichen Kommunikation. Im Rahmen ihrer Untersuchung zur Pragmatik der menschlichen Kommunikation beginnen sie mit der Analyse ihrer einfachsten Eigenschaften. Als Ergebnis stellen sie 5 Grundeigenschaften heraus, die sie als metakommunikative Axiome bezeichnen. Sie erheben dabei weder einen Anspruch auf Vollständigkeit noch auf Endgültigkeit. (vgl. Watzlawick/u.a., 1972, S. 50 ff.)

Das erste metakommunikative Axiom handelt von der Unmöglichkeit, nicht zu kommunizieren. *Watzlawick et alter* lassen sich dabei von der Überlegung leiten, daß das \`Material´ jeglicher Kommunikation nicht nur Worte, sondern Verhalten jeder Art umfaßt. Da es jedoch unmöglich ist, sich nicht zu verhalten, bedeutet das für Kommunikation, daß man nicht *nicht* kommunizieren kann - egal wie man es anstellt. Alles Handeln oder Nichthandeln, alle Worte und alles Schweigen hat Mitteilungscharakter. Es wird dadurch auch ausgeschlossen, daß Kommunikation nur dann stattfindet, wenn sie absichtlich ist.

Es ergibt sich damit das 1. Axiom: "Man *kann nicht* nicht *kommunizieren.*" (Watzlawick/u.a., 1972, S. 50 ff., besonders S. 53)

Weiterhin haben sie herausgefunden, daß jede Mitteilung neben der Information einen weiteren, weniger augenfälligen, aber ebenso wichtigen Aspekt beinhaltet. Er enthält einen Hinweis darauf, wie der Sender die Mitteilung vom Empfänger verstanden haben möchte. Dieser Aspekt wird als Beziehungsaspekt bezeichnet, weil damit definiert wird, wie der Sender die Beziehung zwischen sich und dem

Empfänger sieht. Damit vermittelt der Inhaltsaspekt die `Daten´, und der Beziehungsaspekt weist an, wie sie verstanden werden sollen. Er stellt eine Kommunikation über eine Kommunikation dar und kann somit als Metakommunikation bezeichnet werden.

Es ergibt sich damit das 2. Axiom: "*Jede Kommunikation hat einen Inhalts- und einen Beziehungsaspekt, derart, daß letzterer den ersteren bestimmt und daher eine Metakommunikation ist.*" (Watzlawick/u.a., 1972, S. 53 ff., besonders S. 56)

Betrachtet man den Mitteilungsaustausch zwischen Kommunikationsteilnehmern, so erscheint dieser dem unvoreingenommenen Beobachter als ein ununterbrochener Austausch von Mitteilungen. Bei genauerem Hinsehen kann man aber erkennen, daß jede Kommunikation aus wechselseitigen Äußerungen, Wahrnehmungen und Interpretationen besteht. Denn jeder Teilnehmer muß der Interaktion eine Struktur, eine Interpunktion von Ereignisfolgen, zugrundelegen. Sie organisiert das Verhalten und ist daher wesentlicher Bestandteil jeder menschlichen Beziehung.

Es ergibt sich daraus das 3. Axiom: "*Die Natur einer Beziehung ist durch die Interpunktion der Kommunikationsabläufe seitens der Partner bedingt.*" (Watzlawick/u.a., 1972, S. 57 ff., besonders S. 61)

In der menschlichen Kommunikation gibt es zwei grundsätzlich verschiedene Weisen, in denen Objekte dargestellt und zum Gegenstand von Kommunikation werden können. Die Symbole dafür können entweder für den Gegenstand stehen (digitale Kommunikation; das Wort `Tisch´ für diesen Gegenstand) oder den Gegenstand analog abbilden (analoge Kommunikation; die Zeichnung dieses Gegenstandes). Innerhalb der menschlichen Kommunikation bestehen diese beiden Kommunikationsweisen nicht nur nebeneinander, sondern ergänzen sich in jeder Mitteilung gegenseitig. Dabei darf vermutet werden, daß der Inhaltsaspekt durch die wesentlich abstraktere und komplexere digitale Kommunikationsweise übermittelt wird, wogegen der Beziehungsaspekt vorwiegend analoger Natur ist.

Es ergibt sich daraus das 4. Axiom: "*Menschliche Kommunikation bedient sich digitaler und analoger Modalitäten. Digitale Kommunikationen haben eine komplexe und vielseitige logische Syntax, aber eine auf dem Gebiet der Beziehungen unzulängliche Semantik. Analoge Kommunikationen dagegen besitzen dieses semantische Potential, ermangeln aber die für eindeutige Kommunikation erforderliche Syntax.*" (Watzlawick/u.a., 1972, S. 61 ff., besonders S. 68)

Die Beziehung zwischen zwei Individuen kann darüber hinaus entweder als symmetrisch oder als komplementär bezeichnet werden. Im Fall der symmetrischen Interaktion ist das Verhalten der Partner sozusagen spiegelbildlich und zeichnet sich durch Streben nach Gleichheit und Verminderung von Unterschieden zwischen den Partnern aus. Im zweiten Fall ergänzt das Verhalten des einen Partners das des anderen, und die Beziehung basiert auf sich gegenseitig ergänzenden Unterschieden.

Es ergibt sich daraus das 5. Axiom: "*Zwischenmenschliche Kommunikationsabläufe sind entweder symmetrisch oder komplementär, je nachdem, ob die Beziehung zwischen den Partnern auf Gleichheit oder Unterschiedlichkeit beruht.*" (Watzlawick/u.a., 1972, S. 68 ff., besonders S. 70)

Neuberger (vgl. Wahren, 1987, S. 41 f.) ergänzt diese fünf Axiome um ein sechstes. Die bisherigen Ausführungen gehen immer davon aus, daß eine Person nach außen kommuniziert. Doch wenn wir kommunizieren, teilen wir nicht nur anderen etwas mit, sondern auch uns selbst. Dies liegt nicht zuletzt in der besonderen Eigenschaft der vokalen Geste begründet, denn im Gegensatz zu allen anderen Gesten gibt sie uns die Fähigkeit, auf die eigenen Reize so zu reagieren, wie andere dies tun. Wir hören uns selbst sprechen und sind daher zur Aufmerksamkeit fähig. (vgl. Mead, 1988, S. 105) "Äußerungen an andere Personen sind somit (auch) Selbstgespräche; kein selbstvergessenes, verbales Begleiten von Handeln, sondern ein Sprechen zu sich selbst - mit dem Ziel oder jedenfalls der Wirkung, sich selbst zu bestätigen oder zu verändern." (Wahren, 1987, S. 42) Durch diesen Prozeß verändern wir mithin nicht nur andere, sondern auch uns selbst. Durch das Zu-sich-selbst-Reden werden Wünsche zur Wirklichkeit. "Damit ist Reden auch die Voraussetzung zur Selbst-Verwirklichung, zur Selbst-Erzeugung bzw. zur Selbst-Erhaltung." (Wahren, 1987, S. 42)

Neuberger formuliert dieses 6. Axiom wie folgt: "*Jede Aussage ist auch eine Einsage.*" (Wahren, 1987, S. 42)

2.2.2 Die vier Seiten einer Nachricht

Schulz von Thun weitet die o. a. Erkenntnisse aus und entwickelt sein Modell der vier Seiten einer Nachricht. (vgl. Schulz von Thun, 1989, S. 25 ff.) Der Grundvorgang der zwischenmenschlichen Kommunikation ist ähnlich den bisher bekannten Vorgängen. Auch hier gibt es einen Sender, einen Empfänger und eine Nachricht. Der Sender verschlüsselt seine Botschaft und schickt sie an den Empfänger. Dieser muß die gesendete Nachricht entschlüsseln. Im Idealfall stimmen empfangene und gesendete Nachricht überein. Sender und Empfänger haben die Möglichkeit, über Feedback zu prüfen, ob das Empfangsresultat mit der Senderabsicht übereinstimmt. (vgl. Schulz von Thun, 1989, S. 25) *Schulz von Thun* wählt nun die Nachricht als Objekt für seine Forschungen. Das wesentlich Neue ist dabei die Erkenntnis, daß ein und dieselbe Nachricht viele Botschaften gleichzeitig enthalten kann. Diese Vielzahl der Botschaften ordnet er in vier Kategorien ein und entwickelt sein Modell der vier Seiten einer Nachricht (vgl. Abb. 38).

Abb. 38: Die vier Seiten einer Nachricht - ein psychologisches Modell der zwischenmenschlichen Kommunikation

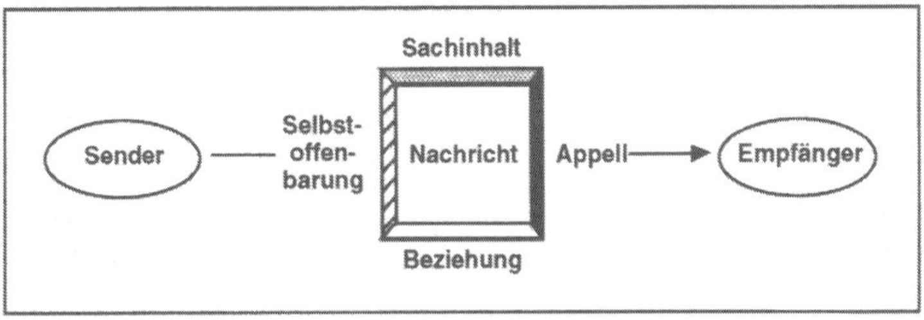

Quelle: Schulz von Thun, 1989, S. 30

Entsprechend diesem Modell enthält jede Nachricht einen

- Sachaspekt: bezeichnet die in der Nachricht enthaltenen Sachinformationen, also das, worüber in der Nachricht informiert wird;
- Selbstoffenbarungsaspekt: bezeichnet den Teil der Nachricht, der Informationen über die Person des Senders enthält. In jeder Nachricht steckt ein Stück Selbstoffenbarung des Senders, ein Stück dessen, was er von sich preisgibt;
- Beziehungsaspekt: bezeichnet den Teil der Nachricht, aus dem hervorgeht, in welcher Beziehung der Sender zum Empfänger steht und was er von ihm hält;

- Appellaspekt: bezeichnet das, wozu der Sender den Empfänger mit der Nachricht veranlassen will, denn fast alle Nachrichten haben die Funktion, auf den Empfänger Einfluß zu nehmen. (vgl. Schulz von Thun, 1987, S. 26 f.)

Zur Verdeutlichung bringt *Schulz von Thun* das Beispiel der Nachricht eines Beifahrers an den Fahrer. Die Nachricht lautet: \`Du, da vorne ist grün!´ Das Botschaftsgeflecht zeigt sich dann folgendermaßen: der Sachinhalt ist, \`die Ampel ist grün´; der Appell ist, \`Gib Gas!´; die Beziehung ist, \`Du brauchst meine Hilfestellung´ und die Selbstoffenbarung ist, \`Ich habe es eilig´. (vgl. Schulz von Thun, 1989, S. 31) Aus dem Appellaspekt läßt sich ableiten, daß es keine zweckfreie Kommunikation geben kann. "Jede Kommunikation will etwas erreichen - offen oder manipulativ. Je genauer geplant und je gekonnter inszeniert, desto stärker die Absicht." (Doppler, 1994, S. 239)

Die bisher präsentierten Erkenntnisse betrachten das Modell nur aus der Sicht des Senders. Analysieren wir das Quadrat aus der Sicht des Empfängers, so können wir feststellen, daß er in gleicher Weise vier \`Ohren´ zur Verfügung hat, um die Nachricht aufzunehmen. (vgl. Schulz von Thun, 1989, S. 44 ff.) Was die menschliche Kommunikation so kompliziert macht, ist die Tatsache, daß der Empfänger die freie Auswahl hat, auf welche Seite der Nachricht er reagieren will oder anders ausgedrückt, welche seiner vier Ohren er gerade auf Empfang geschaltet hat.

Betrachtet man nun den Übertragungsvorgang, so besteht die Aufgabe des Empfängers darin, die eingehenden, vom Sender vorher kodierten Signale zu dekodieren. Bei dieser Tätigkeit der Bedeutungsverleihung ist der Empfänger jedoch in erhöhtem Maße auf sich alleine gestellt, so daß das Ergebnis stark von der Person des Empfängers abhängt. So kann es passieren, daß er entweder Aspekte in die Nachricht hineininterpretiert oder bestimmte Aspekte der Nachricht überhaupt nicht wahrnimmt (selektive Wahrnehmung). Die Botschaft wird dann anders aufgenommen, als sie vom Sender abgeschickt worden ist. Im schlimmsten Fall wird die Botschaft dadurch völlig verfälscht oder kommt gar nicht an. (vgl. Schulz von Thun, 1989, S. 61) Vielfach werden solche Mißverständnisse nie aufgeklärt. (vgl. dazu auch Gliederungspunkt 4)

2.2.3 Das Wertequadrat der zwischenmenschlichen Kommunikation

Menschliches Handeln und somit auch zwischenmenschliche Kommunikation wird sowohl von den inneren Werten eines jeden Individuums als auch von den Anforderungen der Umwelt geprägt. Der Einfluß der Werte auf das Verhalten wurde von *Helwig* in Form eines Wertequadrates dargestellt. Ausgehend von diesen Erkenntnissen hat *Schulz von Thun* acht Kommunikationsstile elaboriert, die jeweils von inneren Zuständen des einzelnen geprägt sind.

Nach *Helwig* kann jeder Wert, jede Tugend, jedes Leitprinzip oder jedes Persönlichkeitsmerkmal nur dann zu einer konstruktiven Wirkung gelangen, wenn es durch einen positiven Gegenwert in Balance gehalten wird. "Das Wertgesetz, das sich damit zeigt, lautet: Jeder Wert ist nur in ausgehaltener Spannung zu einem *positiven* Gegenwert ein wirklicher Wert. [...] Kein Wert ist an sich allein schon, was er sein soll." (Helwig, 1965, S. 66) Ohne die Balance entwickelt sich jeder Wert zu seiner Entartungsform. Aus dieser Grundaussage entwickelt *Helwig* sein Wertequadrat (vgl. Abb. 39). Dabei stehen den beiden, sich ausbalancierenden positiven Werten jeweils entsprechende Unwerte gegenüber. (vgl. Helwig, 1965, S. 65 f) Dieser Zusammenhang läßt sich an einem einfachen Beispiel darstellen. Sparsamkeit entwickelt sich ohne den positiven Gegenwert Großzügigkeit zum Geiz. Großzügigkeit dagegen wird ohne die ausgleichende Sparsamkeit zur Verschwendung. (vgl. Schulz von Thun, 1991, S. 38 f.)

Abb. 39: Das Beziehungsnetz im Wertequadrat am Beispiel Sparsamkeit

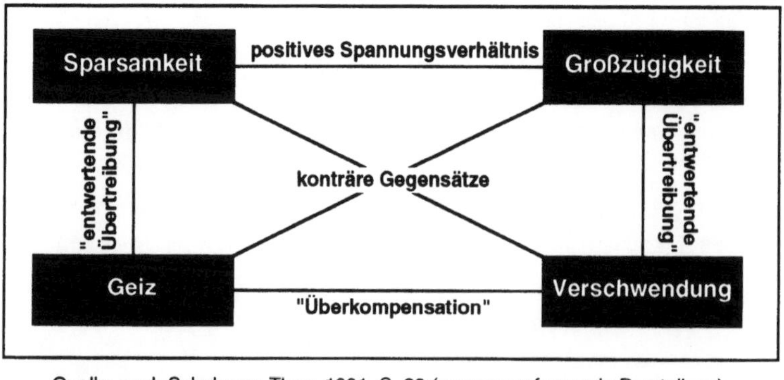

Quelle: nach Schulz von Thun, 1991, S. 39 (zusammenfassende Darstellung)

In jedem Wertequadrat entstehen so vier Arten von Beziehungen, durch die das Verhältnis der Werte untereinander charakterisiert ist. Die obere Linie im Wertequadrat repräsentiert die sich ausbalancierenden positiven Werte. Zwischen ihnen besteht ein gewisses Spannungs- bzw. Ergänzungsverhältnis, welches notwendig ist, um aus diesen Werten wirkliche positive Werte zu machen. Durch die Diagonale werden die sich widersprechenden Gegensätze zwischen einem Wert und seinem konträren Unwert dargestellt. Die Senkrechten bringen zum Ausdruck, daß ein übersteigertes Befolgen des positiven Wertes zu dessen Unwert führt. Durch die untere Verbindung wird eine Fehlleistung, die Überkompensation, des zu vermeidenden Unwertes durch den entgegengesetzten Unwert verdeutlicht. (vgl. Schulz von Thun, 1991, S. 39)

Das ideale Verhalten im Wertequadrat ist keine statische Situation, sondern wird durch das positive Spannungsverhältnis der oberen Werte dynamisch gestaltet. Diese Dynamik ermöglicht, daß als innere Möglichkeit beide Haltungen zur Verfügung stehen. Je nach Situation kann entschieden werden, welche gerade angebracht ist. Diese Erkenntnisse macht *Schulz von Thun* für den Bereich der Kommunikation nutzbar und entwickelt zwei Wertequadrate, die er als grundlegend für die zwischenmenschliche Kommunikation ansieht. (vgl. Schulz von Thun, 1991, S. 44 ff.)

- Wahrhaftigkeit versus Wirkungsbewußtsein (vgl. Abb. 40)
  In einer funktionierenden zwischenmenschlichen Kommunikation herrscht immer ein situativ angepaßtes Verhältnis zwischen diesen Werten. Authentizität wird zur naiven Unverblümtheit, wenn sie nicht mit dem Bewußtsein der Wirkung gepaart ist. So kann schonungslose Offenheit etwa im Sinne von Selbstpreisgabe dazu führen, daß man in einer unangepaßten Situation eine eigene Schwäche offenbart. Sie kann aber auch ohne entsprechendes Taktgefühl als unverschämt aufgefaßt werden.

- "Liebender Kampf": Akzeptierung versus Konfrontation (vgl. Abb. 40)
  Dieses Wertepaar verdeutlicht, daß eine funktionierende kommunikative Beziehung gegenseitiges Akzeptieren und Verständnis für die jeweiligen Eigenheiten des Gegenübers erfordert. Allerdings ist eine vollwertige Beziehung darüber hinaus durch die Bereitschaft und Fähigkeit charakterisiert, Konflikte mit dem Kommunikationspartner auszutragen. Streiten verbindet, jedoch nur im liebenden Kampf. Deshalb ist der Unwert auf der Seite der

Konfrontation offene Feindseligkeit, die darauf ausgerichtet ist, den Kommunikationspartner systematisch zu verletzen. Auf der anderen Seite steht Friedhöflichkeit, die zum Ausdruck bringt, daß zuviel Friedlichkeit und Höflichkeit zur Bewegungslosigkeit in einer Beziehung führt.

Abb. 40: Grundlegende Wertequadrate der zwischenmenschlichen Kommunikation

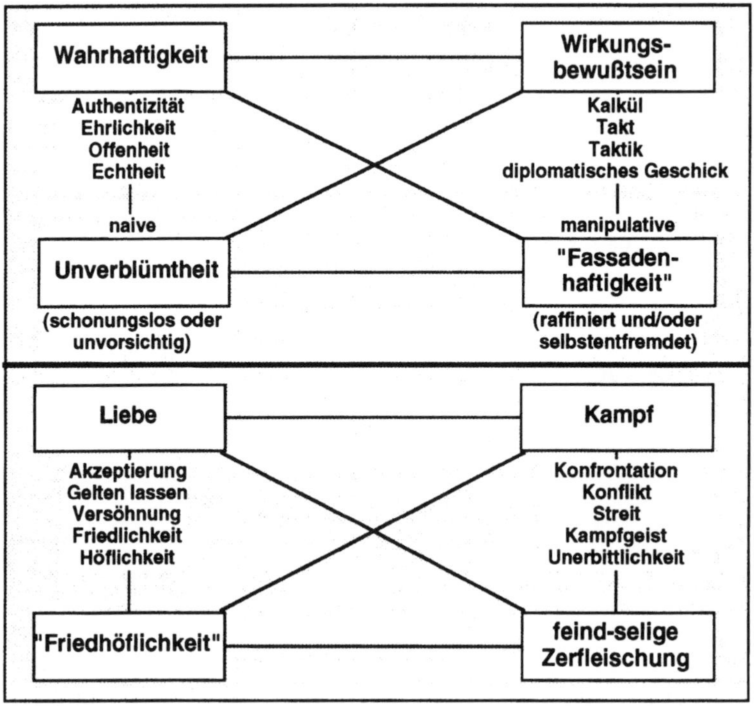

Quelle: Schulz von Thun, 1991, S. 45 u. S. 47

Zusammenfassend kommt in diesen Wertequadraten zum Ausdruck, daß Persönlichkeitswerte und kommunikative Tugenden dialektisch strukturiert sind. Sie stellen grundsätzliche Bedingungen zwischenmenschlicher Kommunikation dar. Erst durch die Verbindung der Werte Akzeptanz und Konfrontation wird eine fruchtbare Kommunikation möglich. Denn erst wenn man den Standpunkt des Kommunikationspartners akzeptiert, ist man in der Lage, sich mit ihm auf einer sachlichen Ebene auseinanderzusetzen. Akzeptanz ohne Konfrontation verkommt jedoch zur konfliktscheuen Harmonie und gefährdet die Beziehung ebenso wie fortwährende Konfrontation. Darüber hinaus setzt eine funktionierende Kommunikation voraus, daß das Wertepaar Wahrhaftigkeit-Wirkungsbewußtsein ebenfalls ausbalanciert angewendet wird.[33]

2.2.4 Die Transaktionsanalyse

Die Transaktionsanalyse geht auf das psychoanalytische Strukturmodell von *Freud* (Es, Ich, Über-Ich) zurück und wurde in den 60er Jahren von *Berne* und *Harris* als allgemeines Therapie- und Kommunikationsmodell entwickelt. "Das grundlegende Ziel der Transaktionsanalyse ist das Studium der verschiedenen Ich-Zustände; bei ihnen handelt es sich um kohärente Gedanken- und Gefühlssysteme, die durch entsprechende Verhaltensmuster zum Ausdruck gebracht werden." (Berne, zitiert in: Frech, 1993, S. 74) "This approach is based on the separation and investigation of exteropsychic, neopsychic, and archaeopsychic ego states." (Berne, 1977, S. 146) Die menschliche Persönlichkeit wird als Einheit dieser drei Bereiche verstanden, die jeweils typische Verhaltensmuster auslösen:

- Eltern-Ich (ein Mensch fühlt, denkt und handelt in diesem Zustand wie es seine Eltern in seiner Kindheit taten),
- Erwachsenen-Ich (der Mensch agiert gemäß seinen bisher gemachten Erfahrungen) und
- Kindheits-Ich (ist dominiert von kreativem und spontanem Empfinden, Natürlichkeit, Rebellion aber auch von Angepaßtheit). (vgl. Seiwert, 1992, Sp. 1130; Frech, 1993, S. 75)

Diese Analyse will dem einzelnen helfen, sich und seine Gesprächspartner besser zu verstehen, mehr Toleranz zu üben und in schwierigen Situationen angemessen und flexibel zu reagieren. (vgl. Seiwert, 1992, Sp. 1130) Voraussetzung dafür ist es, das Zusammenspiel der einzelnen Ich-Zustände zu verstehen. Das Erkennen der eigenen Ich-Zustände (intrapsychic relationships) erfolgt in der Strukturanalyse. Die Transaktionsanalyse i.e.S. beschäftigt sich mit der Tatsache, daß Menschen während einer Transaktion von einem Ich-Zustand zu einem anderen wechseln. Eine Transaktion bezeichnet dabei einen Reiz und eine anschließende Reaktion,

---

[33] An dieser Stelle wird die Diskussion nicht mehr weiter vertieft. *Schulz von Thun* beschreibt in seinem Buch außerdem noch acht Kommunikationsstile. Dabei handelt es sich um bestimmte Arten und Weisen, mit anderen Menschen in Kontakt zu treten, zu sprechen und die Beziehung zu gestalten. Nach seiner Meinung schließen sich diese Stile nicht gegenseitig aus. Vielmehr wird sich jeder Leser in jedem Stil wiederfinden, denn sie verbinden bestimmte innere Verfassungen. Einige der von *Schulz von Thun* vorgestellten Kommunikationsstile sind in ihrem aktuellen Aspekt mit einigen Ich-Zuständen der Transaktionalen Analyse vergleichbar, die in Gliederungspunkt 2.2.4 noch kurz beschrieben wird. Dem interessierten Leser sei zur Vertiefung das entsprechende Buch von *Schulz von Thun* empfohlen. (vgl. Schulz von Thun, 1991)

die zwischen einzelnen Ich-Zuständen stattfindet. (vgl. Seiwert, 1992, Sp. 1130) Somit kann diagnostiziert werden, welcher Ich-Zustand während einer Transaktion (oder einer ganzen Serie) gerade aktiv ist. (vgl. Berne, 1977, S. 146 u. 149 ff.) Es läßt sich beispielsweise bestimmen, von welchem Ich-Zustand aus ein Vorgesetzter und von welchem ein Mitarbeiter in einem Gespräch agiert.[34] Daneben gibt es die Spiel-Analyse, die sich mit parallelen Transaktionen befaßt, und die Skiptanalyse, die die Grundeinstellungen zum Leben analysiert. (vgl. Berne, 1977, S. 152 ff.)[35]

Im wesentlichen handelt es sich somit um ein psychologisches Erklärungsmodell verbaler und non-verbaler Kommunikationsvorgänge zwischen den einzelnen Ich-Zuständen von Menschen. (vgl. Seiwert, 1992, Sp. 1134) Es ist

- "ein Persönlichkeitskonzept, mit dessen Hilfe innere Prozesse und lebensgeschichtliche Entwicklungen verstehbar gemacht werden können,
- ein Kommunikationskonzept, das die Möglichkeit bietet, die Art und Weise zwischenmenschlicher Kommunikation zu beschreiben und zu erklären und
- ein Therapiekonzept zur Behandlung psychischer Erkrankungen sowie ein Beratungskonzept zur Förderung individuellen und sozialen Wachstums." (DGTA, 1994, S. 1)

Die Transaktionsanalyse verfügt also über Modelle, die erklären, was in Menschen psychisch vorgeht, die konzeptionalisieren, wie sich Beziehungen über Kommunikation gestalten, und die sich damit auseinandersetzen, wie Systeme ihre Mitarbeiter beeinflussen und umgekehrt. In Organisationen sind zunehmend Ansätze gefragt, die personenbezogenes sowie systembezogenes Denken und Handeln ermöglichen. Die Transaktionsanalyse kann ein Unternehmen sowohl in Teilen als auch als Ganzes adäquat sehen und wird deshalb in neuerer Zeit verstärkt im Führungsbereich von Unternehmen in der Weiterbildung eingesetzt.

---

[34] "Spricht der Vorgesetzte A z.B. vom Eltern-Ich aus B´s Kindheits-Ich an ("Was haben Sie denn wieder angerichtet?"), und antwortet der Mitarbeiter B z.B. vom Kindheits-Ich aus an das Eltern-Ich von A ("Ihnen paßt ja nie etwas!"), so liegt eine sog. Parallel-Transaktion oder Komplementär-Transaktion vor. [...] Antwortet der Mitarbeiter B in diesem Fall aber vom Erwachsenen-Ich aus ("Ich möchte nicht, daß Sie in so einem Ton mit mir reden. Können wir das in Ruhe besprechen?") an das Erwachsenen-Ich seines Vorgesetzten A, so liegt eine sog. Überkreuz-Transaktion vor." (Frech, 1993, S. 76)

[35] Diese Ausführungen zur Transaktionsanalyse sollen an dieser Stelle genügen. Weitere Informationen sind der angegebenen Literatur zu entnehmen. Abschließend kann konstatiert werden, daß neben den dargestellten Ansätzen zur Erläuterung der Funktionsweise von Kommunikationsprozessen noch eine Vielzahl weiterer Ansätze in der Literatur zu finden sind. Die unter Gliederungspunkt 2.1 angeführten Kommunikationsmodelle lassen sich leicht ergänzen. (vgl. z.B. Graumann, 1972, Sp. 1159 ff.) Auch lassen sich den verhaltenswissenschaftlichen Erklärungsansätzen beispielsweise mit dem TALK-Modell, dem Minnesota-Couple-Communications-Program oder der Neurolinguistischen Programmierung weitere hinzufügen. (vgl. z.B. Seiwert, 1992, Sp. 1131 ff.) Auf sie wird jedoch an dieser Stelle nicht mehr eingegangen und statt dessen auf die zugrundeliegende Literatur verwiesen.

3 Kommunikation in Organisationen

In Organisationen werden die einzelnen arbeitsteiligen Aktivitäten von Menschen primär durch Informationen gesteuert. Ein zielorientiertes Arbeiten ist ohne den Austausch von Informationen unmöglich. Diese fließen jedoch vielfach im Sinne des traditionellen, mechanistischen Organisationsmodells entsprechend dem Grundmuster der `Einweginformation´ entlang vorgegebener Strukturen. Dieser Gedanke entspringt dem Wirklichkeitsmodell[36] unserer Industriegesellschaft, in dem der tiefe Glaube an die Machbarkeit all dessen wurzelt, was gemäß einer eindimensionalen Kausalität rational erscheint. (vgl. Lutz, 1991, S. 99)

Diese Einweginformation als Grundelement von Organisationen führt zu starren, hierarchischen Organisationsstrukturen, die allerdings unter bestimmten Voraussetzungen durchaus zukunftstauglich sind. Doch aufgrund der sich ständig verändernden Rahmenbedingungen stoßen sie in immer mehr Bereichen an ihre Grenzen. Deshalb wird die unilaterale Beziehung zunehmend durch ein dialogisches Verhältnis abgelöst. Das Grundelement der Einweginformation, die Koordination durch Anweisung von oben, weicht dem des Dialogs bzw. der Kommunikation. (vgl. Lutz, 1991, S. 103)

Die Rede ist dabei von Kommunikation *in* Organisationen (organisations-/ unternehmensintern). Diese unternehmensinterne Kommunikation (vgl. Bührlen, 1983, S. 384 ff.) beschreibt den Informationsaustausch, der sich innerhalb der Unternehmensorganisation abspielt. Grundsätzlich sind hier die Regeln der zwischenmenschlichen Kommunikation gültig. Allerdings wird die Kommunikation in Organisationen - dies ist in der Literatur eigentlich unumstritten - durch den speziellen Kontext, die Organisationsstruktur, beeinflußt. (vgl. Wahren, 1987, S. 45)

Die wesentlichen Merkmale von Kommunikation in Organisationen werden nachfolgend vorgestellt. Nicht berücksichtigt wird hingegen die Kommunikation *von* Organisationen (organisations-/unternehmensextern). Diese unternehmensexterne Kommunikation (vgl. Bührlen, 1983, S. 386 ff.) zielt auf alle Akteure ab, mit denen das Unternehmen außerhalb seiner Organisation in Kontakt tritt und die seine Entwicklung von außen direkt oder indirekt beeinflussen. Hierunter fallen beispiels-

[36] Dieses Wirklichkeitsmodell setzt sich zusammen aus einer Newton´schen Objektwelt, die meßbar, erklärbar und berechenbar ist und dementsprechend auch in Form von Maschinen und Organisationen nachgebildet werden kann, sowie dem Descartes´schen Menschen, der aus nichts als seinem analytischen Verstand besteht und die Objektwelt dementsprechend als Subjekt beherrscht. (vgl. Lutz, 1991, S. 99)

weise Lieferanten, Kunden, Wettbewerber, Banken, die Öffentlichkeit, aber auch Verbraucher- und Wirtschaftsverbände, Bürgerinitiativen und Umweltschutzgruppen. Angesprochen sind hier z.B. die Forschungsfelder der Werbung oder des Public Relations, die jedoch an dieser Stelle aufgrund der Komplexität der Thematik explizit ausgegrenzt werden.

3.1 Organisatorische Kommunikation und Organisationstheorie

3.1.1 Begriffsabgrenzung und Einordnung

Die Aspekte zwischenmenschlicher Kommunikation, wie sie in Gliederungspunkt 2 dargelegt wurden, bilden die Grundlage für die Betrachtung von Kommunikation in Organisationen bzw. der organisatorischen Kommunikation. Sie wird i.d.R. als Teilgebiet der allgemeinen Kommunikationsforschung angesehen, hat sich jedoch seit Beginn der 70er Jahre besonders im angloamerikanischen Raum in zunehmendem Maße als eigenständige Forschungsdisziplin etabliert.

Gemessen an dem Zeitraum, seitdem allgemeine Kommunikationsforschung betrieben wird (nach Ansicht mancher Autoren reichen die Wurzeln Jahrtausende zurück), gilt dieses Forschungsfeld als relativ jung. Wann die Geburtsstunde dieser Forschungsdisziplin datiert, läßt sich nicht genau sagen. So sind beispielsweise schon in den Arbeiten von *Barnard*, *Lewin*, *Lippitt* oder *Roethlisberger/Dickson* aus den 30er Jahren Grundzüge zu finden, die jedoch anderen Wissenschaftsdisziplinen zugeordnet sind. (vgl. Redding, 1985, S. 31 ff.) *Redding/Tompkins* schlagen als Geburtsjahr der modernen Studien zur organisatorischen Kommunikation das Erscheinungsjahr von *Heron´s* Buch (1942) `Sharing information with employees´ vor. (vgl. Redding/u.a., 1988, S. 6.) Im Rahmen einer historischen Betrachtung identifizieren sie seit Beginn des 20. Jahrhunderts drei wesentliche Entstehungsphasen: (vgl. Redding/u.a., 1988, S. 7 ff.)

- Die Ära der Vorbereitung (ca. 1900 bis 1940; Übergangszeit von 1938 bis 1942): In dieser Zeit entsteht das Bewußtsein dafür, daß kommunikative Fähigkeiten auch als organisatorische Phänomene von Bedeutung sind.
- Die Ära der Identifikation und Konsolidierung (ca. 1940 bis 1970; Übergangszeit von 1967 bis 1973): `Industrial´ und `Business Communication´ kristallisieren sich zunehmend als eigenständige Forschungsfelder heraus und ebnen den Weg für die organisatorische Kommunikation.

- Die Ära der Reife und Innovation (seit 1970): Sie zeichnet sich besonders durch vermehrte empirische Forschung aus, die von der Entwicklung neuer Konzeptionen sowie den daraus resultierenden kritischen Überlegungen begleitet wird. In der Übergangszeit zu dieser Ära wird auch der Terminus \`organisatorische Kommunikation´ geprägt und findet Akzeptanz als eigenständige wissenschaftliche Disziplin. "1967: \`The year of official acceptance´: *Tompkins* (1967), state-of-the-art review; *Voos* (1967), bibliography, both using "organizational communication" in the titles." (Redding, 1985, S. 53)

Die Begrifflichkeit ist jedoch bis heute noch nicht hinreichend geklärt. Insbesondere im deutschsprachigen Raum wird nur von wenigen Autoren der Versuch unternommen, eine Begriffsexplikation zur Organisationskommunikation oder organisatorischen Kommunikation zu elaborieren. (vgl. Hein, 1990, S. 7; Theis, 1994, S. 13) Dies läßt natürlich Raum für die Entstehung eines Begriffspluralismus, der schließlich eine klare Abgrenzung unmöglich macht. So werden beispielsweise im deutschsprachigen Raum die Begriff \`betriebliche Kommunikation´, \`Unternehmenskommunikation´ oder \`organisatorische Kommunikation´ häufig synonym verwendet. In der englischsprachigen Literatur verhält sich dies z.T. ähnlich, wenn von \`organizational´, \`business´, \`management´ oder \`corporate communication´ gesprochen wird. Für letzteren Bereich hat *Shelby* versucht, eine theoretische Abgrenzung der vier genannten Kommunikationsbezeichnungen herbeizuführen. Eine wesentliche Erkenntnis ist, daß \`organizational communication´ in einer weiten und einer engen Form verstanden werden kann. \`Organizational communication´ im weiteren "defines the field as encompassing the other communication types", wogegen der Begriff im engeren Sinne "is concerned primarily with communication systems and structures internal to an organization." (Shelby, 1993, S. 262)

Meist wird der Begriff in der Literatur in diesem weiteren Sinne verstanden. Dem wird sich auch im folgenden angeschlossen. Allerdings wird - wie eingangs bereits erwähnt - der Bereich der organisationsexternen Kommunikation nicht berücksichtigt. Grundsätzlich kann organisatorische Kommunikation damit als Anwendung des allgemeinen Kommunikationswissens innerhalb des organisatorischen Kontextes verstanden werden. Sie läßt sich in Anlehnung an *Richmond/McCroskey* definieren "as the process by which individuals stimulate meaning in the minds of other individuals by means of verbal and non-verbal messages in the context of formal organizations." (Richmond/u.a., 1992, S. 19) Analysegegenstand ist - im Gegensatz zur zwischenmenschlichen Kommunikation - nicht primär das Individuum, sondern seine Beziehung zu anderen Organisationsmitgliedern und das daraus resultierende Beziehungsgefüge. Natürlich findet Kommunikation in Unternehmen auch zwischen Menschen statt, so daß der Aspekt der zwischenmenschlichen Kommunikation keinesfalls außer Acht gelassen wird. Der Fokus der Betrachtung liegt jedoch auf den Zusammenhängen zwischen Kommunikations- und Organisationsstruktur. (Rogers/u.a., 1976, S. 6 ff.)

3.1.2 Relevanz von Kommunikation in der Organisationstheorie

Während die psychologisch ausgerichtete Organisationsforschung die durch Persönlichkeitsmerkmale der Kommunikatoren hervorgerufenen Determinanten des individuellen Kommunikationsverhaltens betont, betrachten die Vertreter der traditionellen Organisationstheorien Kommunikation eher instrumentell. (vgl. Hein, 1990, S. 4) Zwar wird eine funktionierende Kommunikation in der organisationswissenschaftlichen Literatur durchweg als wichtig erachtet, jedoch stellt sie im Rahmen eines Verständnisses von Organisationen als zweckgerichtete, rationale Gebilde nur ein Faktor unter vielen dar, der die organisatorische Effizienz beeinflußt. (vgl. Theis, 1994, S. 121) Da jeder der organisationstheoretischen Ansätze auf einer selektiven Realitätsauffassung basiert (vgl. auch Teil B, Gliederungspunkt 1.2.1), thematisieren sie die Bedeutung von Kommunikation mit unterschiedlichem Fokus. Vier Auffassungen werden nachfolgend kurz vorgestellt.

3.1.2.1 Managementlehre und Scientific Management

In diesem Ansatz werden Organisationen als weitgehend geschlossene, formale und statische Gebilde betrachtet (Theis, 1994, S. 121), in denen die formale Struktur als entscheidendes Instrument zum Erreichen höchster Leistungsfähigkeit und Effizienz angesehen wird. (Rogers/u.a., 1976, S. 33 f.) Entsprechend kommt der organisatorischen Kommunikation nur eine untergeordnete Bedeutung zu. Ihre Rolle ist auf die formale (vorzugsweise schriftliche) Abwärts-Kommunikation entsprechend der Hierarchie reduziert. Es werden primär unpersönliche, arbeitsbezogene Botschaften gesendet (vgl. Rogers/u.a., 1976, S. 30), deren Zweck darin besteht, Anordnungen oder Informationen über Tätigkeiten weiterzuleiten und so durch Koordination einen optimalen Output zu erreichen. (vgl. Rogers/u.a., 1976, S. 59) Eine moderate Erweiterung dieser restriktiven

Sichtweise von Kommunikation zeigt sich in den Arbeiten von *Fayol.* Aufgrund der Tatsache, daß Kommunikation durch die strikte Einhaltung des Dienstweges mit Problemen wie etwa dem Verlust von Informationen, der Verzerrung von Nachrichten oder hohem Zeitaufwand zu leiden hat, entwickelt er einen Lösungsvorschlag, der heute allgemein unter der `Fayol´schen Brücke´ bekannt ist. "His special-purpose bypassing device today bears the name of "Fayol´s Bridge"; it represents recognition by the Scientific Management School that the formal structure may unduly impede useful communication flow, and that special exceptions ought to be allowed." (Rogers/u.a., 1976, S. 34) Für bestimmte Ausnahmesituationen werden somit direkte horizontale Kontakte unter Umgehung der formalen Befehlshierarchie vorgeschlagen. (vgl. Theis, 1994, S. 122)

3.1.2.2 Human-Relations-Ansatz

Dieser Ansatz identifiziert den Einfluß informeller Sozialbeziehungen auf den Zielerreichungsgrad einer Unternehmung. Die Existenz informaler Strukturen wird mit psychischen und sozialen Bedürfnissen der Organisationsmitglieder begründet (vgl. Theis, 1994, S. 123), was zu einer Betonung des Motivationsfaktors führt, um Produktivitätssteigerungen zu erreichen. In diesem Zusammenhang wird erkannt, daß neben formalen auch informale Kommunikationsbeziehungen in Organisationen existieren. Kommunikation wird als relativ wichtig eingestuft, um die sozialen Bedürfnisse der Arbeiter zu befriedigen und ihre Partizipation bei der Entscheidungsfindung zu erleichtern. Arbeiter werden durch ein effektives Kommunikationssystem im Unternehmen in ihrer Kooperation mit den Managern positiv bestärkt. Sowohl der horizontale Kommunikationsweg zwischen Mitgliedern informaler Arbeitsgruppen als auch der vertikale zwischen Management und Arbeitern wird genutzt. (vgl. Rogers/u.a., 1976, S. 56) Die Bedeutung von Kommunikation in Organisationen wird dabei erstmals in dem Buch `The function of the executive´ von *Barnard* hervorgehoben. "The first executive function is to develop and maintain a system of communication." (Barnard, zitiert in Rogers/u.a., 1976, S. 44) Allerdings konzentrieren sich seine Überlegungen zur Konzeption eines Kommunikationssystems auf den autoritären Gebrauch von Kommunikation oder das was heute allgemein unter formaler Abwärts-(Top-down-) Kommunikation verstanden wird. Die informale Kommunikation sollte demgegenüber möglichst unterbunden werden, um unerwünschte Beeinflussungen der Mitarbeiter zu vermeiden. (vgl. Hein, 1990, S. 11) Denn das Hauptproblem organisatorischer

Kommunikation wird in Gerüchten gesehen, die über die informalen Kommunikationswege in der Organisation diffundieren.

3.1.2.3 Die Systemtheorie

Entsprechend den Kriterien der Ganzheit, des kybernetischen Regelkreises und der Offenheit, besteht ein System in seiner Gesamtheit aus verschiedenen Elementen, die sowohl in Beziehungen untereinander als auch zu ihrer Umwelt stehen. Somit versteht die Systemtheorie Organisationen als offene, soziale Systeme, die durch den Austausch von Informationen, Leistungen und Werten innerhalb der Organisation wie auch zwischen der Organisation und ihrer Umwelt gekennzeichnet sind. (vgl. Hein, 1990, S. 14) Mit dem Anliegen der Systemtheorie, die Beziehungen der Subsysteme in einer Organisation zu studieren, wird Kommunikation zum entscheidenden Element, um Organisationen als soziale Systeme zu analysieren und zu verstehen. "Consequently, communication and information theory were central in the development of system theory." (Rogers/u.a., 1976, S. 55) Die herausragende Stellung der Kommunikation in der Systemtheorie erklärt sich aus ihrer Funktion als verbindendes Element der einzelnen Einheiten einer Organisation. Durch sie werden die Beziehungen der Subsysteme untereinander geregelt und koordiniert sowie die Organisation an Veränderungen in ihrer Umwelt angepaßt. Alle Richtungen des Kommunikationsflusses innerhalb der Organisation sind denkbar, ergänzt um die Dimension der Kommunikation von Organisationen mit ihrer Umwelt. (vgl. Rogers/u.a., 1976, S. 31) Das Interesse gilt somit weniger dem Prozeß als der Funktion von Kommunikation im Kontext sozialer Systeme. Diese ergibt sich aus der Notwendigkeit der Komplexitätsbewältigung in Systemen (vgl. Theis, 1994, S. 136), wobei Kommunikation als Verbindungs-, Koordinations- und Integrationsmechanismus eine Schlüsselstellung einnimmt. Nach *Luhmann* kann die Funktion der Kommunikation sogar darin gesehen werden, daß sie die Elemente produziert, aus denen sich das System zusammensetzt. (vgl. Luhmann, 1988, S. 193 u. 199 f.)

3.1.2.4 Der Situative Ansatz

Der Situative Ansatz begreift die Situation als restriktives, den Handlungsspielraum begrenzendes Moment. In seiner analytischen Variante wird davon ausgegangen, daß die Situation als unabhängige Variable die Organisationsstruktur determiniert. (Kieser/u.a., 1992, S. 56 ff.) Dies bedeutet für das Verständnis von organisatorischer Kommunikation in diesem Kontext, daß sie als ein konkretes Strukturmerkmal, von der Umweltsituation abhängig ist. Folglich gibt es keinen einzigen richtigen Kommunikationsweg und keine einzige richtige Kommunikationsform, die in jeder denkbar möglichen Situation den an sie gestellten Anforderungen gerecht werden kann. Jede Unternehmung muß sich der eigenen Umweltkonstellation bewußt werden und Kommunikationsformen finden, die sich als für die Zielerreichung am geeignetsten erweisen. Dadurch ist es möglich, daß sich die einzelnen Subsysteme eines Unternehmens aufgrund der von ihnen ausgeübten Funktion sowie spezieller Umwelt-Gegebenheiten hinsichtlich ihrer `Kommunikationsschienen´ unterscheiden. Nach *Theis* sind die Kommunikationsprozesse in diesem Ansatz ausschließlich Prozesse der Übermittlung von Informationen über die ungewisse Umwelt. Den Informationen kommt die wichtige Aufgabe der Reduktion von Komplexität, Ambiguität und Ungewißheit zu. Allerdings ist die kommunikative Antwort auf die Umweltanforderungen primär struktureller Art, was heißt, daß die Aufmerksamkeit auf Kommunikations*strukturen* gelegt wird, die sich in Abhängigkeit von System- und Umwelterfordernissen quasi von selbst bilden. (vgl. Theis, 1994, S. 143)

3.2 Kommunikationsstrukturen in Organisationen

Wie in Gliederungspunkt 3.1.1 herausgestellt wurde, liegt der Fokus im Rahmen der Betrachtung von organisatorischer Kommunikation im wesentlichen auf den Zusammenhängen zwischen Organisations- und Kommunikationsstruktur. Nach *Kieser/Kubicek* reichen die fünf Strukturdimensionen Spezialisierung, Koordination, Konfiguration, Entscheidungsdelegation und Formalisierung aus, um die wichtigen Aspekte von Organisationsstrukturen zu erfassen. (vgl. Kieser/u.a., 1992, S. 73 f.) In ähnlicher Weise lassen sich ebenso unterschiedliche Ausprägungen von Kommunikationsstrukturen beschreiben. Nachfolgend wird zum einen in die für die Bewältigung der Organisationsaufgabe entscheidende Kommunikation innerhalb von Gruppen/Abteilungen unterschieden. Zum anderen müssen die Einheiten im Sinne des Organisationsziels koordiniert werden, weshalb ebenso die Kommunikation zwischen Gruppen oder Abteilungen betrachtet wird. (vgl. Frech, 1993, S. 83; Lippitt, 1982, S. 95 ff.) Schließlich werden einige Schlüsselrollen im Kommunikationsprozeß in Organisationen isoliert, die zudem einen nachhaltigen Einfluß auf den organisatorischen Veränderungsprozeß haben können (vgl. dazu auch Teil D).

3.2.1 Gruppeninterne Kommunikationsstrukturen

Mit dem ersten Aspekt der gruppen-/abteilungsinternen Kommunikationsstrukturen befaßt sich *Leavitt*. In seinen Netzwerkstudien analysiert er den Einfluß unterschiedlicher Kommunikationsstrukturen auf die Problemlösungseffizienz und die Moral der einzelnen Mitglieder von Kleingruppen. (vgl. Leavitt, 1978, S. 234 ff.)

Abb. 41: Grundmuster von Kommunikationsnetzwerken

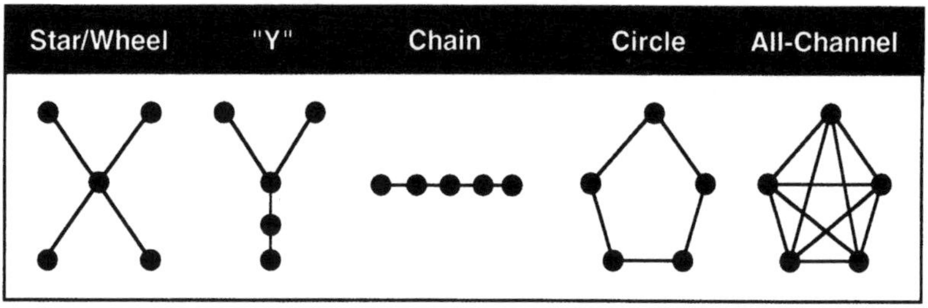

Quelle: Hellriegel/u.a., 1983, S. 155 (leicht abgewandelt)

Die bisher dargestellten Kommunikationsmodelle (vgl. Gliederungspunkt 2) beschreiben vorrangig die Kommunikation zwischen zwei Personen. In Organisationen vollzieht sie sich aber oft in größeren Gruppen. Deshalb geht *Leavitt* in seinen Studien davon aus, daß die Gruppenmitglieder untereinander Informationen über unterschiedliche Netzwerke austauschen. Ein Netzwerk ist eine Struktur, ein System von Verbindungen, zwischen den Mitgliedern einer Gruppe. Dieses Netzwerk kann formal oder informal (vgl. Gliederungspunkt 3.2.2) sein. (vgl. Leavitt, 1978, S. 234) Entsprechend versteht *Theis* in Anlehnung an *Monge* unter Kommunikationsnetzwerken "die regelmäßigen Muster des Person-Person-Kontakts, die festgestellt werden können, wenn Menschen Informationen in sozialen Systemen austauschen". (Monge zitiert in: Theis, 1994, S. 235) Kommunikation ist damit das Bindeglied zwischen den Mitgliedern einer Gruppe.

Leavitt beschränkt sich in seinen Untersuchungen auf eine Fünf-Personen-Gruppe. Für diesen Fall können rund 60 unterschiedliche Kommunikationsnetzwerke ermittelt werden. (vgl. Hellriegel/u.a., 1983, S. 154; vgl. auch Leavitt, 1978, S. 235) Die Literatur konzentriert sich jedoch hauptsächlich auf fünf Basis-Kommunikationsnetzwerke. Diese sog. Grundmuster sind in Abb. 41 dargestellt. Die jeweiligen Kommunikations-Kanäle werden durch Linien zwischen den Mitgliedern der

Gruppe repräsentiert. *Hellriegel et alter* haben die wesentlichen Untersuchungsergebnisse von *Leavitt* hinsichtlich vier Bewertungskriterien ausgewertet und in einer Tabelle zusammengefaßt (vgl. Abb. 42)

Abb. 42: Vergleich der fünf Kommunikationsmuster

Assessment Criteria	Types of Communication Networks				
	Star	Y	Chain	Circle	All-Channel
Degree of Centralization	Very High	High	Moderate	Low	Very Low
Leadership Predictability	Very High	High	Moderate	Low	Very Low
Average Group Satisfaction	Low	Low	Moderate	Moderate	High
Range in Individual Member Satisfaction	High	High	Moderate	Low	Very Low

Quelle: Hellriegel/u.a., 1983, S. 156

Der Grad der Zentralisierung beschreibt das Ausmaß, in dem einzelne Gruppenmitglieder Zugang zu mehr Kommunikationskanälen haben als andere. Danach ist das `Star´-Netzwerk am stärksten zentralisiert, da hier alle Informationen bei einem Mitglied zusammenlaufen. Dagegen kann im `All-Channel´ jedes Mitglied zu jeder Zeit mit jedem anderen kommunizieren. Ähnlich verhält es sich mit der Vorhersehbarkeit, welches Mitglied wahrscheinlich die Leitung der Gruppe innehat. Beispielsweise ist sie im `Star´-Netzwerk bedingt durch die Zentralisierung sehr hoch. Die durchschnittliche Gruppenzufriedenheit nimmt vom `Star´ zum `All-Channel´ zu. Sie ist negativ korreliert mit der Zufriedenheit der einzelnen Gruppenmitglieder. So ist beispielsweise derjenige, der sich im Zentrum des `Star´ befindet, mit dem Netzwerk sehr zufrieden. Dagegen ist dies bei den anderen Mitgliedern weniger der Fall, da sie in hohem Maße von diesem Mitglied abhängig sind und daher im Vergleich zu ihm nur eine untergeordnete Rolle im Entscheidungsprozeß spielen. (vgl. Hellriegel/u.a., 1978, S. 156)

Grundsätzlich ist keines dieser Netzwerke in allen Situationen gleichermaßen effektiv. *Leavitt* stellt zusammenfassend fest, daß "groups whose problems require the collation of information from all members work faster when one position is highly centralized and the others relatively peripheral. But the moral, the self-correctiveness, and perhaps the creativity of such groups may be better when the communication network is more equalitarian and when each member has more than one source of information." (Leavitt, 1978, S. 243) *Hellriegel et alter* leiten daraus ab, daß einfache Problemstellungen, die nur geringe Anforderungen an die Mitglieder der Gruppe stellen, in einem `Star´-Netzwerk effektiv gelöst werden können. Demgegenüber ist das `All-Channel´ oft wirksamer zum Lösen komplexer Probleme. Allerdings muß daneben auch der Grad der Abhängigkeit der einzelnen Mitglieder untereinander bei der Lösung des Problems beachtet werden. Sind die Mitglieder der Gruppe bei der Lösung des Problems voneinander unabhängig, ist ein Netzwerk vorzuziehen, welches einen stärkeren Zentralisierungsgrad aufweist. Je stärker die Abhängigkeit der Mitglieder untereinander im Lösungsprozeß jedoch ist, um so eher ist wiederum ein `All-Channel´-Netzwerk zu empfehlen. (vgl. Hellriegel/u.a., 1978, S. 156 f.)

3.2.2 Formale vs. informale Kommunikation

Wie bereits erwähnt, müssen die einzelnen Einheiten einer Organisation im Sinne des Organisationsziels koordiniert werden, was nur durch den Austausch von Informationen zielgerichtet möglich ist. Damit rückt die Kommunikation zwischen Gruppen oder Abteilungen als zweiter wichtiger Aspekt in den Mittelpunkt. Eigentlich handelt es sich bei diesen Kommunikationsstrukturen ebenfalls um Netzwerke. Der Unterschied zum vorher Gesagten besteht jedoch darin, daß sie umfangreicher sind und in enger Verbindung zur Organisationsstruktur stehen. Man kann in gewisser Weise sogar sagen, daß diese abteilungsübergreifenden Kommunikationsstrukturen die wirkliche Organisationsstruktur darstellen. Diese unternehmensinterne Kommunikation läuft sowohl formal als auch informal ab.

Das formale Kommunikationssystem umfaßt jede Kommunikation "[...] that follows the hierarchical structure of the organization, or the `chain of command´. It follows the formal, established, official lines of contact." (Richmond/u.a., 1992, S. 26) Somit werden mit formaler Kommunikation alle Kommunikationsstrukturen und -inhalte bezeichnet, die in irgendeiner Weise intendiert oder institutionalisiert sind. Darunter fallen eine Reihe von Entscheidungen wie beispielsweise die Art, das Ausmaß und die Richtung des Kommunikationsflusses, wer informiert wird/werden muß, welche Kanäle verwendet werden oder welche Inhalte weitergegeben werden. (vgl. Wiswede, 1981, S. 226) Diese formale Gestaltung ergibt sich aus den Autoritätsverhältnissen abgebildet in der formalen Organisationshierarchie, der Differenzierung von Arbeit in spezielle Teilaufgaben und den entsprechenden formalen Mechanismen zu deren Koordination. (vgl. Johnson/u.a., 1994, S. 112)

Hierarchische Über-/Unterordnungen, die Weisungsstruktur und die daraus resultierenden formalen Kommunikationsbeziehungen werden in Organisationen häufig in Form von Organigrammen pyramidenförmig dargestellt. Bezüglich der Kommunikationsrichtungen unterscheidet die betriebswirtschaftliche Literatur meist in vertikale und horizontale Kommunikation. Vereinzelt wird dieser Differenzierung noch die diagonale Kommunikation hinzugefügt. (vgl. z.B. Staehle, 1991, S. 540)

Die vertikale Kommunikation beschreibt die Kommunikation zwischen Mitarbeitern unterschiedlicher Hierarchiestufen in einer Organisation. Sie umfaßt die Abwärts- oder Top-down-Kommunikation sowie die Aufwärts- oder Bottom-up-Kommunikation. Die Abwärtskommunikation fließt von den höheren Managementebenen herunter zu den Mitarbeitern niedriger Ebenen. Sie besteht meist aus Informationen über Aufgaben, Maßnahmen, Praktiken, Bewertungen von Leistungen oder Übermittlung von Zielvorstellungen. Demgegenüber fließt die Aufwärtskommunikation von den unteren Ebenen der Organisation nach oben. Mit ihrer Hilfe werden mehrheitlich Berichte über die eigene Leistung und betriebliche Vorgänge sowie Gerüchte vermittelt. Horizontale Kommunikation bezeichnet den Informationsaustausch zwischen Mitarbeitern der gleichen hierarchischen Ebene. Sie dient zur Koordination von Aufgaben und zur sozio-emotionalen Unterstützung der Mitarbeiter. (vgl. Richmond/u.a., 1992, S. 27 ff.; Wiswede, 1981, S. 227; Vecchio, 1988, S. 422 ff.) In Organisationen übersteigt das Aufkommen der horizontalen Kommunikation das der vertikalen. "This is a function of two things: (1) There are more employees than managers, and (2) employees at the same level feel more comfortable talking with each other than people at different authority levels." (Richmond/u.a., 1992, S. 29) Unter diagonaler Kommunikation wird schließlich die Kommunikation verstanden "[...] that cuts agross functions and levels in an organization." (Gibson/u.a., 1991, S. 547) Sie ist dann besonders wichtig, wenn zur Verrichtung spezieller Tätigkeiten die Kommunikation über die gängigen Kanäle nicht effektiv genug ist.

Neben der formalen Kommunikation entwickelt sich zudem im täglichen Unternehmensgeschehen ein nicht planbares und nicht kontrollierbares Geflecht an Kommunikationsbeziehungen, die informale Kommunikation, die die formale Kommunikation ergänzt und elastischer gestaltet. (vgl. Flech, 1993, S. 87) Obwohl sie auch bestimmten sozialen Regelungen unterliegt, ist sie meist nicht intendiert. In der englischsprachigen Literatur wird dieses System informaler Kommunikation oft als \`Grapevine´ bezeichnet. Ursache für das Entstehen solcher Strukturen ist vor allem das menschliche Mitteilungsbedürfnis, das je nach persönlicher Veranlagung stark variieren kann. Daneben können auch ein von Unsicherheit und Aufregung geprägter Unternehmensalltag, das Einbeziehen von Freunden und Bekannten in aktuelle Informationen oder kommunikationsfördernde bzw. -intensive Arbeitsabläufe für ihr Aufkommen verantwortlich sein. (vgl. Davis/u.a., 1985, S. 314 ff.)

Die negative Seite informaler Kommunikation sind Gerüchte. (vgl. Davis/u.a., 1985, S. 320 f.) Oft wird dies mit dem Begriff der `Gerüchteküche´ umschrieben. Sie ist die Quelle für Vorurteile und Mißstimmungen im Unternehmen. Ihre Entstehung erklärt sich daraus, daß verschiedene Personen ein bestimmtes Interesse an einem Thema haben, die Mehrdeutigkeit einiger Sachverhalte aber unterschiedlich interpretieren. Sowohl durch Filterung wichtiger Details als auch durch zusätzliches Ausschmücken entfernt sich eine Botschaft mit jeder Weitergabe über einen zusätzlichen Kommunikationskanal zunehmend von ihrem ursprünglichen Informationsgehalt und wird zu einem Gerücht.

Trotz dieser Problematik sollten informale Strukturen in Unternehmen nicht eingedämmt werden. Vielfach werden sie als das zentrale Nervensystem des Unternehmens angesehen. (vgl. beispielsweise Krackhardt/u.a., 1994, S. 16) "It tells you `who is *really* talking to whom and about what´. [...] The informal network is very strong in most organizations. It usually works much faster than the formal network, and often it works with more accuracy." (Richmond/u.a., 1992, S. 26) Da Kommunizieren ein menschliches Grundbedürfnis ist und eine Grundvoraussetzung zur Beibehaltung des seelischen Gleichgewichtes darstellt, wird gerade in ihr ein erheblicher Teil der Arbeitsmotivation aufgefangen. (vgl. Wiswede, 1981, S. 226) Aufgrund der Spontaneität und Zufälligkeit, mit der sich informale Kommunikationsbeziehungen häufig ergeben, erweisen sie sich naturgemäß in unvorhergesehen Situationen als wesentlich flexibler und anpassungfähiger als formale Strukturen.

Aus diesem Grund bestehen beide Arten der Kommunikation nicht einfach nebeneinander, sondern ergänzen sich gegenseitig. So schafft das informale Kommunikationssystem Zugang zu Informationen, die das formale System nicht liefert. Als Mitglied einer Organisation muß man mit beiden Systemen umgehen können. Aufgrund des Vorhandenseins der informalen Kommunikation kann festgestellt werden, daß die Kommunikationswege keinesfalls nur den Befehlswegen der Hierarchie folgen. Die Darstellung des Kommunikationssystems als Pyramide erscheint deshalb ungeeignet. In der aktuellen Diskussion wird daher eher von einem Netzwerk ausgegangen. (vgl. Staehle, 1991, S. 540 f.) So sieht *Doppler* (vgl. Doppler, 1994, S. 218 ff.) beispielsweise auch in einem Netzwerk geregelter Teambesprechungen auf allen Ebenen das notwendige Grundgerüst der unternehmensinternen Kommunikation.

3.2.3 Schlüsselrollen im Kommunikationsnetzwerk

Die Erkenntnis des organisatorischen Kommunikationssystems als Netzwerk wirft die Frage nach dessen Komponenten auf. In diesem Zusammenhang werden in der Literatur verschiedene Netzwerkrollen unterschieden. Diese Erkenntnis basiert im wesentlichen auf den Überlegungen von *Rogers/Agarwala-Rogers,* die festgestellt haben, daß die einzelnen Mitglieder in einer Organisation in ihrem Kommunikationsverhalten nicht gleich sind. (vgl. Rogers/u.a., 1976, S. 132) Neben der allgemeinen Mitgliedsrolle, die an die jeweilige Abgrenzung des Netzwerks gebunden ist und der Rolle des Isolierten, der keine (wenige) Verbindungen zu anderen Personen des sozialen Systems hat (vgl. Theis, 1994, S. 237), unterscheiden sie darüber hinaus vier wichtige Schlüsselrollen, die i.d.R. in jedem Kommunikationsnetzwerk zu finden sind: (vgl. Abb. 43)

Abb. 43: Rollen im Kommunikationsnetzwerk

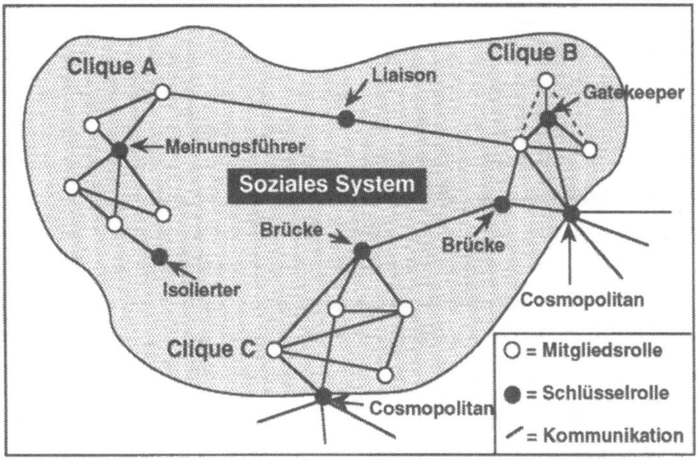

Quelle: eigene Erstellung in Anlehnung an Rogers/u.a., 1976, S. 129 u. 133

- **Gatekeeper** (vgl. Rogers/u.a., 1976, S. 133 ff.)
  Der Gatekeeper kontrolliert den Kommunikationsfluß und dämmt dadurch die Informationsflut an einer speziellen Stelle ein, um so dem Problem des `information overload´ entgegenzusteuern. Diese Informationsfilterung obliegt einzig dieser Person und ist mit dem Risiko des Informationsverlustes behaftet. Der Gatekeeper ist der Engpaß im Kommunikationskanal und somit von großer Wichtigkeit, da er die eingehenden Informationen bündelt und nach Dringlichkeitswerten sortiert. Er alleine entscheidet darüber, welche Nachricht zu welchem Zeitpunkt an das in der Kette des Kommunikationsflusses nachgelagerte Individuum weitergeleitet wird. Dadurch ist mit dieser Position ein nicht zu unterschätzender Machtspielraum verbunden. Als typische Gatekeeper in Organisationen werden gerne die Chefsekretärin oder der persönliche Assistent angeführt. Aufgrund dieser Rolle haben sie außerhalb ihrer festgelegten Zuständigkeiten einen recht weitreichenden Einfluß.

- **Liaison** (vgl. Rogers/u.a., 1976, S. 135 ff.)
  Als Liaison (wird oft auch als `linking pin´ bezeichnet (vgl. auch Likert, 1976, S. 183 ff.)) gelten solche Personen, die mindestens zwei Cliquen[37] miteinander verbinden, ohne selbst einer dieser Cliquen anzugehören. Da die Kommunikations-Subsysteme einer Organisation erst mittels solcher Liaisons zu einem kompletten Netzwerk verbunden und integriert werden, ist ihre Bedeutung evident. Ohne sie läge eine Vielzahl von Subsystemen unverbunden nebeneinander, es könnte kein Informationsaustausch zwischen den Gruppen stattfinden und die Unternehmung wäre praktisch handlungsunfähig. Wegen ihrer besonderen Bedeutung sind sie ein beliebtes Objekt in der Kommunikationsforschung. So wird beispielsweise in verschiedenen Studien der prozentuale Anteil dieser Rolle in Organisationen auf 5 bis 20 Prozent der Unternehmensmitglieder geschätzt. (vgl. Theis, 1994, S. 240) Entsprechende Rolleninhaber unterscheiden sich von den anderen Individuen einer Clique dadurch, daß sie bezüglich ihrer Einstellung eine Zwischenposition zwischen den verschiedenen Cliquen, welche sie verbinden, innehaben und mit keiner der jeweiligen Gruppennormen völlig konform gehen. Diese Mittelstellung bedingt ein größeres Verständnis für unterschiedliche Sichtweisen derselben Sache, so

[37] Nach *Rogers/Agarwala-Rogers* ist eine Clique in diesem Zusammenhang "[...] a subsystem whose elements interact with each other relatively more frequently than with other members of the communication system." (Rogers/u.a., 1976, S. 113) Die meisten Cliquen bestehen aus fünf bis fünfundzwanzig Mitgliedern. Sie sind die entscheidende Komponente, aus der sich ein Kommunikationsnetzwerk einer Organisation zusammensetzt. Manche Autoren bezeichnen sie auch als Gruppe oder Netzwerk.

daß ein Liaison im Konfliktfall als Mittler auftreten und bei der Konsensfindung helfen kann.

Eine Quasi-Liaison-Rolle ist diejenige der **Brücke**. Im Unterschied zum Liaison gehört eine solche Person einer der Cliquen an, die sie verbindet. Diese Gruppenzugehörigkeit bedingt einen größeren Einfluß innerhalb dieser Gruppe.

- **Meinungsführer** (vgl. Rogers/u.a., 1976, S. 138 f.)
  Der Meinungsführer oder Opinion-Leader hat Einfluß auf den informalen Entscheidungsprozeß in der Organisation. Meinungsführerschaft ist dabei die Fähigkeit "to informally influence other individual's attitudes or behavior in a desired way with relative frequency." (Rogers/u.a., 1976, S. 138) Meinungsführer sind daher eher informale als formale Führer. Sie genießen hohes Ansehen und Vertrauen unter ihren Anhängern, differenzieren sich aber z.B. hinsichtlich ihres sozialen Status oder der vertretenen Einstellungen gegenüber den anderen Mitgliedern kaum. Ihr besonderer Einfluß ist vielmehr dadurch charakterisiert, daß sie im Vergleich zu ihren Anhängern einen besseren Zugang zu externen und Experteninformationen haben, besser erreichbar sind sowie sich durch einen höheren Konformitätsgrad mit den Gruppennormen auszeichnen. Der Opinion-Leader ist damit eine Art `Primus inter pares´.

  Richmond et alter führen mit den **Old boys and girls** eine weitere Schlüsselrolle an, die der des Opinion-Leaders sehr ähnlich ist. Bei ihnen handelt es sich um [...] individuals who have been in the system longer than the rest, have communication connections throughout the system, and know who is really talking to whom and about what." (Richmond/u.a., 1992, S. 108) Sie genießen allerdings im Unterschied zu den Meinungsführern alleine aufgrund ihrer längeren Firmenzugehörigkeit eine Vertrauenstellung bei den Angehörigen der unterschiedlichen Bereiche und Hierarchien.

- **Cosmopolitans** (vgl. Rogers/u.a., 1976, S. 139 f.)
  Sie werden an dieser Stelle nur der Vollständigkeit halber erwähnt. Cosmopolites oder Cosmopolitans weisen einen hohen Interaktionsgrad mit der Systemumwelt auf und fallen daher in der Betrachtung der rein unternehmensinternen Kommunikationsrollen etwas heraus. Indem sie jedoch vielfältige Kommunikationsbeziehungen mit Stellen außerhalb des Systems pflegen und die gewonnenen Informationen auch in das System einbringen, sind sie prak-

tisch eine Art Gatekeeper zwischen Umwelt und Organisation. Sie bestimmen, wieviel an neuen Ideen und Informationen in die Unternehmung hineinfließt. Wegen ihrer Aufgeschlossenheit nach außen werden sie auch häufig als `Boundary spanners´ oder `Window to the world´ bezeichnet. (vgl. Rogers/u.a., 1976, S. 133)

3.3 Die Rolle der Kommunikation in Organisationen

Kommunikation ist die Voraussetzung für das Funktionieren und die Zielerreichung jeder Organisation. Sie schafft zum einen den Bedeutungsrahmen, vor dessen Hintergrund die Mitarbeiter die Informationen interpretieren und Kriterien entwickeln, nach denen sie entscheiden, wie sie handeln. Zum anderen ist Kommunikation der Prozeß, durch den sie ihre Entscheidungen in die Praxis umsetzen. Denn in der Kommunikation mit anderen können sie ihre Absicht ausdrücken, die ihr Handeln bestimmt, und sie lernen die Restriktionen kennen, die ihre Entscheidungen einschränken. (vgl. Conrad, 1985, S. 6) Allerdings beeinflußt die Größe der Organisation bzw. des Kommunikationsnetzwerkes die Qualität und Quantität der erhaltenen Informationen. Besonders die Qualität der produzierten und weitergeleiteten Informationen korreliert in hohem Maße mit der `physischen Position´ des jeweiligen Senders im Netzwerk, seinem Status und seinem Rang. (vgl. Weinert, 1987, S. 324)

Entsprechend ist die vielfach kritisierte Kommunikation in Unternehmen im Sinne einer mangelnden zwischenmenschlichen Verständigung u.a. durch den Interessengegensatz zwischen Management und Arbeitnehmern bedingt. Die Vorstellung, erfolgreiche Kommunikation in Organisationen sei damit gleichzusetzen, daß alle Mitarbeiter gleichermaßen in den Kommunikationsprozeß einbezogen werden, zeichnet daher eher ein Idealbild. Abgesehen von rechtlichen Normierungen (Betriebsverfassungsgesetz)[38] ist dies wegen der vorhandenen Interessengegensätze bezüglich des Kommunikationsverhaltens im Unternehmensalltag nur schwer zu realisieren. Vielmehr variiert die Kommunikation mit den spezifischen Gruppen

[38] Trotz institutionalisierter Mitbestimmung über Interessenvertretungsorgane der Arbeitnehmer ist die Unternehmensleitung aufgrund gesetzlicher Regelungen im Betriebsverfassungsgesetz verpflichtet, die Arbeitnehmer direkt zu informieren. Neben arbeitsbezogenen Informationen bezieht sich dies auch auf allgemeine Informationen über wirtschaftliche, personelle und soziale Angelegenheiten (§§ 42 ff. BetrVG). Der Gesetzgeber verfolgt damit die Intension - wie auch aus den Vorschriften zur Betriebsänderung (§§ 111 - 113 BetrVG), die bei den betroffenen Arbeitnehmern bei Einschränkungen oder Reorganisationen durchaus einschneidende Wirkungen haben können, deutlich wird - die Trennung der wirtschaftlichen Tätigkeit des Unternehmens von den betriebsbezogenen Gestaltungsproblemen der Arbeits- und Sozialsphäre abzubauen. (vgl. Macharzina, 1990, S. 18 ff.) Inwieweit dadurch allerdings aufgrund der privatautonomen Ausgestaltung ein interessengerechtes Informationsverhalten erzielt werden kann, bleibt fraglich.

im Unternehmen (Geschäftsleitung, Middle-Management, ...), die jeweils angesprochen sind. Aus diesem Grund erscheinen Aussagen über die Qualität des Kommunikationsverhaltens erst dann möglich, wenn gleichzeitig ein interessenorientierter Standpunkt bezogen wird. (vgl. Macharzina, 1990, S. 217) Das Verständnis von organisatorischer Kommunikation erfordert daher einerseits die Analyse der Funktionen, die Kommunikation in Organisationen wahrnimmt. Andererseits verlangt es auch nach einer eingehenden Betrachtung der wesentlichen Regeln der Kommunikationspolitik in Unternehmen, um ein realitätsnahes Bild aufzeigen zu können.

3.3.1 Kommunikationsfunktionen

Kommunikation stellt eine Grundvoraussetzung für das Funktionieren von Organisationen dar. Deshalb nimmt sie im allgemeinen Organisationsgeschehen bestimmte Funktionen ein. So ist sie die Voraussetzung für Kooperation und Konflikt und vermittelt als Führungsinstrument Orientierung und Motivation. (vgl. Titscher, 1987, Sp. 1208) Entsprechend elaboriert *Dubin* (1958) vier Hauptfunktionen, die Kommunikation in der Arbeitsorganisation wahrnimmt. Danach bestehen ihre wesentlichen Aufgaben in der Information der Organisationsmitglieder, in der Anordnung und Anweisung, in der Koordination der verschiedenen Aktivitäten der Organisation und in der Herstellung informaler Interaktionen. (vgl. Wiswede, 1981, S. 227)

In ähnlicher Weise interpretiert *Weinert* Kommunikation als eine Art \`allgemeine Basis´, auf der sich das Organisationsverhalten abspielt. (vgl. Weinert, 1987, S. 324) Nach seiner Ansicht geht ihre Bedeutung für die Organisation über einen einfachen Zwei-Wege-Prozeß hinaus. Ihre Relevanz muß vielmehr darin gesehen werden, daß sie

> "(1) einen äußerst *wichtigen Aspekt in den Koordinationsprozessen* der Organisation darstellt;
> (2) den *Mechanismus* verkörpert, dessen sich die Organisation bedient, um Anweisungen zu geben (für Rollen und Aufgaben), um an ihre Mitarbeiter *Informationen* weiterzugeben und von diesen Informationen zu erhalten (= interner Austausch); und schließlich
> (3) daß sie eine *Interaktionsbeziehung* zwischen Organisation und Umwelt unterhält." (Weinert, 1987, S. 324)

Vielfach mangelt es jedoch diesen Systematiken an Eindeutigkeit. So läßt sich z.B. die Informationsfunktion nicht eindeutig von der Koordinationsfunktion separieren, da einerseits jede Information einen Zweck verfolgt (vgl. Gliederungspunkt 2) und andererseits die Koordination von Aktivitäten den Austausch von Informationen notwendig macht. (vgl. hierzu beispielsweise auch Koller, 1990, S. 58 ff.)

Emmert et alter ziehen deshalb eine aggregiertere Diskussion der einzelnen Kommunikationsfunktionen vor. (vgl. Emmert/u.a., 1981, S. 311 ff.) Danach hat organisatorische Kommunikation im wesentlichen zwei Grundfunktionen, eine instrumentelle und eine soziale, unter denen sich weitere Aufgaben subsumieren lassen. Unter die instrumentelle Funktion fällt zum einen die Koordination der organisationsinternen Aktivitäten. Zum anderen beinhaltet sie die Austauschbeziehung der Organisation mit ihrer Umwelt. Doch wie organisationspsychologische Erkenntnisse zeigen, reicht dies nicht aus, damit eine Organisation effektiv arbeiten kann. Dazu müssen ebenso die sozio-emotionalen Bedürfnisse der Organisationsmitglieder befriedigt werden. Diese soziale Funktion organisatorischer Kommunikation ist deshalb wichtig, weil diese Bedürfnisse einen signifikanten Einfluß auf das Verhalten der Mitglieder in der Organisation sowie ihren Status und ihre Macht ausüben. Darüber hinaus bestimmt ein positives soziales Klima in der Organisation die Moral und die Motivation der Mitarbeiter, indem es eine gewisse emotionale und soziale Befriedigung schafft. Beide Funktionen setzen implizit (Definition von Kommunikation) den Austausch von Informationen voraus.

Hier wird jedoch die Systematik von *Conrad* präferiert, in der er sich im wesentlichen an die obige Differenzierung anlehnt, ihr aber noch eine dritte, wichtige Funktion hinzufügt. "In some important ways communication functions as a tool for members of organizations: (1) It allows them to issue, receive, interpret, and act on commands; (2) it allows them to create and maintain productive business and personal relationships with other members of the organization; and (3) it allows them to manage ambiguity and uncertainty." (Conrad, 1985, S. 7 f.) Die Steuerungsfunktion (command function) hat instrumentellen Charakter und setzt sich aus den Kommunikationstypen Anweisung und Feedback zusammen. Sie basiert auf Überzeugung und Einflußnahme und zeigt sich in der Organisation i.d.R. in Form von öffentlichen, schriftlichen Anordnungen oder mündlichen Instruktionen. Sie dient in erster Linie der effektiven Koordination der Handlungen der Mitarbeiter. Die Beziehungs-Funktion (relational function) entspricht der o.a. sozialen Funktion und ermöglicht die Bildung und den Erhalt von `unnatürlichen´ Arbeitsbeziehungen. Sie versetzt die Organisationsmitglieder in die Lage, sich innerhalb des Systems zu organisieren, Rollen und Verhaltensweisen zu verinnerlichen, arbeitsbezogene Fähigkeiten zu entwickeln und sich an die Normen und Werte der Arbeitsumgebung anzupassen. Die dritte Funktion, die `Ambiguity-Management Function´, hat komplexitätsreduzierenden Charakter und befähigt die Mitarbeiter vorhandene Mehrdeutigkeiten und Unsicherheiten zu managen. Durch sie ist es beispielsweise erst möglich, die organisatorischen Interessen mit den Eigen-Interessen der Mitarbeiter im Gleichgewicht zu halten. (vgl. Conrad, 1985, S. 8 ff.)

3.3.2 Kommunikationspolitik

Da es keine zweckfreie Kommunikation gibt, besteht ein wesentliches Ziel jeder Kommunikation in der Beeinflussung anderer. Entsprechend hat der Einsatz von Kommunikation in Organisationen zur Wahrnehmung der ein oder anderen Funktion in der Realität ebenfalls eine ähnliche Intension. Besonders im Rahmen von Führung scheint es ein primäres Ziel zu sein, durch arbeitnehmergerichtete Informationen die Einstellungen und Verhaltensweisen der Mitarbeiter im Hinblick auf das Erreichen des Organisationsziels zu beeinflussen (vgl. Teil D). Vielfach wird dies in der Literatur unter dem Begriff der Kommunikationspolitik behandelt. Kommunikationspolitik bezeichnet dabei im weitesten Sinne "die Strategie bzw. Taktik der Vermittlung von Botschaften und legt fest, welche Informationen wann, in welchem Umfang und mit welcher Absicht an wen weitergegeben werden oder auch nicht." (Bührlen, 1983, S. 381)

Diese weite Sichtweise reicht von einer zielorientierten Beeinflussung bis hin zur offenen Manipulation. Außerdem umfaßt sie sowohl interne als auch externe Kommunikation. Unter der externen Kommunikationspolitik wird die bewußte Gestaltung aller auf den Markt gerichteten Informationen eines Unternehmens (Werbung, Verkaufsförderung und Öffentlichkeitsarbeit) verstanden. (vgl. Meffert, 1986, S. 443) An dieser Stelle wird jedoch zum einen - wie eingangs erwähnt - dieser Bereich ausgeklammert und sich nur auf die interne Kommunikation konzentriert. Zum anderen wird zwar aus der Sichtweise des Managements argumentiert, doch es wird nicht behauptet, die Zielsetzung des Managements ginge soweit, durch die Art des Kommunizierens die Mitarbeiter gezielt zu manipulieren; wenn auch davon ausgegangen werden kann, daß die Grenzen zwischen Motivation und Manipulation zunehmend verschwimmen. (vgl. Lay, 1992, S. 125) Der Begriff der Kommunikationspolitik wird daher hier enger gefaßt und als unternehmensinternes, zielorientiertes Informationsverhalten verstanden, welches die Empfänger der Informationen zum Handeln im unternehmerischen Sinne beeinflußt. (vgl. auch Bührlen, 1983, S. 383) Vielfach wird dieser Sachverhalt in der Literatur unter dem Begriff Informationspolitik diskutiert. Im folgenden werden beide Begriffe synonym verwendet, denn die Information steht als wesentlicher Bestandteil von organisatorischer Kommunikation im Mittelpunkt der Betrachtung.

Kommunikationspolitik umfaßt nach *Macharzina* Kommunikationsziele und entsprechende Kommunikationsmaßnahmen zur Erreichung derselben. (vgl. Macharzina, 1987, Sp. 1214) Eigentlich muß es das generelle Ziel interner Kommunikationspolitik sein, alle Mitarbeiter so zu informieren und mit ihnen so zu kommunizieren, daß diese ihre Aufgaben optimal erfüllen können. (vgl. Bührlen, 1983, S. 387) Eine Aussage darüber zu treffen, was die optimal notwendige Qualität und Quantität an Informationen im Sinne einer `erfolgreichen´, internen Kommunikationspolitik anbelangt, ist jedoch aufgrund des schon mehrfach angesprochenen Interessengegensatzes zwischen Management und Arbeitnehmer bzgl. des Kommunikationsverhaltens kaum möglich. Dies setzt nämlich voraus, daß diejenigen, die die Informationen übermitteln (in diesem Fall das Management), einerseits wissen, welche Informationen an einer bestimmten Stelle benötigt werden (und die Wirkungen kennen, die die getätigten Informationsmaßnahmen tatsächlich bei den Mitarbeitern erzielen) sowie andererseits darüber hinaus bereit sind, diese auch zu liefern. Denn neben der Ziel- und Maßnahmenadäquanz ist der Kommunikationserfolg von Einflußfaktoren des kommunikativen Kontextes (rechtliche Vorschriften, ...), Strukturmerkmalen der Organisation sowie persönlichen Werthaltungen der Entscheider einschließlich deren Kommunikationsstrategien abhängig. (vgl. Macharzina, 1987, Sp. 1214 f.)

Mithin zeigt sich diese Problematik auf der einen Seite als eine Frage des Informationsbedarfs. Dieser hängt allerdings nach *Szyperski* wiederum davon ab, ob er aus der Sicht der gestellten Aufgabe bzw. des Informationszwecks (objektiver Informationsbedarf) oder aus der Sicht des Informationsbenutzers bzw. -subjekts (subjektives Informationsbedürfnis) interpretiert wird. Dabei führt die Aufgabenorientierung zur Abgrenzung der Informationen, die benötigt werden sollten, während die Subjektorientierung die Informationen hervorhebt, die der Benutzer benötigt oder will. Somit ist die `Güte´ des Informationsangebots abhängig von der Beziehung zwischen subjektivem Informationsbedürfnis und objektivem Informationsbedarf (vgl. Szyperski, 1980, Sp. 905) bzw. vom jeweils interessenorientierten

Standpunkt. (vgl. Macharzina, 1990, S. 217) Im Idealfall einer aufgabenorientierten Informationspolitik "sollte sich das individuelle Informationsbedürfnis an den objektiven Informationsbedarf annähern und das Informationsangebot darauf abgestimmt werden." (Szyperski, 1980, Sp. 905)

Auf der anderen Seite wird die interne Kommunikationspolitik - abgesehen von gesetzlichen Vorschriften - auch von der Informationsbereitschaft bzw. dem freiwilligen Informationsverhalten des Managements bestimmt. Dabei verfolgt die Unternehmensleitung nach einer Untersuchung von *Macharzina* im wesentlichen die informationspolitischen Oberziele der Orientierung an der Aufgabenerfüllung sowie der Verhaltensbeeinflussung der Arbeitnehmer in Richtung auf Motivation und Identifikation mit dem Unternehmen. Der Mitarbeiterorientierung kommt eine eher untergeordnete Bedeutung zu. (vgl. Macharzina, 1987, Sp. 1216) Ob und inwieweit das Informationsverhalten überhaupt interessengerecht durchgeführt werden kann, versuchen eine Reihe von theoretischen Ansätzen zu erläutern, von denen zwei nachfolgend vorgestellt werden..

- **Der Prinzipal-Agent-Ansatz**

  Dieser Ansatz gründet auf der Erkenntnis, daß in allen Austauschbeziehungen ein Auftraggeber zur Realisierung seiner Interessen auf der Basis eines Vertrages einem Auftragnehmer, der für seine Dienste entlohnt wird, bestimmte Aufgaben und Entscheidungskompetenzen überträgt. (vgl. Ebers/u.a., 1993, S. 203) Nach *Ebers et alter* macht sich die \`Theory of Agency´ (Ross, 1973) diesen Sachverhalt zum Gegenstand und untersucht "die vertragliche Gestaltung der Beziehung zwischen Auftraggeber (\`Prinzipal´) und Auftragnehmer (\`Agent´) unter Bedingungen ungleicher Informationsverteilung und Unsicherheit sowie unter Berücksichtigung der Risikoverteilung." (Ebers/u.a., 1993, S. 203) In neuster Zeit wird dieser Ansatz besonders im anglo-amerikanischen Raum auch zur Erklärung eines ökonomisch-effizienten Informationsverhaltens des Managements gegenüber externen Adressaten benutzt. Da er die Allgemeingültigkeit für jede Art von Informationsverhalten bei vertragsgestützen Agenturverhältnissen postuliert, bietet er sich zur Erläuterung des freiwilligen, unternehmensinternen Informationsverhaltens an. (vgl. Macharzina, 1990, S. 30)[39]

---

[39] *Macharzina* beschäftigt sich eingehend mit der Anwendbarkeit des Prinzipal-Agent-Ansatzes zur ökonomischen Erklärung des Informationsverhaltens in Unternehmen. Hier wird sich eng an seine Ausführungen angelehnt. Allerdings werden nur die wichtigsten Aspekte und Ergebnisse präsentiert. Dies gilt ebenso für den anschließend vorgestellten Interaktionsansatz. Zur Vertiefung wird auf die zugrundeliegende Literaturquelle verwiesen. (vgl. Macharzina, 1990; vgl. auch Schneider-Winden, 1995, S. 16 ff. besonders S. 37 ff.)

Wird die o.a. Grundthese der Agenturtheorie auf das Informationsverhalten übertragen, so läßt sich daraus ableiten, daß die Unternehmensleitung über das gesetzlich erforderliche Maß hinaus interne Informationsmaßnahmen ergreift, um insgesamt eine Senkung der Kosten zu erreichen. Die unterschiedlichen Kompetenzbereiche der Unternehmensleitung und der Arbeitnehmer sowie deren arbeitsteilige Leistungsbeziehungen sind durch Vertrag geregelt. Die Unternehmensleitung wird als `Agent´, die Arbeitnehmer als `Prinzipal´ verstanden. Die Prinzipaleigenschaft der Arbeitnehmer wird damit begründet, daß der Faktor Arbeit ebenso wie der Faktor Kapital einen Beitrag zur Wertschöpfung liefert. Zudem sorgt die Unternehmensleitung für die Bedingungen (Existenzsicherung, ...), die es den Arbeitnehmern ermöglichen, ihren Beitrag zu leisten und handelt damit als Agent im Interesse der Arbeitnehmer. Um mögliche Interessendivergenzen im Sinne der Verfolgung eigener Interessen eines Vertragspartners zu verhindern, werden beiderseitig Kontroll- und Gewährleistungsmaßnahmen notwendig, die Kosten verursachen. (vgl. Abb. 44) Diese Kosten setzen sich entsprechend aus Kontrollkosten des Prinzipals, Gewährleistungskosten des Agenten und einer Residualgröße zusammen. (vgl. Macharzina, 1990, S. 30 ff.)

Abb. 44: Das Agenturverhältnis

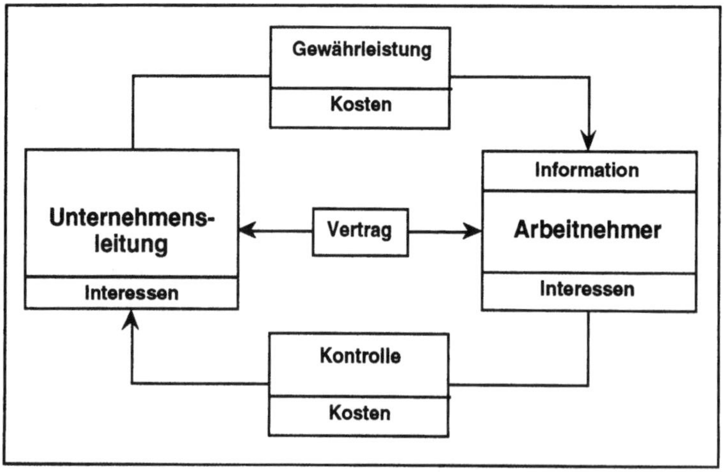

Quelle: Macharzina, 1990, S. 31

Informationen werden in diesem Modell als Kontrollaktivitäten der Arbeitnehmer oder Gewährleistungsaktivitäten der Unternehmensleitung verstanden. Sie bieten die Möglichkeit, die vertraglichen Bedingungen periodisch zu überprüfen und ihre Überlebensfähigkeit zu sichern. Dabei führen freiwillige Informationen der Unternehmensleitung zu einer effizienteren Organisation, da sie die Kontrollaktivitäten und damit die Kontrollkosten der Arbeitnehmer senken. Dies ist für die Unternehmensleitung ohne Abstriche ihres eigenen Nutzenniveaus möglich, sofern es ihr gelingt, über Gewährleistungsaktivitäten eine Informationspolitik zu betreiben, die es den Arbeitnehmern erlaubt, selbst auf Informationsbeschaffungsaktivitäten zu verzichten. (vgl. Macharzina, 1990, S. 32 ff.)

- **Der Interaktionsansatz**

Die rein ökonomische Analyse der internen Informationspolitik reicht jedoch nicht aus, um das Informationsverhalten des Managements hinreichend zu erklären. Besonders die Wirkungs- und Maßnahmenebene wird in diesem Modell vollständig vernachlässigt. Der Interaktionsansatz fokussiert als verhaltensorientiertes Modell die Wirkungsebene der Informationspolitik, da hier nicht nur die Verursacher, sondern auch die Adressaten der Interaktionsbeziehungen erfaßt werden. (vgl. Macharzina, 1990, S. 42) Damit wird der Wechselseitigkeit einer solchen Beziehung Rechnung getragen und eher dem entsprochen, was hier unter Kommunikation verstanden wird.

Im Mittelpunkt dieses Ansatzes stehen Interaktionen, durch die die Informationsbeziehung zwischen Unternehmensleitung und Arbeitnehmer realisiert wird. Dabei wird angenommen, daß die Aktion eines Interaktionspartners die Ursache für die Reaktion eines anderen darstellt. Grundsätzlich ist es dabei so, daß jeder Interaktionspartner eigene Ziele verfolgt und Kalküle entwickelt, wie er mit seinem eigenen Handeln ein bestimmtes Handeln seines Gegenübers erreichen kann. (vgl. Macharzina, 1990, S. 43)

Das tatsächliche Informationsverhalten wird nun auf der Managementseite damit erklärt, daß die Ziele, die die Unternehmensleitung mit ihrer Informationspolitik verfolgt, von ihrer Informationsbeziehung mit den Arbeitnehmern abhängen. Strebt sie nach rein ökonomischen Zielen, hat die Unternehmensleitung i.d.R. klare Vorstellungen, was sie bei den Arbeitnehmern erreichen will. Sie wird daher alle Mittel einsetzen, um die Empfänger entsprechend zu beeinflussen. Sind es dagegen vorrangig humanitäre Ziele, wird sie eher manipulationsfrei auf die Interessen der Arbeitnehmer eingehen. Demgegenüber hat die Arbeitnehmerseite ihrerseits ein eigenständiges Informationsinteresse. Dort wird allgemein ein Orientierungsbemühen über das aktuelle Geschehen und das Streben nach Reduzierung der empfundenen Risiken als Grund für das spezifische Nachfrageverhalten der Arbeitnehmer nach Informationen vermutet. (vgl. Macharzina, 1990, S. 47 ff.)

Abschließend bleibt festzuhalten, daß die Kommunikationpolitik im Rahmen der Unternehmensführung grundsätzlich als unternehmensgestaltender Faktor anzusehen ist und der gezielten sowie systematischen Information über die Unternehmung dient. (vgl. Macharzina, 1987, Sp. 1211) Im Mittelpunkt steht dabei die Verhaltensbeeinflussung der Arbeitnehmer im Hinblick auf Motivation und Identifikation. Allerdings läßt sich der Aspekt des freiwilligen Informationsverhaltens theoretisch nur unzureichend erklären. Die vorgestellten Ansätze können die Frage eines möglichen interessengerechten Informationsverhaltens nur für bestimmte Teilbereiche theoretisch begründen. Entsprechend kommt *Macharzina* in seinen empirischen Untersuchungen zu dieser Thematik zu dem Ergebnis, daß es der Zusammenführung mehrerer Modellebenen bedarf, um das freiwillige Informationsverhalten der Unternehmensleitung gegenüber den Arbeitnehmern zu erklären. (vgl. Macharzina, 1990, S. 250) Es erscheint jedoch aus den Ausführungen ersichtlich, daß die Arbeitnehmer über eigene Informationsinteressen verfügen und diese auch befriedigen wollen. Je restriktiver daher die Informationspolitik konzipiert wird, desto wahrscheinlicher wird es, daß sie sich anderweitig auf informalem Wege Informationen suchen, um diese Bedürfnisse zu befriedigen. (vgl. Hein, 1990, S. 151)

4 Kommunikationsprobleme und Verbesserungsmöglichkeiten

Abgesehen von der jeweiligen Interessenlage oder der Politik, die mit einer speziellen Kommunikation verfolgt wird, können bei der Wahrnehmung der einzelnen Kommunikationsfunktionen weitere Probleme auftreten. Sie gründen weniger auf den unterschiedlichen Zielen der Kommunikationspartner als vielmehr auf der inkorrekten Informationsübermittlung im Kommunikationsprozeß. Ihre Analyse wird dabei von dem jeweils zugrundeliegenden Kommunikationsmodell bestimmt.

In den bisherigen Ausführungen wurde davon ausgegangen, daß die gesendete Botschaft mit der vom Sender beabsichtigten Intention ihren Empfänger erreicht. Im Rahmen der Ausführungen über das Modell der `vier Seiten einer Nachricht´ (vgl. Gliederungspunkt 2.2.2) wurde jedoch bereits erwähnt, daß eine Nachricht vom Empfänger durchaus nicht wie vom Sender eigentlich erwartet interpretiert werden kann. Dies führt dann zu Unklarheiten oder Mißverständnissen zwischen den Kommunikationspartnern. *Watzlawick et alter* bezeichnen diesen Zustand als Konfusion und verstehen ihn als das Spiegelbild der Kommunikation. "Wenn ein sogenannter erfolgreicher Kommunikationsvorgang in der korrekten Übermittlung von Information besteht und damit die beabsichtigte Wirkung auf den Empfänger hat, so ist Konfusion die Folge gescheiterter Kommunikation und hinterläßt den Empfänger in einem Zustand der Ungewißheit oder des Mißverständnisses." (Watzlawick/u.a., 1972, S. 13)

4.1 Kommunikationsbarrieren

Störungen in der Kommunikation können beim Menschen unterschiedliche Auswirkungen hervorrufen, die von Zuständen leichter Verwirrung bis zu akuter Angst reichen. Übertragen auf Veränderungsprozesse bedeutet dies, daß sie auch Widerstände auslösen können. Erklärungsversuche für das Zustandekommen solcher Konfusion siedeln *Watzlawick et alter* (vgl. Watzlawick/u.a., 1972, S. 57) in zwei Problemfeldern an. Danach erreicht die Mitteilung ihren Empfänger nicht in der vom Sender beabsichtigten Form, weil dies entweder ein Hindernis in der Übermittlung oder Übersetzung unmöglich macht oder weil die Mitteilung selbst so geartet ist, daß sie ihrer eigenen Bedeutung widerspricht und damit eine Paradoxie schafft.

Viele Literaturquellen beschäftigen sich vorrangig mit den Hindernissen im Übermittlungsprozeß, den sogenannten Kommunikationsbarrieren, und weniger mit der Mitteilung selbst. Meist behandeln die Autoren diesen Aspekt jedoch nur oberflächlich und beschränken sich auf einfache, ungeordnete und wenig systematisierte Auflistungen von Ursachen für Kommunikationsprobleme. So führen beispielsweise *Gibson et alter* 11 Kommunikationsbarrieren an. (vgl Gibson/u.a., 1991, S. 552 ff.) Erst am Schluß ihrer Ausführungen weisen sie relativ knapp daraufhin, daß diese Barrieren einerseits in den Individuen (frame of reference, selective listening, value judgement, ...) und andererseits in der Organisation (in-group-language, filtering, ...) begründet liegen. Dieser Differenzierung messen sie im Hinblick auf eine Verbesserung der Kommunikation große Bedeutung bei. (vgl. Gibson/u.a., 1991, S. 559)

Eine der ersten, systematisierten und relativ umfangreichen Auflistungen solcher Barrieren oder Problemquellen stammt von *Thayer* (1968). Darin unterscheidet er sieben große Kategorien:

- `Meaning barriers´: Probleme aufgrund der Bedeutung und der Signifikanz beim Senden und Empfangen einer Botschaft;
- `Organizational barriers´: Probleme aufgrund der physischen Distanz zwischen den Mitgliedern einer Organisation, ihrer Spezialisierung auf bestimmte Funktionen sowie ihrer Macht und ihres Status;
- `Interpersonal barriers´: Probleme aufgrund des Beziehungsklimas sowie der Werte und Einstellungen der Kommunikationsteilnehmer;
- `Individual barriers´: Probleme aufgrund individueller Fähigkeiten zu denken und zu handeln (dies schließt Probleme durch Behinderungen und individuelle Fertigkeiten im Empfangen und Übermitteln von Informationen ein);
- `Economic, geographic, and temporal barriers´: Probleme aufgrund von zeitlichen, wirtschaftlichen oder örtlichen Einschränkungen (auch die Auswirkungen der Zeit auf den Empfang einer Botschaft werden hier berücksichtigt);
- `Channel and Media barriers´: Probleme, die sich aus der Frage ergeben, wie eine Botschaft am besten zu übermitteln ist (schriftlich oder face-to-face?, ...);
- `Technological barriers´: Probleme aufgrund der Masse an Informationen, die die Verarbeitungskapazität des Empfängers übersteigt. (vgl. Huseman/u.a., 1991, S. 42 f.)

Davis/Newstrom argumentieren auf einer etwas aggregierteren Ebene und identifizieren drei unterschiedliche Arten von Kommunikationsbarrieren, die einen Empfänger hindern können, die erhaltene Botschaft so zu dekodieren, daß er sie im Sinne des Senders versteht. (vgl. dazu Davis/u.a., 1985, S. 429 ff.) Nach ihrer Erkenntnis sind diese Barrieren dafür verantwortlich, daß eine Nachricht gefiltert, ihr Sinn verfälscht oder ihre Übermittlung blockiert werden kann (vgl. Abb. 45).

Abb. 45: Kommunikationsbarrieren

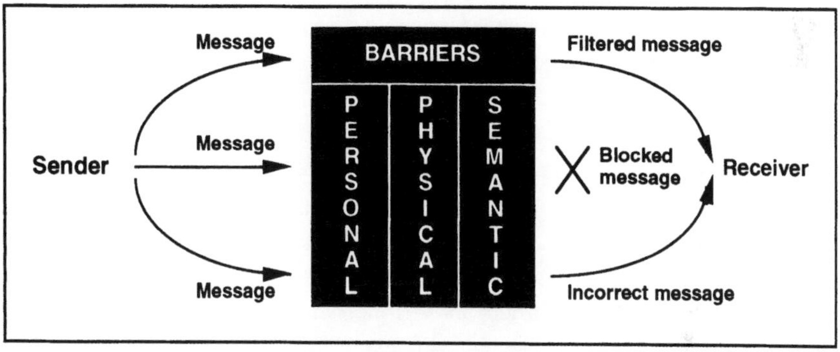

Quelle: Davis/u.a., 1985, S. 430

- personenbezogene Barrieren: Sie werden besonders von den Emotionen, den Wertvorstellungen und den Hörgewohnheiten des jeweiligen Empfängers bestimmt und sind in den alltäglichen Situationen präsent. Vielfach basieren sie auf der psychologischen Distanz der Kommunikationspartner. Besonders Emotionen können die Kommunikationsfähigkeit einschränken, da sie in nahezu allen Kommunikationsvorgängen als Filter wirken: grundsätzlich sehen und hören wir nur das, wozu wir emotional bereit sind. Kommunikation ist nicht von der jeweiligen Persönlichkeit zu trennen. Dies führt dazu, daß "we communicate our interpretation of reality instead of reality itself." (Davis/u.a., 1985, S. 430)

- physikalische Barrieren: Das sind Störungen, die die Übermittlung der Nachrichten auf physikalischem Wege behindern. Sie entstehen i.d.R. in der Umgebung, in der die Kommunikation stattfindet. Unter diese Kategorie fallen beispielsweise Lärm, die Distanz der Gesprächspartner, Wände, ... Häufig werden sie von den Kommunikationspartnern frühzeitig erkannt und durch die Wahl einer anderen Umgebung eliminiert.

- semantische Barrieren: Menschen kommunizieren mit Hilfe von verbalen und nonverbalen Symbolen. Diese Störungen bezeichnen die Tatsache, daß die einzelnen Symbole eine Vielzahl verschiedener Bedeutungen haben können und sich entsprechend auf unterschiedliche Art und Weise deuten lassen. Denn immer wenn ein Symbol interpretiert wird, geschieht dies aufgrund von Annahmen bzw. Folgerungen und nur selten anhand von Fakten.

Wogegen die o.a. Quellen in erster Linie die Hindernisse im Prozeß der Informationsübermittlung analysieren, beschäftigt sich *Schulz von Thun* vorrangig mit der Nachricht. Nach seiner Erkenntnis liegen die Kommunikationsprobleme darin begründet, daß die ankommende Nachricht das Ergebnis der Decodierung durch den Empfänger darstellt. Da der Empfänger bei dieser Tätigkeit hochgradig auf sich selbst gestellt ist, hängt das Ergebnis dieser Decodierung von seinen Vorerfahrungen, seinen Erwartungen oder seinen Befürchtungen ab. Dadurch kann es geschehen, daß er etwas in die Botschaft hineinliest, was nie vom Sender in der Weise abgeschickt worden ist. (Schulz von Thun, 1989, S. 61 ff.) Diese Feststellung basiert im wesentlichen auf der Erkenntnis von *Rogers/Roethlisberger* (1952), daß die größte Kommunikationsbarriere in der Angewohnheit der Menschen besteht, das Gesagte des jeweiligen Gesprächspartners aus der eigenen Perspektive zu bewerten. "The greatest barrier to effective communication is the tendency to evaluate what another person is saying and therefore to misunderstand or to not really `hear´." (Rogers/u.a., 1991, S. 108)

Ursachen für solche Empfangsfehler können nach *Schulz von Thun* (vgl. Schulz von Thun, 1989, S. 63 ff.) darin begründet liegen, daß Sender und Empfänger aus unterschiedlichen Sprachmilieus stammen. Durch solche schichtenspezifische Sprachgewohnheiten kann es nicht nur auf der Sach- sondern auch auf der Beziehungsebene zu Problemen kommen. Eine weitere, mögliche Problemquelle sieht er in dem Selbstkonzept des Empfängers. Jemand, der ein negatives Selbstbild von sich hat, neigt dazu, auch harmlose Botschaften so auszulegen, daß sie dieses Selbstbild bestätigen. Auch das Bild, das der Empfänger vom Sender hat, kann ein Grund für Empfangsfehler sein. Je besser man jemanden zu kennen glaubt, umso eher ist man geneigt, das Gemeinte im Geäußerten zu entdecken. Schließlich können Mißverständnisse durch korrelierte Botschaften entstehen. Dies bedeutet, daß der Empfänger die Botschaft einerseits korrekt empfängt, andererseits aber noch andere Botschaften mithört. So können beispielsweise Aufforderungen den Unterton eines Versäumnisses haben, was den Emfänger dazu bewegt, eventuell gereizt zu reagieren.

Neben diesen Problembereichen geht *Schulz von Thun* noch auf weitere Probleme zwischenmenschlicher Kommunikation ein, die bei der Betrachtung der vier Seiten der Nachricht auffallen. So können auf der Sachseite Probleme der Sachlichkeit und Verständlichkeit auftreten und auf der Selbstoffenbarungsseite Probleme, die aufgrund von Selbstoffenbarungsangst, Selbstdarstellung oder Selbstverbergung des Senders entstehen. Auf der Appellseite sind Probleme der Beeinflussung, Manipulation und des Ausdrückens von Wünschen zu nennen, und auf der Beziehungsseite handelt es sich um Probleme der Beziehungsdefinition und der Beziehungsgestaltung. (vgl. Schulz von Thun, 1989, S. 97 ff.) Diese Bereiche werden hier allerdings nicht weiter ausgeführt. Es sei an dieser Stelle auf die ausführlichen Beschreibungen bei *Schulz von Thun* verwiesen. (vgl. Schulz von Thun, 1989)

Werden die o.a. Erkenntnisse auf die Kommunikation in Organisationen bzw. in Unternehmen bezogen, lassen sich mit *Wahren* drei Betrachtungsebenen (logische Typen) von Kommunikationsproblemen unterscheiden. (vgl. Wahren, 1987, S. 89 ff.) Im Mittelpunkt der unteren oder ersten Ebene steht der Prozeß der Informationsübermittlung zwischen Sender und Empfänger sowie die Beschaffenheit der jeweiligen Nachricht. Im wesentlichen thematisiert diese Ebene die Frage, wie gewährleistet werden kann, daß der Sender die Nachricht so übermittelt, daß der Empfänger sie im Sinne des Senders versteht. Bei der Analyse des Prozesses der Informationsübermittlung im Hinblick auf Ursachen von Kommunikationsproblemen lehnt er sich an das Sechs-Stufen-Modell von *Neuberger* (vgl. dazu Wahren, 1987, S. 91) an. Die einzelnen Problemfelder einer Nachricht diskutiert er vor dem Hintergrund des o.g. Modells von *Schulz von Thun*.

Die nächste Ebene beschreibt die Tatsache, daß sich Probleme auch durch den wechselseitigen Austausch von Botschaften, die Interaktion, ergeben können. Im Mittelpunkt stehen die Probleme, die durch das Verhalten von direkt miteinander kommunizierenden Personen entstehen, weil diese sich jeweils am Verhalten, den unterstellten Motiven und Erwartungen, den Wünschen oder Reaktionen des Gegenübers orientieren. Diese Probleme haben ihren Ursprung dabei meist in der Art des Miteinanders der Interaktionspartner oder im Selbstkonzept der Beteiligten. (vgl. Wahren, 1987, S. 147 ff.)

Gegenstand der dritten Ebene bildet schließlich das Verständnis des Unternehmens als Kommunikationssystem. Kommunikationsprobleme können danach durch den speziellen Kontext dieses Systems bedingt sein. In einem Unternehmen stellt beispielsweise die Unternehmensorganisation diesen Kontext dar. Wie bereits bekannt, kommunizieren die Organisationsmitglieder innerhalb dieses Systems horizontal, vertikal und diagonal. Allerdings wird diese Kommunikation durch die Machtkomponente bestimmt und durch formelle Regelungen, Normen und Vorschriften zusätzlich reglementiert, was zu Problemen führen kann. Darüber hinaus ist das System nach außen offen, so daß zusätzliche Einflüsse durch Kommunikationsbeziehungen mit anderen Systemen entstehen. (vgl. Wahren, 1987, S. 89 und S. 197 ff.)

4.2 Allgemeine Verbesserungsmaßnahmen im Kommunikationsprozeß

Wird sich nun der Frage zugewendet, welche Verbesserungsmöglichkeiten es angesichts der reichhaltigen Probleme in Kommunikationsprozessen gibt, so findet sich hierzu in der Literatur ein ebenso vielfältiges Angebot an mehr oder weniger brauchbaren Ratschlägen. Einige Literaturquellen behandeln relativ detailliert ein oder zwei Verbesserungsmöglichkeiten. So diskutieren *Rogers/Roethlisberger* beispielsweise in ihrem klassischen Artikel eingehend den Aspekt des richtigen Zuhörens als eine Möglichkeit, die interpersonale Kommunikation zu verbessern. (Rogers/u.a., 1991, S. 106 ff.) Ihre Erkenntnisse bildeten in den 70er Jahren den Anstoß für die Entwicklung einer bekannten Technik, die auch heute noch vielfach Bestandteil von Weiterbildungsseminaren in Unternehmen ist und ebenfalls der Verbesserung der Kommunikation dient: das Aktive Zuhören. "[...] active listening requires you to get inside the speaker so that you can understand the communication from his or her point of view. [...] There are four essential requirements for active listening. You need to listen with intensity, empathy, acceptance, and a willingness to take responsibility for completeness." (Robbins, 1991, S. 328)

In den meisten Fällen beschränken sich die Autoren jedoch auf die Auflistung von Vorschlägen, die sich auf eine Verbesserung des Austauschprozesses oder der Nachricht konzentrieren. (vgl. z.B. Gibson/u.a., 1991, S. 559 ff. oder Vecchio, 1988, S. 437) Da diese Abhandlung die Kommunikation in Unternehmen fokussiert, wird sich an den o.a. drei Problemebenen orientiert und mit *Schulz von Thun* und *Wahren* die Ansicht vertreten, daß Maßnahmen zur effizienteren Gestaltung unternehmensinterner Kommunikation allgemein an drei verschiedenen Stellen ansetzen können. (vgl. Schulz von Thun, 1989, S. 19 ff.; vgl. Wahren, 1987, S. 197) *Schulz von Thun* weist in diesem Zusammenhang daraufhin, daß dies nur dann erfolgreich ist, wenn nicht nur ausschließlich an einem Bereich angesetzt wird.

- Ansatz am Individuum:
  Ansatzpunkt dieser Maßnahmen ist die einzelne Person. Ziel ist es, unterentwickelte Persönlichkeitsbereiche zu vervollkommnen und den einzelnen mehr und mehr zu befähigen, im Kommunikationsprozeß kompetent zu handeln. Hilfen, die in Kommunikationstrainings vermittelt werden können, sind beispielsweise Feedback, aktives Zuhören oder Metakommunikation. Dieser Ansatz birgt allerdings die Gefahr in sich, die Gründe für eine gestörte Kommunikation nur beim Individuum zu suchen.

- Ansatz an der Art des Miteinanders:
  Ansatzpunkt ist nun nicht mehr der einzelne, sondern der Umgangsstil der ganzen Gruppe. Ein Faktor, der den Stil in Unternehmen prägt, ist die Art, in der Führung praktiziert wird und Mitarbeiter in Entscheidungsprozesse integriert werden. Desweiteren sind es das im Unternehmen vorherrschende Klima und die Spielregeln, die das Miteinander bestimmen. Zum einen bestehen diese Faktoren aus vorgegebenen Verhaltensvorschriften, zum anderen aus den Normen und Werten, die die Unternehmenskultur definieren.

- Ansatz an den institutionellen/gesellschaftlichen Bedingungen:
  Ansatzpunkte hier sind die Zustände, unter denen die Menschen zusammenkommen und ihnen bestimmte Umgangsformen aufzwingen bzw. nahelegen. Im speziellen Fall eines Unternehmens sind fast ausschließlich Maßnahmen zu nennen, die durch Veränderung der Organisation, durch Veränderung der Spezialisierung, der Formalisierung und der Hierarchie zu einer Verbesserung der Kommunikation und Interaktion in Unternehmen führen. Ausgehend von dieser Überlegung kann man Kommunikation nicht nur als eine Voraussetzung von Wandel ansehen. Sie ist vielmehr auch ein Auslöser von Wandel. Denn will man die Kommunikation in einer bestehenden Organisation verbessern, so kann dies bedeuten, daß deren Ablauf- und Aufbauorganisation verändert werden muß. Dies kann von einfachen kommunikationsfördernden Regelungen über Entbürokratisierung bis hin zu einer Entkopplung von Macht- und Kommunikationsstrukturen im Sinne einer komplexen Netzwerkstruktur reichen.

Teil D

Kommunikation als Interaktionsvariable im Prozeß des geplanten organisatorischen Wandels

Wenn Kommunikation eine Wirkung haben soll, dann muß sie auf die Wünsche und Interessen des Zuhörers ausgerichtet sein! (Aristoteles)

1 Ansatzpunkte für eine effiziente Gestaltung

Nachdem in Teil B der theoretische Bezugsrahmen für organisatorischen Wandel definiert und in Teil C die theoretischen Grundlagen von Kommunikation elaboriert wurden, werden in diesem Teil beide Bereiche zusammengeführt. Ausgangspunkt ist die Annahme, daß unternehmensinterne Kommunikation eine entscheidende Interaktionsvariable im Veränderungsprozeß von Unternehmen darstellt. Entsprechend der Ausgangshypothese **H** (vgl. Teil B, Gliederungspunkt 3.2.2) besteht aufgrund theoretischer Erkenntnisse in Veränderungsprozessen ein negativer kausaler Zusammenhang zwischen dem Widerstand der Mitarbeiter und dem effizienten Einsatz unternehmensinterner Kommunikation. Dieser zeigt sich dadurch, daß eine effiziente Gestaltung der unternehmensinternen Kommunikation im Veränderungsprozeß zu einer Reduzierung des Änderungswiderstands führt.

Die Frage, die es damit zu beantworten gilt, betrifft die effiziente Ausgestaltung der Kommunikation in diesem Prozeß. Während am Ende von Teil C bereits *allgemeine* Maßnahmen zur Verbesserung unternehmensinterner Kommunikation vorgestellt wurden, werden nun in Anlehnung an die in Abbildung 33 (vgl. Teil B) dargelegten Beziehungen zwischen der unternehmensinternen Kommunikation und den bereichsspezifischen Quellen des Änderungswiderstandes *spezielle* Maßnahmen für eine effizientere Gestaltung von Kommunikation im Veränderungsprozeß von Unternehmen besprochen. Es wird erarbeitet, wie durch den zielgerichteten Einsatz verschiedener Kommunikationskomponenten der Änderungswiderstand reduziert werden kann. Im Mittelpunkt steht somit die Beantwortung der zweiten Forschungsfrage **F 2** (vgl. Teil A, Gliederungspunkt 3):

F 2	***Wie ist die unternehmensinterne Kommunikation auszugestalten, damit sie den Widerstand der Mitarbeiter reduziert und den Erfolg von Änderungsprozessen erhöht?***	F 2

Ziel ist es mithin, (1) ein Verständnis zu entwickeln, wie unternehmensinterne Kommunikation einzusetzen ist, um die Erfolgsrate von Veränderungsvorhaben in Unternehmen zu verbessern, und (2) einige generelle Prinzipien zu identifizieren, um Kommunikation in Zeiten des organisatorischen Wandels effizient zu managen. Entsprechend steht am Ende dieses Teils der Entwurf eines Ansatzes, der den effizienten Einsatz von unternehmensinterner Kommunikation im Prozeß des geplanten, organisatorischen Wandels aufzeigt.

Um die Frage nach einer effizienten Gestaltung von Kommunikation im Veränderungsprozeß von Unternehmen beantworten zu können, muß zuerst geklärt werden, was als effiziente Kommunikation in einem Unternehmen zu werten ist. *Roethlisberger* unterscheidet dazu zwei unterschiedliche Denkansätze (vgl. Rogers/u.a., 1991, S. 108 f.): Nach dem ersten Denkansatz äußert sich effiziente Kommunikation in der Verhaltensbeeinflussung von Individuen in einer bestimmten, festgelegten Richtung (in Form einer erwünschten Einstellungsänderung). "Effective communication is about human behavior - that is, influencing and changing human behavior." (Grates, 1994, S. 42) Demgegenüber sehen Vertreter der zweiten Denkrichtung die Effizienz gegeben, wenn die Individuen frei kommunizieren und auch eigene Meinungen artikulieren. (vgl. Rogers/u.a., 1991, S. 108 f.) Nach *Lindeborg* lassen sich die beiden, scheinbar konkurrierenden Ziele durch eine ausgewogene Kommunikationsstrategie integrieren. "Excellent communication is communication that is managed strategically, meets its objectives, and balances the needs of the organization and the needs of key publics with two-way symmetrical communication." (Lindeborg, 1994, S. 5)

Da im Veränderungsmanagement die Einstellungsänderung der Mitarbeiter einen zentralen Bereich darstellt, der hier vorrangig diskutiert wird (vgl. Teil B, Gliederungspunkt 1.1.1), liegt eine Übernahme der ersten Denkrichtung nahe. Es wird jedoch die Ansicht vertreten, daß es in der heutigen, modernen Zeit nicht mehr mit dem reinen `Verkaufen´ des Vorhabens alleine getan ist. Sicherlich ist dies immer noch ein entscheidendes Ziel der Kommunikationspolitik von Unternehmen. Soll aber langfristig die Idealvorstellung einer lernenden Organisation erreicht werden, muß außerdem in gewissem Maße auf die Werte und Ideen der Mitarbeiter eingegangen werden. Zudem erweitern Meinungen, die von gängigen Inhalten abweichen, das Diskussionsspektrum und sind einer fruchtbaren Diskussion förderlich. Daher wird im weiteren die Ansicht von *Lindeborg* vertreten, wenn von effizienter Kommunikation gesprochen wird.

Vor diesem Hintergrund wird nun die Frage nach einer effizienten Kommunikation im Veränderungsprozeß einer Beantwortung zugeführt. Dazu werden die verschiedenen Komponenten unternehmensinterner Kommunikation isoliert und ihre Determinanten herausgearbeitet. Am Ende von Teil B wurden bereits typische Quellen von Widerstand im Organismus extrahiert und ihr Entstehen beschrieben (vgl. dazu auch Abb. 33, Teil B). Zur Bestimmung der Komponenten, die einen Einfluß auf das Akzeptanzverhalten des einzelnen im Änderungsprozeß haben, wird im folgenden von diesen Quellen ausgegangen. Gesucht werden somit die Stimuli, die an diesen Quellen ansetzen und durch deren effizienten Einsatz Change Agents eine Reduzierung des Widerstandes erreichen können.

Zum einen basiert ein erfolgreicher Kommunikationsvorgang nach *Watzlawick et alter* (vgl. Watzlawick/u.a., 1972, S. 13) auf der korrekten Übermittlung von Informationen. Entsprechend wurde konstatiert, daß auch der Grad der Anpassungsbereitschaft eines Individuums an das Veränderungsvorhaben sowohl von der Qualität und Quantität der im Zusammenhang mit der Änderung wahrgenommenen Informationen als auch von ihrem korrekten Verstehen abhängt. Diese Aspekte beziehen sich im Sinne der Übertragungsmetapher im wesentlichen auf die technische Komponente des Übermittlungsprozesses (vgl. Teil C). Kommunikatorische Stimuli, die gezielt den Wahrnehmungsbereich ansprechen und den Prozeß effizienter gestalten wollen, müssen die technischen Aspekte dieses Ablaufprozesses sowohl im Hinblick auf die Syntaktik als auch auf die Semantik optimieren und etwaige Störungen ausräumen. Im Rahmen von Veränderungsmaßnahmen in Unternehmen muß dies auch die Besonderheiten der jeweiligen Organisationsstruktur berücksichtigen. Da sowohl zwischenmenschliche als auch organisatorische Aspekte tangiert werden, wird diese Komponente im weiteren unter der Bezeichnung **Unternehmens-Kommunikation** diskutiert.

Zum anderen wurde herausgefunden, daß die Wahrscheinlichkeit eines positiven Verhaltensentwurfs (Akzeptanz) wegen der begrenzten Rationalität des einzelnen auch von der situationsspezifischen und individuellen Bewertung des objekt- und subjektspezifischen Risikos determiniert wird. Damit genügt die Optimierung des Übertragungsprozesses von Informationen alleine nicht, um den einzelnen zur Akzeptanz der Maßnahme zu bewegen. Vielmehr muß auch die Risikobewertung durch verhaltensbestimmende Stimuli beeinflußt werden. Dies läßt sich innerhalb der unternehmensinternen Kommunikation dadurch erreichen, daß bereits zu Beginn des Veränderungsprozesses solche Inhalte über die Änderungsmaßnahme transferiert werden, die sowohl auf eine Reduzierung des subjektspezifischen als auch des objektspezifischen Risikos ausgerichtet sind. Dazu ist der einzelne von der Notwendigkeit und den positiven Folgen des Vorhabens zu überzeugen. Die ausgesandten Informationen müssen mithin überzeugende Inhalte vermitteln, die seine Risikobewertung beeinflussen oder eine bereits vorhandene Einstellung revidieren. In gewisser Weise wird dabei das Ziel verfolgt, den Betroffenen das Vorhaben im übertragenen Sinne zu \`verkaufen´. Im Hinblick auf eine effektive und effiziente Gestaltung der unternehmensinternen Kommunikation im Veränderungsprozeß kommt somit ebenfalls einer überzeugenden Komponente entscheidende Bedeutung zu. Sie wird im weiteren unter der Bezeichnung **Überzeugende Kommunikation** besprochen.

Abb. 46: Komponenten unternehmensinterner Kommunikation

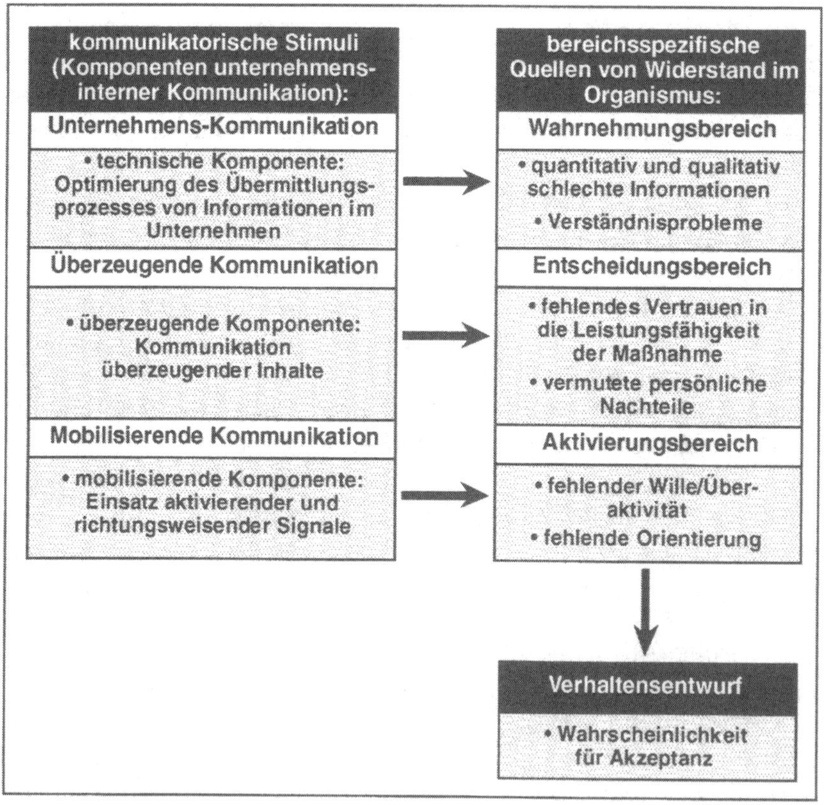

Schließlich wurde erkannt, daß Probleme im Veränderungsprozeß auch daraus resultieren können, daß sich der einzelne nicht in einem idealen psychischen Erregungszustand befindet und/oder ihm eine gewisse Orientierung für sein Handeln fehlt. Die Überzeugung der Mitarbeiter ist die Voraussetzung, damit sie den Wandel überhaupt tolerieren. Eine positive Einstellung stellt aber nur einen Anstoß zum Handeln dar. Sie sagt nichts darüber aus, ob und wie der einzelne aktiv wird. (vgl.

Teil B; Gliederungspunkt 3.1.3) Dazu muß Klarheit darüber bestehen, wohin die Veränderung führen soll. Die verhaltensbestimmenden Stimuli müssen daher ebenso eine mobilisierende Komponente enthalten, die durch aktivierende und richtungsweisende Signale eine Umgebung kreativer Spannung schafft und den einzelnen motiviert, im Sinne des Organisationsziels zu handeln. Ohne mobilisierende Bestandteile geht Kommunikation im Veränderungsprozeß ins Leere, weil der Aktivierungsbereich im Organismus nicht angesprochen wird. Somit ist die **Mobilisierende Kommunikation** der dritte wichtigen Stimulus.

Eine effektive und effiziente Gestaltung der unternehmensinternen Kommunikation im Veränderungsprozeß setzt damit voraus, daß

- sie in technischer Hinsicht den Übermittlungsprozeß von Informationen im Unternehmen im Sinne eines Zwei-Wege-Prozesses optimiert,
- überzeugende Inhalte vermittelt, die gezielt die Risikobewertung der betroffenen Mitarbeiter ansprechen
- und durch den Einsatz aktivierender und richtungsweisender Signale mobilisierend im Sinne der Maßnahme wirkt.

Abbildung 46 faßt diese Überlegungen zusammen und zeigt die einzelnen Komponenten unternehmensinterner Kommunikation mit ihren Beziehungen zu den bekannten Bereichen im Organismus.

Daran schließt sich die Frage an, wie diese Komponenten nun genau zu gestalten sind und was ein Change Agent beachten muß, damit sie zu einem positiven Verhaltensentwurf führen. Gesucht sind damit konkrete Ansatzpunkte zur Verbesserung der Kommunikation. Ziel ist es dabei nicht, einen vollständigen Überblick über alle Kommunikationsprobleme und die passenden Verbesserungsalternativen zu geben. Dies ist einerseits nicht lückenlos durchführbar, andererseits aber auch nicht sinnvoll, da die einzelnen Probleme und damit auch die entsprechenden Verbesserungsalternativen vielfach von der jeweiligen Situation abhängen. Deshalb wird im folgenden eine allgemeingültige Systematik entwickelt, auf deren Basis entsprechende Empfehlungen zum Einsatz von Kommunikation abgeleitet werden können, die dann situationsspezifisch eine Reduzierung der Akzeptanzprobleme ermöglichen. Da hier die unternehmensinterne Kommunikation angesprochen ist, wird vermutet, daß diese Empfehlungen in Anlehnung an die allgemeinen Maßnahmen zu einer effizienten Gestaltung unternehmensinterner Kommunikation (vgl. Teil C) grundsätzlich an drei verschiedenen Stellen ansetzen können. (vgl. dazu auch Schulz von Thun, 1989, S. 19 ff.; vgl. Wahren, 1987, S. 197)

Da Kommunikation in Unternehmen jedoch einerseits Probleme eliminieren, andererseits aber auch zu neuen führen kann, ist es von entscheidender Bedeutung, daß sie im Hinblick auf die spezielle Situation des Veränderungsprozesses korrekt angepaßt wird. (vgl. Katz/u.a., 1966, S. 224) "In short, the advocacy of communication needs to be qualified with respect to the kind of information relevant to the solution of given problems and with respect to the nature of the communication process between individuals, between groups, and between subsystems." (Katz/ u.a., 1966, S. 224 f.) Somit geben die generellen Prinzipien von Kommunikation als sozialpsychologischem Prozeß den grundsätzlichen Rahmen vor. Bei der detaillierten Ausgestaltung ist sowohl das `Wie´ der Kommunikation, also ihr Ablauf, als auch das `Was´, also die Botschaft, zu berücksichtigen. Dabei erscheint der Inhalt der einzelnen Nachricht besonders im Hinblick auf die Überzeugungswirkung wichtig. Da die allgemeinen Maßnahmen vorrangig an Stellen ansetzen, die das `Wie´ ansprechen, muß die Botschaft als weiterer Ansatzpunkt ergänzt werden. Mithin ergeben sich vier verschiedene Stellen, an denen spezielle Maßnahmen zur Verbesserung von Kommunikation im Veränderungsprozeß angreifen können.

Aus diesen Erkenntnissen lassen sich die Ansatzpunkte für eine effiziente Gestaltung der unternehmensinternen Kommunikation im Veränderungsprozeß identifizieren. Die einzelnen Stellen, an denen entsprechende Maßnahmen angreifen können, werden den jeweils bekannten Bereichen im Organismus mit ihren speziellen Problemquellen zum individuellen Akzeptanzverhalten gegenübergestellt. In dem entstehenden Raster (vgl. Abb. 47) lassen sich die drei Komponenten unternehmensinterner Kommunikation genauer spezifizieren:

- Unternehmens-Kommunikation: Sie spricht im wesentlichen den Wahrnehmungsbereich an. Da sie als technische Komponente auf eine Optimierung des Übermittlungsprozesses von Informationen abzielt, müssen Verbesserungsmaßnahmen das Individuum und die Gruppe betreffen. Um auch die Besonderheit der Organisationsstruktur im Sinne einer bestimmten Form des Miteinanders der Mitarbeiter im Unternehmen zu berücksichtigen, darf auch der Kontext nicht außer acht gelassen werden. (vgl. auch Wahren, 1987, S. 197 ff.)

- Überzeugende Kommunikation: Diese Komponente ist vorrangig auf den Entscheidungsbereich ausgerichtet. Es geht im wesentlichen darum, durch die Kommunikation überzeugender Inhalte das fehlende Vertrauen in die Maßnahme wieder herzustellen bzw. vermutete persönliche Nachteile auszuräumen. Der Fokus liegt dabei sowohl auf dem Sender als auch auf der gesendeten Botschaft. Verbesserungen müssen mithin am Individuum und der Botschaft ansetzen. (vgl. auch Cialdini, 1993)

Abb. 47: Ansatzpunkte zur effizienten Gestaltung unternehmensinterner Kommunikation im Veränderungsprozeß

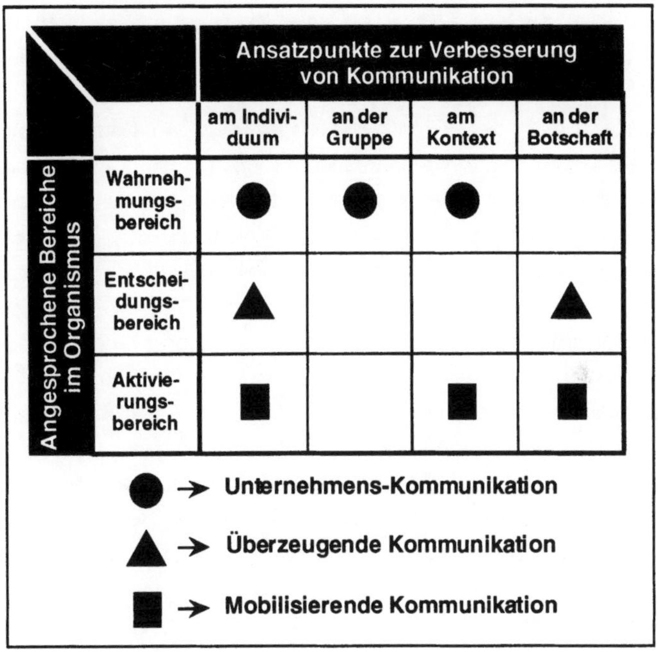

- Mobilisierende Kommunikation: Sie ist vorrangig auf den Aktivierungsbereich gerichtet und verfolgt das Ziel, den Aktivierungsgrad der betroffenen Mitarbeiter in den Bereich kreativer Spannung zu bringen sowie gleichzeitig ihr Verhalten im Sinne des Organisationsziels auszurichten. Im Vordergrund stehen damit individuelle Führungsqualitäten, der organisationsspezifische Kontext sowie die gesendete Botschaft. Entsprechende Verbesserungen setzen somit in erster Linie am Individuum, dem Kontext und der Botschaft an. (vgl. z.B. Senge, 1993, S. 156 ff. u. S. 233 ff.)

Bevor die drei Komponenten nachfolgend einzeln beschrieben werden, wird noch kurz zusammenfassend hervorgehoben, warum gerade der unternehmensinternen *Kommunikation* als Mittel der Verhaltensinduzierung im Rahmen von Veränderungsvorhaben besondere Bedeutung beigemessen werden muß und nicht nur - wie beispielsweise bei *Böhnisch* (Böhnisch, 1979, S. 126 ff.) - der Information. Am Ende von Teil B, Gliederungspunkt 3.2.2 wurde bereits angedeutet, daß die Übermittlung von Informationen alleine nicht ausreicht, um den Verhaltensentwurf positiv zu beeinflussen. Aus den bisherigen Ausführungen werden im wesentlichen drei Gründe ersichtlich, die eine Ausweitung der Diskussion auf unternehmensinterne Kommunikation notwendig machen:

(1) Information ist nach den Erkenntnissen aus Teil C der Kommunikationsinhalt. Sie ist damit zwar von zentraler Bedeutung, doch verlangt eine Behebung der Ursachen des Widerstandes eine weitreichendere Betrachtung. So muß der gesamte Kommunikationsprozeß effizient gestaltet werden. Entsprechend bezieht sich unternehmensinterne Kommunikation nicht nur auf die reine Informationsübermittlung, sondern berücksichtigt z.B. auch die Tatsache, daß der Empfänger die Botschaft auch im Sinne des Senders verstehen muß.

(2) Unternehmensinterne Kommunikation schließt zudem den Kontext ein, in dem sie abläuft. Dies ist besonders vor dem Hintergrund organisatorischer Veränderungen wichtig, da sie innerhalb bestimmter institutioneller Bedingungen stattfinden. Die reine Informationsübermittlung greift hier zu kurz, weil der spezielle Bereich der organisatorischen Kommunikation unberücksichtigt bleibt.

(3) Schließlich wird die unternehmensinterne Kommunikation auch dem Verhaltensaspekt gerecht, denn Kommunikation kann nach *Maturana et alter* als gegenseitiges Auslösen von koordinierten Verhaltensweisen verstanden werden. (vgl. Maturana/u.a., 1987, S. 210). Dies ist deshalb bedeutsam, weil die Beeinflussung des Aktivierungsbereichs im Organismus nach einem speziellen Führungsverhalten verlangt. Außerdem wird dadurch der Aspekt der Unmöglichkeit, nicht zu kommunizieren, berücksichtigt. (vgl. Watzlawick/u.a., 1972, S. 50 ff.) So kommuniziert auch die Situation bzw. das Vorhaben selbst, ohne daß gewollt Informationen ausgesandt werden. Allein ein bestimmtes Verhalten wie z.B. das Auftauchen von externen Beratern im Unternehmen läßt schon Gerüchte entstehen, obwohl noch nichts geschehen ist.

2 Die Komponenten unternehmensinterner Kommunikation und ihre Determinanten

Im folgenden werden die drei Komponenten einzeln vorgestellt und ihre Determinanten beschrieben. In Anlehnung an Abb. 47 werden Maßnahmen präsentiert, die Change Agents ein effektives und effizientes Kommunikationsmanagement im Veränderungsprozeß ermöglichen (die empirische Überprüfung folgt in Teil E). In der Literatur zeigt sich allgemein ein breites Spektrum an wünschenswerten Fähigkeiten eines kompetenten Kommunikators. Nachfolgend werden nur die Aspekte erörtert, die im Hinblick auf die zugrundeliegende Thematik als wichtig erachtet werden. Zudem sei angemerkt, daß die einzelnen Determinanten nicht immer eindeutig voneinander abgrenzbar sind. Dies ist damit zu begründen, daß es sich sowohl bei der unternehmensinternen Kommunikation als auch beim Verhaltensentwurf des einzelnen Organisationsmitgliedes um Prozesse handelt, bei denen die einzelnen Bestandteile voneinander abhängen und ineinandergreifen und nicht sequenziell hintereinander ablaufen. Sie werden daher dort angeordnet und diskutiert, wo sie nach Kenntnis des Verfassers die größte Wirkung besitzen.

2.1 Die Determinanten der `Unternehmens-Kommunikation´

Wie bereits erläutert, umfaßt das erste Stadium im Verhaltensentwurf eines Individuums die Wahrnehmung von Informationen über die Neuerung. In diesem Prozeß stellen die Qualität und Quantität der Informationsaufnahme die wesentlichen Erfolgsfaktoren dar. Um sie effizient zu gestalten, müssen kommunikatorische Stimuli im Rahmen von Veränderungsmaßnahmen gezielt den Wahrnehmungsbereich der betroffenen Organisationsmitglieder ansprechen. Dazu sind die technischen Aspekte im Ablaufprozeß von Kommunikation sowohl in zwischenmenschlicher Hinsicht als auch im Hinblick auf die jeweilige Organisationsstruktur zu optimieren. Es erscheint deshalb zweckmäßig, in die beiden Komponenten der zwischenmenschlichen und organisatorischen Kommunikation zu differenzieren. Der Bereich der zwischenmenschlichen Kommunikation läßt sich wiederum in die Determinanten `Informationsübermittlung´ und `Interaktion´ unterteilen. Im Rahmen der organisatorischen Komponente bieten sich die beiden Determinanten der `formalen´ und `informalen Kommunikation´ an. (vgl. Abb. 48)

Natürlich können Probleme auch entstehen, weil bewußt zu wenige oder falsche Informationen ausgesendet werden. Ein Informationsdefizit liegt jedoch meist nicht vor. (vgl. Doppler/u.a., 1994, S. 215) Daher wird hier ebenfalls davon ausgegangen, daß die gesendete Informationsmenge zum Verständnis und zur Meinungsbildung ausreicht. Auch wird der Fall außer acht gelassen, daß absichtlich falsche Informationen gegeben werden. In beiden Fällen ist ein Entstehen von Widerstand nicht überraschend und entsprechende Verbesserungen sind offensichtlich. Nachfolgend werden daher nur die prozeßimmanenten Hindernisse in der \`Unternehmens-Kommunikation´ diskutiert.

Abb. 48: Determinanten der \`Unternehmens-Kommunikation´

Unternehmens-Kommunikation

-> Zwischenmenschliche Kommunikation:

- **Informationsübermittlung;**
- **Interaktion;**

-> Organisatorische Kommunikation:

- **Formale Kommunikation;**
- **Informale Kommunikation.**

2.1.1 Zwischenmenschliche Kommunikation[40]

2.1.1.1 Der Prozeß der Informationsübermittlung

In Anlehnung an die Übertragungsmetapher wird mit dieser Determinante eine Optimierung des Informationsübermittlungsprozesses angestrebt. Analysiert werden in erster Linie die Aktivitäten von Sender und Empfänger sowie die Eigenart und Beschaffenheit des von ihnen genutzten Übertragungskanals. Entsprechende Maßnahmen zur Optimierung dieses Prozesses setzen daher vorrangig am einzelnen Individuum an. Im Mittelpunkt steht der technische Ablauf dieses Prozesses, in dem es darum geht, daß der Sender seine Gedanken, Wünsche und Ideen so an den Empfänger übermittelt, daß dieser sie im Sinne des Senders versteht. Probleme treten hier in erster Linie dadurch auf, daß aufgrund technischer

[40] *Wahren* gibt in seinem Buch \`Zwischenmenschliche Kommunikation und Interaktion in Unternehmen´ einen ausführlichen Überblick über die entsprechenden Probleme der Kommunikation und Ansätze zu ihrer Lösung. Im folgenden werden deshalb nur die für den Veränderungsprozeß entscheidenden Aspekte aufgegriffen und diskutiert. Ansonsten wird auf diese Literaturquelle verwiesen. (vgl. Wahren, 1987, S. 89 ff.)

Hindernisse Unterschiede zwischen gemeinter und verstandener Information entstehen. *Wahren* ordnet Ursachen von Kommunikationsproblemen in diesem Kontext in Anlehnung an das Modell von *Neuberger* (vgl. dazu auch Wahren, 1987, S. 91 f.), der den Prozeß der reinen Übermittlung von Informationen in sechs Stufen gliedert, drei Ebenen zu. Im folgenden wird diese Auflistung im wesentlichen übernommen. Abb. 49 zeigt eine zusammenfassende Übersicht der zentralen Ursachen von Problemen in diesem Prozeß.

Abb. 49: Ursachen von Kommunikationsproblemen im Übertragungsprozeß

	Sender	Empfänger
psychische Ebene	**Stufe 1: Ideen** **Der Sender ist sich über seine wahren Wünsche und Beweggründe nicht im klaren oder möchte diese nicht preisgeben. Die Information wird dadurch unklar, unpräzise, schwer zuordenbar (=> z.B. Stimulus-Mehrdeutigkeit, vgl. Teil B, 3.1.3.1).** ▼	**Stufe 6: Verstehen** **Informationen werden vor allem bei der Zuordnung von Bedeutungsinhalten verzerrt. Die wesentlichen psychischen Mechanismen sind hierbei : Vorurteile, Stereotype oder Uminterpretation (vgl. Teil C, 2.2; 4.1).** ▲
symbolische Ebene	**Stufe 2: Übersetzen**	**Stufe 5: Übersetzen**
	Beim Übersetzen werden die Ideen der psychischen Ebene (Stufe 1) in motorische Aktivtäten (Stufe 3) bzw. die über die sensorischen Kanäle empfangenen Signale (Stufe 4) in Bedeutungsinhalte (Stufe 6) umgesetzt. Die Brücke bei diesem Umsetzungsprozeß wird gebildet von der Sprache (vgl. Teil C, 1.3.1). Das Problem ist, daß Sender und Empfänger den einzelnen Informationen (Worten, Gesten, etc.) andere Bedeutungen zuordnen. Dies kann einmal daran liegen, daß die Vorstellungen, die hinter den einzelnen Worten der Sprache stehen, von Individuum zu Individuum höchst unterschiedlich sind: sprechen wir z.B. von einem "Stuhl", stellt sich jeder ein anderes Sitzmöbel vor. Es hängt aber auch damit zusammen, welchen Aspekt der Nachricht der Sender betont und mit welchem Ohr der Empfänger vorrangig empfängt (vgl. Teil C, 2.2.2). ▼	▲
materielle Ebene	**Stufe 3: Senden** **Typische Probleme auf der Senderseite sind z.B. (vgl. Teil C, 1.3 u. 2.1)** **• eine undeutliche Aussprache,** **• ein umständlicher Vortrag (Wortwahl und Satzstellung),** **• das Senden widersprüchlicher Informationen auf verschiedenen Kanälen (z.B. verbal und körpersprachlich) und das Entstehen von Inkonkruenzen.** ↓ →	**Stufe 4: Empfangen** **Schon bedingt durch den Aufbau und die Arbeitsweise unseres Wahrnehmungsapparates wird das, was wir wahrnehmen, stets ein unvollkommenes Bild der außersubjektiven Wirklichkeit sein (Teil C, 4.1). Weitere Ursachen für ein nicht richtiges Empfangen können z.B. sein: Unaufmerksamkeit, Desinteresse (z.B. keine aktive Informationssuche), selektive Wahrnehmung (vgl. Teil B, 3.1.3.1) oder Nebengeräusche (vgl. Teil C, 2.1).** ↑

Quelle: Wahren, 1987, S. 92 (teilweise verändert)

Im Rahmen von Veränderungsprozessen müssen erfolgreiche kommunikatorische Verbesserungsmaßnahmen die Ursachen der Probleme auf diesen drei Ebenen beheben. Grundsätzlich liegt dabei die Annahme zugrunde, daß alle Individuen, die in irgendeiner Weise in die Veränderungsaktivitäten in Unternehmen involviert sind, die elementaren Kenntnisse zur effektiven und effizienten Kommunikation beherrschen müssen. "When communication is effective, it tends to encourage better performance and job satisfaction." (Davis/u.a., 1985, S. 425) Dazu müssen sie bestimmte Fertigkeiten im Prozeß der Informationsübermittlung verinnerlichen und leben, um ihren Überlegungen und Gedanken im gewünschten Maße Ausdruck verleihen zu können. In vielen Unternehmen werden deshalb Kommunikationstrainings durchgeführt, in denen diese Kenntnisse vermittelt werden. (vgl. auch Mohr, 1995, S. 375 f.; vgl. Wahren, 1987, S. 199 ff.)

Nachfolgend werden zentrale Maßnahmen zur Optimierung des Prozesses der Informationsübermittlung im Überblick präsentiert. Es wird sich dabei auf die Fertigkeiten von Sender und Empfänger sowie die Besonderheiten des Übertragungskanals konzentriert. Der an einer vertiefenden Analyse dieser Thematik interessierte Leser sei auf die angeführte Literatur verwiesen.

- Fertigkeiten des Senders:

  - Er muß klare, kurze Botschaften übermitteln, die sachlich, einfach, präzise und verständlich formuliert sind, um die Problematik der Stimulus-Mehrdeutigkeit (vgl. Müller-Hagedorn, 1986, S. 144 f.) auszuräumen.

  - Die Informationsmenge muß an die Informationsverarbeitungskapazität des Empfängers angepaßt sein, um ein sogenanntes `information overload´ (vgl. Vecchio, 1988, S. 435) zu vermeiden. Es sollten daher nicht zuviele Informationen auf einmal ausgesendet werden. (vgl. Gibson/u.a., 1991, S. 560) Allerdings gilt auch: "Doppelt genäht hält besser!" Die Wiederholung von besonders wichtigen Botschaften ist oft sinnvoll, um sie nachhaltig im Gedächnis des Empfängers zu verankern. (vgl. Wahren, 1987, S. 134)

  - Von Bedeutung ist auch die Verwendung eines empfängerbezogenen Zeichensatzes. Kommunikation muß immer zielgruppengerecht sein. (vgl. Doppler/u.a., 1994, S. 241) Auf einen senderspezifischen Sprachgebrauch und das Verwenden von schwerverständlichen Fachtermini sollte deshalb verzichtet werden. (vgl. Gibson/u.a., 1991, S. 562; vgl. Wahren, 1987, S. 134)

- Der Sender muß darauf achten, daß er keine widersprüchlichen Informationen auf unterschiedlichen Kanälen sendet. Bezogen auf den Veränderungsprozeß bedeutet das zum einen, daß er die geforderten Veränderungen durch entsprechendes Verhalten vorleben und unterstützen muß. Durch eventuelle Inkonkruenzen können beim Empfänger Mißtrauen und Unsicherheit entstehen. (vgl. Schulz von Thun, 1989, S. 117) Zum anderen muß der Sender ebenso alle vier Seiten einer Nachricht beherrschen. Das einseitige Beherrschen führt grundsätzlich zu Kommunikationsstörungen. (vgl. Schulz von Thun, 1989, S. 44)

- Der Fähigkeit zum Feedback kommt auf Sender-Seite im Rahmen der Verbesserung der zwischenmenschlichen Kommunikation in Unternehmen ebenfalls eine zentrale Rolle zu. Besonders für Führungskräfte ist es wichtig, über Feedback zu erfahren, wie ihre Informationen, Anweisungen oder Vereinbarungen verstanden werden. (vgl. Hellriegel/u.a., 1983, S. 159 f.; vgl. Huseman/u.a., 1991, S. 44 ff.) Es läßt zudem Rückschlüsse auf das Wesen des Empfängers der gesendeten Nachricht zu, da dieser seinerseits zum Feedback-Spender wird und selbst wiederum eine vierseitige Nachricht aussendet. Er zeigt an, "wie *er* auf die Nachricht reagiert, was *er* hineinlegt und was sie bei *ihm* auslöst (Selbstoffenbarung). Er drückt aus, wie er zum Sender steht (Beziehung), und oft hat das Feedback auch deutlichen Appell-Charakter, indem es die Aufforderung an den Sender enthält, etwas zu ändern oder beizubehalten." (Schulz von Thun, 1989, S. 80)

- Fertigkeiten des Empfängers:

  - Er muß den Informationen ein Mindestmaß an Aufmerksamkeit und Interesse entgegenbringen, um überhaupt eine bestimmte Quantität an Informationen aufnehmen zu können.

  - Grundsätzlich sollte er jedes seiner vier \`Ohren´ auf Empfang schalten (vgl. Teil C, Gliederungspunkt 2.2.2), denn je nachdem welches Ohr gerade aktiv ist, nimmt das Gespräch einen unterschiedlichen Verlauf. "Oft ist es dem Empfänger gar nicht bewußt, daß er einige seiner Ohren abgeschaltet hat und dadurch die Weichen für das zwischenmenschliche Geschehen stellt." (Schulz von Thun, 1989, S. 44) Zudem sollte er die eingehenden Informationen auch einmal aus der Sicht des Senders betrachten bzw. sich in ihn hineinversetzen. Dadurch ist es für ihn eher möglich, die Intension des Senders zu verstehen und sich auf ihn einzustellen.

- Wichtig ist auch, dem Sender neutral gegenüberzutreten. (vgl. Rogers/u.a., 1991, S. 106 ff.) Er sollte den Sender oder das von ihm Gesagte nicht im voraus aufgrund von Vorurteilen oder Stereotypen abqualifizieren, denn dadurch wird seine Wahrnehmung verzerrt. Eigene Vorerfahrungen dürfen nicht überbewertet werden. (vgl. Müller-Hagedorn, 1986, S. 146 f.)

- Entscheidend für das Gelingen eines Kommunikationsprozesses ist die Fähigkeit des Empfängers zur passiven Kommunikation bzw. zum Zuhören. Das gilt für alle Mitarbeiter in einem Unternehmen. "By far the most effective method by which executives can tap ideas of subordinates is listening in the many day-to-day informal contacts within and outside the work place. There is no system that will do the job in an easier manner ... Nothing can equal an executive´s willingness to hear." (Nichols, 1977, S. 555)[41] Eine besonders wichtige Rolle nimmt in diesem Zusammenhang die Technik des `aktiven Zuhörens´ ein. Dabei wird das Gesagte über Rückfragen unvoreingenommen hinterfragt, um den Standpunkt des Senders besser zu verstehen. Die kontrollierte Kommunikation steht im Mittelpunkt. Dadurch wird einerseits die Wahrscheinlichkeit einer verzerrten Wahrnehmung reduziert und andererseits ein verstärktes Interesse am Gegenüber demonstriert. (vgl. Rogers/u.a., 1977, S. 561 ff.; Rogers/u.a., 1991, S. 108)

- Besonderheiten des Übertragungskanals:

  - Physikalische Störungen (Nebengeräusche, zu große Distanz, ...) entstehen in der Umgebung, in der die Informationsübertragung stattfindet. Sie müssen ausgeräumt werden, indem beispielsweise die Bedingungen des Übertragungskanals verändert werden. (vgl. Davis/u.a., 1985, S. 430)

---

[41] *Nichols* führte zu dieser Thematik einige Studien durch, in denen er die Unterschiede zwischen guten und schlechten Zuhörern analysierte. Als Ergebnis präsentiert er 10 Leitlinien des guten Zuhörens. Sie reichen von der Suche nach einem interessanten Aspekt im Gespräch bis hin zur grundsätzlichen Offenheit des Geistes. (vgl. Nichols, 1977, S. 554 ff.)

- Grundsätzlich gibt es keine zweckfreie Kommunikation, da jede Kommunikation etwas erreichen will. Damit eine Botschaft möglichst schnell und unverfälscht ihre Adressaten erreicht, erfordert eine korrekte Informationsübermittlung insbesondere in Organisationen direkte und kurze Kanäle. (vgl. Doppler/u.a., 1994, S. 239; vgl. auch Gliederungspunkt 2.1.2.1)

2.1.1.2 Die Interaktion

Grundsätzlich geht zwischenmenschliche Kommunikation jedoch über die einfache Übermittlung von Informationen (Inhalten, Daten) im Einwegverfahren hinaus. (vgl. Schulz von Thun, 1989, S. 82) Sie findet letzlich als Dialog von Mitteilungen zwischen Menschen statt (vgl. Doppler/u.a., 1994, S. 216; vgl. Teil C, Gliederungspunkt 1.2.2) und ist ein dynamischer Zwei-Wege-Prozeß (vgl. z.B. Hellriegel/u.a., 1983, S. 154), in dem die Wechselseitigkeit interpersonaler Kommunikation, die Interaktion, eine zentrale Rolle spielt. "Die moderne kommunikationspsychologische Sichtweise von den zwischenmenschlichen Vorgängen lautet also: Kommunikation ist ein Wechselwirkungsgeschäft mit mindestens zwei Beteiligten. Persönliche Eigenarten, individuelle Verhaltensweisen sind interaktionsbedingt." (Schulz von Thun, 1989, S. 83) Da somit auch der individuelle Verhaltensentwurf im Rahmen von Veränderungsprozessen interaktionsbedingt ist, hat diese Determinante die Optimierung der Wechselseitigkeit interpersonaler Kommunikation zum Ziel.

Ein effizientes Kommunikationsmanagement bei Veränderungsvorhaben muß deshalb `dieses gemeinsame Spiel von Sender und Empfänger´ bzw. die Art des Miteinanders (in der Gruppe) berücksichtigen. (vgl. auch Teil C, Gliederungspunkt 1.2.2) Viele Autoren beziehen sich in diesem Zusammenhang besonders auf das zweite und dritte Axiom von *Watzlawick et alter.* (vgl. Teil C, Gliederungspunkt 2.2.1; vgl. Watzlawick/u.a., 1972, S. 53 ff.) Ausgehend von der systemtheoretischen Betrachtungsweise spiegeln Störungen somit nicht so sehr die Eigenarten eines Individuums wieder, sondern beruhen vielmehr auf der mißglückten Form des Aneinandergeratens. Wenn zwei Personen miteinander kommunizieren und einer von beiden plötzlich beispielsweise depressiv oder restriktiv wird, ist es daher weniger erfolgreich den einzelnen unter die Lupe zu nehmen, als die unbewußten Spielregeln der beiden. (vgl. Schulz von Thun, 1989, S. 82 ff.)

Dieses Verhalten in der Interaktion wird nach *Wahren* (vgl. Wahren, 1987, S. 150) einerseits durch die psychische Konstitution der Gesprächspartner (oder `Frame of

Reference´; vgl. z.B. Gibson/u.a., 1991, S. 553) bestimmt, also ihre Erfahrungen, ihre Ziele und ihr Selbstbild. (vgl. auch Wiswede, 1981, S. 227 f.) Andererseits wird es aber auch durch eine soziale Komponente, das beobachtbare Verhalten der Interaktionspartner, determiniert. Darunter werden die Handlungen und das nonverbale Verhalten derselben gefaßt. "Often people forget that what they do is a means of communication to the extent that it is interpreted by others. For example, a handshake and a smile have meaning. A raise in pay or being late for an appointment also has meaning." (Davis/u.a., 1985, S. 433)

Ursachen für Probleme können damit grundsätzlich in diesen beiden Faktoren begründet liegen. So interpretiert jeder Mitarbeiter die wahrgenommenen Informationen vor dem Hintergrund seines individuellen `Frame of Reference´. "Distortion often occurs because of participants´ differing frames of reference." (Gibson/u.a., 1991, S. 553) Verbesserungen sind daher darauf ausgerichtet, die psychische Konstitution des Gegenübers zu entdecken und ihn dadurch besser zu verstehen. Entsprechende Fertigkeiten von Sender und Empfänger wurden bereits unter Gliederungspunkt 2.1.1.1 angeführt (Feedback, wertneutrale Aufnahme des Gesendeten, aktives Zuhören, empfängerbezogener Formulierungen). Probleme können aber ebenso dadurch auftreten, daß sich die gesendeten Inhalte und das beobachtbare nonverbale Verhalten oder die Handlungen widersprechen. (vgl. Frech, 1993, S. 59) Eine effiziente Kommunikation erfordert daher, daß die gesendeten Informationen und das beobachtbare Verhalten konkruent sind. (vgl. Schulz von Thun, 1989, S. 117)

Als besonders wirksames, grundsätzliches Heilmittel zur Klärung von Problemen dieser Art empfehlen Experten darüber hinaus die Metakommunikation (vgl. Teil C, Gliederungspunkt 2.2.1). Dabei begeben sich die Interaktionspartner gleichsam auf einen `Feldherrnhügel´ und nehmen Abstand zum Geschehen. Auf dieser neuen, etwas abgehobenen Basis reflektieren sie dann über die vergangene Interaktion bzw. deren Probleme. Um erfolgreich zu sein, verlangt diese Metakommunikation in erster Linie einen vertieften Einblick in die eigene Innenwelt und den Mut zur Selbstoffenbarung. (vgl. Schulz von Thun, 1987, S. 91 ff.)

Werden diese Erkenntnisse auf den Veränderungsprozeß in Unternehmen übertragen, dann bedeutet das zum einen, daß jedes Organisationsmitglied aktiv versuchen muß, den jeweiligen Frame of Reference seines Kommunikationspartners zu erkennen. Ein hilfreiches Instrument zur Analyse der psychischen Konstitution des

Gegenübers ist die Transaktionsanalyse (vgl. Teil C, Gliederungspunkt 2.2.4). Zum anderen müssen zudem schriftlich oder mündlich geforderte Verhaltensänderungen durch entsprechendes Verhalten der Führung vorgelebt und unterstützt werden, denn "Revitalization leaders communicate values and intensions not only through words, but also through actions." (Beer/u.a., 1990b, S. 193 f.; vgl. auch ebenda, S. 194 ff.) Allerdings wird das Verhalten in Organisationen von drei zusätzlichen Aspekten beeinflußt. Zum einen ist es normenreguliert. Dies bezieht sich auf die Vielzahl von z.T. unausgesprochenen Regeln, Normen und Ritualen, an denen sich das Handeln einer sozialen Gruppe (Unternehmen) orientiert. Zum zweiten wird Verhalten dazu eingesetzt, die eigenen Ziele und Wertvorstellungen durchzusetzen (dramaturgisches Verhalten). Schließlich ist das Verhalten durch organisationsorientierte Rollen geprägt, die aus der Stellung im Unternehmen resultieren. Sie überlagern die anderen Verhaltensformen. Das beobachtbare Verhalten in Unternehmen stellt schließlich eine Mischung aus diesen drei Verhaltensaspekten dar. (vgl. Wahren, 1987, S. 155 ff.) Eine sinnvolle Interaktion setzt somit zum einen die Fähigkeit zur Rollenübernahme voraus. Zum anderen ist ebenso das Erkennen der individuellen Rollenvorstellungen von Bedeutung, die die einzelnen Akteure in die Interaktion einbringen. (vgl. Wahren, 1987, S. 171)

Abschließend sei angemerkt, daß sich in Unternehmen die Spielregeln des Miteinanders vor allem auch darin bemerkbar machen, wie Gespräche geführt oder Konflikte geklärt werden. (vgl. Wahren, 1987, S. 211)[42] *Müller-Böling et alter* haben in einer breit angelegten Studie 781 Top-Manager bezüglich ihrer Kommunikationspräferenzen befragt.[43] Sie kommen zu dem Ergebnis, daß im allgemeinen die mündliche gegenüber der schriftlichen Kommunikation dominiert. (vgl. Müller-Böling/u.a., 1990, S. 117 f.) Allerdings ist der Gebrauch in hohem Maße situationsabhängig. (vgl. auch Allen, 1977, S. 235) Die Analyse der Kommunikationspräferenzen bezüglich des Kommunikationszwecks zeigt, daß die mündliche Kommunikation vorrangig in Situationen vorgezogen wird, in denen der zwischenmenschliche Kontakt unumgänglich ist (z.B. bei der Ideenfindung, Verhandlungen oder der Entscheidungsfindung; vgl. Abb. 50). Demgegenüber wird die zur Erfüllung der täglichen Führungsaufgabe notwendige Kommunikation (Anweisungen, Informations-

---

[42] An dieser Stelle wird in gewissem Maße dem folgenden Gliederungspunkt 2.1.2.1 vorgegriffen. Zudem ist in diesem Zusammenhang grundsätzlich auch der Faktor bedeutsam, wie Führung praktiziert wird und wie die Mitarbeiter mobilisiert werden. Doch dieser Aspekt wird wegen seiner Wichtigkeit gesondert in Gliederungspunkt 2.3 behandelt. Einzelne Unterpunkte dazu werden jedoch bereits unter Gliederungspunkt 2.1.2.1 zur Thematik der formalen Kommunikation andiskutiert.

[43] Insgesamt wurden in der Umfrage 18141 Kommunikationsvorfälle analysiert und in der Auswertung berücksichtigt. Diese Zahl bildet auch die Grundgesamtheit der Abbildung 50. (vgl. Müller-Böling/u.a., 1990, S. 126 ff.)

weitergabe) überwiegend schriftlich durchgeführt. Betrachtet man die Kommunikationspräferenzen bezüglich des Kommunikationsinhalts (vgl. ebenfalls Abb. 50), dann fällt auf, daß die mündliche Kommunikation besonders bei vertraulichem und dringlichem Inhalt überwiegt. Interessanterweise zeigt die Untersuchung bei kompliziertem Inhalt nahezu eine Gleichverteilung. Nur bei umfangreichen Inhalten wird die schriftliche Kommunikation deutlich vorgezogen. (vgl. Müller-Böling/u.a., 1990, S. 126 ff.)

Abb. 50: Kommunikationspräferenzen

Präferenz / Zweck	pers. Kontakt	Telefon	Brief	Telex, Fax	andere	mündl. Komm.	schriftl. Komm.
Ideenfindung	60	24	8	4	5	84	16
Infoweitergabe	6	24	17	22	31	30	70
Anweisung	19	21	18	11	32	40	60
Verhandlung	55	26	10	7	2	81	19
Entscheidungsfindung	49	28	11	8	5	77	23
Gesamt	32	25	18	14	12	57	43
Inhalt							
vertraulich	52	20	23	1	4	72	28
dringlich	12	44	3	35	7	56	44
umfangreich	20	9	45	17	8	29	71
kompliziert	36	16	30	13	6	51	49
Gesamt	32	25	18	14	12	57	43

(Angaben in %, Rundungsabweichung bis zu 1% möglich)

Quelle: Müller-Böling/u.a., 1990, S. 127 u. S. 130 (zusammenfassende Darstellung)

Interessant ist die Anwendung dieser Erkenntnisse auf das Verhalten im Veränderungsprozeß. *Larkin et alter* führen hierzu eine Reihe von Studien durch und konzentrieren sich auf die Problematik der Kommunikation von Veränderungen in Unternehmen. Ein wichtiges Ergebnis ist, daß sich mehr als zwei Drittel der befragten Mitarbeiter in Kanada, Großbritannien und USA eine Übermittlung der Informationen über die Veränderungsmaßnahme in Form von Face-to-face-Kommunikation wünschen. Wesentlich schlechter schneiden dagegen die schriftliche Kommunikation und Videos ab. (vgl. Larkin/u.a., 1994, S. 90) Ein weiteres

Resultat der Studie ist, daß die Mitarbeiter, die die Informationen nicht Face-to-Face übermittelt bekommen, angeben, Gerüchte als eine Hauptquelle für ihre aktive Informationssuche zu benutzen. (vgl. Larkin/u.a., 1994, S. 94) Daraus leiten *Larkin et alter* ab, daß der wechselseitige Austausch von Mitteilungen im Rahmen von Veränderungsmaßnahmen besonders mit unteren Hierarchieebenen in mündlicher bzw. Face-to-Face-Kommunikation vorzuziehen ist. "You either supply the information the way they (the employees) want it - face to face - or they´ll go elsewhere for it. This is not to say all print and video should be abolished or is a waste. These methods play a valuable role in reaching senior and middle management and a handful of particularly keen supervisors and frontline employees. Keep it. But never assume, because you wrote words down on paper and delivered them to the plant, that you´ve communicated. Everything we know about frontline employees says all you have done is transport paper." (Larkin/u.a., 1994, S. 94 f.) Das bedeutet aber nicht, daß alle anderen Methoden damit wertlos sind. Nach ihrer Meinung spielen sie eine entscheidende Rolle im Informationsverhalten von Top- und Middle-Management.

2.1.2 Organisatorische Kommunikation

Kommunikation läuft immer auch in einem bestimmten Kontext ab. Die organisatorische Kommunikation berücksichtigt diesen speziellen Kontext des Unternehmens als Kommunikationssystem. "Veränderungswürdig erscheinen hier weder der einzelne noch die Interaktion zwischen mehreren, sondern die Zustände, unter denen die Menschen zusammenkommen und die ihnen bestimmte Umgangsformen aufzwingen oder zumindest nahelegen." (Schulz von Thun, 1989, S. 20) Dabei haben die Erkenntnisse aus Gliederungspunkt 2.1.1 uneingeschränkt Gültigkeit, allerdings sind zusätzlich die speziellen Kontextvariablen zu beachten. "Some analyses of organizational communication concern roles individuals play in transmitting information, such as who is a `gatekeeper´ or `boundary spanner´. Others seek to map the typical ways in which communication courses through an organization - that is, to chart communication networks." (Guzzo/u.a., 1991, S. 142) Nach Ansicht des Verfasser erscheinen beide Analysen zur Erläuterung der zugrundeliegenden Thematik sinnvoll. Von daher bietet sich als Systematisierung eine Unterteilung in die beiden Determinanten der `formalen´ und `informalen Kommunikation´ an.

2.1.2.1 Formale Kommunikation

Unter formaler Kommunikation wird - wie bereits in Teil C, Gliederungspunkt 3.2.2 erwähnt - der strukturierte Kontext verstanden, in dem die Kommunikation in Unternehmen abläuft. Formale Kommunikation ist Kommunikation "that follows the hierarchical structure of the organization, or the `chain of command´. It follows the formal, established, official lines of contact." (Richmond/u.a., 1992, S. 26) Eine solche, formal festgesetzte Struktur ist unumgänglich zur Koordination der einzelnen organisatorischen Einheiten. (vgl. Frech, 1993, S. 86) In den meisten Unternehmen dominiert dabei allerdings das Bild der Organisation als Pyramide. (vgl. z.B. Kovach, 1989, S. 114 ff.) Dort erfolgt die Kommunikation von oben nach unten vorrangig in Form von Anweisungen. Von unten nach oben fließen nur die Information, die die übergeordneten Entscheidungsträger benötigen. (vgl. Frech, 1993, S. 87) Bezüglich potentieller Veränderungsvorhaben in Organisationen bedeutet dies, daß (1) Informationen über die Veränderungen eine Reihe von Ebenen durchlaufen und (2) Veränderungen jeder Art von den Personen im formalen Kommunikationsnetzwerk unterstützt werden müssen, wenn sie eine Chance auf Erfolg haben sollen.

Von besonderem Interesse erscheint daher die Frage, ob Veränderungen nun von oben nach unten oder eher von unten nach oben kommuniziert werden sollen. *Guzzo et alter* untersuchen bei vier verschiedenen Typen organisatorischen Wandels[44] den effektiven Einsatz formaler Kommunikation. Sie kommen zu dem Schluß (Guzzo/u.a., 1991, S. 160 ff.), daß Top-down-Kommunikation bei jeder Art von Veränderungsvorhaben grundsätzlich wichtig ist. "The lesson to be learned is that top-down communication is *always* essential to the success of organizational change." (Guzzo/u.a., 1991, S. 161) Sie hat einerseits eine eher symbolische Funktion, indem sie die Vision (vgl. Gliederungspunkt 2.3) offenlegt, die Ziele vorgibt und die wichtigsten Prozesse definiert. Zudem ist sie notwendig, um ein Kommitment gegenüber der Maßnahme aufzubauen und die Mitarbeiter durch den Prozeß zu führen (vgl. Gliederungspunkt 2.3). Andererseits hat sie aber auch eine substantielle Funktion. So sind letztlich die Inhalte entscheidend, die das Management an die unteren Ebenen übermittelt (vgl. Gliederungspunkt 2.2).

---

[44] *Guzzo et alter* untersuchen die Bedeutung von Top-down-, Bottom-up- und horizontaler Kommunikation bei folgenden vier Typen organisatorischen Wandels: Organizational Downsizing, Implementierung eines Employee Stock Ownership Plan, Initiierung von Kontinuierlichen Verbesserungsprozessen und Total-Quality-Management, Implementierung von Informationssystemtechnologie. Die Untersuchung beschränkt sich nicht nur auf den Kommunikationsfluß, sondern analysiert auch die Verbindung der Kommunikationsrichtung während der Durchführung der Veränderung und der Effektivität ihrer Implementierung. (Guzzo/u.a., 1991)

Da große Veränderungsvorhaben in den meisten Fällen von den Mitarbeitern der unteren Hierarchiebenen gelebt werden müssen, ist zudem entscheidend, `wie´ ihnen die entsprechenden Informationen von oben übermittelt werden. *Larkin/ Larkin* konnten in ihrer Studie feststellen, daß es dabei nicht sinnvoll ist, den normalen Dienstweg einzuhalten und die Informationen von oben durch das mittlere Management nach unten zu senden. (vgl. Larkin/u.a., 1994, S. 19 ff.) Allein weil es keine zweckfreie Kommunikation gibt, müssen wichtige und dringende Mitteilungen über möglichst kurze Kanäle und wenige Mittler weitergeleitet werden. "Hierfür ist die Kaskade des hierarchischen Dienstweges in der Regel von vornherein ungeeignet. Wer über Zwischenmittler zentrale Botschaften versendet, kann mit an Sicherheit grenzender Wahrscheinlichkeit davon ausgehen, daß etwas anderes ankommt." (Doppler/u.a., 1994, S. 239) Es ist zu vermuten, daß bestimmte Informationen aus Machtgesichtspunkten oder weil sie Schaden bringen können auf einzelnen Ebenen gezielt zurückgehalten oder abgewandelt werden. Trotzdem erscheint es nicht ratsam, daß Vorstände oder andere Mitglieder des Top-Managements die Mitarbeiter der unteren Ebenen direkt über die Maßnahme informieren. Dies ist zum einen damit zu begründen, daß die Mitarbeiter der unteren Ebenen den Vorständen weniger glauben als ihren direkten Vorgesetzten. Zum anderen schwächt ein solches Vorgehen die Stellung der Vorgesetzten gegenüber ihren Untergebenen. (vgl. Larkin/u.a., 1994, S. 12 ff.)

Will man daher den Ergebnissen von *Larkin/Larkin* Glauben schenken, so muß die erste Priorität darin bestehen, größere Veränderungsvorhaben zuerst den direkten Vorgesetzten der betroffenen Mitarbeiter zu kommunizieren. Die Vorgesetzten haben dann die Aufgabe, die Informationen an ihre Untergebenen weiterzuleiten. Dabei ist die Wahrscheinlichkeit sehr hoch, daß diese die Informationen annehmen, denn die direkten Vorgesetzten sind es, die genau über das Geschehen in ihrem Bereich Bescheid wissen und denen sie deshalb am meisten vertrauen. (vgl. Corrado, 1993, S. 43) "Communication has the best chance of changing frontline behavior if it comes from the most desired and credible source, and that is not the CEO - it´s the immediate supervisor. The first words your employees hear about the customer service campaign, the new product line, the quality drive, the cost cutting exercise, should come from the lips of the person they most know and trust." (Larkin/u.a., 1994, S. 4) Die direkten Vorgesetzten sind sozusagen die Meinungsführer ihrer Untergebenen. (vgl. Larkin/u.a., 1994, S. 11; vgl. auch Gliederungspunkt 2.1.2.2)

Conrad gibt hierzu allerdings zu bedenken, daß zwischen den Mitarbeitern und ihren direkten Vorgesetzten meist das Problem besteht, daß erstere glauben, letztere würden ihnen zuwenig relevante Informationen über Ereignisse und Veränderungen mitteilen, die ihr Arbeitsumfeld direkt tangieren. Dies kann zum einen daran liegen, daß die direkten Vorgesetzten ihnen tatsächlich nur wenige Informationen weitergeben oder ihnen beispielsweise direkt oder indirekt zu verstehen geben, daß sie keine Lust haben, ihnen die Informationen näher zu erläutern. Zum anderen ist es möglich, daß sie subjektiv annehmen, sie würden unzureichend mit Informationen versorgt. Der Appetit kommt schließlich beim Essen. Je mehr Informationen die Mitarbeiter allgemein erhalten, umso mehr Informationen glauben sie haben zu müssen. Letztlich müssen die Vorgesetzten die erhaltenen Informationen auch selbst erst verstehen und dann mit der notwendigen Klarheit weitergeben. (vgl. Conrad, 1985, S. 51 ff.; vgl. auch Blair/u.a., 1985, S. 55 ff.) Ein Ausweg ist darin zu sehen, daß das Top-Management überprüft, ob die Informationen wie gewünscht fließen. Sollte dies nicht der Fall sein, ist den betroffenen Vorgesetzten die Problematik zu verdeutlichen. Ist Einsicht zu erkennen, sind sie entsprechend neuer Erkenntnisse zu trainieren. Damit die erlernten Verhaltensweisen mit der Zeit nicht wieder verwässern, sind schließlich Mechanismen zu implementieren (z.B. Bewertungen), die eine Beibehaltung unterstützen.

Neben dieser Top-down-Kommunikation ist ebenso die Bottom-up-Kommunikation von großer Wichtigkeit für die meisten Arten organisatorischen Wandels. "The `top-down´ initiative is vital but should content itself with the general direction in which the company should move, without insisting on specific solutions. [...] Effective corporate renewals starts at the bottom through informal efforts to solve business problems." (Clarke, 1994, S. 164) Die Bottom-up-Kommunikation gibt den Mitarbeitern der unteren Ebenen zum einen die Gelegenheit, ihre Ideen, Wünsche und Probleme nach oben zu kommunizieren und ermöglicht so eine breite Einbindung der Betroffenen in den gesamten Prozeß. Sie ist zudem unabdingbare Voraussetzung für ein Prozeßredesign und die Erarbeitung sinnvoller und erfolgreicher Lösungsalternativen. Die Mitarbeiter kennen ihren eigenen Arbeitsbereich am besten und wissen daher, wo Verbesserungspotentiale (z.B. unsinnige Arbeitspraktiken) verborgen sind. Zum anderen gibt die Aufwärts-Kommunikation dem oberen Management die Möglichkeit, zu überprüfen, ob der Wandel wie geplant abläuft. Besonders bei Qualitäts-Management- und kontinuierlichen Verbesserungsprozessen liefern solche Informationen sehr gute Möglichkeiten, um die Fortschritte im Veränderungsprozeß zu beobachten. Sie erlauben es, notwendige Modifikationen der Maßnahme zu entdecken. (vgl. Guzzo/u.a., 1991, S. 161 f.) *Conrad* gibt hier allerdings zu bedenken, daß es auch bei der Aufwärts-Kommunikation zu Problemen kommen kann. So ist die Quantität der Bottom-up-Kommunikation von der Organisationsgröße (große Organisationen haben tendenziell weniger Aufwärts-Kommunikation als kleine), den Handlungen der Vorgesetzten und den Charakteristika der Untergebenen abhängig. Auch wird die Richtigkeit der Informationen durch eine Reihe von Faktoren beschränkt. "Information is distorted even more when (1) there are sizeable differences in power or status between two people; (2) there is little trust between them; (3) a subordinate wants to advance to a higher position in the organization and/or wants to be recognized for past advancement; or (4) a subordinate does not believe that a supervisor will help in advancement, especially if the subordinate also believes that the supervisor will have an important impact on that advancement." (Conrad, 1985, S. 50 f.)

Die Bedeutung der horizontalen Kommunikation variiert demgegenüber mit der Art der Veränderungsmaßnahme. Veränderungen, die z.B. die Arbeitsbeziehungen zwischen verschiedenen funktionalen Bereichen tangieren, machen gute horizontale Kommunikation geradezu unerläßlich. (vgl. Guzzo/u.a., 1991, S. 161)[45] Horizontale Kommunikation im Sinne eines Netzwerkes von regelmäßig stattfindenden Teambesprechungen auf allen Ebenen stellt ebenfalls ein unabdingbar notwendiges Gerüst der unternehmensinternen Kommunikation dar. Sie ist nicht nur die grundlegende Voraussetzung für die Steuerung des Unternehmens im Normalbetrieb, sondern insbesondere auch für die Bewältigung des organisatorischen Wandels im Sinne einer Gesamtsteuerung innovativer Prozesse und deren Vernetzung mit der Normalorganisation. (vgl. Doppler/u.a., 1994, S. 225)

Zusammenfassend ist festzuhalten, daß der effektive und effiziente Einsatz der formalen Kommunikation im Rahmen von Veränderungsprozessen von großer Wichtigkeit ist. Zudem realisiert erst die effektive Verbindung von Top-down- und Bottom-up-Kommunikation das Bild einer Zwei-Wege-Kommunikation. "However,

---

[45] Die *BMW-AG* hat die Bedeutung der prozeßorientierten Kommunikationsgestaltung früh erkannt und bereits 1978 die Idee für ein neues Forschungs- und Ingenieurzentrum (FIZ) ins Leben gerufen. Die Besonderheit dieser Einrichtung liegt in der räumlichen Anordnung der Abteilungen. Mitarbeiter aus Konstruktion, Forschung und Entwicklung, Fertigungsplanung und technischem Einkauf, die auch im Entwicklungsprozeß aufeinander angewiesen sind, sind so nebeneinander angesiedelt, daß die sachlich notwendige Kommunikation optimal unterstützt wird. Die FIZ-Planer begannen ihre Arbeit mit einer detaillierten Analyse des Entwicklungsablaufes und untersuchten, welche Mitarbeiter am häufigsten miteinander sprechen. Diese Kommunikationsbeziehungen waren das wichtigste Kriterium für den Entwurf des neuen Entwicklungszentrums. Dadurch, daß die horizontale Kommunikation in einem prozeßorientierten Umfeld nicht nur antizipiert, sondern durch die Architektur des FIZ unterstützt wird, können die Abteilungen selbständig miteinander kommunizieren und selbständig die für sie schnellsten Informationswege wählen. (vgl. BMW-AG, 1993, S. 1)

there is more to communicating change than just funnelling it down through the organization. Modern businesses need communication and feedback up the organization and increasingly across it too as functional barriers break down and horizontal production flows take over. It is this free exchange of ideas across the business which is intrinsic to creativity and change." (Clarke, 1994, S. 169) Zur Überprüfung der Kommunikationsprozesse in Unternehmen schlägt *Greenbaum* die Durchführung eines sogenannten Kommunikation-Audits vor. Da diese Audits die Daten zur Optimierung des gesamten Kommunikationssystems liefern, müssen sie, um suboptimale Lösungen zu vermeiden, immer mit einer Analyse der Organisationsstruktur einhergehen. Erst dadurch ist es möglich, zum einen die individuellen Kommunikationsaktivitäten zu verstehen und zum anderen die Zusammenhänge zwischen Problemen in der Organisationsstruktur und im Kommunikationssystem aufzudecken. (vgl. Greenbaum, 1977, bes. S. 144 f.)[46]

2.1.2.2 Informale Kommunikation

Neben der formalen Kommunikation gibt es in jedem Unternehmen auch informale Kommunikation, die aus dem zwischenmenschlichen, informellen Kontakt der Mitarbeiter untereinander herrührt. Im Gegensatz zur formalen Kommunikation wird der informalen Kommunikation zugeschrieben (vgl. auch Teil C, Gliederungspunkt 3.2.2), sie sei "either spontaneous, used by chance, or auxiliary, used as a result of communicators´ common interests." (Pearce/u.a., 1984, S. 18) Dabei bedingen sich beide Arten unternehmensinterner Kommunikation gegenseitig. Die informale Kommunikation wird als eine notwendige Ergänzung zur formalen angesehen. (vgl. Davis/u.a., 1985, S. 308)

Für die Durchführung von organisatorischen Veränderungen bringt die informale Kommunikation sowohl Vorteile als auch Nachteile mit sich. So erweist sie sich aufgrund der Spontaneität und Zufälligkeit, mit der sich informelle Kommunikations-

[46] *Greenbaum* unterscheidet drei wesentliche Schritt: (1) Fact Finding: Dieser Schritt umfaßt die Analyse der funktionalen Beziehungen der organisatorischen Einheiten untereinander, die Identifikation der Kommunikationsbeziehungen, die Bestimmung organisatorischer Aktivitäten und ihrer Beziehung zu grundlegenden Kommunikationsnetzwerken sowie die Erstellung einer kompletten Übersicht aller Kommunikationsaktivitäten, inklusive der wesentlichen Kommunikationselemente (technische Ausstattung). (2) Analyse: Die Kommunikationsaktivitäten werden im Sinne eines Kommunikationsnetzwerkes klassifiziert, um ein besseres Verständnis für das gesamte Kommunikationssystem zu gewinnen. Zudem müssen angemessene Kriterien gefunden werden, um den Soll-Zustand des Kommunikationsnetzwerkes festzustellen. (3) Bewertung und Bericht: Schließlich sind die Stärken und Schwächen des gesamten Systems zu bewerten und mit dem Management zu diskutieren. Der Abschluß des Audits besteht in einem Bericht, der die Effektivität und Effizienz des vorhandenen Kommunikationssystems aufzeigt und Empfehlungen zu seiner Veränderung enthält. (vgl. Greenbaum, 1977, S. 144 f.)

beziehungen häufig ergeben, in unvorhergesehenen und neuen Situationen als flexibler und anpassungsfähiger als die formale Kommunikation. Ein vermeintlicher Nachteil wird (besonders vom Top-Management) darin gesehen, daß sich Stimmungen, Vorurteile und Vermutungen über angedachte Maßnahmen in \`Windeseile´ verbreiten. Es wurde dazu bereits angemerkt, daß Mitarbeiter diese \`Gerüchteküche´ unter bestimmten Bedingungen als Informationsquelle benutzen. (vgl. Gliederungspunkt 2.1.1.2) Erstaunlicherweise zeigt die informale Kommunikation jedoch meist ein korrektes Bild der Situation. (vgl. Davis/u.a., 1985, S. 314 ff.) Dies wird damit begründet, daß Verzerrungen in der Informationsübermittlung in erster Linie dann auftreten, wenn Mitteilungen zwischen Mitarbeitern von unterschiedlichem Status und Macht ausgetauscht werden. Informale Kommunikation fließt jedoch in der Regel durch kurze Kanäle, über wenige Mittler und erlaubt zeitweise, Status- und Machtdifferenzen zu ignorieren. (vgl. Conrad, 1985, S. 91) Doch selbst wenn Gerüchte als nachteilig aufgefaßt werden, erscheint es kaum möglich, diese informale Kommunikation einzudämmen. "[...] the fact that informal channels exist in prison, prisoner-of-war camps, concentration camps, and occupied countries suggests that they never can be destroyed completely." (Conrad, 1985, S. 91) Wer die unternehmensinterne Kommunikation im Veränderungsprozeß entwickeln will, muß sich daher auch mit der informalen Kommunikation auseinandersetzen. Dabei gelten nach *Doppler* im wesentlichen drei Grundsätze: (1) Die informale Kommunikation ist gezielt zu fördern, (2) es ist dafür zu sorgen, daß formale und informale Kommunikation nicht im Widerspruch zueinander geraten und (3) es gilt, die informale Kommunikation konsequent zu nutzen. (vgl. Doppler/u.a., 1994, S. 235) Ziel muß es daher sein, die informale Kommunikation im Sinne eines \`formalizing the informal´ gezielt zu institutionalisieren. (vgl. Clarke, 1994, S. 169 f.)

Um dies zu erreichen, werden eine Reihe von Maßnahmen empfohlen. So werden beispielsweise Betriebsbesuche (oder \`Wandering around´) angeraten. Sie verfolgen in erster Linie den Zweck, durch direkte, informelle Besuche \`an der Front´ eine Entfremdung zwischen Spitze und Basis des Unternehmens zu verhindern. Desweiteren sind informelle Gesprächsrunden mit Führungskräften zu nennen. Solche \`Kamingespräche´ z.B. am Rande von Bildungsveranstaltungen finden in einer entspannten Atmosphäre statt und ermutigen die Mitarbeiter in einem lockeren Meinungsaustausch, sich das, was sie bewegt, von der Seele zu reden. Auch Telefongespräche mit Mitarbeitern sind eine Möglichkeit, um Anregungen zu erhalten und zudem noch verstärktes, persönliches Interesse zu zeigen. Feste und Ausflüge stellen ebenfalls exzellente Gelegenheiten dar, um im zwanglosen

Gespräch mit Mitarbeitern einen Einblick in das innere Gefüge des Unternehmens zu gewinnen. Schließlich können natürliche Kontakte systematisch gefördert werden, indem im Unternehmen Begegnungsräume im Arbeitsumfeld[47] (z.B. Kaffee-Ecken) eingerichtet werden. Ein in den meisten Unternehmen bereits vorhandener Begegnungsraum, das Kasino oder die Kantine, sollte dabei von den Führungskräften als wichtige Gelegenheit zum informellen Dialog nicht vergessen werden. (vgl. Doppler/u.a., 1994, S. 235 ff.) Ziel dieser Maßnahmen ist es, sich durch den Gedankenaustausch mit anderen inspirieren zu lassen und miteinander zu neuen Lösungen zu kommen. Es geht um den Transfer von Wissen, um das Gewinnen neuer Erkenntnisse und um die Erweiterung der eigenen Gedankenwelt.

Doch obwohl der Unterschied zwischen formaler und informaler Kommunikation im wesentlichen darin gesehen wird, daß erstere eine größere Stabilität und Vorhersehbarkeit besitzt, folgt auch die informale Kommunikation gewissen Mustern. "Now we see that certain of the informal communication behavior also has pattern and predictability, deriving not from the formal organization structure but rather from the regularized patterning of interpersonal communication flows. The fact that such networks exist leads us to speak of an \`informal communication structure´." (Rogers/u.a., 1976, S. 110) Häufig wird eine Organisation deshalb auch weniger als Pyramide, sondern eher als ein Netzwerk unabhängiger Beziehungen definiert. (vgl. Baskin/u.a., 1980, S. 73) Es wird von Kommunikationsnetzwerken gesprochen, in denen die einzelnen Beteiligten bestimmte Rollen innehaben. Auch die Inhaber wichtiger Kommunikationsrollen (vgl. auch Teil C; Gliederungspunkt 3.2.3) beeinflussen die Implementierung einer Maßnahme auf die ein oder andere Weise und sind somit als wesentliche Komponenten in die Durchführung eines Veränderungsvorhabens einzubeziehen. "The persons in the informal network (those not clearly found on the organization´s hierarchical chart but may have potential to be influential) are an integral and necessary component of any successful change process." (Richmond/u.a., 1992, S. 102) Der Einfluß der wichtigsten Rollen im Veränderungsprozeß wird nachfolgend kurz skizziert:

---

[47] Die *Herberts GmbH* Wuppertal, Anbieter von Lacksystemen und Service für die industrielle Serienlackierung von Metallen, Kunstoffen und Spezialgebieten ist hierfür ein gutes Beispiel. Ursprünglich hat sie sich nicht von anderen Unternehmen abgehoben. Einzelbüros und kleine Besprechungszimmer waren die Norm; beides war jedoch schlecht geeignet zur Förderung der informellen Kommunikation. Das Credo bei *Herberts* lautete aber: Nur die Kooperation über alle Ebenen und Bereiche kann langfristig die technologische Zukunft des Unternehmens sichern. Man brauchte also geeignete Räume für moderierte Team- und Gruppenarbeit. Auf dem Firmengelände fand man sie in einer 50 Jahre alten Lackfabrik. Anstatt sie abzureißen, wie ursprünglich vorgesehen, wurde dieses Stück \`Herberts-Geschichte´ vom Grunde auf saniert und zum Kommunikations- und Begegnungszentrum ausgebaut. Aus dieser alten Lackfabrik ist inzwischen ein \`Begegnungsplatz´ geworden, an dem sich täglich mehrere Dutzend Menschen treffen (etwa 20000 im Jahr); Begegnungen, die unter normalen Umständen nie stattfinden würden. (vgl. Canenbley, 1993, S. 4)

- Personen, die die Rolle einer `Brücke´ im Kommunikationsnetzwerk innehaben, haben im Veränderungsprozeß ein hohes Einflußpotential. Sie pflegen enge Beziehungen zu den Mitgliedern ihrer eigenen Clique und unterhalten Kommunikationsverbindungen zu anderen Cliquen und Personen. Können sie für die Unterstützung des Vorhabens gewonnen werden, hat dies positive Auswirkung auf den gesamten Prozeß. "If a bridge can be influenced to accept a change, then he or she might persuade the primary group and possibly influence other groups in a positive manner about the change." (Rchmond/u.a., 1992, S. 103)

- Einen ebenso großen Einfluß haben Personen, die die Funktion eines `Liasons´ einnehmen. Sie verbinden mehrere Cliquen miteinander, ohne jedoch Mitglied in einer dieser Gruppen zu sein. Von daher laufen bei ihnen mehrere Informationsflüsse zusammen. Deshalb sind sie bei der Kommunikation von Mitteilungen von einer Clique zu einer anderen von entscheidender Bedeutung. (vgl. Rogers/u.a., 1976, S. 135) Sie besetzen strategische Positionen in der Organisation und können entweder den Informationsfluß beschleunigen oder auch als Engpaß fungieren. (vgl. Rogers/u.a., 1976, S. 138) Aufgrund ihrer wichtigen Kommunikationsverbindungen zu vielen Gruppen und Personen im Unternehmen sind sie daher entscheidende Personen im Veränderungsprozeß. Sie wissen, was in den verschiedenen Subsystemen der Organisation passiert und sind aufgrund ihrer Position im Kommunikationsfluß in der Lage, die Organisationsmitglieder so zu beeinflussen, daß diese die Veränderungen akzeptieren oder aber ihnen widerstreben. (vgl. Richmond/u.a., 1992, S. 104)

- Ein `Gatekeeper´ kann aufgrund seiner Funktion in der Organisation Informationen bündeln, nach Dringlichkeitswerten sortieren und filtern. Ebenso wie Personen die als `Brücke´ oder `Liason´ fungieren, hat er eine Kontrollfunktion im Kommunikationsfluß und damit einen ebenso starken Einfluß im Veränderungsprozeß. Aufgrund seiner Position kann er beispielsweise eigenmächtig darüber entscheiden, welche Informationen er sofort weitergibt und welche er etwas länger zurückhält. (vgl. Richmond/u.a., 1992, S. 104 f.)

- Personen in der Rolle des `Meinungsführers´, besitzen ebenfalls eine zentrale Position im Veränderungsprozeß. Sie genießen hohes Ansehen und Vertrauen unter ihren Anhängern, differenzieren sich aber z.B. hinsichtlich ihres sozialen Status kaum. Die Systemmitglieder ersuchen bei ihnen Informationen und Ratschläge und messen diesen große Bedeutung bei. Aufgrund ihres Einflusses auf andere Mitglieder des Systems, können sie eine Veränderung unterstützen oder verhindern. "Any intelligent manager or employee will try to locate the \`person other go to for information or advice on issues at hand´ and get their opinions and support before they propose a change to others. If opinion leaders are willing to support a change, the likelihood of success is quite high." (Richmond/u.a., 1992, S. 106) Das Einbeziehen der Kommunikationsaktivitäten von Meinungsführern im Veränderungsprozeß erhöht die Glaubwürdigkeit der Maßnahme und damit gleichzeitig die Wahrscheinlichkeit ihrer Akzeptanz. "Change Agents success is positively related to the extend that he works through opinion leaders. [...] By focusing his communication activities upon opinion leaders in a social system, he can hasten the rate of diffusion. [...] Essentially, the leader approach magnifies the change agent´s effort. He can communicate the innovation to a few opinion leaders and then let word-of-mouth communication channels spread the new idea from there." (Rogers/u.a., 1971, S. 243 f.) Ähnlich ist auch der Einfluß der \`Old boys and girls´ der Organisation zu bewerten. (vgl. Richmond/u.a., 1992, S. 108)

- Ein \`Kosmopolit´ unterhält verstärkt Kommunikationsverbindungen mit der Systemumwelt. Er stellt damit eine Sonderform des \`Gatekeepers´ dar, da er den Informationsfluß kontrolliert, über den Informationen von außen in die Organisation einfließen. (vgl. Rogers/u.a., 1976, S. 140) Direkt hat er zwar keinen großen Einfluß auf den Veränderungsprozeß, verkörpert aber eine wichtige Ressource zum Erkennen neuer Trends außerhalb des Systems. Er besitzt somit entscheidendes Wissen über zukünftige, externe Veränderungen und es obliegt ihm, entsprechend notwendige, interne Veränderungen vorzuschlagen. (vgl. Richmond/u.a., 1992, S. 106)

Zusammenfassend kann konstatiert werden, daß auch die informale Kommunikation eine entscheidende Determinante bei der Implementierung von Veränderungen darstellt. Ihr zielgerichteter Einsatz hat unterstützende Wirkung bei der Akzeptanz von organisatorischen Neuerungen. Gegen sie vorzugehen, erscheint deshalb einerseits nicht ratsam, andererseits aber auch sinnlos. Sie muß vielmehr im Rahmen des Veränderungsprozesses konsequent genutzt und gezielt institutionalisiert werden. Dies umfaßt zum einen den entsprechenden Einsatz von Maßnahmen wie z.B. die Einrichtung von Begegnungsräumen. Dadurch wird künstlich ein Kontext erzeugt, der informale Kommunikation provoziert. Zum anderen betrifft dies aber ebenso die Identifikation und das konsequente Einbeziehen der

Kommunikationsaktivitäten von Personen, die im informellen Unternehmensgeschehen zentrale Positionen und Rollen bekleiden. Sie sind im Rahmen der Kommunikation des Veränderungsvorhabens als Sender, Mittler oder Verstärker einzusetzen und zu positionieren. (vgl. Bush/u.a., 1991, S. 31) Es sei angemerkt, daß sich informale Kommunikationsnetzwerke und Kommunikationsrollen ebenfalls mit Hilfe eines Kommunikation-Audits feststellen und optimieren lassen (vgl. dazu Gliederungspunkt 2.1.2.1).

2.2 Die Determinanten der \`Überzeugenden Kommunikation´

Nach den Ausführungen von Teil B, Gliederungspunkt 3.1.3 schließt sich an das Stadium der Informationswahrnehmung in einem nächsten Schritt ein Entscheidungsstadium an. Den Ausführungen zu diesem Bereich liegt die Erkenntnis zugrunde, daß ein Individuum in der Regel nur beschränkt dazu fähig ist, alle wahrgenommenen Informationen zu verarbeiten, die möglichen Entscheidungsalternativen zu ordnen und zu bewerten sowie komplexe Probleme zu lösen. (vgl. Kirsch, 1970, S. 64 f.) Es wird daher davon ausgegangen, daß der einzelne auf Basis der subjektiv wahrgenommenen Informationen und unter Berücksichtigung individueller Ziele und kollektiver Normen bestimmte Folgen der Maßnahme prognostiziert. Diese Erwartungen beschreiben subjektive Wahrscheinlichkeiten, mit denen er den Eintritt bestimmter Ereignisse bewertet. (vgl. Staehle, 1991, S. 487 f.) Sie führen letztlich zu einer subjektiven Einstellung gegenüber dem Vorhaben. Es kann daher in diesem Stadium von einer Entscheidung unter Risiko ausgegangen werden, bei der die Wahrscheinlichkeit eines positiven Verhaltensentwurfs (Akzeptanz) von der situationsspezifischen und individuellen Bewertung des objekt- und subjektspezifischen Risikos (vgl. Teil B, Gliederungspunkt 3.1.3.2) abhängt.

Wie bereits festgestellt, entsteht eine negative Einstellung gegenüber dem Vorhaben, wenn der einzelne kein Vertrauen in die Leistungsfähigkeit der Maßnahme besitzt (hohe Bewertung des objektspezifischen Risikos) und/oder aufgrund seiner individuellen Bedürfnisstruktur persönliche Nachteile mit der Durchführung des Vorhabens verbindet (hohe Bewertung des subjektspezifischen Risikos). Ziel muß es daher sein, den Prozeß der Einstellungsbildung im Entscheidungsbereich des Individuums so zu beeinflussen, daß durch eine Reduzierung des subjekt- und objektspezifischen Risikos ein positives Empfinden gegenüber der Maßnahme resultiert. Auch nach *Böhnisch* ist das informationspolitische Ziel des aktiv Innovierenden in der Beeinflussung des passiv Innovierenden zu sehen. (vgl. Böhnisch,

1979, S. 127) *Hammer/Champy* vertreten die Ansicht, daß die Akzeptanz der Mitarbeiter aus einer Aufklärungs- und Kommunikationskampagne entsteht, durch die sie davon überzeugt werden, einen tiefgreifenden Wandel anzunehmen. (vgl. Hammer/u.a., 1994, S. 190) Die Optimierung des Übertragungsprozesses von Informationen - also die effiziente Gestaltung der `Unternehmens-Kommunikation´ - ist somit zwar eine notwendige, aber keine hinreichende Bedingung, um den persönlichen Verhaltensentwurf positiv zu beeinflussen. Es wird zudem eine Antwort auf die Frage gesucht, wie durch den effizienten Einsatz der unternehmensinternen Kommunikation auch die Risikobewertung und Entscheidungsfindung der Betroffenen im Vorfeld beeinflußt bzw. eine bereits bestehende negative Einstellung revidiert werden kann.

Graumann nähert sich der Thematik der sozialen Beeinflussung mittels Kommunikation dergestalt, daß er in Anlehnung an *McGuire* die Einstellungsänderung allgemein als eine abhängige Variable von fünf unabhängigen Kommunikationsvariablen begreift. Es handelt sich im einzelnen um die Faktoren der Quelle, der Nachricht, des Kanals, des Empfängers und des Ziels. Durch diese Vorgehensweise wird "eine Grundlage geschaffen für eine Theorie der sozialen Beeinflussung, die als Teiltheorie sozialer Kommunikation insofern aufzufassen ist, als sie nur jene Kommunikation berücksichtigt, die Informationen enthält, die andere Menschen dazu bringen, ihre Einstellungen zu verändern." (Graumann, 1972, Sp. 1169)[48] Die Kanal-Variablen haben in der psychologischen Forschung nur geringe Beachtung gefunden. Im wesentlichen werden dort die Problembereiche der Kommunikations-Modalität und der Diffusion neuer Informationen diskutiert. Dabei engt die Frage der Modalität die Betrachtung auf den Wettbewerb zwischen mündlicher und schriftlicher Kommunikation ein und es spricht einiges dafür, daß man sich in Face-to-face-Situationen (vgl. auch Gliederungspunkt 2.1.1.2) eher überreden läßt als durch Gedrucktes überzeugen. Das Augenmerk der Empfänger-Variablen liegt in

---

[48] *McGuire* betrachtet den Einstellungswandel "als einen stochastischen Prozeß, der wenigsten fünf Verhaltensschritte umfaßt, nämlich *Aufmerksamkeit*, *Verstehen*, *Nachgeben*, *Behalten* und *Handeln*. Der Empfänger muß durch jeden dieser Schritte gehen, wenn Kommunikation letztlich eine Überzeugungswirkung haben soll, und jeder dieser Schritte hängt von der Realisierung des vorhergehenden ab." (McGuire, zitiert in: Graumann, 1972, Sp. 1170) Nach *Logue* ist das Mittel der Überzeugung "one of the most widely used forms of influencing decisions in a democratic society" (Logue, 1977, S. 308) *McGuire* schickt seiner Analyse zudem fünf Typen der sozialen Beeinflussung voraus, die ebenfalls von Interesse für die Beschreibung von Kommunikationssituationen sind. Erstens sind dies *Suggestions*-Situationen, bei denen dem Empfänger mehrfach eine Einstellung oder ein Verhalten vorgestellt wird, bis dieser das Suggerierte übernimmt. Zweitens sind es *Konformitäts*-Situationen, in denen dem Empfänger mitgeteilt wird, daß seine Einstellung von der seiner relevanten Bezugsgruppe abweicht. Drittens handelt es sich um *Gruppendiskussions*-Situationen, in denen die Mitglieder der Gruppe dem Empfänger ihre Argumente mitteilen und auf seine Gegenargumente eingehen. Viertens sind es *Überzeugungs*-Nachrichten, bei denen es sich um vorgefertigte Argumente handelt, die den Empfänger zu einer bestimmten Einstellung bringen. Schließlich ist die *Intensive Indoktrinierung* zu nennen, worunter *McGuire* Situationen der Kindeserziehung, der Psychotherapie und der Gehirnwäsche faßt. (vgl. Graumann, 1972, Sp. 1170 f.)

diesem Kontext auf der Verfassung des Empfängers bei und nach Empfang der Nachricht. Hier sind u.a. differential-psychologische Eigenschaften des Empfängers angesprochen. Auf diese Thematik wird aufgrund der dem Forschungsvorhaben zugrundeliegenden Restriktionen (vgl. Teil A) nicht weiter eingegangen. Die Ziel-Variablen umfassen letztlich das Einsetzen und die Zeitdauer der Kommunikationswirkung sowie die Bedingungen einer möglichen Immunisierung. Die Zeitdauer bezieht sich im wesentlichen auf die in der Lernpsychologie diskutierte Vergessenskurve. Es geht hier darum, wie oft und wie lange bestimmte Informationen ausgesandt werden müssen, um eine Wirkung zu erzeugen und zu erhalten. Der Aspekt der Immunisierung trägt der Tatsache Rechnung, daß es im Sinne eines jeden \`Lehrenden´ ist, den \`Erzogenen´ vor einer zukünftigen Übernahme \`schlechter´ Haltungen zu schützen. (vgl. Graumann, 1972, Sp. 1173 ff.)

Nachfolgend werden die beiden Variablen der Quelle und der Nachricht näher betrachtet, da ihnen im Zusammenhang mit organisatorischen Veränderungen eine größere Bedeutung zukommt. Diese Erkenntnis basiert auf einem Vorschlag von *Back*, nach dem während einer sozialen Kommunikation sowohl allgemeine Informationen und als auch Informationen über den Kommunikator vermittelt werden. Erstere betitelt er als primäre, letztere als sekundäre Informationen. Dabei wird davon ausgegangen, daß die sekundären Informationen eine große Rolle spielen, wenn der Empfänger über Annahme oder Ablehnung der primären Informationen als Entscheidungsprämisse befindet. (vgl. Kirsch, 1971, S. 168) *Schulz von Thun* bezeichnet diese beiden Aspekte in seinem Modell der vier Seiten einer Nachricht (vgl. Teil C, Gliederungspunkt 2.2.2) als Sach- und Selbstoffenbarungsaspekt. (vgl. Schulz von Thun, 1989, S. 26 f.) Entsprechend den Ansatzpunkten zur Verbesserung der unternehmensinternen Kommunikation bei Veränderungsmaßnahmen (vgl. Gliederungspunkt 1) heißt das, daß im Rahmen der \`Überzeugenden-Kommunikation´ sowohl die Botschaft als auch bestimmte Eigenschaften des Senders im Mittelpunkt des Interesses stehen.

2.2.1 Die Bedeutung der Nachrichtenquelle

Die Wirksamkeit einer Nachrichtenquelle wird nach *Kelman* von drei Komponenten bestimmt.[49] (vgl. Graumann, 1972, Sp. 1171) Eine wichtige sekundäre Information

[49] Neben diesen drei zentralen Komponenten gibt es noch weitere Möglichkeiten und Eigenschaften, die der Sender einsetzen kann, um seine primären Informationen so geschickt zu plazieren, daß sie vom Empfänger akzeptiert werden und bei ihm schließlich zu einer Einstellungsänderung führen. Die Fülle der zu dieser Thematik im Buchhandel erhältlichen Bücher dokumentiert diese Vermutung. Eines der interessantesten und besten Bücher hierzu stellt sicherlich *Dale Carnegies* Klassiker "How to win friends and influence people" dar, der schon

ist danach die *Glaubwürdigkeit* des Senders. In den USA hat sich besonders die Hoveland-Schule mit dieser Eigenschaft befaßt. Untersucht wurde die Leithypothese, daß ein Kommunikator um so eher einen Rezipienten beeinflussen kann, je glaubwürdiger er ist. (vgl. Wiswede, 1981, S. 228) Danach kann die Glaubwürdigkeit in der Kompetenz des Senders, seiner Objektivität oder in seiner vermuteten Absicht ihre Wurzeln haben. (vgl. Graumann, 1972, Sp. 1171)

Die zweite zentrale Komponente, die die Wirksamkeit einer Nachrichtenquelle bestimmt, ist deren *Attraktivität*. Sie resultiert im wesentlichen aus der Ähnlichkeit, der Vertrautheit und der Sympathie zwischen Sender und Empfänger. (vgl. Graumann, 1972, Sp. 1171) Kaum jemand ist erstaunt zu hören, daß wir am liebsten dem Gesagten desjenigen zustimmen, den wir kennen und sympathisch finden. Nun gibt es eine Reihe von Faktoren, die man einsetzen kann, um künstlich Sympathie zu erzeugen. Der einflußreichste Faktor ist sicherlich die Ähnlichkeit. Wir mögen Menschen, die uns ähnlich sind, wobei sich diese Ähnlichkeit auf Ansichten, Charakterzüge, Herkunft oder Lebensstil beziehen kann. Eine die Einwilligungsbereitschaft erhöhende Sympathie läßt sich mithin dadurch erzeugen, daß man versucht, seinem Gegenüber auf eine von diesen Arten ähnlich zu sein. (vgl. Cialdini, 1993, S. 167 u. S. 172 f.)

Glaubwürdigkeit und Attraktivität des Senders begründen nachdrücklich, warum Informationen über anstehende Veränderungen dann eher angenommen werden, wenn sie den betroffenen Mitarbeitern von ihren direkten Vorgesetzten oder einem anerkannten Meinungsführer kommuniziert werden. Durch sie wird eine für eine effizente Kommunikation notwendige Vertrauensbasis zwischen den Mitarbeitern und diesen Personen geschaffen. Eine mangelhafte Vertrauensbasis kann dazu führen, daß der "information flow among people is reduced. They have less drive to send messages and less reason to believe those which are received. Without trust, employees search between the lines, [...]. If subordinates do not have trust in superiors, they are not as likely to listen or to believe in management messages." (Davis/u.a., 1985, S. 451) Der direkte Vorgesetzte stellt für die Mitarbeiter eine glaubwürdige Quelle im Unternehmen dar, zu der sie außerdem großes Vertrauen haben, da er das Arbeitsumfeld genau kennt, in dem die Mitarbeiter tätig sind. (vgl.

seit den 30er Jahren nicht mehr aus den Bestsellerlisten wegzudenken ist. (vgl. Carnegie, 1981) Als weiteres Buch mit weitreichender Bedeutung, welches ganz gezielt sozialpsychologische Grundkenntnisse aufbereitet, ist *Cialdinis* Werk "Influence - How and why people agree to things" zu nennen. (vgl. Cialdini, 1993) Es basiert auf der Erkenntnis, daß viele Verhaltensweisen auf festgelegten Handlungsmustern gründen. "Auch wenn sie normalerweise nur zu unserem Vorteil arbeiten, können die Auslöser, die sie aktivieren, benutzt werden, *uns* in die Irre zu führen und sie zur falschen Zeit abzuspulen." (Cialdini, 1993, S. 23)

Gliederungspunkt 2.1.2.1; vgl. Larkin/u.a., 1994, S. 4; vgl. Corrado, 1993, S. 43) Die Meinungsführer und `Old boys and girls´ werden von den Mitarbeitern ebenfalls als glaubwürdige und vertrauensvolle Ansprechpartner angesehen (vgl. Gliederungspunkt 2.1.2.2). Ihre besondere Position im Kommunikationsprozeß von Veränderungen wird dadurch bekräftigt. Interessant ist dabei die Erkenntnis, daß es häufig nicht einmal notwendig ist, daß diese Personen tatsächlich anwesend sind, um wirksam zu sein; oft genügt bereits das Erwähnen ihres Namens, um entsprechende Handlungsmuster auszulösen. (vgl. Cialdini, 1993, S. 168)

Die *Autorität* oder die *Macht* des jeweiligen Senders (vgl. auch Böhnisch, 1979, S. 138, ff.) ist schließlich die dritte zentrale Komponente.[50] Spätestens seit den *Milgram*-Studien aus den 60er Jahren scheint es offensichtlich, wie weit der Gehorsam gegenüber der Autorität reichen kann.[51] (vgl. Cialdini, 1993, S. 210 ff.) Nach *Graumann* zählen zur Macht eines Senders im wesentlichen die `outcome control´, die `information control´, die Sorge, die der Sender dem Empfänger entgegenbringt, und die eigentliche Kontrolle im Sinne einer Überprüfung des vom Sender gewünschten Verhaltens. (vgl. Graumann, 1972, Sp. 1171) Die Bedeutung bestimmter Personen als Kontrollinstanzen im Informationsfluß in informalen Netzwerken (`information control´) wurde bereits im Rahmen einer effizienten Nutzung der informalen Kommunikation im Veränderungsprozeß hervorgehoben und eingehend diskutiert (vgl. Gliederungspunkt 2.1.2.2)

Diese Erkenntnisse lassen den Schluß zu, daß die drei Komponenten Glaubwürdigkeit, Attraktivität und Macht des jeweiligen Senders von entscheidender Bedeutung für die Akzeptanz primärer Informationen über das Veränderungsvorhaben sind. Sie beeinflussen den Empfänger nachhaltig in seiner Entscheidung,

---

[50] In der verhaltenswissenschaftlichen Diskussion gibt es eine Vielzahl von Begriffen, die Machtphänomene kennzeichnen. Der Prozeß der Machtausübung ist darüber hinaus durch Manipulation charakterisiert. Ergreift beispielsweise ein Entscheider Maßnahmen der aktiven Beeinflussung, die einen anderen Entscheidungsträger dazu bewegen sollen, seine Entscheidungen an bestimmten Machtprämissen zu orientieren, so liegt eine Manipulation dieses Entscheidungsträgers vor. Allerdings ist dies nicht unbedingt gleichzusetzen damit, daß erfolgreiche Machtausübung immer manipulative Maßnahmen voraussetzt. (vgl. hierzu Kirsch, 1971, S. 183 ff.; als weitere Literaturquellen seien hierzu überdies empfohlen: vgl. Küpper/u.a., 1992; vgl. Crozier/u.a., 1979)

[51] *Milgram* führte eine Reihe von Experimenten durch, in denen er vorgab, zu untersuchen, wie Strafe sich auf die Lernfähigkeit und das Gedächnis des Lernenden auswirkt. Dazu wurden per Anzeige Freiwillige für eine `Untersuchung des Gedächnisses´ gesucht. Diese wurden vor der Durchführung des Versuches von einem Versuchsleiter und einem weiteren Freiwilligen (`dem Lernenden´), der später die Aufgabe hatte, eine lange Liste von Wortpaaren auswendig zu lernen, empfangen. Die per Anzeige gesuchten Freiwilligen (`die Lehrer´) bekamen dann von dem Versuchsleiter die Aufgabe, das Gedächnis des `Lernenden´ zu testen und ihm bei jedem Fehler immer stärker werdende Elektroschocks auszuteilen. Was die `Lehrer´ nicht wußten war, daß der `Lernende´ kein Freiwilliger, sondern ein Schauspieler war, der nur so tat, als ob er die Schocks erhalten würde. Das Ergebnis des Versuchs war äußerst beunruhigend. Anstatt auf das Flehen und Bitten des `Lernenden´ einzugehen und mit der Tortur aufzuhören, folgten etwa zwei Drittel der `Lehrer´ den Anweisungen des Versuchsleiters und gingen bis zu einer Bestrafung von 450 Volt, bis dieser das Experiment schließlich beendete. (vgl. Cialdini, 1993, S. 209 ff.)

welche Informationen er letztlich zur Bewertung und Reduzierung der beiden Risikoarten nutzt. Somit läßt sich daraus folgern, daß die Überzeugungswirkung der primären Informationen im Sinne einer Reduzierung von Risiko bei den betroffenen Mitarbeitern durch den konsequenten und effizienten Einsatz dieser drei Komponenten im Kommunikationsprozeß erhöht werden kann.

Trotz ihrer Bedeutung im Zusammenhang mit sozialer Beeinflussung wird auf die Nachrichtenquelle an dieser Stelle nicht weiter eingegangen. Das ist zum einen damit zu begründen, daß wesentliche Punkte schon im Rahmen der `Unternehmens-Kommunikation´ unter Gliederungspunkt 2.1 diskutiert wurden. Zum anderen wird dieser Aspekt - und hier speziell die Machkomponente (genauer gesagt unterschiedliche Machtbasen wie z.B. `expert power´ oder `referent power´) - noch einmal im Zusammenhang mit der mobilisierenden Wirkung der unternehmensinternen Kommunikation unter Gliederungspunkt 2.3.2 (Leadership) aufgegriffen und thematisiert. Die drei genannten Komponenten werden hier deshalb nicht explizit als Determinanten der `Überzeugenden-Kommunikation´ angeführt, da sie bereits implizit an anderer Stelle berücksichtigt werden. Nachfolgend steht damit alleine die Nachricht im Mittelpunkt der `Überzeugenden Kommunikation´.

2.2.2 Die Nachricht als Überzeugungsinstrument

Die primäre Information bzw. die Nachricht selbst ist die zentrale Komponente der `Überzeugenden Kommunikation´ in Organisationen. Jeder Sender, der eine Veränderung durchsetzen will, bedient sich faktischer, wertender und präskriptiver Informationen. (vgl. Böhnisch, 1979, S. 129) Grundsätzlich wird in den Informationsinhalt und in die Art und Weise seiner Präsentation differenziert. Beide Aspekte sind von entscheidender Bedeutung für die Art und das Ausmaß einer potentiellen Verhaltensänderung. Die Art und Weise der Präsentation von Inhalten bezieht sich dabei im wesentlichen auf Strukturierungsfragen bzw. Anordnungsmuster. (vgl. Böhnisch, 1979, S. 129 f.) *Graumann* führt hierzu vier Klassen von allgemeinen Nachrichtenfaktoren an, die eine Nachricht psychologisch charakterisieren. (vgl. dazu Graumann, 1972, Sp. 1171 ff.) Die erste Klasse umfaßt die verschiedenen Typen der Überredung, die in Anlehnung an die Rhetoriklehre von *Aristoteles* in Ethos-. Pathos- und Logos-Aspekt unterschieden werden. Dabei zentriert der Ethos-Aspekt die Nachricht auf die Persönlichkeit des Senders. Der Pathos-Aspekt richtet den Blick auf die Gefühle und Werthaltungen des Empfängers und der Logos-Aspekt fordert ihn auf, sich rational mit den erhaltenen Argumenten auseinanderzusetzen. Die zweite Klasse betrifft die Reichhaltigkeit der überzeugenden Nachricht. Im Vordergrund steht hier die Frage, wieviele Argumente dem Empfänger gegeben oder welche letztlich ausgelassen und dem Empfänger zur eigenen Interpretation überlassen werden sollen. Die Reihenfolge der Darbietung ist Gegenstand der dritten Klasse. (vgl. dazu auch Hoveland, 1966, S. 137 ff.) Schließlich beschreibt die vierte Klasse die Diskrepanz zwischen der vom Empfänger anfänglich vertretenen und der ihm durch die Nachricht nahegelegten Einstellung. In Abhängigkeit von der jeweiligen Situation wird die Überzeugungswirkung einer Nachricht vom Einsatz und der Kombination verschiedener Dimensionen der einzelnen Klassen determiniert.

Neben diesem eher allgemeinen Aspekt stellt sich jedoch gerade im Rahmen von organisatorischen Veränderungen die zentrale Frage, welche Inhalte in einer Nachricht übermittelt werden sollten, damit die Mitarbeiter zu einer positiven Risikobewertung kommen. Um diese Frage beantworten zu können, ist vorab zu klären, welche Eigenschaften einer organisatorischen Neuerung grundsätzlich von den betroffenen Mitarbeitern (den potentiellen Adoptern) wahrgenommen werden und ihre Akzeptanz beeinflussen. Dies erscheint deshalb wichtig, weil "it is the receivers´ perceptions of attributes of innovations, not the attributes as classified by experts or change agents, that affect their rate of adoption. Like beauty, innovation exist only in the eye of the beholder. And it is the beholder´s perceptions that influence the beholder´s behavior." (Rogers, 1983, S. 212)

Rogers weist fünf Charakteristika einer Innovation nach, die sich gegenseitig ausschließen und universell relevant sind. Es handelt sich dabei um die Attribute `Relativer Vorteil´, `Kompatibilität´, `Komplexität´, `Erprobbarkeit´ und `Sichtbarkeit´. (vgl. Rogers, 1983, S. 210 ff.) *Richmond/McCroskey* übertragen diese Erkenntnisse auf organisatorische Neuerungen. Nach ihrer Ansicht kann davon ausgegangen werden, daß die Anzahl der Mitarbeiter, die eine Veränderung akzeptieren und übernehmen, signifikant von der Kommunikation und Erklärung dieser Eigenschaften der organisatorischen Neuerung abhängt. "If employees see advantages, feel the innovation is compatible with norms, think it is easy to handle, and can try it or at least see it being tried and observe positive results, then an innovation has high likelihood of adoption and continued use. The reason change fails in most organizations is that people fail consider the stages in the adoption process and the attributes of innovation. [...] Communicating the five basic attributes is a step that will increase the likelihood that change will be accepted, not rejected." (Richmond/u.a., 1992, S. 119) Mithin muß eine Nachricht, die die Mitarbeiter überzeugt und ihre Riskobewertung beeinflußt, Informationen über diese fünf Attribute beinhalten. Nachfolgend werden sie daher als die zentralen Determinanten der `Überzeugenden Kommunikation´ verstanden und einzeln diskutiert (vgl. Abb. 51).

Abb. 51: Determinanten der `Überzeugenden Kommunikation´

Überzeugende Kommunikation
• Relativer Vorteil; **• Kompatibilität;** **• Komplexität;** **• Erprobbarkeit;** **• Sichtbarkeit.**

2.2.2.1 Relativer Vorteil

Der relative Vorteil stellt wahrscheinlich die wichtigste Determinante der `Überzeugenden Kommunikation´ dar. Er bezeichnet das Ausmaß einer organisatorischen Veränderung, mit dem diese Neuerung von den Betroffenen gegenüber bestehenden Alternativen als besser wahrgenommen wird. (vgl. Rogers, 1983, S. 213) Interessant ist hierbei, daß nicht der objektiv vorhandene relative Vorteil relevant ist, sondern der subjektiv wahrgenommene. Wird der objektiv vorhandene Vorteil also nicht entsprechend deutlich kommuniziert, hat das weitreichende Konsequenzen auf die individuelle Risikobewertung. Dies liegt zum einen daran, daß der relative Vorteil ein zentrales Kriterium zur Bewertung des objektspezifischen Risikos ist. Die erste Frage, die potentielle Adopter i.d.R. allgemein zu beantworten versuchen, lautet: Ist die neue Idee bezüglich ihrer Leistungsfähigkeit besser als das, was bereits existiert? (vgl. Richmond/u.a., 1992, S. 117) Will eine Organisation beispielsweise eine Restrukturierung durchführen, dann liegt der relative Vorteil vielfach darin, daß die neue Organisationstruktur wesentlich effizienter arbeitet als die bestehende. In diesem Fall läßt er sich mit Hilfe des Effizienzkriteriums Profitabilität messen und kommunizieren. (vgl. Rogers, 1983, S. 214) Zum anderen läßt er sich aber ebenso im Sinne von persönlichem Statusgewinn oder individueller Entwicklung interpretieren. (vgl. Rogers, 1983, S.

215 f.) Damit ist er auch ein Entscheidungskriterium zur Bewertung des subjektspezifischen Riskos. *Rogers* konnte in diesem Kontext nachweisen, daß der relative Vorteil einer Neuerung, wie er von den Mitgliedern eines sozialen Systems wahrgenommen wird, positiv mit der Akzeptanzwahrscheinlichkeit korreliert. (vgl. Rogers, 1983, S. 218) Daraus folgt, daß "one must be prepared to demonstrate the advantages of adopting the new idea over the current existing idea or thing." (Richmond/u.a., 1992, S. 117) Denn während des gesamten Entscheidungsprozesses suchen die Individuuen nach entsprechenden Informationen, um ihre Unsicherheit sowohl im Hinblick auf die Sinnhaftigkeit des Vorhabens (objektspezifisches Risiko) als auch im Hinblick auf die eigene Person (subjektspezifisches Risiko) zu reduzieren. "When individuals (or organizations) pass through the innovation-decision process, they are motivated to seek information in order to decrease uncertainty about the relative advantage of an innovation." (Rogers, 1983, S. 217)

Um allerdings den Zusammenhang überhaupt verstehen und den relativen Vorteil bewerten zu können, muß das Problemverständnis der Mitarbeiter erhöht werden. Dazu ist es grundsätzlich notwendig, Informationen über die Ursachen und die Notwendigkeit der Veränderung zu vermitteln. Darüber hinaus benötigen die Mitarbeiter Informationen sachlicher Natur, die sowohl das Veränderungsvorhaben i.e.S. als auch die Ziele bzw. den anvisierten Endzustand zum Gegenstand haben. (vgl. Staehle, 1991, S. 904; vgl. Hammer/u.a., 1994, S. 136; vgl. Böhnisch, 1979, S. 129) Jeder Mitarbeiter stellt nämlich angesichts bevorstehender Veränderungen immer auch die einfache Frage: Warum und wozu das Ganze? (vgl. Doppler, 1994, S. 205) Erst wenn die betroffenen Mitarbeiter die Gründe und die Notwendigkeit für die Durchführung des Vorhabens verstehen, sind sie in der Lage, den relativen Vorteil sowohl objektspezifisch als auch subjektspezifisch zu erkennen und zu bewerten.

Wichtig sind in diesem Kontext auch die Forschungsergebnisse von *Larkin/Larkin*. Aus ihnen geht nämlich hervor, daß bei der Kommunikation des relativen Vorteils ein wesentlicher Aspekt zu beachten ist. Danach sind die Mitarbeiter grundsätzlich weniger an Informationen über das gesamte Unternehmen, als vielmehr an solchen, die ihre direkte Arbeitsumgebung betreffen, interessiert. "Your employees don´t care about the company. What they do care about is their local work area." (Larkin/u.a., 1994, S. 152) Wenn Kommunikation also Verhalten ändern soll, dann muß sie Informationen über die direkte Arbeitsumgebung der betroffenen Mitarbeiter enthalten. Entsprechend müssen sich auch die Informationen über relative Vorteile auf den entsprechenden Arbeitsbereich beziehen, der von der Veränderung betroffen wird. Dabei sind sowohl seine Leistungsfähigkeit z.B. im Vergleich zum stärksten Konkurrenten (vgl. auch Beer/u.a., 1990b, S. 78 ff.) als auch der Einfluß einer Veränderung auf die Arbeitsplatzsicherheit der Mitarbeiter herauszustellen. "Communication needs to work with loyalities and interests employees already have, and should not head down the futile path of trying to give employees new ones. What employees value is their lokal work area and their job security. Communication works, it changes employees behavior, only when it anchors itself in these values." (Larkin/u.a., 1994, S. 153) `Überzeugende Kommunikation´ muß somit, wenn sie effizient sein soll, den relativen Vorteil der neuen Maßnahme im Einklang mit den Mitarbeiterinteressen vermitteln. Dies gilt grundsätzlich auch für die Kommunikation der übrigen vier Determinanten.

2.2.2.2 Kompatibilität

Kompatibilität ist ebenfalls ein bedeutsames Kriterium für die Akzeptanz von Neuerungen. Sie beschreibt das Ausmaß, mit dem eine Neuerung von den potentiellen Adoptern als vereinbar mit ihren Werten, Erfahrungen und Bedürfnissen wahrgenommen wird. Eine neue Idee kann nach *Rogers* mit (1) den soziokulturellen Werten und Einstellungen, (2) bereits vorher eingeführten Ideen und Maßnahmen oder (3) dem vorhandenen Bedarf nach einer Neuerung kompatibel sein. (vgl. Rogers, 1983, S. 223) Grundsätzlich gilt dabei die Hypothese, daß die Mitglieder einer Organisation eine neue Maßnahme eher akzeptieren, wenn diese von ihnen als mit ihren Normen und Werten vereinbar bewertet wird, als eine solche, für die dies nicht zutrifft. Somit ist die Anzahl der Mitarbeiter einer Organisation, die bereit sind, eine organisatorische Neuerung zu übernehmen, positiv korreliert mit der von ihnen wahrgenommenen Kompatibilität des jeweiligen Vorhabens mit den vorherrschenden Bedingungen. (vgl. Rogers, 1983, S. 226) Dieser Feststellung liegt die Erkenntnis zugrunde, daß eine neue Idee umso weniger Unsicherheiten für die betroffenen Mitarbeiter verbirgt, je kompatibler sie mit ihren Vorstellungen ist. Eine Erhöhung der Kompatibilität trägt mithin zur Reduktion der Unsicherheit der Betroffenen und damit zu einer niedrigeren Risikobewertung bei. Ist das neue Vorhaben beispielsweise mit den soziokulturellen Einstellungen der einzelnen vereinbar, wird das subjektspezifische Risiko reduziert; für den Fall, daß es mit anderen Maßnahmen oder den vorherrschenden Arbeitsbedingungen kompatibel ist, verringert sich das objektspezifische Risiko.

Daraus folgt einerseits, daß neue Maßnahmen an die spezifische Situation des jeweiligen Bereichs, in dem sie implementiert werden sollen, angepaßt werden müssen. (vgl. Teil B) Zum anderen heißt das aber auch, daß eine vorhandene Kompatibilität den betroffenen Mitarbeitern entsprechend kommuniziert werden muß. Denn auch hier ist wieder die subjektive Wahrnehmung entscheidend. Die meisten Menschen werden nur dann eine Veränderung annehmen und akzeptieren, wenn sie von ihnen als kompatibel mit den bestehenden Normen und Werten wahrgenommen und bewertet wird. (vgl. Richmond/u.a., 1992, S. 117) "Potential user of the new idea want to know that the new idea is compatible with their way of life or work." (Richmond/u.a., 1992, S. 117)

2.2.2.3 Komplexität

Eine weitere wichtige Eigenschaft einer Neuerung im Zusammenhang mit ihrer Akzeptanz ist ihre Komplexität. Sie drückt den Grad aus, in dem die Neuerung von den potentiellen Betroffenen als relativ schwer verständlich und umsetzbar wahrgenommen wird. I.d.R. bewertet jedes Individuum eine anstehende Neuerung auf einer Skala von sehr komplex bzw. schwer verständlich bis sehr einfach. Je komplexer nun eine neue Maßnahme von den Mitgliedern einer Organisation wahrgenommen wird, um so kleiner ist die Anzahl derjenigen, die die Maßnahme akzeptiert. Das Ausmaß an Komplexität ist somit negativ korreliert mit der Akzeptanzwahrscheinlichkeit. (vgl. Rogers, 1983, S. 230 f.) Dies ist allgemein damit zu begründen, daß komplexe, schwer nachvollziehbare Veränderungen aus der Sicht der Betroffenen nur äußerst schwierig zu bewerten sind. Sie enthalten dadurch einen höheren Unsicherheitsfaktor und werden deshalb tendenziell eher mit Chaos oder persönlichem Verlust assoziiert.

Für die effiziente Gestaltung der Kommunikation eines Veränderungsvorhabens bedeutet das, daß ein neues Vorhaben den Mitarbeitern grundsätzlich einfach und leicht verständlich vermittelt werden muß. "Employees want to adopt ideas that are presented in a simple, easy-to-understand manner. We want to adopt things or ideas that seem to be `user friendly´. A rule of thumb is the KISS motto (Keep It Simple, Stupid!) when introducing a new idea." (Richmond/u.a., 1992, S. 118)

2.2.2.4 Erprobbarkeit

Als vierte Eigenschaft von Bedeutung für die Übernahme und Akzeptanz einer organisatorischen Neuerung ist ihre Erprobbarkeit zu nennen. Sie beschreibt das Ausmaß, mit dem eine potentielle Neuerung in einem bestimmten Bereich der Organisation getestet werden kann. Die Erprobbarkeit ist nach der Erkenntnis von *Rogers* positiv korreliert mit der Anzahl der Mitarbeiter, die die Veränderung letztlich akzeptieren. (vgl. Rogers, 1983, S. 231) Grundsätzlich wird davon ausgegangen, daß die Möglichkeit, die neue Maßnahme vor ihrer tatsächlichen Implementierung zu testen, eine hohe akquisitorische Wirkung ausstrahlt.

Allerdings muß bei diesem Kriterium zweierlei beachtet werden. Zum einen ist es meist nicht möglich, eine neues Vorhaben in der gesamten Organisation zu testen. Wenn ein Test überhaupt durchführbar ist, dann ist dies vielfach nur in einem kleinen Teilbereich des Systems machbar. Zum anderen lassen sich manche organisatorische Neuerungen vor ihrer erstmaligen Einführung an keiner Stelle ausprobieren. In jedem Fall ist es jedoch wichtig, allen Mitarbeitern, die mit dem Vorhaben konfrontiert werden, Informationen über positive Testergebnisse bzw. über an anderer Stelle bereits erfolgreich eingeführte ähnliche Maßnahmen (z.B. in anderen Unternehmen) zu kommunizieren. (vgl. Richmond/u.a., 1992, S. 118) Eine Begründung für die Wichtigkeit der Kommunikation positiver Testresultate findet sich im folgenden Gliederungspunkt.

2.2.2.5 Sichtbarkeit

Schließlich ist die Sichtbarkeit des neu einzuführenden Vorhabens ein ebenso wichtiges Kriterium zur Beeinflussung der Akzeptanz. Sie repräsentiert das Ausmaß, mit dem die Resultate bzw. die Erfolge einer organisatorischen Neuerung für andere Mitglieder in der Organisation sichtbar sind. Bei manchen Maßnahmen und in manchen Organisationen sind sie leichter, bei anderen schwerer zu beobachten. *Rogers* weist dennoch daraufhin, daß die Sichtbarkeit einer Neuerung, so wie sie von den Mitgliedern einer Organisation empfunden wird, positiv mit der Akzeptanzwahrscheinlichkeit korreliert. (vgl. Rogers, 1983, S. 232)

Dieser Hypothese liegt die Annahme zugrunde, daß eine hohe Sichtbarkeit positiver Resultate (vgl. auch Gliederungspunkt 2.2.2.4) die Unsicherheit der potentiell Betroffenen reduziert. Diese Überlegung basiert auf dem Prinzip der sozialen

Bewährtheit. "Es besagt, daß eines der Mittel, das wir benutzen, um herauszufinden, was richtig ist, darin besteht, herauszufinden, was andere für richtig halten." (Cialdini, 1993, S. 120) Wir betrachten also ein Verhalten oder ein Vorhaben als um so richtiger und adäquater, je öfter wir sehen, daß es sich auch bei anderen bewährt hat. Für die effiziente Gestaltung der Kommunikation von Veränderungen ist somit die Übermittlung von Informationen über positive Resultate von entscheidender Wichtigkeit. "In any case, you need to design a way in which others can see positive results of your idea or innovation or they can see your suggestion working in another organization. If people can see things working, they are more likely to buy into them." (Richmond/u.a., 1992, S. 118)

2.3 Die Determinanten der `Mobilisierenden Kommunikation´

Die `Mobilisierende Kommunikation´ ist schließlich die dritte wichtige Komponente im Rahmen einer effizienten Gestaltung der unternehmensinternen Kommunikation im organisatorischen Veränderungsprozeß. Während das vorrangige Ziel der `Überzeugenden Kommunikation´ darin besteht, die Einstellung des einzelnen ins Positive zu verändern, will die `Mobilisierende Kommunikation´ ihn aktivieren bzw. motivieren und zu einem Handeln im Sinne des Organisationsziels bewegen. Wie bereits erwähnt, bedeutet nämlich eine positive Einstellung nicht unbedingt, daß der Mitarbeiter im Sinne des Organisationsziels aktiv wird. (vgl. auch Rogers, 1983, S. 174) Es können auch hier Probleme im Veränderungsprozeß entstehen, weil sich der einzelne in einem unpassenden, psychischen Erregungszustand befindet und/oder ihm eine gewisse Orientierung für sein Handeln fehlt.

Entsprechend empfehlen *Hammer/Champy* zwei Schlüsselbotschaften, die den Beschäftigten eines Unternehmens mitzuteilen sind, damit diese eine Veränderung akzeptieren und schließlich auch leben. (vgl. Hammer/u.a., 1994, S. 191) Zum einen müssen die Mitarbeiter sicherlich von der Notwendigkeit des Wandels überzeugt werden (vgl. Gliederungspunkt 2.2). Dies ist eine unabdingbare Voraussetzung, damit sie den Wandel überhaupt tolerieren und sich ihm nicht widersetzen. Eine solche `Überzeugende Kommunikation´ führt im Entscheidungsbereich eines Individuums idealerweise zu einer positiven Einstellung, die ihrerseits den Anstoß zum Handeln darstellt.

Dieser Anstoß zum Handeln zeigt aber nur, daß `irgendetwas´ verändert werden muß. Darüber hinaus muß jedoch Klarheit darüber bestehen, wohin diese Veränderungen führen sollen. Es muß daher auch ein Ziel unternehmensinterner Kommunikation sein, das Aktivierungsstadium des einzelnen über entsprechende kommunikatorische Stimuli anzusprechen und zu beeinflussen. Der einzelne ist so zu mobilisieren, daß sein Aktivierungsniveau in den Bereich kreativer Spannung gelangt und ihm eine Orientierung im Sinne des Organisationsziels vorgegeben wird. Damit sein Verhalten also zielgerichtet abläuft, weisen *Hammer/Champy* zum anderen daraufhin, daß der einzelne Mitarbeiter wissen muß, wie das Unternehmen in Zukunft aussehen soll. Diese Botschaft bzw. diese Vision stellt den Mitarbeitern ein konkretes Ziel vor Augen, auf das sie hinarbeiten können und das ihrem Verhalten eine gewisse Richtung vorgibt. (vgl. Hammer/u.a., 1994, S. 191) Eine solche Vision wirkt wie ein Magnet und hilft beim Aufbau einer kreativen Spannung, die für eine konstruktive Implementierung der Veränderungsmaßnahme notwendig ist. (vgl. Senge, 1993, S. 150 ff. u. S. 205 ff.)

Die Vision stellt aber nur ein mögliches Kommunikationsinstrument dar, das innerhalb der `Mobilisierenden Kommunikation´ zur Verfügung steht. Im Rahmen der Ansatzpunkte zur Verbesserung der Kommunikation (vgl. Abb. 47) setzt sie an der zu vermittelnden Botschaft an. Darüber hinaus schließt Kommunikation jede Art von Verhalten ein (vgl. Teil C, Gliederungspunkt 2.2), so daß die Beeinflussung eines Individuums in gewisser Weise auch vom Verhalten des Kommunikationspartners abhängig ist. Durch die bewußte Einflußnahme eines Organisationsmitglieds auf ein anderes unter geschickter Ausnutzung von Kommunikation ist es möglich, dieses Individuum zum einen zu motivieren und zum anderen im Hinblick auf ein bestimmtes Organisationsziel auszurichten. Verbesserungen im Rahmen der `Mobilisierenden Kommunikation´ können daher ebenso am Individuum bzw. an dessen Verhalten ansetzen. (vgl. Gliederungspunkt 2.2.1) Bei organisatorischen Veränderungen ist es besonders das Verhalten der jeweiligen Vorgesetzten, welches das Verhalten der betroffenen Mitarbeiter bestimmt. Die Beeinflussung ist somit eine Aufgabe der Führung, die durch entsprechende Stimuli den einzelnen mobilisiert. Nicht zuletzt deshalb steht der Prozeß der zielbezogenen Verhaltensbeeinflussung im Mittelpunkt vieler Definitionen von Führung oder Leadership. (vgl. Staehle, 1991, S. 303 ff.) Innerhalb der `Mobilisierenden Kommunikation´ spielt Führung bzw. Leadership daher ebenso eine wesentliche Rolle.

Schließlich übersteigt die Komplexität organisatorischer Wandlungsprozesse die Informationsverarbeitungs- und Koordinationskapazität des einzelnen. Teamarbeit und Partizipation werden als eine Antwort darauf angesehen. Doch auch in Teams müssen die Einzelenergien der Mitarbeiter am gemeinsamen Ziel ausgerichtet werden, damit sie effektiv sind. Es erscheint deshalb im Hinblick einer effizienten Gestaltung der `Mobilisierenden Kommunikation´ wichtig, ebenso den Kontext der Mitarbeiter zu berücksichtigen und anzupassen. Entsprechend sehen *Doppler/ Lauterburg* den geregelten Führungsrhythmus im Sinne vernetzter, regelmäßig stattfindender Teambesprechungen auf allen Ebenen als ein Kernelement der innerbetrieblichen Kommunikation. (vgl. Doppler/u.a., 1994, S 216 f.)

Vision, Leadership und Teamstruktur sind somit Stimuli mit verhaltensbestimmender, genauer gesagt mobilisierender Wirkung. Sie sind die entscheidenden Determinanten der `Mobilisierenden Kommunikation´ in Unternehmen (vgl. Abb. 52). Durch sie ist es möglich, über aktivierende und richtungsweisende Signale eine Umgebung (Kontext) kreativer Spannung zu schaffen und den einzelnen auf das Organisationsziel auszurichten. Im Sinne der Ansatzpunkte zur Verbesserung von Kommunikation im Veränderungsprozeß (vgl. Abb. 47) setzt diese Komponente hauptsächlich an der Botschaft (Vision), am Individuum (Leadership) und am Kontext (Teamstruktur) an. Durch diese Art der `Mobilisierenden Kommunikation´ wird die Lücke zwischen subjektiver Einstellung und zielgerichtetem Verhalten geschlossen. Unternehmensinterne Kommunikation im Veränderungsprozeß geht mithin ohne mobilisierende Bestandteile ins Leere, weil der Aktivierungsbereich im Organismus nicht berücksichtigt wird.

Abb. 52: Determinanten der `Mobilisierenden Kommunikation´

Mobilisierende Kommunikation
• Vision; **• Leadership;** **• Teamstruktur.**

2.3.1 Vision

Innerhalb der `Mobilisierenden Kommunikation´ stellt die Vision eine zentrale Determinante dar. Allgemein wird unter einer Vision "ein konkretes Zukunftsbild [verstanden], nahe genug, daß wir die Realisierbarkeit noch sehen können, aber schon fern genug, um die Begeisterung der Organisation für eine neue Wirklichkeit zu wecken." (The Boston Consulting Group, zitiert in: Hinterhuber, 1989, S. 42) Allerdings hat sich der Begriff der Vision in neuerer Zeit wegen seiner Bedeutung für das gesamte Unternehmensgeschehen zu einem Schlagwort entwickelt. Gerade in der aktuellen Managementliteratur lassen sich daher zunehmend Verwässerungstendenzen bezüglich eines einheitlichen und geordneten Begriffsverständnisses erkennen.[52]

Ein Konzept, welches das Verständnis für die Bedeutung der Vision im Veränderungsprozeß erleichtert und zudem einige dieser Begriffe aufgreift, gegeneinander abgrenzt und zueinander in Beziehung setzt, stammt von *Collins/Porras*. Danach ist eine Vision "an over-arching concept under which a variety of concepts are subsumed." (Collins/u.a., 1991, S. 32) Die Autoren gehen davon aus, daß eine Vision grundsätzlich aus einer leitenden Philosophie besteht, die unter Einbeziehung von Erwartungen über zukünftige Umweltveränderungen zu einem greifbaren Image, einer Art Unternehmensleitbild, führt. Entsprechend setzt sie sich aus den beiden Kernelementen Unternehmensphilosophie und Unternehmensleitbild zusammen. Erstere (vgl. Collins/u.a., S. 33 ff.) hat ihren Ursprung in den Einstellungen und Grundwerten, die durch jene Persönlichkeiten geprägt wurden, die das Unternehmen in seinen Anfängen geformt haben. Aus diesem \`genetischen Code´ erwächst der Unternehmenszweck der Organisation, der einen weiteren Bestandteil der leitenden Philosophie des Unternehmens repräsentiert. Die zweite Komponente der Vision ist das Unternehmensleitbild. (vgl. Collins/u.a., S. 42 ff.) Während die Unternehmensphilosophie als dauerhaftes Bild im Hintergrund weilt, steht das Leitbild als greifbares Image im Vordergrund - sichtbar für jedes Organisationsmitglied. Anders als die Unternehmensphilosophie ist es anregend und motivierend formuliert. Es besteht seinerseits aus einer Mission und einer lebendigen Darstellung. Unter der Mission verstehen die Autoren eine klar umrissene, zwingende Zielvorstellung, auf die alle Aktivitäten der Organisation ausgerichtet und vereinigt werden. Unter Einbeziehung von Trends, Entwicklungen und anderen Faktoren der Unternehmensumwelt übersetzt sie die eher abstrakte Unternehmensphilosophie in ein greifbares, anregendes und fokussiertes Zukunftsziel. Dieses findet schließlich seinen Niederschlag in einer

---

[52] Konfusion herrscht vor allem bei dem, was letzlich von einzelnen Autoren unter Mission, Leitbild, Mission Statement, usw. verstanden wird. Auch erscheint die Abgrenzung dieser Begriffe zum Begriff Vision nicht hinreichend klar. Es soll an dieser Stelle allerdings nicht die Aufgabe des Autors sein, diese Problematik zu klären. Ziel dieses Gliederungspunktes ist es vielmehr, ein möglichst klares Begriffsverständnis von Vision aufzuzeigen und die Bedeutung dieses Instruments innerhalb einer effizienten Gestaltung der \`Mobilisierenden Kommunikation´ im Veränderungsprozeß herauszustellen.

lebendigen Darstellung, in der das Zukunftsbild der Mission auf eine motivierende Weise veranschaulicht wird.

Es wird ersichtlich, daß ein Erfolgsfaktor der Vision darin besteht, daß sie sich glaubhaft im Sinne von potentiell erreichbar darstellt. Es sollen daher keine abstrakten Denkgebilde verfaßt werden. Vielmehr muß eine Verbindung zur aktuellen Unternehmenstätigkeit erkennbar sein. Mithin ist sie die Resultierende aus den drei Komponenten Offenheit (nach außen gerichtet; Aufgeschlossenheit gegenüber dem Zeitgeist), Spontaneität (nach innen gerichtet; Fähigkeit verschiedene Blickpunkte einzunehmen) und Realitätssinn (die Dinge sehen, wie sie sind). (vgl. Hinterhuber, 1989, S. 43 f.) Bei ihrer Erstellung ist es entscheidend, daß man wie am Bild eines Puzzles arbeitet, von dem man anfangs nur wenige Steine zuordnen kann. Entscheidend ist, daß man nicht aus der Gegenwart extrapoliert, also so weitermacht wie bisher, nur besser, sondern sich von heutigen Strukturen im o.a. Sinne löst und sich von einem Fernziel kommend auf die Gegenwart bezieht, also retropoliert. (vgl. Oetinger (a), 1993, S. 247 f.)

Die Bedeutung der Vision für den Erfolg von Veränderungsprozessen liegt in ihrer fokussierenden und zugleich motivierenden Wirkung. Es gilt heute als erwiesen, daß Leistungsanreize nicht unbedingt in Form von Entgelten oder Belohnungen, sondern auch durch die Ansprache innerer Valenzen und Ziele erfolgen sollten. (vgl. Sprenger, 1992, S. 5 ff.) Diese Erkenntnis geht im wesentlichen auf die Motivationstheorien zurück. "Motivation ist Voraussetzung für zielorientiertes Verhalten und deshalb aus Managementperspektive Hauptansatzpunkt für leistungssteigernde Beeinflussungsstrategien." (Staehle, 1991, S. 200) *Maslow* beispielsweise betrachtet den Menschen als \`wanting animal´, der durch Bedürfnisse motivierbar ist. Er ordnet diese Bedürfnisse in einer Bedürfnispyramide an, wo er auf fünf Hierarchieebenen in physiologische Grundbedürfnisse, Sicherheitsbedürfnisse, soziale Bedürfnisse, Bedürfnisse nach Wertschätzung und Bedürfnisse der Selbstverwirklichung unterscheidet. (vgl. Maslow, 1981, S. 61 ff.) Als psychologische Ungleichgewichte bezeichnen sie ein generelles Mangelgefühl, dessen Befriedigung der Motivator menschlichen Verhaltens darstellt. Befriedigte Bedürfnisse einer Ebene dienen dem Menschen nicht mehr als Motivation für verstärkte Leistungsbemühungen; allerdings aktivieren sie ein Verlangen zur Befriedigung höher angeordneter Bedürfnisse. Unbefriedigte Bedürfnisse führen dagegen zu einer Art Spannungsverhältnis, das nach einer Bedürfnisbefriedigung strebt. (vgl. auch Staehle, 1991, S. 151 f.) Neben einer Reihe von weiteren

Motivationstheorien (vgl. zu den unterschiedlichen Motivationstheorien Staehle, 1991, S. 200 - 230) erscheint besonders die Zieltheorie der Arbeitsmotivation von *Locke* für das Verständnis des Visionsgedankens interessant. Zentraler Forschungsgegenstand ist der Einfluß von Zielen auf das Leistungsverhalten. *Locke* geht dabei von der Alltagserfahrung aus, daß Ziele eine Art Sogwirkung auf den Bearbeiter ausüben, die ihn dazu veranlaßt, jede Unterbrechung bzw. Störung abzuwehren, bis das Ziel erreicht ist. (vgl. Locke/u.a., 1981, S. 126 ff.; vgl. Staehle, 1991, S. 217 f.) Solange das Ziel nicht erreicht ist, wirkt eine Spannung auf das Individuum (Motivation), die erst durch intensive Bewegung auf das Ziel hin reduziert wird. Wichtiges Resultat seiner Forschungen ist: "Goals affect performance by directing attention, mobilizing effort, increasing persistence, and motivating strategy development." (Locke/u.a., 1981, S. 125) Dabei wird die Motivation noch verstärkt, wenn der Mitarbeiter das Ziel akzeptiert (gefördert durch Partizipation) und sich vollständig mit dem Ziel identifiziert (gefördert durch finanzielle Anreize). (vgl. Staehle, 1991, S. 217; vgl. Locke/u.a., 1981, S. 125)

Durch die Darstellung eines potentiell erreichbaren Zukunftszieles wirkt die Vision im Veränderungsprozeß mithin richtungsweisend und durch den Aufbau eines psychologischen Ungleichgewichtes, einer Spannung, motivierend. *Senge* greift diese Erkenntnisse auf und verknüpft sie mit der individualpsychologischen Aktivierungstheorie (vgl. Teil B, Gliederungspunkt 3.1.3.3). Entsprechend mißt er der Vision besonders dem Aufbau einer kreativen Spannung große Bedeutung bei, die für eine effiziente Durchführung des Veränderungsprozesses notwendig ist. "The gap between vision and current reality is also a source of energy. If there was no gap, there would be no need for any action to move toward the vision. Indeed, the gap is *the* source of creative energy. We call this gap *creative tension.*" (Senge, 1993, S. 150) An anderer Stelle schreibt er zudem: "Shared vision is vital for the learning organization because it provides the focus and energy for learning." (Senge, 1993, S. 206) Auch nach seiner Ansicht ist eine Vision damit nicht nur eine notwendige Energiequelle zum Aufbau einer kreativen Spannung. Sie gibt dem Verhalten der Organisationsmitglieder darüber hinaus eine Richtung vor und bringt Fokus - die wichtigste strategische Tugend, um langfristigen Erfolg zu sichern - in das unternehmerische Geschehen. (vgl. Oetinger (b), 1993, S. 267) Das Wesen einer Vision bei der Initiierung von Veränderungsvorhaben liegt damit sowohl in der Richtung, die sie weist, als auch in der Motivation, die sie dadurch aufbaut. *Hinterhuber* formuliert dies treffend: "Die Vision ist eine organisatorische, kanalisierende Kraft: Sie organisiert und kanalisiert die Energien der Mitarbeiter in eine bestimmte Richtung, indem sie ihr Herz und ihren Verstand gleichermaßen anspricht." (Hinterhuber, 1989, S. 43)

Allerdings genügt die einfache Erstellung einer Vision alleine nicht, damit sie ihre motivierende und mobilisierende Wirkung entfaltet. Entscheidend ist in diesem Kontext, daß die Vision unter Zuhilfenahme jeglicher Mittel an alle Mitarbeiter kommuniziert wird. (vgl. Kotter, 1995, S. 61) *Koller* hebt hervor, daß neben der Vision als Ganzes besonders die Kommunikation von klaren und detaillierten Teil- und Zwischenzielen erst den eigentlichen Ausgangspunkt für die Motivation der Mitarbeiter bildet. (vgl. Koller, 1990, S. 255) Die Vision läßt sich dabei selbst als ein Kommunikationsinstrument im Veränderungsprozeß interpretieren. "A vision is an attempt to *articulate* what a desired future for a company would look like." (Jick, 1993, S. 142) *Coulson-Thomas* hat in einer empirischen Studie nachgewiesen, daß eine klare Vision und Kommunikation nicht voneinander zu trennen und von entscheidender Wichtigkeit im Management des Wandels sind. "Vision and communication are like cup and saucer or knife and fork. Each is of little use without the other. Vision without communication could be a private day-dream. Communication without vision could be backround noise. Vision and communication together can `move mountains´. (Coulson-Thomas, 1993, S. 74) Sie kann somit als eine mobilisierende Botschaft verstanden werden, die die Ziele der Maßnahme vermittelt.

Im Rahmen der `Mobilisierenden Kommunikation´ wird diese Überlegung aufgegriffen und berücksichtigt. Ein effizientes Kommunikationsmanagement im Veränderungsprozeß muß die Vision als fokussierende, motivierende und mobilisierende Botschaft integrieren, um die erfolgreiche Initiierung und Implementierung von Veränderungsvorhaben zu unterstützen. "In every successful transformation effort that I have seen, the guiding coalition develops a picture of the future that is relatively easy to communicate and appeals customers, stockholders, and employees." (Kotter, 1995, S. 63)

2.3.2 Leadership

Neben der Vison ist Leadership bzw. Führung eine weitere wichtige Determinante der `Mobilisierenden Kommunikation´. In den bisherigen Ausführungen wurde davon ausgegangen, daß der Anstoß zum Wandel vom Management herrührt.

Selbst wenn dies nicht der Fall ist, sind es doch meist die jeweiligen Vorgesetzten oder Manager, welche letztlich die Verhaltensänderung der betroffenen Mitarbeiter koordinieren. (vgl. Nadler/u.a., 1990, S. 77 f.) Dabei besteht das Ziel des Managements darin, die Mitarbeiter von der Notwendigkeit der Veränderung zu überzeugen und zu mobilisieren, damit sie die Veränderung leben. (vgl. Teil A) Manager sind die ausführenden Organe des Managements, also die Gestalter, Lenker und Entwickler von Unternehmen. Sie übernehmen Aufgaben und Funktionen des Managements auf allen Ebenen, legen Ziele fest und sorgen für deren Entwicklung. (vgl. Koontz/u.a., 1976, S. 8) Manager sind somit Führungskräfte eines Unternehmens, deren Aufgabe unter anderem in der zielbezogenen Verhaltensbeeinflussung von Mitarbeitern besteht.

Entsprechend wird der Begriff Führung[53] in der sozialwissenschaftlichen Literatur im wesentlichen mit drei unterschiedlichen Bedeutungsinhalten versehen. Zum einen kann er das Merkmal einer spezifischen Position, zum zweiten den Charakterzug einer Person und zum dritten ein bestimmtes Verhalten bezeichnen. (vgl. Katz/u.a., 1966, S. 301) *Katz/Kahn* sehen das Hauptmerkmal von Führung in jeder Art von Einflußnahme im Sinne einer Organisation und verwenden den Begriff daher im Verständnis von Führungsverhalten. (vgl. Katz/u.a., 1966, S. 334; vgl. auch Tannenbaum/u.a., 1958, S. 96 f.) Danach geht Führung oder Leadership über das Erreichen von strukturgebundenem Gehorsam hinaus. Grundsätzlich wird darunter die Fähigkeit einer Führungskraft verstanden, das Verhalten und die Einstellung der Mitarbeiter zu beeinflussen. (vgl. Koehler/u.a., 1976, S. 133) Meist wird in diesem Zusammenhang noch hinzugefügt, daß diese Einflußnahme mit dem Zweck erfolgt, bestimmte Ziele zu erreichen. "Leadership is the process of encouraging and helping others to work enthusiastically toward objectives." (Davis/u.a, 1985, S. 158) Auch *Staehle* definiert den Begriff Führung als "die Beeinflussung der Einstellungen und des Verhaltens von Einzelpersonen sowie der Interaktion in und zwischen Gruppen, mit dem Zweck, bestimmte Ziele zu erreichen. [...] Führung ist lediglich *eine* Form der Verhaltensbeeinflussung." (Staehle, 1991, S. 303) Ähnlich der Vision, die in eine energetisierende und eine richtungsweisende Komponente differenziert wurde, kann das Konzept der Führung in die Aspekte \`Aktivation´ und \`Direktion´ (verstanden als Zielsetzung) gegliedert werden. (vgl. Wiendieck, 1994, S. 213 f.) Im weiteren wird dieses Verständnis zugrunde gelegt, wenn von Führung bzw. Leadership gesprochen wird.

---

[53] In der englischsprachigen Literatur wird die Fähigkeit zu führen mit Leadership übersetzt. Diese Bezeichnung hält zunehmend auch in der deutschen Literatur Einzug. Führung im o.a. Sinne und Leadership bezeichnen im wesentlichen identische Sachverhalte und werden daher nachfolgend synonym verwendet.

Die Tatsache, daß der Prozeß der zielbezogenen Verhaltensbeeinflussung im Mittelpunkt der meisten Führungsdefinitionen steht, wird vielfach daraus abgeleitet, daß sich manche Menschen gegenüber anderen in einer gewissen Machtposition befinden. (vgl. Katz/u.a., 1966, S. 302) Entsprechend ist Führung - genauer Aktivation und Direktion - in gewisser Weise eine Form der sozialen Einflußnahme, die auf unterschiedlichen Machtgrundlagen basiert. (vgl. Gliederungspunkt 2.2.1; vgl. Staehle, 1991, S. 304) *French/Raven* entwickelten die wohl bekannteste Typologie personaler Machtbasen. Darin unterscheiden sie in:

- \`Reward Power´: bezieht sich auf die Möglichkeit einer Person, eine andere zu belohnen;
- \`Coercive Power´: steht im Gegensatz zu \`reward power´ und bezeichnet die Möglichkeit einer Person, eine andere zu bestrafen;
- \`Legitimate Power´: eine Einflußnahme, die aus der Ausübung einer bestimmten Position resultiert und durch Strukturen gesichert wird;
- \`Expert Power´: bezieht sich auf die Macht einer Person, die sie aufgrund ihres spezifischen Expertenwissens erworben hat;
- \`Referent Power´: basiert auf dem Ausmaß (der persönlichen Neigung einer Person zu einer anderen), in dem sich eine Person mit einer anderen identifiziert, diese bewundert und so sein möchte wie sie. (vgl. French/u.a., 1959, S. 155 ff.)

Diese Typologie wurde später noch um eine sechste Machtgrundlage, die Informationsmacht, erweitert. Sie entsteht in erster Linie durch die ungleiche Verteilung knapper Informationen. Ihr kommt besonders im Zusammenhang mit Macht in Organisationen große Bedeutung zu. (vgl. Gliederungspunkt 2.1.2.1 und 2.2.1; vgl. Staehle, 1991, S. 373 und S. 376) Nach *Katz/Kahn* werden die Machtbasen \`reward power´, \`coercive power´ und \`legitimate power´ von der Organisation vorgegeben. Dagegen sind \`expert power´ und \`referent power´ von den persönlichen Eigenschaften des Mitarbeiters und weniger von bestimmten, formalen Rollen, die diese Person in der Organisation bekleidet, abhängig. Entsprechend vergrößert das Vorhandensein von \`expert´ oder \`referent power´ die Macht einer Person über das von der Organisation vorgegebene Maß hinaus. (vgl. Katz/u.a., 1966, S. 302 f.) Manager, die ein hohes Maß dieser beiden Machtbasen auf sich vereinen, erreichen bei ihren Mitarbeitern größere Zufriedenheit und geringeren Widerstand. (vgl. Hellriegel/u.a., 1983, S. 396) Daraus läßt sich schließen, daß sie gerade bei der Durchführung von Veränderungsprozessen wichtig sind.

Leadership bzw. Führung läßt sich also als eine Funktion der Interaktion zwischen Manager und Mitarbeiter interpretieren. Sowohl bei *Watzlawick et alter* (vgl. Watzlawick/u.a., 1972, S. 53 ff.) als auch bei *Schulz von Thun* (vgl. Schulz von Thun, 1989, S. 27 ff.), die Kommunikation nicht nur im Sinne einfacher Informationsübermittlung, sondern als Verhalten jeder Art verstehen, spielt dieser Beziehungsaspekt eine entscheidende Rolle für das erfolgreiche Gelingen einer Kommunikation. Dabei ist die Natur einer Beziehung immer durch die Interpunktion der Kommunikationsabläufe seitens der Partner bedingt. Bei genauem Hinsehen kann man erkennen, daß jede Kommunikation aus wechselseitigen Äußerungen, Wahrnehmungen und Interpretationen besteht. Jeder Teilnehmer legt der Interaktion eine Struktur, eine Interpunktion von Ereignisfolgen, zugrunde. Sie organisiert das Verhalten und ist wesentlicher Bestandteil jeder menschlichen Beziehung. (vgl. Teil C; Gliederungspunkt 2.2.1; vgl. Watzlawick/u.a., 1972, S. 57 ff., besonders S. 61) Entsprechend läßt sich Leadership als Kommunikationssituation zwischen zwei oder mehr Individuen definieren. (vgl. Koehler/u.a., 1976, S. 134) "The determining factor in the leader`s success may be the proper or improper use of communication as the vehicle of persuasion. We can view effective leadership as activity of persuading people (employees) to cooperate in the achievement of a common objective (organisational goal)." (Koehler/u.a., 1976, S. 135)

Das primäre Ziel der Führung im Veränderungsprozeß besteht somit darin, durch das Aussenden entsprechender Stimuli die Einstellungen und Verhaltensweisen der Mitarbeiter gezielt zu beeinflussen, sie zu aktivieren und im Hinblick auf ein vorgegebenes Organisationsziel auszurichten. Nach *Schulz von Thun* ist ein geschickter Sender durchaus in der Lage die Sach-, Beziehungs- und Selbstoffenbarungsseite einer Nachricht derart zu funktionalisieren, daß diese den in der Nachricht vorhandenen Appell in seiner Wirkung verbessern. Sie spiegeln dann nicht mehr wieder, was ist, sondern werden zum Mittel der Zielerreichung. (vgl. Schulz von Thun, 1989, S. 29) Im positiven Sinn ist dies vergleichbar mit der Motivation von Mitarbeitern (in übersteigerter Form sogar mit Manipulation). Vor dem Hintergrund dieses Führungsverständnisses heißt Motivation nämlich, bei den Mitarbeitern die Bereitschaft fördern oder entwickeln, ein bestimmtes Verhalten zu zeigen und bestimmte Ziele anzustreben. (vgl. Pfützner, 1994, S. 31) Im negativen Sinn heißt das aber auch, daß ein ungeschickter Sender (Manager) durchaus einen bestimmten Appell in seiner Wirkung mindern oder gar vernichten und dadurch demotivierend auf die Mitarbeiter wirken kann, wenn die einzelnen Aspekte nicht aufeinander abgestimmt sind.

Ausgehend von der Feststellung, daß sich eine Nachricht derart funktionalisieren läßt, stellt sich die Frage, welche Fähigkeiten Führungspersönlichkeiten in Organisationen kommunizieren müssen, um bei den Mitarbeitern eine im Hinblick auf das Vorhaben positive Änderung ihres Verhaltens hervorzurufen. Nach *Koehler et alter* herrscht in Anlehnung an *Katz* Einverständnis darüber, daß technische, konzeptionelle und menschliche Fähigkeiten allgemein eine zentrale Rolle im Rahmen effektiver Führung in Organisationen spielen. (vgl. Koehler/u.a., 1976, S. 141; vgl. Davis/u.a., 1985, S. 159) Menschliche Fähigkeiten oder soziale Kompetenz sind auf allen Managementebenen eine Voraussetzung für effektives Führen. Die Fähigkeit, praktische Lösungen für konkrete, organisatorische Probleme zu entwikkeln (technische Fähigkeit), ist besonders auf unteren Managementebenen von Bedeutung, da die Manager sich dort mehrheitlich mit operativen Problemen auseinandersetzen müssen. Konzeptionelle oder analytische Fähigkeiten zur Abstraktion und Lösung komplexer Probleme, werden demgegenüber besonders vom oberen Management gefordert.

Da den Führungskräften im Rahmen von Veränderungsprozessen neue Rollen im Unternehmensgeschehen zukommen, müssen sie neben den o.a. allgemeinen Fähigkeiten auch neue Fähigkeiten verkörpern. "In a learning organization [...] leaders are designers, teachers, and stewards. These roles require new skills." (Senge, 1990, S. 9) So müssen sie insbesondere dazu in der Lage sein, eine Vision zu schaffen und überzeugend zu kommunizieren. Die meisten der historisch bedeutsamen Führungspersönlichkeiten lassen sich durch ihre Visionen, Ziele und Orientierungen beschreiben. (vgl. Wiendieck, 1994, S. 213) Ausgehend von dieser Erkenntnis entwickelten *Westley/Mintzberg* ein Konzept des visionären Leaderships. (vgl. Westley/u.a., 1989, S. 18 ff.) Dabei kann die oberste Führungsspitze als visionärer Leader (vgl. Westley/u.a., 1989, S. 22 ff.) oder als Kommunikationsdirektor (vgl. Corrado, 1993, S. 9 ff.) fungieren. *Beer et alter* weiten dieses Verständnis in zweierlei Hinsicht aus. Zum einen merken sie an, daß es nicht notwendigerweise die oberste Managementebene sein muß, die ein Vorhaben erfolgreich durchführt. Auch sind es oft Führungskräfte der mittleren Ebene (z.B. Geschäftsbereichsleiter, ...). Zum anderen stellen sie fest, daß alle Führungskräfte im Veränderungsprozeß neben der Fähigkeit zur Kommunikation einer Vision auch die Fertigkeit besitzen müssen, "to implement this vision through a consistent pattern of words and behaviors." (Beer/u.a., 1990b, S. 184) Damit betonen sie, daß auch das Verhalten des jeweiligen Senders mit der gesendeten Botschaft übereinstimmen muß. Ist dies nämlich nicht der Fall, dann können durch die fehlende

Eindeutigkeit zwischen der gesendeten Nachricht und dem beobachtbaren Verhalten der Führungskraft Inkonkruenzen entstehen. Sie bewirken Mißtrauen und Unsicherheiten bei den betroffenen Mitarbeitern und haben dadurch auf sie eine demotivierende Wirkung. (vgl. Schulz von Thun, 1989, S. 117 f.) Auch *Hammer/ Champy* konstatieren, daß die wesentliche Aufgabe eines Leaders im Veränderungsprozeß darin besteht, durch Einsatz seiner Führungspersönlichkeit die Vision zu formulieren, die Mitarbeiter vom Sinn und Zweck des Vorhabens zu überzeugen und zum Mitmachen zu mobilisieren. Dabei kann er - ähnlich den Überlegungen von *Beer et alter* - seine Führungsqualität durch Signale, Symbole und Systeme demonstrieren. (vgl. Hammer/u.a., 1994, S. 135 ff.) Signale und Symbole stellen dabei Stilmittel der Kommunikation dar. Unter Signalen verstehen sie explizite Botschaften, die der Leader zur Unterstützung des Vorhabens im Unternehmen kommuniziert. Mit Symbolen sind demgegenüber die Handlungen oder das Verhalten gemeint, mit denen/dem er den Inhalt der Signale verstärkt, um zu zeigen, daß er seinen Worten auch Taten folgen läßt. Schließlich muß er noch Managementsysteme einsetzen, die die Leistung der Beschäftigten bewerten und belohnen und ebenfalls zur Veränderung motivieren. (vgl. Hammer/u.a., 1994, S. 138 f.)

Zusammenfassend läßt sich konstatieren, daß Führung - verstanden als Verhalten und Verhaltensbeeinflussung - bei der Initiierung und Implementierung von Veränderungsprozessen ein zentrales Mittel darstellt. "Executive leadership is the critical factor in the initiation and implementation of large-system organization change." (Nadler/u.a., 1990, S. 94) Entsprechend der zugrundeliegenden Definition (vgl. Teil C) ist jedes soziale Verhalten Kommunikation. In Form von Führung nimmt Kommunikation die Steuerungs- und Koordinationsfunktion in Organisationen (vgl. Teil C; Gliederungspunkt 3.3.1) wahr. Durch Aussenden verhaltensbestimmender Stimuli wird auf den Aktivierungsbereich eines Individuums Einfluß genommen, indem der einzelne zu einem gewollten Tun veranlaßt (Aktivation) und richtungsweisend auf sein Verhalten eingewirkt (Direktion) wird. Zudem wird die Interaktion zwischen Mitarbeiter und Vorgesetzten strukturiert (Integration). (vgl. Wiendieck, 1994, S. 214) Führung ist somit eine entscheidende Determinante im Sinne der `Mobilisierenden Kommunikation´. Verbesserungen der unternehmensinternen Kommunikation im Veränderungsprozeß müssen daher ebenso am Individuum, genauer gesagt am Führungsverhalten der Vorgesetzten ansetzen. Erst durch den effizienten Einsatz von Leadership gelingt es, die betroffenen Mitarbeiter so zu mobilisieren, daß sie ihr Handeln entsprechend dem Organisationsziel ausrichten.

2.3.3 Teamstruktur

Neben Vision und Führung ist eine hierarchieneutrale Teamstruktur die dritte Determinante der `Mobilisierenden Kommunikation´ im Veränderungsprozeß. Dies basiert zum einen auf der Feststellung, daß die Komplexität organisatorischer Veränderungsprozesse im allgemeinen die Informationsverarbeitungskapazität und Koordinationsfähigkeit eines einzelnen Mitarbeiters übersteigt. (vgl. Wiendieck, 1994, S. 233) Sicherlich hängt die Überlebensfähigkeit eines Unternehmens in heutiger Zeit wesentlich davon ab, inwieweit es gelingt, den einzelnen Mitarbeiter täglich neu zu mobilisieren. Es scheint jedoch erwiesen, daß die Zufriedenheit des einzelnen und die Effizienz der Gesamtorganisation dann am größten sind, wenn die Einzelenergien und individuellen Fähigkeiten in Teams koordiniert eingesetzt und genutzt werden. (vgl. auch Senge, 1993, 233 f.) *Matsushita* bemerkte hierzu: "For us, the core management is the art of mobilising and putting together the intellectual resources of all employees of our firm." (Williams, 1993, o.S.) Zum anderen wird in der Literatur aber auch mehrfach daraufhin gewiesen, daß Mitarbeiter Veränderungen dann eher akzeptieren, wenn sie an der Entscheidungsfindung partizipieren. (vgl. Coch/u.a., 1948, S. 512 ff.; vgl. Staehle, 1991, S. 501 f.; vgl. Wagner III, 1994, S. 312 ff.; vgl. Schanz, 1994, S. 394) *Horton*, CEO und Initiator des unternehmensweiten Wandels bei BP, stellt hierzu fest: "Finally, from a personal point of view, I believe that the best way to motivate people is to engage them in the process. Allowing our employees to participate more, I believe, will meet both the needs of your employees and the needs of BP." (White, 1992, S. 4) *Brose* bestätigt dies und sieht Partizipation ebenfalls als effizientes Mittel zur Bewältigung personenbezogener Willensbarrieren. Jedoch gibt er in Anlehnung an *Stewart* zu bedenken, daß "personale Anpassungswiderstände lediglich dann durch Partizipation überwunden werden können, wenn der Widerstand seine Ursache nicht in tiefgreifenden Interessengegensätzen [Arbeitsplatzverlust, Abstufung in der Hierarchie, ...] der Betroffenen hat." (Brose/u.a., 1983, S. 137 f.)[54]

Es stellt sich die Frage, wie beide Aspekte - die Koordination der Einzelenergien und Partizipation - im Veränderungsprozeß berücksichtigt werden können. Im Mittelpunkt der Betrachtung steht somit die Art der Zusammenarbeit bzw. die

---

[54] Es ist an dieser Stelle nicht das Anliegen des Autors, detailliert über die Besonderheiten von Partizipation (Mitarbeiterbeteiligung) im organisatorischen Veränderungsprozeß zu referieren. In der Literatur werden die verschiedenen Aspekte von Partizipation und ihre Bedeutung im Zusammenhang mit einer Reduzierung von Widerstand ausführlich diskutiert. Hier geht es vielmehr darum, die Frage zu beantworten, wie dieser Aspekt im Sinne der `Mobilisierenden Kommunikation´ berücksichtigt werden kann. Der Leser, der an einer Durchdringung der Thematik `Partizipation´ interessiert ist, sei deshalb an die angeführte Literatur verwiesen.

Gestaltung der Arbeitsumgebung und der vorhandenen Struktur, in der die Veränderungen erarbeitet und umgesetzt werden. Eine effiziente Gestaltung der `Mobilisierenden Kommunikation´ bei der Durchführung von Veränderungen muß daher auch den speziellen Kontext, in dem die Mitarbeiter an der Umsetzung der Veränderung arbeiten, berücksichtigen. Dieser ist so zu gestalten, daß er beiden Aspekten Rechnung trägt und auf die Mitarbeiter mobilisierend wirkt.

Eine Lösung wird in der Einführung von Team- oder Gruppenstrukturen gesehen. Vielfach wird in diesem Zusammenhang daraufhin gewiesen, daß die Implementierung von Strukturen, die Team- bzw. Gruppenarbeit ermöglichen, komplexitätsbeherrschend und motivierend wirkt. (vgl. Wiendieck, 1994, S. 232 ff.) Für die Mitarbeiter entsteht dadurch eine Arbeitsumgebung, in der sie sich sowohl untereinander austauschen als auch aktiv an der Entscheidungsfindung beteiligen können. Eine effektive Teamstruktur "encourages open-ended discussion and active problem-solving meetings." (Katzenbach/u.a., 1993, S. 113) Dadurch wird zudem ihre Motivation gesteigert. Bereits *Lickert* sah in seinem partizipativen Gruppenansatz ein motivationales Instrument für die Führung in Unternehmen. (vgl. Vroom/u.a., 1991, S. 25)

Allerdings sind nicht alle Teamstrukturen effizient. (vgl. Katzenbach/u.a., 1993, S. 113) Ineffiziente Teams zeichnen sich besonders dadurch aus, daß die Einzelbemühungen nicht zu einem effizienten Ganzen führen. "Individuals may work extraordinarily hard, but their efforts do not efficiently translate to a team effort." (Senge, 1993, S. 234) Effiziente Teams sind dagegen dadurch gekennzeichnet, daß die Mitarbeiter bestimmte Aufgaben innerhalb vorgegebener Strukturen bewältigen, dabei jedoch eine gewisse Ausrichtung auf ein zu erreichendes Ziel erhalten. Dies beeinflußt nachhaltig die Kommunikation und das Verhalten der Mitarbeiter. (vgl. Rosenstiel, 1993, S. 332) "In fact, alignment is the necessary condition before empowering the individual will empower the whole team." (Senge, 1993, S. 235) Die Aktivierung, Ausrichtung und Koordination der Einzelenergien wird auch hier durch spezifische Leistungsziele erreicht. (vgl. auch Gliederungspunkt 2.3.1) "Clear performance goals help a team keep track of progress and hold itself accountable; the broader, even nobler, aspirations in a team´s purpose supply both meaning and emotional energy." (Katzenbach/u.a., 1993, S. 114)

Die Vorgabe von Zielen fokussiert und fördert die Kommunikation und die konstruktive Diskussion innerhalb des Teams. Im Rahmen von Veränderungsvorhaben stellt sich allerdings häufig das Problem, inwieweit in solchen Teambesprechungen auch die sogenannten `Heiligen Kühe´ angesprochen und `geschlachtet´ werden. Voraussetzung dafür sind insbesondere offene Diskussionen. Dies ist jedoch nur zu gewährleisten, wenn die Teammitglieder in der Diskussion keine Angst vor eventuellen Sanktionen aufgrund `unpassender´ Beiträge haben. Dazu sind die Teams in einzelnen Bereichen der Organisation im wesentlichen hierarchieneutral bzw. ohne die direkten Vorgesetzten zu organisieren. "To ensure that people could speak candidly without fearing retribution, bosses were locked out during discussion times." (Tichy/u.a., 1993, S. 201) In diesen hierarchieneutralen Gruppen bzw. Teams lassen sich dann klar definierte, festgelegte Aspekte der einzuführenden Veränderungen (z.B. Verbesserung der Produktivität, Qualität, ...) bearbeiten und später auch umsetzen. Die Mitarbeiter können eigene Verbesserungsvorschläge einbringen und an der Umsetzung mitwirken. Ziel sollte es hierbei sein, zuerst kleine Veränderungen zu realisieren, die zu schnellen Erfolgen führen und dadurch das Vertrauen in die Maßnahme stärken (vgl. Gliederungspunkt 2.2). Besonders in der Einführungsphase solcher Teamstrukturen erscheint es zudem zweckmäßig, um ein Höchstmaß an Offenheit zu erreichen und einen idealen Verlauf der `Unternehmens-Kommunikation´ (vgl. Gliederungspunkt 2.1) zu gewährleisten, daß die Teamdiskussionen von einem Moderator geleitet werden. Diese Rolle sollte anfangs vorrangig von externen, entsprechend geschulten Change Agents eingenommen werden und erst später sukzessive auf interne übergehen (vgl. Teil B, Gliederungspunkt 2.4).

Werden die Teams in einem späteren Stadium auch bereichsübergreifend (Mitarbeiter von Forschung & Entwicklung, Produktion, Marketing, ...) organisiert, um ganze Prozesse im Unternehmen effizient umzugestalten, kommt es zudem zu einer Erosion der vorherrschenden, formalen Kommunikationsformen. (vgl. auch Cushman/u.a., 1994, S. 30 f.) Informale Strukturen können genutzt und gezielt institutionalisiert werden. Nicht zuletzt deshalb sehen *Doppler/Lauterburg* gerade in sinnvoll vernetzten, regelmäßig stattfindenden Teambesprechungen auf allen Ebenen das Kernstück der innerbetrieblichen Kommunikation im Veränderungsprozeß. Nach ihrer Ansicht nehmen sie eine Schlüsselfunktion im Hinblick auf die Steuerung und Entwicklung des Unternehmens ein. (vgl. Doppler/u.a., 1994, S. 216 f.)

Die Nutzung von Teamstrukturen im Rahmen der Initiierung und Implementierung von Veränderungsvorhaben stellt somit eine weitere, wichtige Determinante der

`Mobilisierenden Kommunikation´ dar. Der Kontext, in dem die Kommunikation über die Veränderung stattfindet, muß so gestaltet werden, daß die relevanten Informationen, das notwendige Wissen und der Fortschritt von oben nach unten et vice versa diffundieren und auf jeder Ebene im direkten Dialog verbreitet werden können. (vgl. Doppler/u.a., 1994, S. 218; vgl. Senge, 1993, S. 238 ff.) Dies fördert sowohl die vertikale als auch die horizontale Kommunikation und formalisiert darüber hinaus in gewisser Weise die informale Kommunikation durch ein Netzwerk von bereichsübergreifenden Teams. Die Einzelenergien werden effizient auf die Erfüllung eines Ziels ausgerichtet und "a resonance or synergy develops, like the `coherent´ light of a laser rather than the incoherent and scattered light of a light bulb." (Senge, 1993, S. 234) Zudem wirken die Mitarbeiter selbst an der Veränderung ihres Unternehmens bzw. einzelner Bereiche mit und werden insgesamt im Sinne der Veränderung mobilisiert.

3 Kommunikationsmanagement im Veränderungsprozeß

In diesem Teil war es das Ziel, zum einen ein Verständnis zu entwickeln, wie unternehmensinterne Kommunikation einzusetzen ist, um die Erfolgsrate von Veränderungsvorhaben in Unternehmen zu verbessern und zum anderen einige generelle Prinzipien zu identifizieren, um Kommunikation in Zeiten des organisatorischen Wandels effizient zu managen. Die vorangegangene Analyse und Diskussion der einzelnen Determinanten einer effizienten Gestaltung der unternehmensinternen Kommunikation im Veränderungsprozeß ermöglicht nun eine abschließende Beantwortung der zweiten Forschungsfrage **F2** (vgl. Teil A; Gliederungspunkt 3):

F 2	***Wie ist die unternehmensinterne Kommunikation auszugestalten, damit sie den Widerstand der Mitarbeiter reduziert und den Erfolg von Änderungsprozessen erhöht?***	F 2

Die effektive und effiziente Gestaltung der unternehmensinternen Kommunikation im Veränderungsprozeß konzentriert sich auf drei Komponenten, die einen Einfluß auf den Widerstand der Mitarbeiter haben. Es lassen sich folgende, empirisch noch nicht bestätigte Aussagen ableiten, die in Abb. 53 im Überblick visualisiert sind:

- Die erste, wichtige Komponente im Rahmen der unternehmensinternen Kommunikation im Prozeß des geplanten, organisatorischen Wandels ist die \`Unternehmens-Kommunikation´. Sie spricht mit ihren Determinanten \`Informationsübermittlung´, \`Interaktion´, \`Formale Kommunikation´ und \`Informale Kommunikation´ den Wahrnehmungsbereich eines jeden Mitarbeiters an. Ziel ist dabei die Optimierung des technischen Übermittlungsprozesses von Informationen im Unternehmen. Dadurch wird erreicht, daß quantitativ ausreichende und qualitativ ansprechende Informationen ausgesandt und empfangen sowie Verständnisprobleme ausgeräumt werden. Widerstände, die auf quantitativ und/oder qualitativ schlechten Informationen sowie mangelhaftem Verstehen basieren, werden entsprechend minimiert. Dies führt zu der Aussage: *Je effizienter die \`Unternehmens-Kommunikation´ im Veränderungsprozeß eingesetzt wird, desto geringer ist der Widerstand der Mitarbeiter gegen eine organisatorische Neuerungen und desto größer ist die Wahrscheinlichkeit für den Erfolg des gesamten Veränderungsprozesses.*

- Die zweite, zentrale Komponente ist die `Überzeugende Kommunikation´. Sie zielt mit ihren Determinanten in erster Linie auf den Entscheidungsbereich im Organismus eines Mitarbeiters und will bei ihm durch das Aussenden überzeugender Botschaften eine positive Einstellung gegenüber dem Vorhaben erzeugen. Sie wird von den fünf Determinanten `Relativer Vorteil´, `Kompatibilität´, `Komplexität´, `Erprobbarkeit´ und `Sichtbarkeit´ bestimmt. Durch das geschickte Aussenden von überzeugenden Botschaften, also beispielsweise durch die Betonung des `Relativen Vorteils´ oder der `Kompatibilität´ mit den vorherrschenden Bedingungen, wird die Risikobewertung des einzelnen derart beeinflußt, daß ein Bewußtsein für die Notwendigkeit der Veränderung entsteht. Das Vertrauen in die Maßnahme wird gestärkt und es werden in geringerem Maße persönliche Nachteile vermutet. Widerstände, die ihre Ursache in einer hohen Bewertung des objektspezifischen und/oder subjektspezifischen Risikos haben, werden reduziert. Es entsteht eine positivere Einstellung gegenüber der Maßnahme und die Mitarbeiter werden vermehrt zu `Pionieren´. Daraus leitet sich die folgende Aussage ab: *Je effizienter die `Überzeugende Kommunikation´ im Veränderungsprozeß eingesetzt wird, desto geringer ist der Widerstand der betroffenen Mitarbeiter gegenüber dem Vorhaben.*

- Die dritte, wesentliche Komponente ist schließlich die `Mobilisierende Kommunikation´, die gezielt auf den Aktivierungsbereich des einzelnen wirkt. Widerstand kann auch dadurch entstehen, daß sich der einzelne Mitarbeiter nicht in einem passenden Aktivierungsniveau befindet und/oder ihm eine gewisse Orientierung für sein Handeln fehlt. Durch den effizienten Einsatz der drei Determinanten `Vision´, `Leadership´ und `Teamstruktur´ wird nun eine Umgebung geschaffen, in der die betroffenen Mitarbeiter durch den Einsatz aktivierender und richtungsweisender Signale im Sinne der Maßnahme mobilisiert werden. Es ergibt sich schließlich die dritte Aussage: *Je effizienter die `Mobilisierende Kommunikation´ im Prozeß des organisatorischen Wandels eingesetzt wird, desto geringer ist der Widerstand der betroffenen Mitarbeiter gegen die Maßnahme.*

Zusammenfassend läßt sich damit konstatieren, daß unternehmensinterne Kommunikation im Prozeß des geplanten, organisatorischen Wandels, wenn sie effizient sein und einen reduzierenden Einfluß auf den Änderungswiderstand der betroffenen Mitarbeiter haben soll, in dreierlei Hinsicht gestaltet werden muß. Sie muß

(1) den Übermittlungsprozeß von Informationen im Unternehmen im Sinne eines Zwei-Wege-Prozesses in technischer Hinsicht optimieren,
(2) überzeugende Botschaften, die gezielt die Risikobewertung der einzelnen Mitarbeiter ansprechen und beeinflussen, vermitteln sowie
(3) durch das Schaffen einer aktivierenden und richtungsweisenden Umgebung mobilisierend im Sinne des Vorhabens wirken.

Abb. 53: Der Kommunikations-Diamant im Change-Management

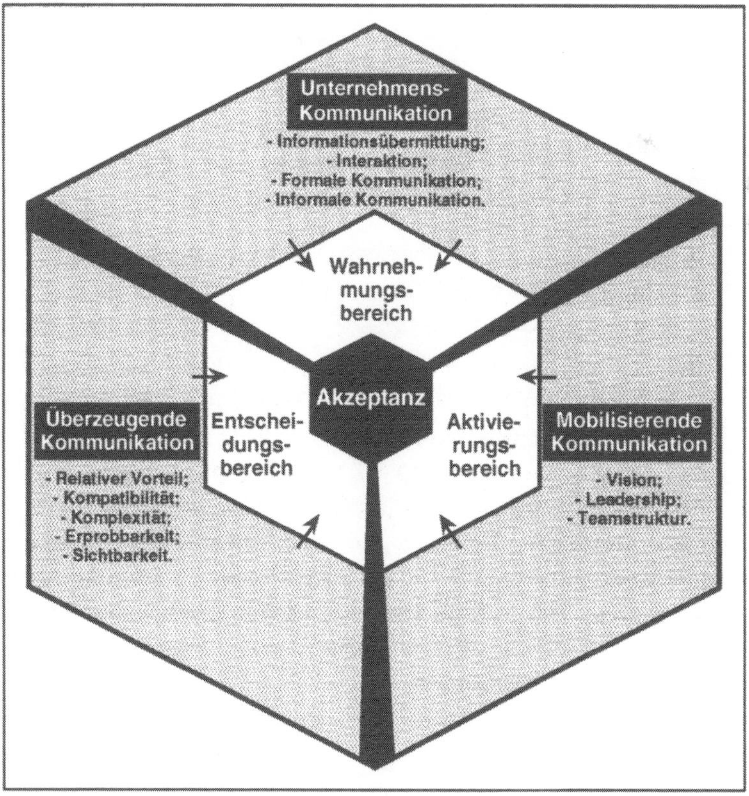

Diese Erkenntnisse unterstellen die Gültigkeit des Kausalzusammenhangs zwischen den drei Komponenten und dem Änderungswiderstand der Mitarbeiter. Zudem rücken sie eine gezielte Kommunikationspolitik im Unternehmen (vgl. Teil C, Gliederungspunkt 3.3.2) im Rahmen der Durchführung von Veränderungen in den Blickpunkt. Die Situation ähnelt dabei einer Verkaufssituation, in der einem Kunden (dem Mitarbeiter) eine Neuerung (Veränderungsmaßnahme) durch eine offene und ehrliche, aber auch überzeugende und mobilisierende Argumentation `verkauft´ wird. Die Effizienz hängt dabei sehr stark von dem freiwilligen Kommunikationsverhalten des Managements ab. Zudem ist anzunehmen, daß die Kommunikation nur dann effizient ist, wenn sie sich nicht nur auf eine Komponente konzentriert, sondern alle drei gleichermaßen eingesetzt werden.

Allerdings wäre es ein Fehler anzunehmen, es existiere eine ultimativ gültige Kombination dieser drei Komponenten bzw. ein daraus abgeleiteter, idealer Kommunikationsstil, der in jeder Situation zu optimalen Ergebnissen führt. Es kann davon ausgegangen werden, daß dies eher einer Idealvorstellung entspricht und in der Realität vielmehr für jede Situation erst die optimale Kombination gefunden werden muß. Die Komponenten sind mithin situationsspezifisch einzusetzen und liefern mit ihren Determinanten sozusagen das `Handwerkszeug´, mit dem in einer entsprechenden Situation gearbeitet werden kann.

Schließlich stellt sich die Frage, in welchem Verhältnis dieses Kommunikationsmanagement zu der zugrundeliegenden Veränderungsstrategie steht. *Doppler et alter* geben hierzu zu bedenken, daß keinesfalls der Eindruck erweckt werden darf, "als sei Kommunikation ein Allerweltsheilmittel und als sei jede Information in jeder Situation kommunizierbar - wenn man nur die richtige Form wählt. Kommunikation muß, wenn sie wirksam sein soll, a) zielgruppengerecht, b) zeitgerecht und c) mit Blick aufs Ganze erfolgen." (Doppler/u.a., 1994, S. 241) Insbesondere der Zeitfaktor scheint hier wichtig zu sein, denn organisatorische Veränderungen lassen sich nicht von heute auf morgen durchführen. Entsprechend erstreckt sich der gesamte Veränderungsprozeß mit seinen Phasen über einen bestimmten Zeitraum. Natürlich hat dies Konsequenzen auf das Kommunikationsmanagement in diesem Prozeß. *Huseman et alter* entwickelten deshalb bereits Ende der 60er Jahre ein Modell zum Ablauf von Kommunikation im Prozeß des organisatorischen Wandels. Obwohl nicht sehr detailliert, läßt es doch eine Parallelität zwischen dem Kommunikationsmanagement und dem Ablauf des Veränderungsprozesses (nach *Lewin*) erkennen. (vgl. Huseman/u.a., 1977, S. 381; vgl. auch Frank/u.a., 1989, S. 529 f.)

Entsprechend empfiehlt beispielsweise *Coulson-Thomas*, daß "the communication process should be integrated with the other activities and processes that are being used to bring about corporate transformation." (Coulson-Thomas, 1993, S. 122) Ähnlich nimmt *Klein* dazu Stellung, indem er sieben mehr oder weniger fundierte Prinzipien für Kommunikation vorstellt und sie jeweils in Beziehung zu den einzelnen Phasen (nach Lewin) des Veränderungsprozesses setzt. Die Kommunikationsstrategie für die erfolgreiche Durchführung von organisatorischem Wandel muß nach seiner Ansicht auf die einzelnen Phasen des Prozesses und die Informationserfordernisse angepaßt sein. (vgl. Klein, 1994, S. 28 ff.) *Frank et alter* gehen sogar noch einen Schritt weiter, wenn sie in Anlehnung an *Huseman et alter* behaupten, die gesamte Implementierung von Wandel sei ein Kommunikationsprozeß. (vgl. Frank/u.a., 1989, S. 529)

Abb. 54: Kommunikationsmanagement und Veränderungsstrategie

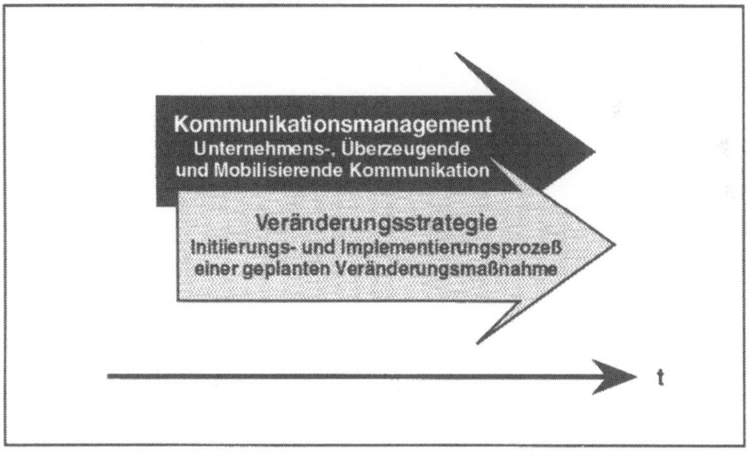

Abschließend läßt sich mit *Doppler et alter* feststellen, daß Kommunikation der siamesische Zwilling jeder Veränderungsstrategie ist. Jede Veränderungsstrategie ist nur so gut wie das Konzept zu ihrer Kommunikation. (vgl. Doppler/u.a., 1994, S. 237) Ein erfolgreiches Veränderungsvorhaben beginnt deshalb mit einer Diagnose der bestehenden Kommunikationsverhältnisse und wird von der Idee bis zur fertigen Umsetzung von einem effizienten Kommunikationsmanagement begleitet (Abb. 54). Erst durch diesen simultanen Ansatz ist es möglich, Widerstände zu erkennen, zu reduzieren und in unterstützendes Verhalten umzuwandeln.

Teil E

Empirische Überprüfung und Deduktion

1 Methodik und Forschungsdesign

Die Beantwortung der zweiten Forschungsfrage am Ende von Teil D konzentriert sich im wesentlichen auf die Darstellung eines Ansatzes, der die effiziente Gestaltung des Zusammenhangs zwischen den elaborierten Komponenten der unternehmensinternen Kommunikation und dem Änderungswiderstand der Mitarbeiter beschreibt. Da dieser aus der Theorie entwickelte Ansatz nicht wissenschaftlicher Selbstzweck bleiben, sondern eine möglichst exakte Beschreibung der Realität repräsentieren soll, wird er im folgenden empirisch überprüft.[55] Im Mittelpunkt dieses Teils steht damit die Beantwortung der dritten und letzten Forschungsfrage **F 3**:

F 3	*Kann der aus der Theorie entwickelte Ansatz zur effizienten Gestaltung des Zusammenhangs empirisch bestätigt werden?*	F 3

In der empirischen Theorie werden zum Nachweis von unterstellten Zusammenhängen in der Regel aus Hypothesen Einflüsse abgeleitet, die an der Realität überprüft werden können. Diese Vorgehensweise wird als hypothetisch-deduktives Prinzip bezeichnet. Dabei ist es wichtig, daß die Hypothesen wiederum in einem logischen System eingebunden sind, welches die Schlußfolgerung dieser Einflüsse gestattet und begründet. (vgl. Kibler, 1970, S. 12 f.) Als ein solches System kann der in Teil D entwickelte Ansatz herangezogen werden. Allerdings treten im Bereich der Sozialwissenschaften eindeutige, funktionale Abhängigkeiten der Form Y = f(X) praktisch nie auf. Deshalb ist die empirische Überprüfung solcher Zusammenhänge meist recht kompliziert. Vielfach wird deshalb unter Berücksichtigung von Zufallseinflüssen gearbeitet und der Korrelationskoeffizient als Maß für die Enge des Zusammenhangs herangezogen. Im vorliegenden Fall genügt zudem ein einfaches, lineares Modell nicht, um die Situation adäquat zu beschreiben und Annahmen über die zugrundeliegenden Prozesses zu treffen. Es müssen daher darüber hinaus multivariate Analysetechniken eingesetzt werden. (vgl. auch Roth, 1984, S. 100)

Grundsätzlich ist es das Anliegen eines jeden Forschers, Theorien oder Hypothesen zu entwickeln und zu testen, um nachzuweisen, inwieweit die gefundenen

[55] Die empirische Überprüfung des aus der Theorie entwickelten Ansatzes erfolgte im Rahmen eines breit angelegten Forschungsprojektes "Change Management und Kommunikation" am Lehrstuhl für Unternehmensorganisation und Strategisches Management der Universität Trier. Einige der dargestellten Ergebnisse sind daher ebenfalls in einem internen Arbeitspapier enthalten (vgl. hierzu Mohr/Fritzen/Greulich, 1995, o.S.).

Erkenntnisse generalisierbar sind. Das Wort `Generalisierung´ ist nach *Gummesson* eng verwandt mit dem Wort `Gültigkeit´ (validity). (vgl. Gummesson, 1991, S.80) "Validity means in essence that a theory, model, concept, or category describes reality with a good fit, just like a good map properly describes earth, or an architect´s blueprint is useful for erecting a functioning building." (Gummesson, 1991, S. 81) *Mayntz et alter* (vgl. Mayntz/u.a., 1978, S. 20 ff.) fassen diesen Begriff jedoch wesentlich enger. Sie beziehen ihn direkt auf die Erhebungsmethode und hier speziell auf die Tatsache, inwieweit ein Indikator überhaupt in der Lage ist, ein nicht unmittelbar zu beobachtendes Phänomen anzuzeigen. Denn "[...] - ob er tatsächlich sein Vorliegen anzeigt, d.h. *gültig* ist - wird durch theoretische Annahmen bestimmt, deren Richtigkeit schwierig zu überprüfen ist." (Mayntz/u.a., 1978, S. 20; Hervorhebung im Text) Dieser Ansicht schließen sich auch *Prim/Tilmann* (vgl. Prim/u.a., 1993, S. 58 f.) an. Da keine Sekundärdaten zur Analyse herangezogen werden können, wird im folgenden eine Primärerhebung durchgeführt und überprüft, inwieweit der entwickelte Ansatz im Sinne von *Gummesson* `generalisierbar´ ist. Auf die Frage der Gültigkeit - und Zuverlässigkeit - nach dem Verständnis von *Mayntz et alter* und *Prim/Tilmann* wird im Rahmen der Beurteilung des statistischen Verfahrens eingegangen.

Um eine empirische Überprüfung durchzuführen, stehen eine Reihe von unterschiedlichen Forschungsformen zur Verfügung.[56] *Gummesson* unterscheidet zum einen in Einzelfallstudien, die auf detaillierten Nachforschungen in einer Untersuchungseinheit basieren, um bestimmte Phänomene, wie z.B. die Auswirkungen von Wandel auf eine Unternehmensstrategie, zu identifizieren. Zum anderen differenziert er in quantitative Studien, die auf einer großen Anzahl von Beobachtungen aufbauen, um beispielsweise erklären zu können, wie oft ein bestimmtes Phänomen auftritt. (vgl. Gummesson, 1991, S. 79) Beide Alternativen finden in der folgenden Untersuchung Berücksichtigung.

Entsprechend unterteilt sich die empirische Überprüfung in zwei Teilbereiche. In Teil I der Studie wird eine Einzelfallanalyse durchgeführt. Gerade in neuerer Zeit werden solche Analysen wieder verstärkt angewendet. "Allgemein stellen Einzelfallanalysen immer dann eine adäquate Untersuchungsform dar, wenn in einer zu testenden Hypothese Aussagen über Individuen bzw. Individuenparameter ge-

---

[56] Roth (vgl. Roth (Hrsg.), 1984, S. 219 - 350) stellt eine Vielzahl von möglichen Forschungsformen vor. Er geht dabei im einzelnen auf Experiment, Laboruntersuchung, Feldforschung, Einzelfallstudie, Panel-Untersuchung und andere ein. Auf eine Beschreibung dieser Formen sei hier verzichtet und auf die zugrundeliegende Literatur verwiesen.

macht werden." (Reinecker, 1984, S. 279) Ausgangspunkt einer solchen Studie bildet jeweils eine Untersuchungseinheit, wobei z.B. Personen, Gruppen oder Organisationsstrukturen als eine solche Einheit angesehen werden können. (vgl. Reinecker, 1984, S. 277)

Im vorliegenden Fall ist die zu untersuchende Einheit *ein Unternehmen* bzw. *ein Unternehmensbereich.* Am Beispiel eines Bereichs des Unternehmens ZENECA GmbH, in welchem gerade eine Umstrukturierung durchgeführt wurde, wird detailliert überprüft, inwieweit der Ansatz in der Realität Gültigkeit besitzt (vgl. dazu Teil E, Gliederungspunkt 2). Alle von der Restrukturierungsmaßnahme betroffenen Mitarbeiter des Unternehmens stellen im statistischen Sinne die Grundgesamtheit der empirischen Erhebung dar. Da hier ein komplexer Kausalzusammenhang zugrunde liegt, wird als statistisches Verfahren zur Auswertung der Daten und Überprüfung des Ansatzes - wie bereits angedeutet - mit dem LISREL-Verfahren eine multivariate Analysemethode gewählt. Dieses Verfahren ist in der Lage, kausale Abhängigkeiten zwischen bestimmten Merkmalen zu untersuchen. Das statistische Verfahren selbst sowie Grenzen und Probleme der Erhebungsmethode werden an gegebener Stelle besprochen (vgl. hierzu Gliederungspunkte 2.2 und 2.3).

Werden nun die wesentlichen Aspekte des Ansatzes als gültig antizipiert, so stellt sich weiterhin die Frage, inwieweit diese Erkenntnisse für Unternehmen allgemein repräsentativ sind. Im zweiten Teil der Studie wird daher der Blick von diesem einen Unternehmen gelöst und auf Unternehmen generell gelenkt. Es wird versucht, mit Hilfe einer quantitativen Analyse, deren Erkenntniswert darin liegt, aufzuzeigen, wie Unternehmen in Deutschland mit dieser Thematik \`der Bedeutung der unternehmensinternen Kommunikation im Änderungsprozeß´ umgehen, die o.a. Frage einer Beantwortung zuzuführen. Im Rahmen dieser Analyse werden in *230 ausgewählten Unternehmen* jeweils eine verantwortliche Führungskraft und ein Betriebsrat angeschrieben (genauere Einzelheiten vgl. Gliederungspunkt 3). Das eingehende Datenmaterial wird analysiert und unter Zuhilfenahme der Ergebnisse aus dem ersten Teil der Studie interpretiert.

Als sozialwissenschaftliches Instrumentarium zur Gewinnung des empirischen Datenmaterials wird in beiden Fällen die Methode der Befragung gewählt. Sie kann als angemessenes Verfahren zur Überprüfung des vorliegenden Zusammenhangs angesehen werden, da es sich hauptsächlich um die Ermittlung verbalisierbarer, subjektiver Tatbestände handelt. (vgl. Mayntz/u.a., 1978, S. 103) "Bei der

Befragung sammelt man individuelle Daten, um sie in der Auswertung zu aggregativen Daten zu vereinigen. Das heißt, es werden Individuen befragt, doch interessieren den Sozialforscher die nach Klassen, Gruppen oder Typen von Individuen zusammengefaßten Ergebnisse. Ziel der Auswertung ist nicht nur die Deskription, sondern auch die Entdeckung von Zusammenhängen." (Mayntz/u.a., 1978, S. 103) Die Befragung wird aber auch aus Kosten/Nutzen-Aspekten gewählt, weil es durch diese Methode möglich ist, in relativ kurzer Zeit kostengünstig eine Vielzahl von Daten zu ermitteln.

Im Rahmen der Erhebungsmethode `Befragung´ existieren wiederum unterschiedliche Formen.[57] Diese reichen vom unstrukturierten Interview bis hin zur Panelbefragung. Für die beiden vorliegenden Analysen wird das Instrument der standardisierten, schriftlichen Befragung gewählt. Allen Befragten werden Fragebögen per Post zugeschickt, und es wird erwartet, daß die vollständig ausgefüllten Fragebögen in vorbereiteten Rückumschlägen zurückgesandt werden. (vgl. hierzu auch Atteslander/u.a., 1984, S. 168 ff.) In den Gliederungspunkten 2 und 3 wird im Zusammenhang mit der Fragebogenerstellung und der Erläuterung der Einschränkungen der statistischen Erhebungsmethode noch genauer darauf eingegangen.

---

[57] Es würde hier zuweit führen, auf alle unterschiedlichen Formen einzugehen. Der interessierte Leser sei auf die ausgiebigen Beschreibungen von *Mayntz et alter* (vgl. Mayntz/u.a., 1978, S. 103 - 122) und *Atteslander/Kopp* (vgl. Atteslander/u.a., 1984, S. 145 - 172) verwiesen.

2 Teil I der Studie: Eine Einzelfallanalyse[1]

2.1 Die Situation im Unternehmen ZENECA[58]

2.1.1. Das Unternehmen ZENECA GmbH

Das Unternehmen ZENECA ist im Verlauf eines Demerging-Prozesses im Jahre 1992 von ICI (Imperial Chemical Industries) entstanden. Imperical Chemical Industries wird in den Chemiekonzern ICI (neu) und ihren Pharma/Agro-Teil ZENECA aufgespalten. (vgl. Rüßmann, 1994, S. 88) Ein wesentlicher Grund dafür ist mit Sicherheit die Überlegung, daß sich dadurch der Wert der Aktien für die Anteilseigner erhöht und es den Investoren ermöglicht wird, direkter an der Profitabilität von ICI`s pharmazeutischem Geschäftsbereich zu profitieren. "Dahinter verbirgt sich die Vorstellung, daß reine Pharmaunternehmen von der Börse in der Regel wesentlich höher bewertet werden als reine Chemieunternehmen." (Bernhard, 1993, S. 18) Ausgehend von der Überlegung, daß die neue Gruppe mehr wert ist als die alte ICI, treiben die Käufer in der Woche, in der Details des Vorhabens bekannt werden, den Aktienpreis entsprechend um 6,5% in die Höhe. (o.V., 1993, S. 23) Dieser Demerger ist jedoch mindestens ebenso eine Antwort auf vorhandene Managementprobleme, denen sich jedes große, multidivisionale Unternehmen gegenübersieht. (Owen/u.a., 1995, S. 10) So sind beispielsweise Konglomerate für das Management allgemein schwer zu führen, und eine Konzentration auf Kernkompetenzen erleichtert den Aufbau von Wettbewerbsvorteilen.

ZENECA, in über 130 Ländern der Welt tätig, ist ein forschendes Unternehmen der Biowissenschaften und der organischen Chemie. Die Geschäftsbereiche sind Arzneimittel, Pflanzenschutzmittel, Saatgut und Spezialitäten (Bereiche Spezialchemikalien und biologische Produkte). 1992 hat ZENECA weltweit über 31.000 Menschen beschäftigt.

Hauptsitz der ZENECA GmbH in Deutschland ist Plankstadt, wo rund 85% der ca. 1.000 in Deutschland Beschäftigten arbeiten (neben Frankfurt, Hamburg und Bad Mergentheim). Der Geschäftsbereich Arzneimittel betrug 1993 67% vom Gesamt-

58 Die Angaben in diesem Gliederungspunkt stammen - sofern nicht anders gekennzeichnet - aus internen Broschüren der ZENECA GmbH (vgl. ZENECA, 1994, o.S.; ZENECA, o.J., o.S., ZENECA Pharmaceuticals, o.J., o.S.). Alle Informationen dürfen mit freundlicher Genehmigung der ZENECA GmbH verwendet werden.

umsatz in Deutschland (Gesamtumsatz 1993: 656 Mio DM oder 6% vom Weltumsatz).

2.1.2. Beschreibung der Restrukturierungsmaßnahme[59]

Der Außendienst der ZENECA-Pharma in Plankstadt ist seit 1992 in drei vertriebliche Geschäftseinheiten unterteilt: Onkologie, Herz-Kreislauf sowie Anästhesie und Antibiotika.

Aufgrund eines steigenden Kostendrucks auf dem Pharmamarkt in den Produktschwerpunkten durch Neuentwicklungen und politische Veränderungen (Rezession und Seehofers Gesundheitsreform) sieht sich das Unternehmen gezwungen, die verschiedenen Außendienstlinien zu restrukturieren. Dieser Prozeß wird STRATAGEM (engl.: Kriegslist) genannt.

Im April 1994 wird zur Erörterung verschiedener Modelle und Situationen der Ressourcenverteilung ein einwöchiger Workshop durchgeführt: es geht dabei um die effektivste Verteilung der Außendienstressourcen auf den Onkologie-, den Klinik- und den Herz-Kreislaufaußendienst sowie den Aufbau notwendiger zukünftiger Strukturen, wie Key Account Management und eine bessere Betreuung der Reha-Kliniken. Zu diesem Zeitpunkt werden die Mitarbeiter über STRATAGEM informiert, wobei Unruhe, Unsicherheit und Gerüchte auftreten.

Im Juni 1994 werden die Entscheidungen über die Umstrukturierung des Außendienstes getroffen:

- Aufstockung des Onkologie-Außendienstes von 40 auf 60 Mitarbeiter zur effektiveren Bearbeitung des Marktes und Plazierung neuer Produkte (falls möglich, ausschließlich mit Mitarbeitern aus dem Unternehmen);
- Reduzierung der Planstellen im niedergelassenen Bereich (Herz-Kreislauf) von 196 auf ca. 140 Stellen;
- zwei Außendienstlinien werden zu einer verschmolzen, und der Name der Außendienstlinie `Rhein-Pharma´ entfällt;
- die Großregionen (Klinik und Onkologie) bleiben zum größten Teil in ihrer alten Form bestehen;

[59] Dieser Gliederungspunkt baut im wesentlichen auf Gesprächen mit Herrn Dr. Kienzl und Herrn Dietz von der ZENECA GmbH auf.

- die Herz-Kreislaufregionen werden in Großregionen eingepaßt und sollen KV-Grenzen (KV = Kassenärztliche Vereinigung) berücksichtigen;
- Bildung von 13 Herz-Kreislauf-Regionen;
- 13 spezielle Planstellen werden zur Besprechung von Herz-Kreislauf- und Asthmaprodukten in Reha-, Universitäts- und Großkliniken eingerichtet.

Durch diese Umstrukturierung werden in der Onkologie die Gebiete kleiner, in der Geschäftseinheit Herz-Kreislauf werden sie größer, im Klinikaußendienst gibt es wegen der unveränderten Mitarbeiterzahl keine Änderungen. Es ist oberste Priorität, die geschäftlich erfolgreichen, gewachsenen Kundenbeziehungen möglichst wenig zu stören.

Am 13.09.94 haben alle Regionalleiter - mit Ausnahme der nicht betroffenen Klinikregionalleiter - detaillierte Informationen zur Umstrukturierung erhalten. Die Regionalleiter haben durch Einzelgespräche mit der Außendienstleitung und einem gemeinsamen Workshop aller Regionalleiter die Neuverteilung ihrer Regionen vorgenommen. Danach werden alle Außendienstmitarbeiter in Regionalbesprechungen über die neuen Regionsgrenzen informiert.

Alle Stellen im Herz-Kreislauf-Außendienst werden neu ausgeschrieben. D.h., es werden in der Onkologie 26 Stellen, in der Betreuung der Reha-Kliniken 13 Stellen, im Klinikbereich 3 Stellen und zwei Regionalleiter-Stellen neu verteilt.

Zwischen dem 16.09.94 und 23.09.94 sollen alle Mitarbeiter des Herz-Kreislauf-Bereichs wählen, wo sie in Zukunft arbeiten möchten. Sie können eine erste und eine zweite Präferenz angeben. Zweck davon ist die Umsetzung der STRATAGEM-Ergebnisse im Sinne einer Strukturänderung zwischen den Strategischen Geschäftseinheiten[60], einem optimalen Einsatz des Mitarbeiterpotentials und einem Ausgleich der Interessen von Mitarbeitern und Unternehmen. Erklärtes Ziel ist es, bis Ende Oktober für alle Außendienstmitarbeiter durch einen für alle Beteiligten transparenten und kooperativen Prozeß ein neues Außendienstgebiet, bzw. ein neues Aufgabenfeld festzulegen.

Bei einer Gesamtaußendiensttagung am 28.09.94 in Oberhof werden Gespräche zwischen Regionalleitern und allen Außendienstmitarbeitern bezüglich ihrer

[60] Strategische Geschäftseinheiten sind Produkt-Markt-Kombinationen, denen prinzipiell der Charakter einer Mikro-Unternehmung zukommt und die als Sekundärorganisation verstanden werden können. Der Begriff wird hier nicht weiter erläutert. Zur Vertiefung sei der Leser verwiesen auf: Schertler, 1995, S. 265 ff.

Bewerbungen geführt. Dabei können rund 80% der Fälle entschieden werden. Hierzu wird mit Zustimmung des Betriebsrates ein Kriterienkatalog erarbeitet, mit dessen Hilfe die Einzelgespräche geführt werden.

Ab Mitte November erfolgt die Gebietsübergabe, incl. Ärzte- und Klinikübergaben, Budgetabsprachen, etc... .

Am 02.01.95 wird in den neuen Regionen die Arbeit begonnen.

2.2 LISREL als geeignetes statistisches Analyse-Verfahren

Die bei der ZENECA GmbH von STRATAGEM betroffenen Mitarbeiter stellen die Grundgesamtheit für die empirische Überprüfung des o.a. Ansatzes dar. Bei dieser Überprüfung geht es darum, die kausale Abhängigkeit zwischen den drei kommunikatorischen Einflußgrößen und dem Änderungswiderstand empirisch zu bestätigen (Beantwortung der dritten Forschungsfrage). Dies gestaltet sich im vorliegenden Fall jedoch recht schwierig, da es sich bei den Größen, die den zu untersuchenden Zusammenhang bestimmen, um hypothetische Konstrukte (oder intervenierende Variablen) und somit um nicht direkt beobachtbare Variablen handelt. (vgl. Kibler, 1970, S. 16).[61] Zudem sind es theoretische Größen, deren funktionale Beziehungen zu anderen theoretischen und empirisch beobachtbaren Größen nicht eindeutig festgelegt sind. (vgl. MacCorquodale, 1948, S. 107)

Zur Überprüfung des vorliegenden Zusammenhangs wird daher ein statistisches Verfahren benötigt, welches zum einen in der Lage ist, Kausalitäten zwischen bestimmten Merkmalen nachzuweisen und zum anderen dies auch mit nicht direkt beobachtbaren (latenten) Größen erreichen kann. Innerhalb der multivariaten Verfahren unterscheiden *Backhaus et alter* (vgl. Backhaus/u.a., 1994, S. XVI) in struktur-entdeckende und struktur-prüfende Verfahren.[62] Da der Autor im vorliegenden Fall bereits eine auf sachlogischen und theoretischen Überlegungen basierende Vorstellung über den Zusammenhang zwischen den Variablen hat und

---

[61] Beide Begriffe sind aus der Psychologie übernommen. Nach *MacCorquodale et alter* (vgl. MacCorquodale/u.a., 1948, S. 106) werden beide Bezeichnungen für die gleichen Sachverhalte gebraucht. Eine Unterscheidung ist allenfalls rein linguistischen Art und führt letztlich nur zu Konfusion. Dieser Ansicht soll sich im folgenden angeschlossen werden. Zur weiteren Vertiefung dieser speziellen Thematik sei auf die genannte Grundlagenliteratur verwiesen.

[62] Die einzelnen multivariaten Verfahren werden im folgenden - mit Ausnahme der LISREL-Analyse - nicht näher erläutert. Zur weiteren Vertiefung sei auf die angegebene Literatur verwiesen.

diesen überprüfen möchte, kommt hier nur ein struktur-prüfendes Verfahren in Betracht. Unter diesen bietet sich das LISREL-Verfahren als konfirmatorisches oder hypothesenprüfendes Verfahren an, da es in der Lage ist, sowohl komplexe Kausalstrukturen zu analysieren als auch diese Analyse mit Hilfe hypothetischer Konstrukte durchzuführen. "Die Besonderheit des LISREL-Ansatzes (LISREL= *Li*near *S*tructural *Rel*ationship) der Kausalanalyse ist darin zu sehen, daß mit seiner Hilfe Beziehungen zwischen *latenten, d.h. nicht direkt beobachtbaren Variablen* überprüft werden können." (Backhaus/u.a., 1994, S. 324; Hervorhebungen im Text)

Das ursprüngliche LISREL-Modell wurde 1973 von *Jöreskog* eingeführt und ist seitdem ständig erweitert und verbessert worden. (vgl. Jöreskog, 1989, S. 3) LISREL 7.x stellt momentan die aktuellste Version dar und wird daher auch bei der Durchführung dieser Analyse benutzt. Der Grundgedanke eines LISREL-Modells besteht darin, daß ein vermuteter Zusammenhang zwischen zwei oder mehreren latenten Variablen besteht. Dieser Zusammenhang läßt sich jedoch nicht direkt überprüfen, da sich diese Variablen der direkten Meßbarkeit entziehen. Es ist daher notwendig, die hypothetischen Konstrukte zu operationalisieren. Dafür sind Meßindikatoren zu suchen, die die nicht direkt beobachtbaren Phänomene anzeigen und selbst beobachtbar und meßbar sind. (vgl. Backhaus/u.a., 1994, S. 325) Im Rahmen eines LISREL-Modells wird daher grundsätzlich in beobachtbare und nicht beobachtbare Variablen unterschieden. Die nicht beobachtbaren Variablen unterteilen sich wiederum in latente Variablen und Fehlervariablen. Das LISREL-Modell postuliert, daß die beobachtbaren Variablen in bestimmter Weise von den nicht beobachtbaren Variablen abhängen. (vgl. Andres, 1988, S.16) In der Wissenschaftssprache wird von Korrespondenzhypothesen gesprochen. Sie enthalten sowohl theoretische als auch beobachtbare Variablen und ermöglichen so ein Operationalisieren der hypothetischen Konstrukte. (vgl. Backhaus/u.a.; 1994, S. 325) Damit wird auch *Popper* und dem kritschen Rationalismus Rechnung getragen, der die Unterscheidung zwischen hypothetischem Konstrukt und empirischem Sachverhalt nicht als grundsätzlichen Gegensatz versteht. (vgl. Müller-Hagedorn, 1986, S. 51)

Um diese Zusammenhänge zu fassen, besteht ein LISREL-Modell grundsätzlich aus einem Strukturmodell und zwei Meßmodellen. Die aufgrund theoretischer Überlegungen aufgestellten Beziehungen zwischen den hypothetischen Konstrukten werden im Strukturmodell abgebildet. "Dabei werden die abhängigen latenten

Variablen als endogene Größen und die unabhängigen latenten Variablen als exogene Größen bezeichnet [...]." (Backhaus/u.a., 1994, S. 326) Die Beziehungen zwischen den Indikatoren und den endogenen bzw. exogenen Variablen werden in beiden Meßmodellen formuliert. LISREL ist nun in der Lage, beide Modelle gleichzeitig zu untersuchen. Auf der Basis der Indikatorvariablen berechnet das Programm Kovarianzen und Korrelationen zwischen diesen, die wiederum zur Bestimmung der Beziehungen sowohl zwischen der latenten Variable und ihren Indikatorvariablen als auch zwischen den latenten endogenen und exogenen Variablen dienen. (vgl. Backhaus/u.a. 1994, S. 326)

Im Rahmen einer solchen LISREL-Analyse werden folgende Ablaufschritte empfohlen:

> "*1. Schritt: Hypothesenbildung.* Das Ziel des LISREL-Ansatzes der Kausalanalyse besteht vorrangig in der Überprüfung eines aufgrund theoretischer Überlegungen aufgestellten Hypothesensystems mit Hilfe empirischer Daten. [...]
> *2. Schritt: Erstellung eines Pfaddiagramms.* Da Hypothesensysteme sehr häufig komplexe Ursache-Wirkungszusammenhänge enthalten, ist es empfehlenswert, diese Beziehungszusammenhänge graphisch zu verdeutlichen. [...]
> *3. Schritt: Spezifikation der Modellstruktur.* Die verbal formulierten Hypothesen und deren im Pfaddiagramm graphisch dargestellten Beziehungszusammenhänge müssen in einem dritten Schritt in mathematische Gleichungen überführt werden. [...]
> *4. Schritt: Identifikation der Modellstruktur.* Sind die Hypothesen in Matrizengleichungen formuliert, so muß geprüft werden, ob das sich ergebende Gleichungssystem lösbar ist. [...]
> *5. Schritt: Parameterschätzung.* Gilt ein LISREL-Modell als identifiziert, so kann eine Schätzung der einzelnen Modell-Parameter erfolgen. [...]
> *6. Schritt: Beurteilung der Schätzergebnisse.* Sind die Modellparameter geschätzt, so läßt sich abschließend prüfen, wie gut sich die Modellstruktur an den empirischen Datensatz anpaßt." (Backhaus/u.a., 1994, S. 361 f., Hervorhebungen im Text)[63]

[63] Die einzelnen Ablaufschritte werden nicht detailliert erläutert. Auf eine Herleitung der einzelnen Gleichungen und Matrizen sowie eine ausführliche Erklärung der Arbeitsweise des Computerprogramms wird ebenfalls verzichtet. Zur vertiefenden Auseinandersetzung mit der Wirkungsweise des LISREL-Ansatzes sowie zur Erklärung der verschiedenen mathematischen und computertechnischen Schritte sei auf die angegebene Literatur verwiesen (vgl. Jöreskog, 1989; Andres, 1988; Backhaus/u.a., 1994).

An diesem Ablaufschema wird sich im wesentlichen orientiert. Zwischen Schritt 4 und Schritt 5 wird zum besseren Verständnis mit der `Erhebung des Datenmaterials´ ein weiterer Schritt eingeschoben.

2.3 Die Durchführung der LISREL-Analyse

2.3.1 Die Hypothesenbildung

Damit das LISREL-Verfahren angewendet werden und zu sinnvollen Ergebnissen führen kann, müssen zu Beginn - aufbauend auf sachlogischen Überlegungen - Hypothesen über die Beziehungen im empirischen Datensatz aufgestellt werden. Bezogen auf das zugrundeliegende Problem wird deutlich, daß hier ein hypothetisches Konstrukt zur Erklärung nicht ausreicht. Vielmehr wirken - wie in Teil D gezeigt - vier hypothetische Konstrukte aufeinander, die sich durch Richtung und Ausmaß des Einflusses unterscheiden. Es wird angenommen, daß der `Änderungswiderstand´ durch den effizienten Einsatz von `Unternehmens-Kommunikation´, `Überzeugender Kommunikation´ und `Mobilisierender Kommunikation´ beeinflußt bzw. genauer gesagt reduziert wird. Aus diesem Grund ist es zweckmäßig, die ursprünglich in Teil B, Gliederungspunkt 3.2.2 aufgestellte Ausgangshypothese **H** entsprechend den Aussagen von Teil D, Gliederungspunkt 3 in drei Grundhypothesen zu zerlegen und sie einem empirischen Test zu unterziehen:

Hypothese H 1:
Je effizienter die Unternehmenskommunikation im Veränderungsprozeß eingesetzt wird, desto geringer ist der Widerstand der Mitarbeiter gegen dieses Vorhaben (**Unternehmens-Kommunikation**).
Hypothese H 2:
Je überzeugender das Veränderungsvorhaben den betroffenen Mitarbeitern kommuniziert wird, desto geringer ist ihr Widerstand gegen die Maßnahme (**Überzeugende Kommunikation**).
Hypothese H 3:
Je größer die Mobilisierungswirkung der Kommunikation auf die betroffenen Mitarbeitern ist, desto geringer ist ihr Widerstand gegen das Vorhaben (**Mobilisierende Kommunikation**).

Das Zusammenspiel dieser drei Hypothesen bildet das Strukturmodell. Es wird ein negativer Zusammenhang zwischen den latenten exogenen und der latenten endogenen Variable vermutet. Weiterhin wird davon ausgegangen, daß die latenten, exogenen Größen \`Unternehmens-Kommunikation´, \`Überzeugende Kommunikation´, und \`Mobilisierende Kommunikation´ nicht unabhängig voneinander sind. Hier werden positive Korrelationen unterstellt.

Es wurde zudem gezeigt, daß \`Unternehmens-Kommunikation´, \`Überzeugende Kommunikation´, \`Mobilisierende Kommunikation´ und \`Änderungswiderstand´ hypothetische Konstrukte und damit nicht direkt beobachtbare Variablen sind. Sie müssen durch entsprechende Indikatoren (Meßgrößen) operationalisiert werden, die ein Messen ermöglichen. "Bei der Wahl der Meßgrößen ist darauf zu achten, daß die hypothetischen Konstrukte als hinter diesen Variablen stehend angesehen werden können, d.h. die Meßvariablen sind so zu wählen, daß sich aus theoretischer Sicht die Korrelationen zwischen den Indikatoren durch die jeweilige hypothetische Größe erklären lassen." (Backhaus/u.a., 1994, S. 365) Unter Verwendung dieser Indikatorvariablen (vgl. Abb. 55) ist es dann möglich, die Zusammenhänge der Hypothesen 1 - 3 zu testen.

Die Beziehungen der Meßvariablen und der hypothetischen Konstrukte lassen sich aufgrund sachlogischer Überlegungen, die den Teilen B bis D dieses Buches zu entnehmen sind, als Korrespondenzhypothesen darstellen. Wegen der schwierigen Operationalisierbarkeit dieser vier latenten Variablen werden mehrere Indikatoren ausgewählt, um die hypothetischen Konstrukte bestmöglich zu erfassen. Folgende Indikatoren werden zur Messung herangezogen:

- Die Größe \`Änderungswiderstand´ wird durch die bei den Betroffenen auftretende *Fluktuationsrate*, die *Krankeitsrate*, den *Dienst nach Vorschrift*, die auftretende *Kritik*, die vorhandenen *Intrigen* und die Anzahl der *Versetzungsgesuche* gemessen. Es wird in allen Fällen davon ausgegangen, daß zwischen den Indikatorvariablen und dem Änderungswiderstand eine positive Korrelation besteht. Die dazugehörigen Hypothesen sind:

  - Je stärker der Änderungswiderstand bei den Betroffenen ist, desto höher ist ihre Fluktuationsrate.
  - Je stärker der Änderungswiderstand bei den Betroffenen ist, desto höher ist ihre Krankeitsrate.

- Je stärker der Änderungswiderstand bei den Betroffenen ist, desto kritischer werden sie dem Vorhaben gegenüberstehen.
- Je stärker der Änderungswiderstand bei den Betroffenen ist, desto mehr wird von ihnen Dienst nach Vorschrift geleistet.
- Je stärker der Änderungswiderstand bei den Betroffenen ist, desto eher sind Streit oder Intrigen bei ihnen festzustellen.
- Je stärker der Änderungswiderstand bei den Betroffenen ist, desto häufiger werden von ihnen Versetzungsgesuche gestellt.

Abb. 55: Die Operationalisierung der latenten Variablen durch Indikatoren

Latente Variable	**Meßvariable (Indikatoren)**
Endogene Variable (η):	
η_1: Änderungswiderstand	y_1: Fluktuationsrate y_2: Krankeitsrate y_3: Dienst nach Vorschrift y_4: Kritik y_5: Diffamierung/Intrigen y_6: Versetzungsgesuche
Exogene Variable (ξ):	
ξ_1: Unternehmens-Kommunikation	x_1: Informationsübermittlung x_2: Interaktion x_3: Formelle Kommunikation x_4: Informelle Kommunikation
ξ_2: Überzeugende Kommunikation	x_5: Relativer Vorteil x_6: Kompatibilität x_7: Komplexität x_8: Erprobbarkeit x_9: Sichtbarkeit
ξ_3: Mobilisierende Kommunikation	x_{10}: Vision x_{11}: Leadership x_{12}: Teamstruktur

Quelle: Mohr/u.a., 1995, o.S.

- Die Größe \`Unternehmens-Kommunikation´ wird durch die Qualität der reinen *Informationsübermittlung*, der *Interaktion*, der *Formellen Kommunikation* und der *Informellen Kommunikation* im Zusammenhang mit dem Änderungsvorhaben gemessen. Um sie zu messen, werden in der Theorie vorhandene und bereits bestätigte Aspekte, die eine hohe Qualität der jeweiligen Indikatorvariablen anzeigen, gezielt abgefragt (vgl. dazu auch Teil C und D). Zwischen allen Indikatorvariablen und der latenten exogenen Variable wird jeweils ein positiver Zusammenhang unterstellt. Die Hypothesen lauten:

- Je besser die Unternehmenskommunikation von den Betroffenen beurteilt wird, desto besser werden die Informationen im Zusammenhang mit dem Änderungsvorhaben an sie übermittelt.
- Je besser die Unternehmenskommunikation von den Betroffenen beurteilt wird, desto besser wird die Qualität der Interaktion im Zusammenhang mit dem Änderungsvorhaben von ihnen bewertet.
- Je besser die Unternehmenskommunikation von den Betroffenen beurteilt wird, desto besser wird die Qualität der formellen Kommunikation im Zusammenhang mit dem Änderungsvorhaben von ihnen eingeschätzt.
- Je besser die Unternehmenskommunikation von den Betroffenen beurteilt wird, desto besser wird die informelle Kommunikation im Zusammenhang mit dem Änderungsvorhaben ausgenutzt.

• Die \`Überzeugende Kommunikation´ wird durch die Indikatoren *Relativer Vorteil, Kompatibilität, Komplexität, Erprobbarkeit* und *Sichtbarkeit* operationalisiert. Die zugrundeliegenden sachlogischen Überlegungen hierzu finden sich im Teil D. Den Ausführungen von *Rogers* entsprechend (vgl. Rogers, 1983, S. 210 ff.) wird zwischen der Indikatorvariable Komplexität und dem hypothetischen Konstrukt \`Überzeugende Kommunikation´ ein negativer Zusammenhang angenommen. Alle anderen Korrelationen werden als positiv angesehen. Die dazugehörigen Hypothesen sind:

- Je besser die Überzeugungswirkung von den Betroffenen eingeschätzt wird, desto besser wurde ihnen der relative Vorteil des Änderungsvorhabens übermittelt.
- Je besser die Überzeugungswirkung von den Betroffenen eingeschätzt wird, desto besser wurde ihnen die Kompatibilität des Änderungsvorhabens mit den Gegebenheiten im Unternehmen kommuniziert.
- Je besser die Überzeugungswirkung von den Betroffenen eingeschätzt wird, desto geringer wird von ihnen die Komplexität des Änderungsvorhabens beurteilt.

- Je besser die Überzeugungswirkung von den Betroffenen eingeschätzt wird, desto eher konnten sie die Änderungsmaßnahme testen oder haben Informationen über Test erhalten.
- Je besser die Überzeugungswirkung von den Betroffenen eingeschätzt wird, desto besser wurde ihnen der Erfolg der Maßnahme kommuniziert.

- Die \`Mobilisierende Kommunikation´ wird durch die Variablen *Vision*, *Leadership* und *Teamstruktur* gemessen. Die hinter diesen Hypothesen stehenden Überlegungen finden sich ebenfalls im Teil D. Zwischen der Mobilisierungswirkung und den Meßvariablen Vision, Leadership und Teamstruktur wird eine positive Korrelation antizipiert. Die Hypothesen lauten:

  - Je höher die betroffenen Mitarbeiter die Mobilisierungswirkung einstufen, desto klarer ist ihnen die Vision kommuniziert worden.
  - Je höher die betroffenen Mitarbeiter die Mobilisierungswirkung einstufen, desto positiver beurteilen sie die Leadershipqualitäten ihrer Vorgesetzten.
  - Je höher die betroffenen Mitarbeiter die Mobilisierungswirkung einstufen, desto stärker wurden sie in den Entscheidungsprozeß involviert.

2.3.2 Die Erstellung eines Pfaddiagramms

Zur allgemeinen Übersichtlichkeit und zum besseren Verständnis ist es zweckmäßig, die o.a. verbalen Hypothesen und Zusammenhänge graphisch zu veranschaulichen. Diese Umsetzung in graphische Strukturen erfolgt durch die Erstellung eines Pfaddiagramms (vgl. Abb. 56). Die kausalen Beziehungen bzw. die "Je-Desto-Hypothesen" zwischen zwei Variablen werden dabei durch einen geraden Pfeil (=Pfad) visualisiert. Jeder Pfad hat seinen Ursprung immer in der verursachenden, unabhängigen Variable. Die Stärke der kausalen Beziehung (zwischen den Indikatoren und den latenten Variablen sowie zwischen den latenten endogenen Variablen und der exogenen Variable) wird durch griechische Buchstaben (γ und λ), die Wirkungsrichtung durch ein + oder - angegeben. (vgl. Backhaus/u.a., 1994, S. 367 f.)

Gemäß Abb. 55 sind die Variablen x_1 bis x_{12} die Meßvariablen (Indikatoren) für die latenten exogenen Variablen (ξ_1 - ξ_3) und die Variablen y_1 bis y_6 die Meßvariablen für die latente endogene Variable (η_1). Man muß zudem davon ausgehen, daß bei der empirischen Erhebung der Indikatoren Meßfehler auftreten. Die Meßfehler der x-Variablen werden durch δ_1 - δ_{12} angezeigt, diejenigen der y-Variablen durch ε_1 - ε_6. Die Beziehungen zwischen den Indikatoren und den latenten exogenen Variablen werden durch das *Meßmodell der latenten exogenen Variablen* wiedergegeben, diejenigen zwischen den Indikatoren und der latenten endogenen Variable durch das *Meßmodell der latenten endogenen Variable*. Das *Strukturmodell* gibt dagegen die theoretisch hergeleiteten Zusammenhänge der latenten Variablen an. Die kausal nicht interpretierten Abhängigkeiten zwischen den latenten exogenen Variablen sind durch einfache Verbindungslinien dargestellt. Ihre Stärke wird durch ϕ angezeigt. Zudem wird angenommen, daß die Variable `Änderungswiderstand´ nicht vollständig durch die latenten exogenen Variablen erklärt wird. Denn wie aus den Teilen B und C bekannt, vermag eine verbesserte Kommunikation Änderungswiderstand nur zu reduzieren, nicht aber zu eliminieren. Diesem Sachverhalt trägt die Residualvariable ζ Rechnung.

Abb. 56: Die Darstellung der Hypothesen in einem vorläufigen Pfaddiagramm

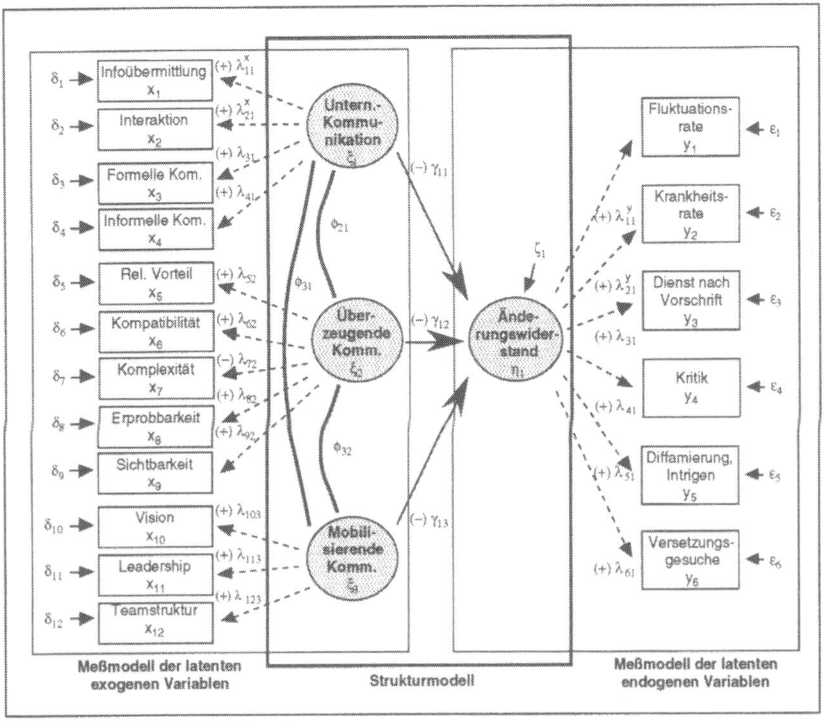

Quelle: Mohr/u.a., 1995, o.S.

2.3.3 Spezifikation der Modellstruktur

Die im Pfaddiagramm dargestellten Strukturen müssen in ein lineares Gleichungssystem übertragen werden, damit die Beziehungen im Modell mathematisch geschätzt werden können. Da ein vollständiges LISREL-Modell immer aus einem Strukturmodell und zwei Meßmodellen besteht, ergeben sich ebenfalls drei Gleichungssysteme. Dementsprechend zeigt sich für den vorliegenden Anwendungsfall das in Abb. 57 gezeigte Gleichungssystem:

Abb. 57: Das Gleichungssystem

(A) Gleichung im Strukturmodell

(1) $\eta_1 = -\gamma_{11} * \xi_1 - \gamma_{12} * \xi_2 - \gamma_{13} * \xi_3 + \zeta_1$

(B) Gleichungen im Meßmodell der latenten endogenen Variablen

(2) $y1 = \lambda_{11} * \eta_1 + \varepsilon_1$

(3) $y1 = \lambda_{21} * \eta_1 + \varepsilon_2$

(4) $y1 = \lambda_{31} * \eta_1 + \varepsilon_3$

(5) $y1 = \lambda_{41} * \eta_1 + \varepsilon_4$

(6) $y1 = \lambda_{51} * \eta_1 + \varepsilon_5$

(7) $y1 = \lambda_{61} * \eta_1 + \varepsilon_6$

(C) Gleichungen im Meßmodell der latenten exogenen Variablen

(8) $x_1 = \lambda_{11} * \xi_1 + \delta_1$

(9) $x_2 = \lambda_{21} * \xi_1 + \delta_2$

(10) $x_3 = \lambda_{32} * \xi_1 + \delta_3$

(11) $x_4 = \lambda_{42} * \xi_1 + \delta_4$

(12) $x_5 = \lambda_{53} * \xi_2 + \delta_5$

(13) $x_6 = \lambda_{63} * \xi_2 + \delta_6$

(14) $x_7 = -\lambda_{73} * \xi_2 + \delta_7$

(15) $x_8 = \lambda_{83} * \xi_2 + \delta_8$

(16) $x_9 = \lambda_{93} * \xi_2 + \delta_9$

(17) $x_{10} = \lambda_{104} * \xi_3 + \delta_{10}$

(18) $x_{11} = \lambda_{114} * \xi_3 + \delta_{11}$

(19) $x_{12} = \lambda_{124} * \xi_3 + \delta_{12}$

Quelle: Mohr/u.a., 1995, o.S.

Die sich ergebenden Gleichungen werden in einem zweiten Schritt in Matrizenschreibweise dargestellt, da das LISREL-Programmpaket die Spezifikation eines Kausalmodells in Matrizenschreibweise verlangt. Außerdem wird dadurch eine größere Übersichtlichkeit erreicht. (vgl. Backhaus/u.a., 1994, S. 370) Die o.a. Gleichungen lassen sich in Matrizenschreibweise - wie in Abb. 58 dargestellt - zusammenfassen:

Abb. 58: Die Matrizengleichungen

(A) Matrizengleichung des Strukturmodells

$$\eta_1 = \begin{bmatrix} \gamma_{11} & \gamma_{12} & \gamma_{13} \end{bmatrix} * \begin{bmatrix} \xi_1 \\ \xi_2 \\ \xi_3 \end{bmatrix} + \zeta_1$$

(B) Matrizengleichung der latenten endogenen Variable

$$\begin{bmatrix} y_1 \\ y_2 \\ y_3 \\ y_4 \\ y_5 \\ y_6 \end{bmatrix} = \begin{bmatrix} \lambda^y_{11} \\ \lambda^y_{21} \\ \lambda_{31} \\ \lambda_{41} \\ \lambda_{51} \\ \lambda_{61} \end{bmatrix} * \eta_1 + \begin{bmatrix} \varepsilon_1 \\ \varepsilon_2 \\ \varepsilon_3 \\ \varepsilon_4 \\ \varepsilon_5 \\ \varepsilon_6 \end{bmatrix}$$

(C) Matrizengleichung der latenten exogenen Variablen

$$\begin{bmatrix} x_1 \\ x_2 \\ x_3 \\ x_4 \\ x_5 \\ x_6 \\ x_7 \\ x_8 \\ x_9 \\ x_{10} \\ x_{11} \\ x_{12} \end{bmatrix} = \begin{bmatrix} \lambda^x_{11} & 0 & 0 \\ \lambda^x_{21} & 0 & 0 \\ \lambda_{31} & 0 & 0 \\ \lambda_{41} & 0 & 0 \\ 0 & \lambda_{52} & 0 \\ 0 & \lambda_{62} & 0 \\ 0 & \lambda_{72} & 0 \\ 0 & \lambda_{82} & 0 \\ 0 & \lambda_{92} & 0 \\ 0 & 0 & \lambda_{103} \\ 0 & 0 & \lambda_{113} \\ 0 & 0 & \lambda_{123} \end{bmatrix} * \begin{bmatrix} \xi_1 \\ \xi_2 \\ \xi_3 \end{bmatrix} + \begin{bmatrix} \delta_1 \\ \delta_2 \\ \delta_3 \\ \delta_4 \\ \delta_5 \\ \delta_6 \\ \delta_7 \\ \delta_8 \\ \delta_9 \\ \delta_{10} \\ \delta_{11} \\ \delta_{12} \end{bmatrix}$$

Quelle: Mohr/u.a, 1995, o.S.

Desweiteren muß im Rahmen der Spezifikation des Modells Klarheit darüber bestehen, welche Annahmen das LISREL-Modell bei der Lösung der Matrizengleichungen zugrundelegt. Im wesentlichen geht das LISREL-Modell davon aus, daß die Meßfehlervariablen nicht mit den hypothetischen Konstrukten und auch nicht untereinander korrelieren dürfen. Daher ergeben sich folgende Annahmen:

"• ζ ist unkorreliert mit ξ
• ε ist unkorreliert mit η
• δ ist unkorreliert mit ξ
• δ, ε und ζ korrelieren nicht miteinander." (Backhaus/u.a., 1994, S. 373)

Zudem ist festzulegen, welche und wieviele Parameter im Modell zu schätzen sind. Grundsätzlich sind alle Parameter zu schätzen, die die Stärke der kausalen Beziehung zwischen den latenten exogenen Variablen und der latenten endogenen Variable (alle λ-Koeffizienten) sowie zwischen den Indikatoren und den latenten Variablen (alle γ–Koeffizienten) angeben. Darüber hinaus sind alle Meßfehlervariablen (alle ε und δ) sowie die Abhängigkeiten der latenten exogenen Variablen untereinander (alle ϕ) zu schätzen.

In Gleichung (A) sind zu schätzen:
$-\gamma_{11}$; $-\gamma_{12}$; $-\gamma_{13}$; ζ_1 => 4 Parameter

In Gleichung (B) sind zu schätzen:
λ_{11}; λ_{21}; λ_{31}; λ_{41}; λ_{61}; ε_1; ε_2; ε_3, ε_4; ε_5; ε_6 => 11 Parameter

In Gleichung (C) sind zu schätzen:
λ_{11}; λ_{21}; λ_{31}; λ_{41}; λ_{52}; λ_{62}; $-\lambda_{72}$; λ_{82}; λ_{92}; λ_{103}; λ_{113}; λ_{123};
δ_1; δ_2; δ_3, δ_4; δ_5; δ_6; δ_7; δ_8; δ_9, δ_{10}; δ_{11}; δ_{12} => 24 Parameter

In der Phi-Matrix sind zu schätzen:
ϕ_{21}; ϕ_{31}; ϕ_{32}; => 3 Parameter

Σ 42 Parameter

Dem aufmerksamen Leser fällt auf, daß der Pfad λ_{51} in der Auflistung der Parameter der Gleichung B fehlt. Dieser Pfad zwischen \`Änderungswiderstand´ und \`Diffamierung´ wird im Modell auf eins gesetzt. Es handelt sich damit um einen festen und nicht zu schätzenden Parameter. Die Durchführung des LISREL-Verfahrens verlangt die Fixierung einer Variablen auf eins, um den Algorithmus in Gang zu setzen. Es soll sich dabei allerdings um eine Variable handeln, von der angenommen werden kann, daß sie den zugehörigen Zusammenhang in hohem Maße erklärt. Sachlogisch kann im vorliegenden Fall davon ausgegangen werden, daß die Einschätzung der Meßvariable `Diffamierung´ vollständig durch die latente Variable `Änderungswiderstand´ bestimmt wird. Darüber hinaus besteht die Möglichkeit, eine oder mehrere der Meßfehlervariablen auf Null zu setzen, wenn sichergestellt ist, daß die entsprechende Meßvariable ohne Meßfehler erhoben werden kann. Aufgrund zu vermutender Meßfehler bei der Erhebung der Indikatorvariablen werden jedoch alle Meßfehlervariablen durch das Modell geschätzt. Insgesamt ergibt sich daraus, daß in diesem Modell *42 Parameter* zu schätzen sind.

2.3.4 Identifikation der Modellstruktur

Neben der Spezifikation der Modellstruktur muß überprüft werden, ob das Gleichungssystem "eindeutig" lösbar ist. Es ist die Frage zu beantworten, ob die Informationen aus den empirischen Daten ausreichen, um die aufgestellten Gleichungen zu identifizieren. "Ein vollständiges LISREL-Modell stellt immer ein Mehrgleichungssystem dar, das nur dann lösbar ist, wenn die Zahl der Gleichungen mindestens der Zahl der zu schätzenden Parameter entspricht." (Backhaus/u.a., 1994, S. 379) Daher ist es eine notwendige Bedingung für die Identifizierbarkeit von LISREL-Modellen, daß die Zahl der Freiheitsgrade der Zahl der zu schätzenden Parameter entspricht. Nach *Backhaus et alter* läßt sich die notwendige Bedingung wie folgt formulieren:

$$t \leq \frac{1}{2}(p + q) * (p + q + 1)$$

(Backhaus/u.a., 1994, S. 380)

Dabei wird die Zahl der y-Variablen mit p und die Zahl der x-Variablen mit q bezeichnet, t gibt die Zahl der zu schätzenden Parameter an. Für die vorliegende Analyse ergibt sich folgendes Gleichungssystem:

$$42 \leq 0{,}5\ (6 + 12) * (6 + 12 + 1)$$
$$42 \leq 171$$

Somit beträgt die Zahl der Freiheitsgrade 171 - 42 = 129. Dadurch ist die notwendige Bedingung der Identifizierbarkeit erfüllt. Außerdem geht aus dem Rechenlauf hervor, daß alle Matrizeninversionen vorgenommen werden konnten, d.h. alle Matrizen positiv definiert sind. Es werden keine Warnmeldungen bezüglich nicht identifizierter Parameter gegeben. Das zugrundeliegende Modell kann damit als identifiziert angesehen werden. Eine eindeutige Schätzung der Parameter ist möglich.

2.3.5 Die Erhebung des empirischen Datenmaterials

LISREL benötigt, um überhaupt arbeiten zu können, einen empirischen Datensatz. Bevor im nächsten Gliederungspunkt die Ergebnisse der Parameterschätzung erläutert werden, wird daher zum besseren Verständnis vorab die Erhebung des empirischen Datenmaterials diskutiert. Dazu werden die wesentlichen Schritte und Probleme im Zusammenhang mit der Fragebogenerstellung sowie der Durchführung der Befragung im Überblick präsentiert. Darüber hinaus werden die zentralen Ergebnisse der Befragung angeführt und kurz kommentiert.

2.3.5.1 Der Aufbau des Fragebogens

Wie in Gliederungspunkt 1 bereits angedeutet, wird die Datenerfassung mit Hilfe eines standardisierten Fragebogens als adäquate Erhebungsmethode gewählt. Die Befragung erfolgt schriftlich, d.h. die Befragten füllen den Fragbogen selbst aus und schicken ihn an die Projektleitung zurück. Die Vorteile eines solchen Vorgehens liegen besonders im Kosten/Nutzen-Aspekt und in der Tasache, daß keine Interviewerfehler auftreten. Es erweist sich allerdings als nachteilig, daß nicht kontrolliert werden kann, ob die Antworten wahrheitsgemäß ausfallen und der Befragte tatsächlich den Bogen alleine ausfüllt. (vgl. Mayntz/u.a., 1978, S. 104) Als Erhebungsgesamtheit werden alle von der Umstrukturierung direkt betroffenen Mitarbeiter der Firma ZENECA definiert. Es handelt sich dabei um 191 Personen des Außendienstes. Die Studie wird als Vollerhebung durchgeführt, d.h. alle 191 Mitarbeiter werden befragt.

Für den Aufbau eines Fragebogens gibt es keine exakten wissenschaftlichen Prinzipien. (vgl. Mayntz/u.a., 1978, S. 111). Bei der Erstellung dieses Fragebogens ist daher nur eine Orientierung an Erfahrungsregeln möglich. So wird besonders darauf geachtet, daß der Fragebogen nicht unnötig "aufgebläht" wird. Es werden nicht mehr Fragen als notwendig gestellt, wodurch es gelingt, die doch sehr umfangreiche Thematik in einer noch zumutbaren Zeit abzufragen. Der endgültige Fragebogen enthält 56 Fakt- und Meinungsfragen (z.T. mit Untergliederung in a), b), ...) zuzüglich 7 Fragen zur Erhebung sozialer Daten. Es werden sowohl offene als auch geschlossene Fragen gestellt. Ebenfalls werden Kontrollfragen und Fragetrichter als fragetechnische Instrumente eingesetzt.

Die Anordnung der Fragen orientiert sich sowohl an inhaltlichen Erfordernissen als auch an psychologischen Kriterien. Es wird besonders darauf geachtet, daß der Befragte zur Beantwortung der Fragen immer bestimmte Bezugssysteme zur Verfügung hat, da der Inhalt vieler Fragen wegen der schwierigen Thematik nicht isoliert betrachtet werden kann. (vgl. auch Atteslander/u.a., 1984, S. 151) Daher werden entsprechend dem zugrundeliegenden Ansatz vier bzw. fünf große Fragenkomplexe gebildet. Die Fragen 1 - 18 erfassen den Komplex \`Änderungswiderstand´, die Fragen 19 - 34 den Komplex \`Unternehmens-Kommunikation´, die Fragen 35 - 44 den Komplex \`Überzeugende Kommunikation´ und die Fragen 45 - 56 den Komplex \`Mobilisierende Kommunikation´. Den fünften Fragenkomplex bilden die Fragen zur Erhebung der sozialen Daten am Ende des Fragebogens. Die Daten des Fragenkomplexes \`Änderungswiderstand´ werden überwiegend mittels einer fünfstufigen, die der anderen Fragenkomplexe mit Hilfe einer vierstufigen Ratingskala erfaßt. Die Probanden sollen somit ihre subjektiven Einschätzungen auf einer vorbereiteten Skala durch Ankreuzen markieren. (vgl. Heidenreich, 1984, S. 421)

Vorrangiges Ziel dieser Primärerhebung ist es, die Daten zur Überprüfung der Hypothesen zu erfassen. Daher werden für die genaue empirische Auswertung des Datenmaterials im LISREL-Verfahren die einzelnen Fragen den entsprechenden Indikatoren im voraus zugeordnet. Einen Überblick dazu gibt Abb. 59. Dem aufmerksamen Leser entgeht bei der Analyse von Abb. 59 allerdings nicht, daß ein Teil der im Fragebogen enthaltenen Fragen nicht zugeordnet wurden. Fragen, die in dieser Auflistung nicht vorhanden sind, dienen entweder nur dem besseren Verständnis (z.B. Frage 35) oder wurden zusätzlich eingeschoben, weil die Verantwortlichen des Unternehmens an den Ergebnissen interessiert waren (z.B. Frage 3). Sie sind für die LISREL-Analyse unerheblich.

Abb. 59: Zuordnung der einzelnen Fragen im Fragebogen zu den Indikatoren:

Variable	Fragen-Nr.	in LISREL eingegangen
y1 Fluktuationsrate:	2c, 6, 7	2c
y2 Krankheitsrate:	2f, 8, 8a	2f
y3 Dienst nach Vorschrift:	2e, 9, 10	2e
y4 Kritik:	2b, 11, 11a, 12	2b
y5 Diffamierung, Intrigen:	2a, 13, 14, 15, 16	2a
y6 Versetzungsgesuche:	2d, 17, 18	2d
x1 Informationsübermittlung:	19, 20, 21, 22, 23	20, 21, 22
x2 Interaktion:	24, 24a, 25, 26, 27	25,26,27
x3 Formale Kommunikation:	28 (teilw.), 29, 31	28(teilw.), 29, 31
x4 Informale Kommunikation:	28 (teilw.), 30, 32, 33, 34	30, 34
x5 Relativer Vorteil:	36, 37	36, 37
x6 Kompatibilität:	38, 39	38, 39
x7 Komplexität:	40, 41	40, 41
x8 Erprobbarkeit:	42	42
x9 Sichtbarkeit:	43, 44	43
x10 Vision:	45, 46, 47, 48, 49	45, 46, 47
x11 Leadership:	9, 52, 53, 54	52, 53, 54
x12 Teamstruktur:	46, 50, 51	46, 50, 51

Quelle: Mohr/u.a., 1995, o.S.

Beim Erstellen des Fragebogens muß jedoch noch einem weiteren Aspekt Rechnung getragen werden. Die Befragung findet in einem Unternehmen statt, welches gerade eine Umstrukturierung durchgeführt hat und tangiert eine hochbrisante Thematik. Die Fragebogenerstellung kann also nur in Zusammenarbeit mit den Verantwortlichen des Unternehmens erfolgen, wenn das gesamte Vorhaben Aussicht auf Erfolg haben soll. Dementsprechend wird der Fragebogen mehrfach mit der Geschäftsführung und dem Betriebsrat abgestimmt. Dies ist zwar einerseits nachteilig, da dadurch bestimmte Fragen nicht gestellt werden können oder in der Formulierung abgeschwächt werden müssen. So waren beispielsweise den Variablen x8 und x9 ursprünglich noch weitere Fragen zugeordnet. Sie konnten bzw. sollten jedoch aus unternehmenspolitischen Gründen nicht gestellt werden. Außerdem mußte von der Projektleitung eine Verpflichtungserklärung zur anonymen Auswertung, sicheren Aufbewahrung und abschließenden Vernichtung beigelegt werden. Andererseits ergibt sich aber der Vorteil, daß durch diese Abstimmung die Befragung sowohl von der Geschäftsführung als auch vom Betriebsrat getragen wird. Auf diese Weise kann erreicht werden, daß dem Fragebogen Begleitbriefe *beider* Parteien beigelegt werden, in denen sie sich für eine ordnungsgemäße Beantwortung des Fragebogens aussprechen und ihr Einverständnis noch einmal bekräftigen.

Ebenso wird der Betriebspsychologe in das Vorhaben eingeweiht. Er analysiert den Fragebogen nochmals im Hinblick auf bestimmte psychologische Kriterien und empirischen Erfordernisse. Nach der endgültigen Fertigstellung wird ein Pretest durchgeführt, um noch vorhandene, letzte Unklarheiten (z.B. Formulierungen, Verständnis, ...) auszuräumen. Um eine vorzeitige Meinungsbildung zu verhindern, sind allerdings Personen der Grundgesamtheit von diesem Test ausgenommen.

Diese Maßnahmen, vor allem aber die Begleitbriefe sowie die Unterstützung des Betriebspsychologen, haben unter anderem das Ziel verfolgt, die Rücklaufquote zu erhöhen. Denn erfahrungsgemäß ist dies gerade bei einer schriftlichen Befragung ein zentrales Problem. (vgl. Mayntz/u.a., 1978, S. 104) Wie die Ergebnisse zeigen, erwies sich diese Vorgehensweise als voller Erfolg. (vgl. Gliederungspunkt 2.3.5.2)

Abschließend stellt sich die Frage, warum nicht, wie anfangs vorgesehen, alle Fragen im LISREL-Modell Anwendung gefunden haben (vgl. Abb. 59). Der Unterschied zwischen den aus der Theorie den Meßvariablen zugeordneten Fragen und den letztlich in das LISREL-Verfahren übernommenen Fragen ist folgendermaßen zu begründen (vgl. dazu auch Gliederungspunkt 2.3.6):

1.) Einige Fragen können nicht in die Auswertung aufgenommen werden, da sie von zu wenig Probanden beantwortet werden. Ein Hinzuziehen dieser Fragen verkleinert die in die Auswertung eingehende Zahl der Beobachtungen rapide und führt damit insgesamt zu Ergebnissen mit geringer Aussagekraft.

2.) Das Einbeziehen einiger weniger Fragen führt zu nicht interpretierbaren Ergebnissen. Eine Analyse des Antwortverhaltens bei diesen Fragen läßt den Schluß zu, daß sie von den Befragten nicht in der intendierten Weise verstanden worden sind.

2.3.5.2 Allgemeine Auswertung der Ergebnisse[64]

Im folgenden werden nur die wichtigsten Resultate der Erhebung, aufgegliedert nach den einzelnen Fragenkomplexen, präsentiert. Ziel dieses Gliederungspunktes ist es, die Einstellung aller Probanden gegenüber der Umstrukturierung sowie dem Kommunikationsverhalten des Unternehmens deutlich zu machen.

Von den 191 ausgesandten Fragebögen sind 144 wieder bei der Projektleitung eingegangen. Ein Fragebogen konnte nicht ausgewertet werden, da die betreffende Person, wie sich später herausstellte, nicht zur Grundgesamtheit gehörte und fälschlicherweise angeschrieben wurde. Damit stehen für die Auswertung 143 gültige Fragebögen zur Verfügung. Dies entspricht einer Rücklaufquote von fast 75%. Dieses gute Ergebnis ist nicht zuletzt den Bemühungen im Vorfeld der Erhebungen zu verdanken. Einige Fragebögen wurden allerdings nicht ganz korrekt ausgefüllt. Vereinzelt wurden Fragen nicht beantwortet oder die vorgegebenen Antworten durch eigenen Kategorien ersetzt.

Von den Respondierenden sind 52% weiblich und 48% männlich. Fast ein Drittel der Probanden (32%) ist zwischen 41 und 50 Jahre alt; weitere 10% 50 Jahre und älter. 47% gehören zu der Altersgruppe zwischen 31 und 40 Jahre. 11% sind unter 30 Jahre alt. 44% der Befragten haben einen Hochschulabschluß, nur 4% einen Hauptschulabschluß. Knapp die Hälfte (49%) sind schon zwischen 3 und 6 Jahren im Außendienst tätig. Weitere 13% gehören erst seit weniger als 2 Jahren diesem Unternehmensbereich an.

2.3.5.2.1 \`Änderungswiderstand´

Die Auswertung der direkten Frage nach Widerstand bzw. Akzeptanz gegenüber der Umstrukturierungsmaßnahme (vgl. Abb. 60) zeigt, daß rund 55% der Befragten die Umstrukturierung akzeptieren (Frage 1d). Dieses Resultat deckt sich im wesentlichen mit den Ergebnissen von Frage 1a und Frage 4, die beide denselben Sachverhalt erheben. Die Implementierung von STRATAGEM liegt zum Zeitpunkt der Befragung erst drei Monate zurück. Von daher kann dieses Resultat als recht gut angesehen werden, obwohl immer noch fast ein Drittel der betroffenen Mitarbeiter

64 In der nun folgenden Diskussion der Ergebnisse wird oft auf Annahmen oder Feststellungen aus der Theorie zurückgeblendet. Sie wurden jedoch bereits in dem theoretischen Teil des Buches eingehend erläutert. Deshalb wird in diesem Gliederungspunkt auf eine erneute, detaillierte Erklärung verzichtet und es wird auf die entsprechenden Teile im Buch verwiesen.

die Umstrukturierung ablehnen. 14% konnten sich zum Zeitpunkt der Befragung noch nicht entscheiden

Abb. 60: Das Akzeptanzverhalten der Mitarbeiter

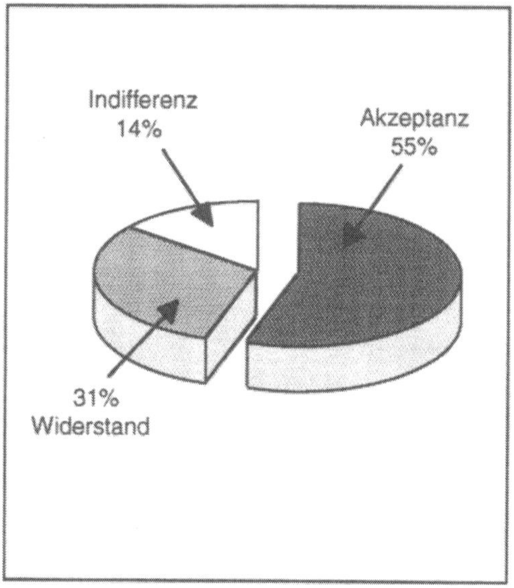

Werden zur genaueren Analyse die einzelnen Fragen hinzugezogen, die den Indikatorvariablen des Änderungswiderstandes zugeordnet sind, so muß das oben gezeichnete positive Bild leicht nach unten korrigiert werden. Auf die Frage nach der Beurteilung von STRATAGEM bezüglich der Aspekte \`Streit´, \`Kritik´ und \`Fluktuation´ antworten fast 50% der Befragten, daß sich diese Vorkommnisse seit Einführung von STRATAGEM verstärkt bzw. sogar wesentlich verstärkt haben. Bezüglich der Aspekte \`Zahl der Versetzungsgesuche´ und \`Dienst nach Vorschrift´ sind etwa 40% derselben Meinung. Der Prozentsatz derer, die der Änderung (noch) widerstreben, muß daher geringfügig höher als oben angenommen eingeschätzt werden. Was die \`Zahl der Krankmeldungen´ angeht, so sind ca. 76% der Ansicht, daß sich nichts verändert hat; 15% erkennen sogar eine Reduzierung dieser Zahl. Dieser Indikator fällt im Vergleich zu den anderen scheinbar etwas heraus. Das ist damit zu begründen, daß mit der allgemeinen Unsicherheit während einer Umstrukturierung i.d.R. die Angst einhergeht, den Job zu verlieren;

insbesondere dann, wenn man irgendwie `negativ´ auffällt (z.B. durch häufiges "Krankfeiern").

Ein solches Verhalten (Rückgang der Zahl der Krankmeldungen) konnte allgemein in allen durchgeführten Restrukturierungsprojekten beobachtet werden und soll den Gesamteindruck nicht stören. Grundsätzlich läßt sich somit konstatieren, daß die zu den Indikatoren gehörenden, indirekten Fragen (Kontrollfragen) den durch die direkten Fragen gewonnenen Eindruck bestätigen. Gegen die Umstrukturierungsmaßnahme läßt sich Widerstand feststellen. Er muß aber als geringer beurteilt werden, als dies allgemein in der Literatur für solche Vorhaben prophezeit wird. Dies deutet auf eine gute Vorbereitung von Seiten der Unternehmensleitung und anderen Verantwortlichen hin.

Interessant erscheinen in diesem Kontext auch die Zusammenhänge zwischen der Frage nach der Akzeptanz von STRATAGEM (Frage 1d bzw. 1c, 4) und den Fragen zur Erhebung der sozialen Daten:

Es wird oft angenommen, daß Frauen eher zu Widerstand neigen als Männer. Im vorliegenden Fall tendieren 55% aller weiblichen und 60% aller männlichen Probanden zur Akzeptanz von STRATAGEM. Demgegenüber zeigen etwa 32% der Frauen und 25% der Männer starke Bedenken in bezug auf die Veränderung. Anhand dieser Zahlen zeigt sich, daß auch hier geringfügig mehr Frauen zum Widerstand neigen als Männer. Die Berechnung des Kontingenzkoeffizienten zur Ermittlung der Stärke des Zusammenhanges bei der Untersuchung von Kreuztabellen ergibt jedoch nur einen Wert von 0,08. Da dieser Koeffizient nur Werte zwischen 0 (kein Zusammenhang) und 1 (maximaler Zusammenhang) annimmt, kann im vorliegenden Fall so gut wie kein Zusammenhang zwischen Geschlecht und Widerstand attestiert werden.

Ebenfalls wird in der Literatur behauptet, daß das Alter einen Einfluß auf das Akzeptanzverhalten hat. Es wird davon ausgegangen, daß ältere Menschen eher zu Widerstand neigen als jüngere. Wir können feststellen, daß 67% der "unter 30-Jährigen" STRATAGEM zustimmen, allerdings nur 25% der "über 50-Jährigen". Dagegen lehnen nur 7% der "unter 30-jährigen" die Veränderung ab. Bei den "über 50-Jährigen" sind es dagegen 25%. Der höchste Wert ergibt sich für die Altersklasse der 41 bis 50-Jährigen, in der fast 40% Bedenken gegen die Umstrukturierung äußern. Auf der Grundlage dieser Zahlen muß die in der Theorie gemachte

Annahme bestätigt werden. Auch der Kontingenzkoeffizient nimmt mit etwa 0,4 einen recht hohen Wert an und stützt diese These.

Außerdem wird häufig die Ansicht vertreten, daß Mitarbeiter mit niedrigem Bildungsstand eher Veränderungen widerstreben als Mitarbeiter mit hohem Bildungsniveau. In der Erhebung zeigt sich, daß 62% aller Hochschulabsolventen, 36% aller Abiturienten sowie 61% aller Haupt- und Realschulabgänger STRATAGEM akzeptieren. Gegen die Maßnahme zeigen rund 35% aller Hoch- und Realschulabsolventen, 26% aller Mitarbeiter mit Hauptschulabschluß und 32% aller Abiturienten Bedenken. Auf Basis dieser Zahlen ist die obige Hypothese für die zugrundeliegende Befragung kaum zu bestätigen. Der Kontingenzkoeffizient gibt hier ebenfalls keine positive Auskunft.

Schließlich wird vielfach angenommen, daß Mitarbeiter, die über längere Zeit in einem Unternehmen arbeiten, eher zu Widerstand neigen als solche, die erst seit kurzem dort beschäftigt sind. Im vorliegenden Fall akzeptieren nur etwa ein Drittel derjenigen die Maßnahme, die länger als 16 Jahre im Unternehmen beschäftigt sind. Demgegenüber stimmen rund 44% derjenigen zu, die seit weniger als zwei Jahren dort arbeiten. Dagegen lehnen etwa die Hälfte der länger als 16 Jahre im Unternehmen tätigen Mitarbeiter die Restrukturierung ab. Auch etwa ein Drittel derjenigen, die weniger als 2 Jahre im Unternehmen mitarbeiten, äußern sich gegen STRATAGEM. Diese Zahlen lassen auf einen Zusammenhang zwischen Unternehmenszugehörigkeit und Widerstand hindeuten. Der Kontingenzkoeffizient kann mit einem Wert von 0,27 nur ansatzweise die theoretische Annahme bestätigen.

2.3.5.2.2 `Unternehmens-Kommunikation´

Die Qualität der Unternehmenskommunikation hängt, wie in den Teilen C und D dieses Buches bereits erläutert, sowohl von der Art der Informationsübermittlung und der Interaktion der Beteiligten als auch von der adäquaten Ausgestaltung der organisatorischen Kommunikation ab. So wird in der Literatur die These vertreten, daß es den betroffenen Mitarbeitern weniger darum geht, mit Informationen überhäuft zu werden. Vielmehr erwarten sie ganz bestimmte Informationen von ausgewählten Bezugspersonen. Nach dieser Erhebung haben 57% der Befragten ausreichende Informationen erhalten. Allerdings sind noch 43% der Ansicht, zu wenig informiert worden zu sein. Sofern es sich dabei nicht nur um eine rein subjektive Wahrnehmung der Betroffenen handelt, hätten die Verantwortlichen im vorliegenden Fall also noch geringfügig mehr Informationen über die Maßnahme aussenden können. Befragt nach dem zeitlichen Ablauf der Informationsübermittlung, sind 58% der Meinung, daß sie rechtzeitig informiert wurden.

Abb. 61: Bewertung des Informationsverhaltens

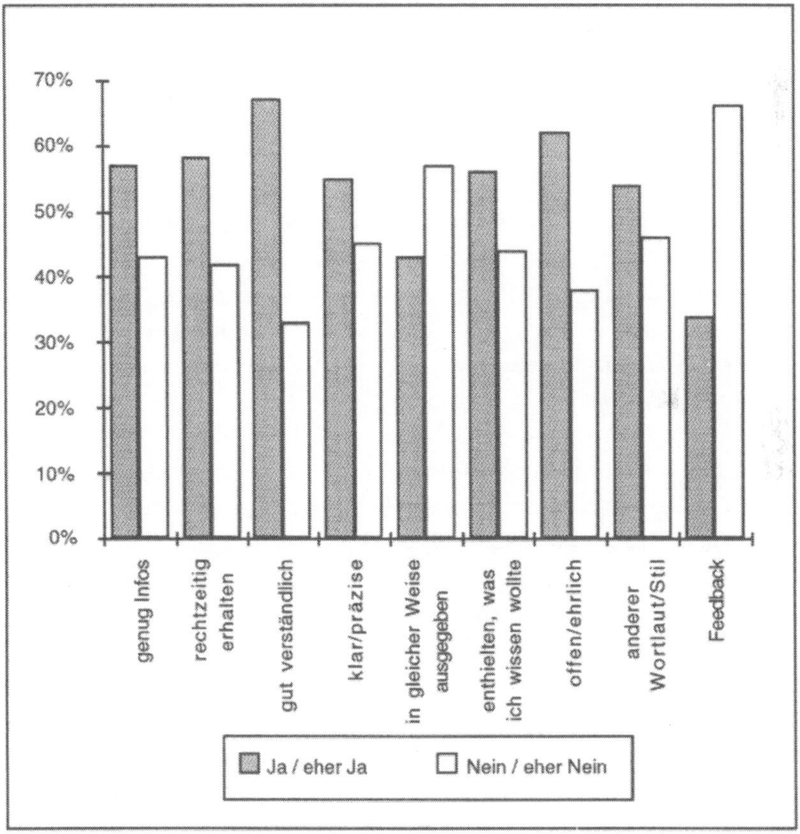

Ebenso entscheidend wie der quantitative und der zeitliche Aspekt ist die Qualität der Informationsübermittlung. Nach der Theorie werden Informationen dann am ehesten im Sinne des Senders verstanden, wenn sie empfängerorientiert übermittelt werden. Für mehr als die Häfte der Mitarbeiter waren die Informationen gut verständlich (67%), klar und präzise (55%) sowie offen und ehrlich (62%). Für 56% enthielten sie die Inhalte, die die Befragten wissen wollten. 57% der Betroffenen hätten allerdings die Informationen in anderer Weise ausgegeben, und 54% hätten sie in anderem Wortlaut und Stil verfaßt. Negativ ist auch das Feedbackverhalten zu bewerten. Immerhin sind sich 66% der Mitarbeiter nicht bewußt, danach gefragt worden zu sein, wie sie die Informationen verstanden haben (vgl. dazu auch Abb. 61). Allerdings wurde auch von der Mitarbeiterseite dieses Feedback nicht eindringlich genug provoziert. Denn nur 36% haben aktiv Fragen an die Verantwortlichen von STRATAGEM gerichtet.

Nach Ansicht von 71% der Befragten ist es gelegentlich bzw. sogar oft zu einem wechselseitigen Austausch von Mitteilungen zwischen Vorgesetzten und Mitarbeitern gekommen. Dabei wurden die anstehenden Probleme im Zusammenhang mit der Reorganisation für 71% in zufriedenstellendem Maße besprochen und konnten für immerhin 63% zumindest weitgehend geklärt werden. Das zeigt, daß die Vorgesetzten sich offensichtlich bemühten, den wechselseitigen Austausch von Informationen herbeizuführen, obgleich es dabei mehrheitlich (von beiden Seiten) vergessen wurde, nachzufragen, wie diese Mitteilungen verstanden wurden (vgl. Frage 21 und 22).

In der Theorie wird ebenfalls die These vertreten, daß Mitteilungen dann besonders gut von den Mitarbeitern unterer Hierarchieebenen akzeptiert werden, wenn diese sie von ihrem direkten Vorgesetzten erhalten. Für die Ausgestaltung der formellen Kommunikation im Zusammenhang mit STRATAGEM bedeutet das, daß es im wesentlichen den jeweiligen direkten Vorgesetzten obliegt, die Informationen an die Rezipienten zu übermitteln. Es wurde zudem in Teil D erwähnt, daß Meinungsführer einen großen Einfluß auf die Meinungsbildung der übrigen Mitarbeiter haben und deshalb vorrangig zu informieren sind. In der vorliegenden Erhebung läßt sich feststellen, daß die Mitarbeiter hauptsächlich über Briefe, die Unternehmenszeitung oder Informationsblätter informiert wurden. Mitarbeitergespräche, Klausurtagungen/ Versammlungen oder das persönliche Gespräch folgen erst auf den weiteren Plätzen (vgl. Abb. 62). Etwa ein Drittel der Mitarbeiter haben zum ersten Mal brieflich von der Änderung erfahren, 15% durch Gerüchte und 7% durch andere informelle Quellen. Nur 46% bekamen die ersten Informationen über die Maßnahme von ihrem direkten Vorgesetzten bzw. durch ein persönliches Gespräch mitgeteilt. Im weiteren Verlauf erhielten jedoch 78% der betroffenen Mitarbeiter die Informationen hauptsächlich bzw. oft von ihren Vorgesetzten. Angesehene Mitarbeiter oder Meinungsführer wurden kaum in die Informationsübertragung einbezogen. 53% glauben, daß diese zentralen Personen nicht vorher informiert wurden. Entsprechend geben auch nur 19% an, oft bzw. hauptsächlich von ihnen informiert worden zu sein. Im wesentlichen wurde mithin die formelle Kommunikation zur Informationsübermittlung eingesetzt. Dieses Bild wird noch dadurch unterstrichen, daß 86% der Probanden antworten, auf dem offiziellen Dienstweg informiert worden zu sein. Workshops oder Tagungen, in deren Verlauf unabhängig von Hierarchie und Abteilungsstruktur in Teams über die Ausgestaltung der Änderungsmaßnahme diskutiert werden konnte, wurden nach Meinung von 44% der Befragten selten und nach Ansicht von weiteren 44% nie durchgeführt. Zudem glauben 42%, daß gezielt Informationen auf höheren Hierarchieebenen zurückgehalten wurden.

Abb. 62: Hauptsächliche Informationsquellen

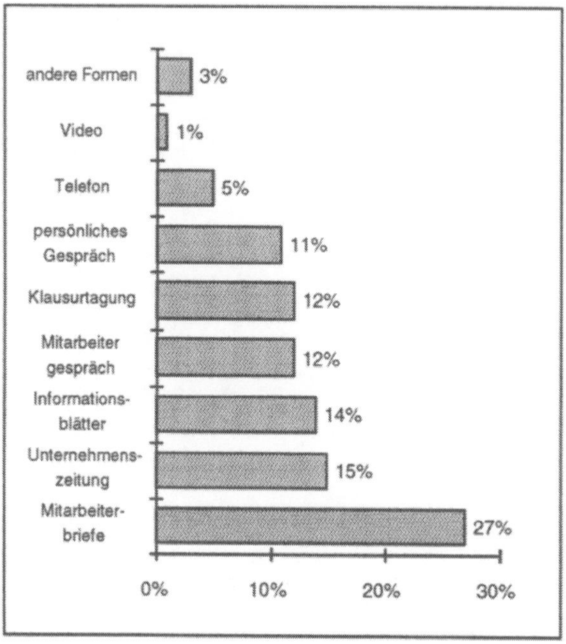

Aus der Analyse des vorliegenden Zahlenmaterials ist zu entnehmen, daß die Unternehmenskommunikation im Zusammenhang mit STRATAGEM nur z.T. als gelungen und den neusten Erkenntnissen entsprechend bewertet werden kann.

Bei einigen Fragen fällt eine Aufteilung von fast 50:50 auf. Danach ist annähernd jeder zweite Mitarbeiter nicht vollends mit der Informationsübermittlung zufrieden. Es zeigt aber auch, daß von Seiten der Verantwortlichen Versuche unternommen wurden, Informationen in der richtigen Art und Weise zu übermitteln. Die oben diskutierten Ergebnisse lassen erkennen, daß es noch in dem einen oder anderen Bereich Verbesserungsbedarf gibt. Dies wird auch bei der Beantwortung der Frage deutlich, ob die Mitarbeiter im Vorfeld von STRATAGEM nach ihrer Meinung gefragt wurden. Nach Ansicht von 87% war dies nicht der Fall. Ebenfalls hat es nach der Meinung von 50% der Befragten sehr viele Gerüchte gegeben. Immerhin 15% haben zum erstenmal durch Gerüchte von der Änderung gehört.

2.3.5.2.3 \`Überzeugende Kommunikation´

Abb. 63: Wesentliche Ergebnisse der \`Überzeugenden Kommunikation´

Vorteile für das Unternehmen	sehr ausführlich	6%
	recht gut	58%
	weniger ausführlich	33%
	nein	3%
Vorteile für den einzelnen	sehr ausführlich	1%
	recht gut	29%
	weniger ausführlich	47%
	nein	23%
Kompatibilität	sehr gut	16%
	gut	65%
	weniger gut	17%
	überhaupt nicht	2%
Komplexität	ja	45%
	eher ja	44%
	eher nein	10%
	nein	1%
Erprobbarkeit	sehr ausführlich	1%
	recht gut	12%
	weniger ausführlich	40%
	nein	47%
Kommunikation erster Erfolge	oft	7%
	gelegentlich	48%
	selten	32%
	nie	13%

Diesem Fragenkomplex liegen, wie in Teil D dieses Buches geschildert, fünf Charakteristika zugrunde, die das Übernahmeverhalten der Betroffenen bestimmen. (vgl. dazu Rogers, 1983, S. 35) Demzufolge werden organisatorische Neuerungen dann besonders von den Rezipienten akzeptiert, wenn ihnen der relative Vorteil bekannt, die Neuerung mit den Unternehmensgegebenheiten kompatibel und nicht zu schwer verständlich ist. Ebenso sollte die Neuerung testbar und erste Erfolge sofort sichtbar sein. In der zugrundliegenden Erhebung (die wesentlichen Ergebnisse sind in Abb. 63 zusammengefaßt) stellt sich heraus, daß der relative Vorteil, der aus der Maßnahme für das Unternehmen erwächst, verständlich kommuniziert wurde. Dem Anschein nach wurde dagegen weniger vermittelt, welche Vorteile das Vorhaben dem einzelnen bringt. Hier sagt jedoch die Theorie, daß die Mitarbeiter weniger am Vorteil für das Unternehmen als an ihrem eigenen Vorteil interessiert sind. Im Zusammenhang mit STRATAGEM wurden 64% sehr ausführlich bzw. recht gut darüber informiert, welche Vorteile dem Unternehmen entstehen. Demgegenüber wurde 70% der Befragten nicht oder nur wenig ausführlich dargelegt, welche Vorteile sie selbst durch die Ergebnisse von STRATAGEM haben werden. Dieses Ergebnis deckt sich auch mit den Resultaten von Frage 10. Hier wurde gefragt, wem STRATAGEM eher geholfen bzw. Vorteile gebracht habe. 50% glauben, daß es eher dem Unternehmen, und weitere 22% sind der Ansicht, daß es ausschließlich dem Unternehmen Vorteile gebracht hat.

Was die Kompatibilität des Vorhabens betrifft, so sind 81% der Meinung, daß die Maßnahme sehr gut bzw. gut auf die Situation des Unternehmens zugeschnitten ist. Dies weist auf einen guten `Fit´ zwischen Unternehmensgegebenheiten und STRATAGEM hin. Auf die Frage nach der Komplexität der Veränderung antworten 89% der Befragten, daß es sich um eine recht komplexe Veränderung handelt. Trotzdem war für 68% der Probanden der Prozeß der Umstrukturierung nicht schwer nachzuvollziehen. Es scheint den Verantwortlichen gelungen zu sein, den Mitarbeitern die komplexe Veränderung verständlich nahezubringen. Allerdings haben 87% keine bzw. wenig ausführliche Informationen darüber erhalten, ob ein solches Vorhaben bereits in ähnlicher Weise anderswo getestet wurde. Bei ZENECA selbst wurde das Vorhaben vorher nicht getestet, da dies aus organisatorischen Gründen in diesem speziellen Fall nicht möglich war.[65] Schließlich ist es für das Akzeptanzverhalten der Betroffenen sehr entscheidend, daß über Erfolge - auch über erste kleine Erfolge - im Unternehmen sofort berichtet wird. Dadurch wird besonders die Akzeptanz bei denjenigen erhöht, die anfangs noch unschlüssig

[65] Diese Information stammt aus einem Telefoninterview mit Hr. Kienzl von der ZENECA GmbH

sind. Im vorliegenden Fall geben allerdings nur etwas mehr als die Hälfte (55%) der betroffenen Mitarbeiter an, daß oft bzw. gelegentlich über erste Erfolge im Unternehmen berichtet wurde.

Insgesamt kann konstatiert werden, daß die Mittel der `Überzeugenden Kommunikation´ nur z.T. effizient eingesetzt wurden. So war das Vorhaben gut auf die Unternehmensgegebenheiten abgestimmt, und es wurde dafür gesorgt, daß diese recht komplexe Veränderung für die Mitarbeiter leicht verständlich war. Bei zukünftigen Veränderungsmaßnahmen ist aber besonders darauf zu achten, daß auch die Vorteile kommuniziert werden, die den betroffenen Mitarbeitern aus der Veränderung entstehen. Außerdem sollte verstärkt über erste Erfolge des Vorhabens im Unternehmen berichtet werden.

2.3.5.2.4 `Mobilisierende Kommunikation´

Dieser Fragenkomplex geht von der Überlegung aus, daß eine einwandfreie Unternehmenskommunikation und das Überzeugen der betroffenen Mitarbeiter alleine noch nicht ausreichen, um sie zu einem Verhalten im Sinne des Vorhabens zu bewegen. Vielmehr ist, wie in Teil D erläutert, durch das Aufstellen einer Vision, durch das Einrichten von Teamstrukturen sowie durch Leadership ein Klima zu erzeugen, welches die verborgenen Energien der Mitarbeiter im Sinne der Veränderungsmaßnahme mobilisiert.

Die Analyse der Befragungsergebnisse zeigt, daß 69% der Befragten Informationen über ein Unternehmensziel oder eine Vision erhalten haben, die durch STRATAGEM erreicht werden soll. 76% können sich mit diesen Zielen identifizieren, nur für 3% erscheint dies unmöglich. Damit der Realitätsbezug der Vision für den einzelnen klarer erkennbar wird, sollen zudem Teilziele vorgegeben werden. Im vorliegenden Fall wurden der Mehrheit der Befragten nur wenige (51%) oder keine Teilziele (18%) mitgeteilt. Trotz dieser Tatsache sehen 55% zumindest eine annähernde Übereinstimmung zwischen dem, was mit der Vision/dem Ziel beschrieben wurde und der momentanen Situation.

Befragt nach den Mitwirkungsmöglichkeiten in Teams äußern sich die Rezipienten eher unzufrieden. 48% von ihnen sind damit unzufrieden, 16% sogar sehr unzufrieden. Im Rahmen von STRATAGEM geben 75% an, daß sie keine Gelegenheit hatten, bei der Gestaltung mitzuwirken. 21% antworten, nur selten eine Chance zur

Mitwirkung bekommen zu haben. Hier besteht in jedem Fall Verbesserungsbedarf. Bei zukünftigen Veränderungsvorhaben sollten die Mitarbeiter verstärkt einbezogen werden.

Die Leadershipqualitäten der Vorgesetzten dagegen werden ausgesprochen gut bewertet. So wird ihre fachliche Kompetenz von nur 13% als weniger gut bzw. schlecht bewertet. Ebenfalls sind nur 13% der Meinung, daß die soziale Kompetenz des direkten Vorgesetzten zu wünschen übrig läßt. Demgegenüber sind 87% sowohl von den fachlichen als auch von den zwischenmenschlichen Qualitäten ihrer Vorgesetzten überzeugt. Entsprechend wird auch das Führungsverhalten der direkten Vorgesetzten überwiegend gut beurteilt. Dieses Ergebnis korreliert sehr stark mit dem Resultat der Frage 9. Hier wurde danach gefragt, ob das Verhalten der Vorgesetzten die Einsatzbereitschaft fördere. Bei dieser Frage geben 51% an, daß dies häufig bzw. sehr häufig zutrifft, bei 30% ist es zumindest manchmal der Fall.

Als Gesamtergebnis kann festgehalten werden, daß ein gewisser Prozentsatz an Widerstand gegen die Änderungsmaßnahme festzustellen ist. Ebenso zeigt sich bei der Analyse der Befragungsergebnisse zum Kommunikationsverhalten, daß hier nur in gewissen Bereichen den theoretischen Vorgaben entsprochen wird, wodurch noch eine Reihe von Verbesserungen ersichtlich werden. So kann auch hier konstatiert werden, daß der Änderungswiderstand von Schwächen im Kommunikationsverhalten begleitet wird. Aufgrund dieser Ergebnisse läßt sich vermuten, daß die nachfolgende LISREL-Analyse den zugrundeliegenden Zusammenhang bestätigt.

2.3.6 Ergebnisse der Parameterschätzung

Nachdem nun der empirische Datensatz erhoben und durch die Spezifikation der Hypothesen in Matrizenschreibweise festgelegt wurde, welche Parameter im Rahmen der LISREL-Analyse zu schätzen sind, kann dies auf Basis des Datensatzes erfolgen. (vgl. auch Backhaus/u.a., 1994, S. 381) Die Beschaffenheit der Rohdaten hinsichtlich Skalenqualität und Verteilung der manifestierten Variablen stellen LISREL jedoch oft vor Probleme (z.B. bei der Behandlung von missing values), durch die die Berechnungen gegebenenfalls gestört und die Aussagekraft der Analyse eingeschränkt wird. Hiergegen hilft die Verwendung des zu LISREL gehörenden Programms PRELIS mit seinen Fähigkeiten zur Datenexploration. Durch den Einsatz dieses LISREL-Preprozessors kann die aktuelle Version auch bei problematischen Daten durch die Wahl spezieller Assoziationsmaße und durch den Einsatz verteilungsfreier Schätzmethoden eingesetzt werden. (vgl. Baltes-Götz, 1994, S.4 ff.) Die von PRELIS errechnete empirische Korrelationsmatrix wird in einer speziellen Datei abgespeichert und dient LISREL als Eingabematrix. (vgl. Jöreskog, 1989, S. 19)

Bevor das Programm PRELIS jedoch angewendet werden kann, sind zwei wesentliche Aspekte zu klären. Zum einen dienen, wie aus Gliederungspunkt 2.3.5.1 hervorgeht, mehrere Fragen der Erhebung einer Meßvariable. PRELIS fordert jedoch die Zuordnung von nur einer Zahl zu jedem Indikator. Daher muß in diesen Fällen aus dem vorhandenen Datenmaterial mit Hilfe einer Faktorenanalyse jeweils ein Faktor pro Indikator extrahiert werden. Doch dies kann - und das ist der zweite Aspekt - nicht uneingeschränkt durchgeführt werden. Denn durch die Problematik der Missing Values wird einer Reihe von Beobachtungen in der Faktorenanalyse kein Wert zugewiesen, wodurch diese dann für weitere Berechnungen nutzlos sind. Dadurch wird die Anzahl der schließlich für die Berechnung zur Verfügung stehenden Beobachtungen sehr eingeschränkt und die Aussagekraft der LISREL-Analyse in Frage gestellt. Um dies zu verhindern, wurden unter der Prämisse, eine relativ hohe Zahl an Beobachtungen beizubehalten, Fragen, die von nur wenigen Probanden (z.B. 80 von 143) beantwortet wurden, nicht berücksichtigt. Es wird damit ein Informationsverlust zugunsten einer Vergrößerung der Anzahl der letztendlich für die LISREL-Analyse zur Verfügung stehenden Beoachtungen in Kauf genommen. Da derselbe Sachverhalt im voraus zur Sicherheit durch mehrere Fragen abgedeckt wurde, ist es relativ unwahrscheinlich, daß alle Fragen unabhängig voneinander zur Erklärung dieses Sachverhaltes beitragen. Der Informationsverlust durch das Weglassen einzelner Fragen kann daher als relativ gering evaluiert werden. Trotz dieser Vorsichtsmaßnahme konnte jedoch eine Verringerung der für die endgültige Analyse zur Verfügung stehenden Beobachtungen von 143 auf 86 nicht verhindert werden.

Abb. 64: Ergebnisse der LISREL-Analyse

Zusammenhang zwischen Kommunikation und Änderungswiderstand
COMPLETELY STANDARDIZED SOLUTION

LAMBDA Y

	ETA 1
Y1	.460
Y2	.604
Y3	.649
Y4	.209
Y5	.670
Y6	.412

LAMBDA X

	KSI 1	KSI 2	KSI 3
X1	.529	.000	.000
X2	.491	.000	.000
X3	.654	.000	.000
X4	.481	.000	.000
X5	.000	.661	.000
X6	.000	.617	.000
X7	.000	-.278	.000
X8	.000	.366	.000
X9	.000	.270	.000
X10	.000	.000	.615
X11	.000	.000	.293
X12	.000	.000	.431

GAMMA

	KSI 1	KSI 2	KSI 3
ETA 1	-.262	-.433	-.090

CORRELATION MATRIX OF ETA AND KSI

	ETA 1	KSI 1	KSI 2	KSI 3
ETA 1	1.000			
KSI 1	-.564	1.000		
KSI 2	-.640	.541	1.000	
KSI 3	-.599	.750	.722	1.000

PSI

	ETA 1
ETA 1	.522

THETA EPS

Y1	Y2	Y3	Y4	Y5	Y6
.788	.635	.579	.956	.551	.830

THETA DELTA

X1	X2	X3	X4	X5	X6	X7	X8	X9	X10	X11	X12
.720	.759	.572	.768	.564	.620	.923	.866	.927	.621	.914	.814

Quelle: Mohr/u.a., 1995, o.S.

Ausgehend von den o.g. Überlegungen wird schließlich mit Hilfe von PRELIS die empirische Korrelationsmatrix ermittelt. Ziel des LISREL-Modells ist es nun, die berechnete modelltheoretische Matrix, die wiederum eine Korrelationsmatrix darstellt, bestmöglichst an diese empirische Korrelationsmatrix anzunähern. (vgl. Backhaus/u.a., 1994, S. 382)[66] Innerhalb von LISREL hat der Anwender die Wahl zwischen sieben verschiedenen Arten der Parameterschätzung. (vgl. Jöreskog, 1989, S. 20) Grundsätzlich führen alle Methoden zu konsistenten Schätzwerten. Allerdings stellen die IV- (Instrumental Variables) und die TSLS-Methode (Two-Stage Least Square) Prozeduren dar, die nicht iterativ, dafür aber sehr schnell arbeiten und die Parameterwerte ohne Angabe eines Gütekriteriums berechnen. ULS (Unweighted Least Square), GLS (Generalized Least Square), ML (Maximum Likelihood), WLS (Generally Weighted Least Squares) und DWLS (Diagonally Weighted Least Square) schätzen die Werte in einem iterativen Prozeß (vgl. Jöreskog, 1989, S. 20) und können zur Klasse der gewichteten Kleinst-Quadrate-Schätzungen gerechnet werden. "Sie versuchen im Prinzip, die Differenz zwischen der empirischen und der modelltheoretischen Varianz-Kovarianzmatrix bzw. Korrelationsmatrix zu minimieren." (Backhaus/u.a., 1994, S. 385)[67]

In der vorliegenden Analyse wird mit der ML-Methode das in der Praxis am häufigsten angewendete, iterative Verfahren verwendet. Alle iterativen Prozeduren benötigen in einem ersten Schritt für jeden Parameter Startwerte (INITIAL ESTIMATES), die von der IV- oder TSLS-Methode geliefert werden. Sie stellen Annahmen über die "wahren" Werte der zu schätzenden Parameter dar. In unserem Fall werden diese Werte im Anschluß an die `CORRELATION MATRIX TO BE ANALYSED´ und die `PARAMETER SPECIFICATIONS´ innerhalb der Zweistufenschätzmethode (TSLS) automatisch vom Programm vorgegeben. Im zweiten Schritt tritt dann die ML-Methode in Aktion, die mit Hilfe dieser Startwerte *die* modelltheoretische Korrelationsmatrix errechnet, die mit größter Wahrscheinlichkeit die empirische Korrelationsmatrix reproduziert. (vgl. Backhaus/u.a., 1994, S. 384) "Die ML-Methode maximiert die Wahrscheinlichkeit dafür, daß die modelltheoretische Korrelationsmatrix die betreffende empirische Korrelationsmatrix erzeugt hat." (Backhaus/u.a., 1994, S. 385) Sie verlangt grundsätzlich eine Normalverteilung der Ausgangsvariablen und setzt ihre Invertierbarkeit voraus (vgl. dazu Gliederungspunkt 2.3.4). Allerdings hat sich in der Praxis gezeigt, daß die

[66] Die Eingabematrix sowie sämtliche zusätzlichen Berechnungen und Ergebnisse des LISREL-Modells werden hier nicht weiter vorgestellt.

[67] Die einzelnen Methoden werden im folgenden nicht mehr weiter erläutert. Der interessierte Leser sei auf die ausführlichen Darstellungen bei *Jöreskog* (vgl. Jöreskog, 1989, S. 20 - 28) verwiesen.

Voraussetzung der Normalität bei mäßiger Verletzung liberalisiert werden kann. (vgl. Jöreskog, 1989, S. 21 und Baltes-Götz, 1994, S. 2-15) Für die vorliegende Schätzung ist die Invertierbarkeit der Eingabematrix bewiesen (vgl. Gliederungspunkt 2.3.4). Die Annäherung an eine Normalverteilung ist nach *Mayntz et alter* (vgl Mayntz/u.a., 1978, S. 76) ab einer Stichprobengröße von n > 30 zu akzeptieren. Obwohl dies für diese Schätzung zutrifft, wurde zusätzlich das Datenmaterial im Hinblick auf die Normalverteilung der Ausgangsvariablen analysiert. Aufgrund der Ergebnisse der Analyse kann diese Vorausetzung bestätigt und damit die ML-Methode angewendet werden.

LISREL 7.x liefert neben einer unstandardisierten auch eine standardisierte Lösung. Die unstandardisierte Lösung hat den Nachteil, daß die Kovarianzen durch die Skaleneinheiten der jeweiligen Variablen beeinflußt werden. Daher ist eine Standardisierung der Lösung zu bevorzugen, bei der die Varianzen der latenten Variablen auf 1 fixiert werden. Zudem lassen sich die Matrizen nun auch als Faktorladungsmatrizen interpretieren. Dies bedeutet, daß in der komplett standardisierten Lösung die Korrelationen zwischen den beobachteten und den latenten Variablen enthalten sind. Zudem addieren sich die quadrierten Faktorladungen der LAMBDA Y- und der LAMBDA-X-Matrix mit den Werten der THETA-EPSILON- bzw. THETA-DELTA-Matrix zu 1. Die komplett standardisierte Lösung (COMPLETELY STANDARDIZED SOLUTION) für den vorliegenden Ansatz ist in Abb. 64 wiedergegeben und bildet die Grundlage für die Bewertung und weitere Diskussion der Resultate.

Die Darstellung der Ergebnisse orientiert sich an der vorgegebenen Matrizenstruktur ('PARAMETER SPECIFICATIONS'). Die LAMBDA-Y-Matrix enthält die Korrelationen zwischen der latenten endogenen Variable und den entsprechenden Meßgrößen. Die LAMBDA-X-Matrix stellt die Korrelationen zwischen den latenten exogenen Variablen und den Indikatoren dar. Innerhalb des Strukturmodells werden im Rahmen der GAMMA-Matrix die Koeffizienten zwischen den exogenen und endogenen Konstrukten angegeben. Die Phi-Matrix erscheint als CORRELATION MATRIX OF ETA AND KSI und zeigt die Abhängigkeiten der einzelnen latenten Variablen untereinander an. Am Ende folgen die PSI-, THETA EPS- und THETA DELTA-Matrizen, die die Werte für die jeweiligen Residuen zeigen und genauere Auskunft über die Stärke der o.a. Zusammenhänge geben.

Diese Werte sind die Schätzgrößen für die Parameter im zugrundeliegenden Ansatz. Sie werden noch einmal zur Verdeutlichung in das endgültige Pfaddiagramm (siehe Abb. 65) transformiert.

Abb. 65: Pfaddiagramm mit Schätzgrößen der komplett standardisierten Lösung

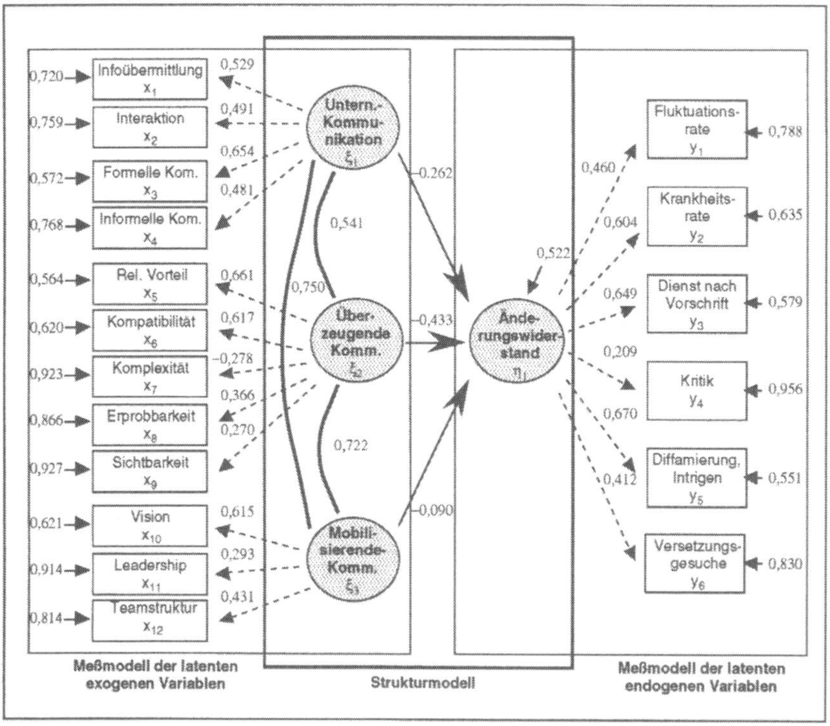

Die Werte bestätigen die vemuteten Richtungszusammenhänge entsprechend den zugrundeliegenden Hypothesen (vgl. Gliederungspunkt 2.3.1). Das Strukturmodell zeigt, daß die hypothetischen Konstrukte `Unternehmens-Kommunikation´, `Überzeugende Kommunikation´ und `Mobilisierende Kommunikation´ mit der latenten, endogenen Variable `Änderungswiderstand´ negativ korrelieren. Aus einer Verbesserung der latenten, exogenen Variablen resultiert mithin eine Verringerung des Änderungswiderstandes. Damit sind die drei Ausgangshypothesen, die die Grundlage des Ansatzes darstellen (siehe Punkt 2.3.1), für diesen Fall auf Basis der einfachen Zahlenanalyse vorläufig bestätigt.

Analysiert man die Stärke dieses Zusammenhangs, so zeigt sich, daß einige der Werte nicht übermäßig hoch sind. Das Konstrukt 'Überzeugende Kommunikation' weist mit -0,433 den stärksten Einfluß auf den 'Änderungswiderstand' auf. Die 'Unternehmens-Kommunikation' zeigt mit -0,262 ebenfalls noch einen akzeptablen Wert. Dagegen gibt die exogene Variable 'Mobilisierende Kommunikation' zwar das richtige Vorzeichen an, allerdings ist der Einfluß mit einem Koeffizienten von -0,09 sehr gering. Diese Werte werden durch den Wert der Residualvariable (Zeta) der latenten, endogenen Variable 'Änderungswiderstand' in der PSI-Matrix bekräftigt. Ein Wert von 0,522 besagt, daß ein Varianzanteil der endogenen Variablen von rund 52% *nicht* durch die latenten, exogenen Variablen erklärt wird. Dies ist auf Meßfehler und/oder den Einfluß anderer Variablen zurückzuführen. Umgekehrt betrachtet werden in dieser Schätzung aber immerhin noch 48% der Varianz der Variable 'Änderungswiderstand' erklärt. Dies ist ein Indiz für die Grundannahme (vgl. Teil B), daß unternehmensinterne Kommunikation zwar ein wesentlicher Einflußfaktor, nicht aber das einzige hypothetische Konstrukt ist, welches den Änderungswiderstand beeinflußt. Somit kann eine Verbesserung von Kommunikation im Wandlungsprozeß von Unternehmen Änderungswiderstand lediglich reduzieren und nicht vollständig eliminieren.

Die Werte von Y2 (0,604), Y3 (0,649) und Y5 (0,670) in der LAMBDA-Y-Matrix besagen, daß der Änderungswiderstand relativ stark mit diesen drei Indikatoren korreliert. Durch die Standardisierung nimmt auch der ursprünglich auf eins gesetzte Wert von Y5 einen Wert kleiner eins an. Der Zusammenhang zwischen dem Änderungswiderstand und der Meßvariable 'Kritik' (Y4) ist in unserem Fall dagegen eher gering zu bewerten. Das Konstrukt 'Änderungswiderstand' erklärt nur $0{,}209^2 = 0{,}043$ der Varianz von Y4, was durch den Wert der Residue THETA EPS Y4 von 0,956 bestätigt wird (da es sich um die standardisierte Lösung handelt, ergänzen sich beide Werte zu eins). Entsprechend sind die Werte der LAMBDA-X- und THETA-DELTA-Matrix zu interpretieren. Diese Resultate lassen erkennen, daß die latente exogene Variable 'Unternehmens-Kommunikation' auf Basis dieser Erhebung am stärksten die Varianz der Meßvariable 'Formelle Kommunikation' ($0{,}654^2 = 0{,}427$) erklärt. Auch die anderen Indikatoren dieser Variable zeigen recht hohe Korrelationen an. Das Konstrukt 'Überzeugende Kommunikation' korreliert am stärksten mit der Meßvariable 'Relativer Vorteil' (0,661) und das Konstrukt 'Mobilisierende Kommunikation' mit dem Indikator 'Vision' (0,615).

2.3.7 Beurteilung der Schätzergebnisse

Im vorhergehenden Gliederungspunkt wurden mit Hilfe der Maximum-Likelihood-Methode die einzelnen Parameter des Erklärungsansatzes geschätzt. Die Resultate bestätigen die zu überprüfenden Hypothesen. Es stellt sich nun im Rahmen der empirischen Forschung die Frage, wie zuverlässig (reliabel) und wie gut (valide) diese Schätzung beurteilt werden kann. Grundsätzlich ist zuerst die Zuverlässigkeit zu testen, denn bei einem Forschungsinstrument, welches nicht zuverlässig ist, ist auch die Gültigkeit in Frage zu stellen. Zuerst ist daher zu ermitteln, ob die im Modell geschätzten Parameter keine logisch oder theoretisch unplausiblen Werte aufweisen und damit Fehlspezifikationen im Modell vorliegen. Da die Zuverlässigkeit aber nicht genügt, um die Gültigkeit eines Forschungsinstrumentariums zu gewährleisten, ist anschließend noch eine Validitätsprüfung durchzuführen. (vgl. Prim/u.a., 1983, S. 60) Die notwendigen statistische Kriterien zur Überprüfung von Validität und Reliabilität werden im Rahmen des LISREL-Programmes bereitgestellt. Abschließend ist zu klären, welche zusätzlichen Aspekte bezüglich der Erhebung der Daten und der Schätzmethode einschränkend wirken. Erst dann kann endgültig bestimmt werden, wie wertvoll die Ergebnisse für Wissenschaft und Praxis sind.

2.3.7.1 Test der Modellstruktur[68]

2.3.7.1.1 Die Bewertung der Reliabilität

Die einfache Sichtung der Resultate läßt keine offensichtlichen Indikatoren für Fehlspezifikationen erkennen. Denn wie in Gliederungspunkt 2.3.6 bereits erwähnt, erhalten die Parameter theoretisch plausible Werte. Weder in der LAMBDA-X- noch in der LAMBDA-Y-Matrix sind Werte enthalten, die größer als eins und damit nicht interpretierbar sind. Die Richtungszusammenhänge entsprechen den vorher theoretisch aufgestellten Hypothesen. Außerdem sind alle Matrizen invertierbar, das heißt positiv definiert. Vordergründig erscheint die Schätzung daher logisch und theoretisch plausibel. Genauere Hinweise auf die Reliabilität der Schätzung gibt eine Analyse der vorhandenen statistischen Kriterien.

---

[68] Im Rahmen des Test der Modellstruktur wird sich an den von der Literatur vorgeschlagenen und von LISREL bereitgestellten Testkriterien orientiert. Die einzelnen Maße werden jeweils nur sehr knapp erläutert. Zur Vertiefung sei auf die angegebenen Literaturquellen verwiesen. (vgl. Baltes-Götz, 1994, S. 2-15 ff.; vgl. Backhaus/u.a., 1994, S. 395 - 409; vgl. Jöreskog, 1989, S. 41 ff.)

Bei der Schätzung der Parameter handelt es sich um eine Punktschätzung. Die Schätzungen können daher je nach Stichprobe variieren. Somit kann mit Hilfe der Standardfehler (STANDARD ERRORS) festgestellt werden, mit welcher Streuung bei den Parameterschätzungen zu rechnen ist. Je größer der Standardfehler ist, desto eher ist dies ein Indiz, daß die Parameter im Modell nicht sehr zuverlässig sind. *Backhaus u.a.* (vgl. Backhaus/u.a., 1994, S. 396) empfehlen einen Grenzwert von 0,14. In unserem Modell liegen die Standardfehler der LAMBDA-X-Matrix sowie der PSI-Matrix unter diesem Wert. Diese Parameter sind daher sehr zuverlässig. Die anderen Werte liegen nur geringfügig darüber. Insge-samt kann von einer recht zuverlässigen Schätzung ausgegangen werden.

Abb. 66: Multiple Korrelationskoeffizienten

SQUARED MULTIPLE CORRELATION FOR Y-VARIABLES

Y1	Y2	Y3	Y4	Y5	Y6
.212	.365	.421	.044	.449	.170

TOTAL COEFFIZIENT OF DETERMINATION FOR Y-VARIABLES IS .725

SQUARED MULTIPLE CORRELATION FOR X-VARIABLES

X1	X2	X3	X4	X5	X6	X7	X8	X9	X10	X11	X12
.280	.241	.428	.232	.436	.380	.077	.134	.073	.379	.086	.186

TOTAL COEFFIZIENT OF DETERMINATION FOR X-VARIABLES IS .896

SQUARED MULTIPLE CORRELATION FOR STRUCTURAL EQUATIONS

ETA 1
.478

TOTAL COEFFIZIENT OF DETERMINATION FOR STRUCTURAL EQUATIONS IS .478

Die Reliabilitätskoeffizienten oder multiplen Korrelationskoeffizienten sind ein Maß dafür, wie gut die Messungen der latenten Variablen und der Indikatorvariablen gelungen bzw. frei von zufälligen Meßfehlern sind. LISREL 7 gibt diese Reliabilität durch die quadrierten multiplen Korrelationskoeffizienten (SQUARED MULTIPLE CORRELATIONS FOR ...) an. Je näher diese Koeffizienten am Wert 1 liegen, umso zuverlässiger sind die Messungen im Modell. Eine Analyse der einzelnen Koeffizienten pro Parameter zeigt, daß die Werte nicht übermäßig hoch sind. So stellt beispielsweise Y5 mit 0,449 die reliabelste Messung für den Änderungswiderstand dar (vgl. Abb. 66). Dies läßt den Verdacht zu, daß die Messungen eines Teils der Parameter nicht sehr zuverlässig sind. Nun ist das Modell aber so aufgebaut, daß mehrere Indikatoren eine latente Variable messen. Die Zuverlässigkeit hängt daher sehr davon ab, wie gut alle Meßvariablen *zusammen* zur Messung einer latenten Variablen beitragen. Diesen Sachverhalt überprüft das Bestimmtheitsmaß (TOTAL COEFFICIENT OF DETERMINATION FOR ...), welches ein aggregiertes Maß für die Stärke der Kausalbeziehungen darstellt. Abb. 66 zeigt, daß diese Werte wiederum sehr hoch sind. Insgesamt kann damit noch eine gute Zuverlässigkeit der Messungen attestiert werden.

Schließlich ist die Korrelation zwischen den Parameterschätzungen als Zuverlässigkeitsmaß heranzuziehen. In der PHI-Matrix (erscheint im Ausdruck als CORRELATION MATRIX OF ETA AND KSI) berechnet das Programm diese Korrelationen. Ist die Korrelation zwischen zwei Parametern sehr hoch, dann sollte ein Parameter aus dem Modell entfernt werden, da beide identische Sachverhalte messen. "Als sehr hoch werden bei praktischen Anwendungen nur solche Korrelationen angesehen, die Werte von absolut größer als 0,9 aufweisen." (Backhaus/ u.a., 1994, S. 399) Wie bereits unter Gliederungspunkt 2.3.1 angenommen, sind die latenten, exogenen Variablen im Modell positiv miteinander korreliert. Doch da diese Korrelationen weit unter dem angegebenen Wert liegen, können alle Parameter beibehalten werden.

2.3.7.1.2 Die Bewertung der Validität

In diesem Teil folgt der Nachweis der Anpassungsgüte der Modellstruktur. Es wird überprüft, inwieweit sich die theoretische Modellstruktur an die empirischen Daten annähert. Der Test bezieht sich auf die beiden Aspekte der Gesamtstruktur des Modells und der Anpassungsgüte der Teilstrukturen, die nun nacheinander diskutiert werden.

Grundsätzlich stehen mit dem Chi-Quadrat-Wert, dem Goodness-of-Fit-Index, dem Adjusted-Goodness-of-Fit-Index und dem Root-Mean-Square-Residual vier Gütekriterien zur Überprüfung der Gesamtanpassungsgüte eines Modells zur Verfügung. Im zugrundeliegenden Fall wird allerdings auf die Anwendung des Chi-Quadrat-Wertes verzichtet. Seine Anwendung ist an eine Reihe von Voraussetzungen gebunden, die in der Praxis oft nicht erfüllt sind. So muß beispielsweise die durchgeführte Schätzung auf einer Stichprobe-Kovarianz-Matrix basieren (vgl. Jöreskog, 1989, S. 43, vgl. Baltes-Götz, 1994, S. 2-18 und vgl. Backhaus/u.a, 1994, S. 400). Die vorliegende Schätzung basiert jedoch auf einer Korrelationsmatrix. Hier würde die Chi-Quadrat-Teststatistik zu unbrauchbaren Ergebnissen führen und ist deshalb nicht anwendbar.

Abb. 67: Gütekriterien

GOODNESS OF FIT INDEX	**=.821**
ADJUSTED GOODNESS OF FIT INDEX	**=.763**
ROOT MEAN SQUARE RESIDUAL	**=.089**

Der Goodness-of-Fit-Index (GFI) mißt die relative Varianz und Kovarianz, die das Modell insgesamt erklärt. Sein Wert erreicht bei perfektem Fit den Wert 1 und geht bei schlechtem Fit gegen 0. Ein GFI von 0,821 (vgl. Abb. 67) kann als gut bewertet werden und besagt, daß die Modellstruktur 82,1% der gesamten Ausgangsvarianz erklärt.

Der Adjusted-Goodness-of-Fit-Index (AGFI) stellt eine Verfeinerung des GFI dar. Er ist ebenfalls ein Maß für die im Modell erklärte Varianz, berücksichtigt aber noch zusätzlich die Zahl der Freiheitsgrade. Dadurch wird in gewisser Weise die Anzahl der verwendeten Parameter in die Bewertung mit einbezogen. Seine Bandbreite befindet sich auch zwischen 0 und 1; je mehr er sich an 1 annähert, desto valider ist das Modell anzusehen. In unserem Modell liegt er mit 0,763 (siehe Abb. 67) noch relativ hoch und steht für eine gute Anpassungsgüte. Im Vergleich zum GFI fällt er jedoch etwas zurück. Dies ist mit der hohen Parameterzahl im Modell zu begründen, die hier in gewisser Weise `bestraft´ wird.

Der Root-Mean-Square-Residual (RMR) bezieht sich auf die Residualvarianzen, die im Modell *nicht* erklärt werden. Im Gegensatz zu GFI und AGFI ist er ein Maß für die durchschnittlich *nicht* durch das Modell erklärten Varianzen und Kovarianzen. Je mehr er sich daher an 0 annähert, desto weniger Varianz wird im Modell *nicht* erklärt und desto besser ist dementsprechend die Anpassungsgüte des Modells.

(vgl. Backhaus/u.a., 1994, S. 402) Für die durchgeführte Schätzung zeigt der RMR einen Wert von 0,089. Damit kann auch nach diesem Kriterium eine sehr gute Anpassungsgüte attestiert werden.

Von dem Fit des Gesamtmodells läßt sich nur sehr schwer auf die Anpassungsgüte einzelner Teile des Modells schließen. Zur Bewertung der Validität einzelner Teilstrukturen des Modells stehen mit der Beurteilung der Residuen, der Betrachtung der standardisierten Residuen und des Q-Plots sowie den T-Werten drei Kriterien zur Verfügung.[69]

Mit der durchgeführten Schätzung wurde versucht, die modelltheoretische Korrelationsmatrix bestmöglichst an die empirische Korrelationsmatrix anzupassen. Wird nun die Differenz zwischen den beiden Matrizen gebildet, so entsteht eine Differenzmatrix (FITTED RESIDUALS), die die Residuen enthält, die im Modell nicht erklärt werden. *Backhaus et alter* (vgl. Backhaus/u.a., 1994, S. 403) empfiehlt, daß bei guter Anpassung die Residuen den Wert von 0,1 nicht übersteigen sollten. Bis auf wenige Ausnahmen liegen in der vorliegenden Schätzung alle Residuen unter diesem Wert, so daß auch hier von einer guten Modellanpassung ausgegangen werden kann. Diese Feststellung wird ebenfalls durch den dazugehörigen STEMLEAF PLOT bestätigt, der in der Lage ist, "Ausreißer" zu identifizieren.

Da bei den Fitted Residuals die Höhe der Residuen jedoch durch die Skalierung der Variablen beeinflußt wird, führt LISREL zusätzlich eine Standardisierung der Residuen (STANDARDIZED RESIDUALS) durch und erstellt für sie einen zweiten STEMLEAF PLOT. Zudem lassen sich diese standardisierten Residuen in einem Q-Plot darstellen, mit dem sich überprüfen läßt, ob die Ausgangsdaten von der Annahme der Normalverteilung abweichen und der Gesamtfit des gegebenen Modells gut gelungen ist. Ein perfekter Fit ergibt sich bei Anwendung der Version LISREL 7.x[70] immer dann, wenn die standardisierten Residuen ungefähr entlang der Diagonalen im Q-Plot verlaufen (vgl. Baltes-Götz, 1994, S. 2-24). Wie der Q-Plot der vorliegenden Schätzung zeigt (siehe Abb. 68), verlaufen die standardi-

[69] Neben den genannten Alternativen besteht auch noch die Möglichkeit, alternative Schätzverfahren durchzuführen und die Ergebnisse zu vergleichen. Weichen sie nur unwesentlich voneinander ab oder stimmen sie überein, so ist das ein gewichtiges Indiz dafür, daß die wahren Werte der Parameter gefunden wurden. (vgl. Backhaus/u.a., 1994, S. 408) Im vorliegenden Fall wurde jedoch aufgrund der relativ eindeutigen Aussage der anderen Gütekriterien auf die Durchführung alternativer Schätzmethoden verzichtet.

[70] *Baltes-Götz* revidiert hier die Aussage von *Jöreskog* (Jöreskog/u.a., 1989, S. 34) und *Backhaus* (vgl. Backhaus/u.a., 1994, S. 405), nach der Q-Plots mit einer Steigung von 1 (Verlauf entlang der Diagonalen) indikativ sind für einen mäßigen Fit, während bei einem guten Fit eine Steigung > 1 zu erwarten ist. Nach seiner Ansicht handelt es sich dabei noch um Erfahrungswerte der Version LISREL 6.

sierten Residuen im wesentlichen entlang der Diagonalen und zeigen damit einen guten Fit an.

Abb. 68: Q-PLOT OF STANDARDIZED RESIDUALS

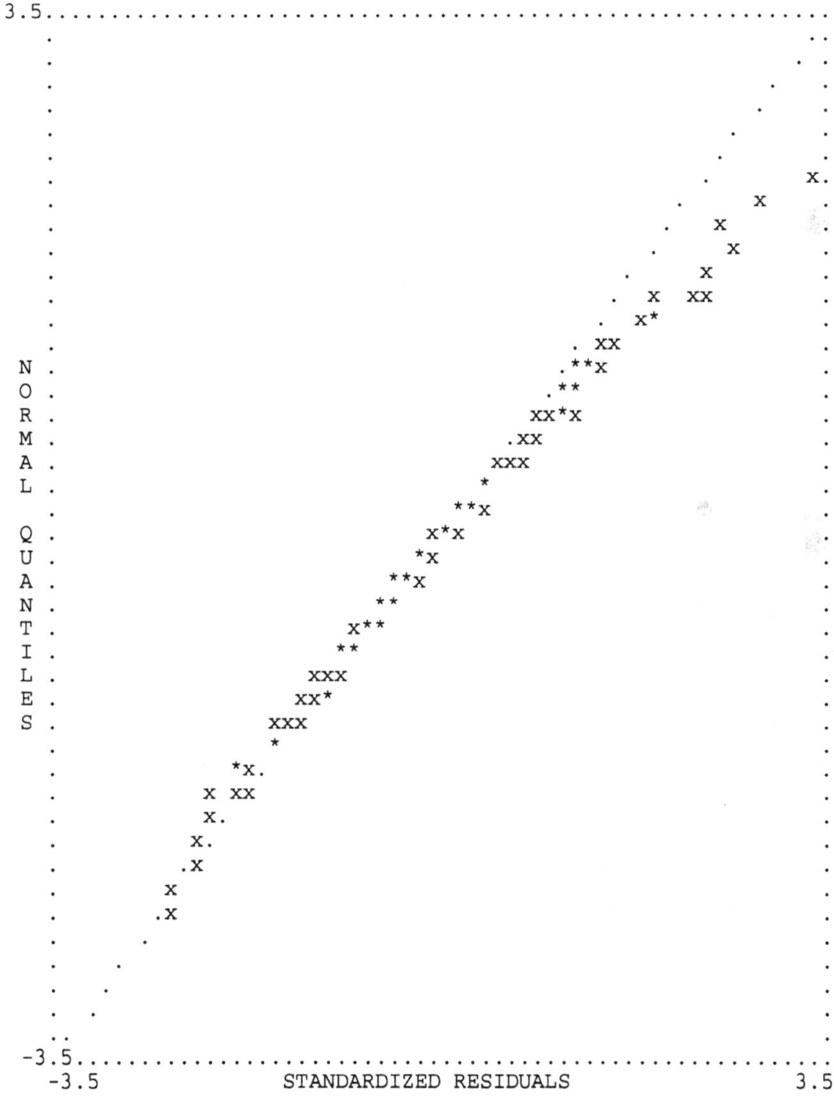

Als letztes Gütekriterium können schließlich noch die T-Werte herangezogen werden. Der T-Test indiziert, ob die im Modell geschätzten Werte der Parameter signifikant von Null verschieden sind. Dies ist dann der Fall, wenn sie absolut größer als 2 sind. (vgl. Backhaus/u.a., 1994, S. 407 f.) "Solche Werte sind ein Indiz dafür, daß die entsprechenden Parameter einen gewichtigen Beitrag zur Bildung der Modellstruktur liefern." (Backhaus/u.a., 1994, S. 408) Im vorliegenden Modell überschreiten alle Werte (T-VALUES) mit Ausnahme der Werte für Y4 und der GAMMA-Matrix diese Grenze und bestätigen damit noch einmal den bisher erzeugten, guten Eindruck der Modellstruktur.

Aus dieser Beurteilung der Schätzergebnisse kann zusammenfassend konstatiert werden, daß für die vorliegende Schätzung und den zugrundeliegenden Ansatz sowohl eine gute Reliabilität als auch eine hohe Validität des Modells nachgewiesen wird. Alle Indikatoren der Zuverlässigkeit lassen erkennen, daß keine groben Fehlspezifikationen im Modell vorliegen. Sicherlich zeigen einzelne Werte auf, daß es noch Verbesserungspotential gibt, doch für die erstmalige Durchführung einer so komplexen Schätzung erweist sich das Modell recht genau und objektiv. Die Überprüfung des Gesamtfits des Modells sowie der Güte seiner Teilstrukturen ergibt, daß die Übersetzung der Indikatoren in Forschungsoperationen gelungen ist. Die anvisierten, empirisch feststellbaren Sachverhalte bestätigen den zugrunde gelegten Zusammenhang zwischen den Kommunikationskomponenten und dem Änderungswiderstand. Damit liefert die Untersuchung erste Anhaltspunkte für eine Generalisierbarkeit des postulierten Ansatzes zum effizienten Einsatz unternehmensinterner Kommunikation im Rahmen der Initiierung und Implementierung organisatorischer Neuerungen.

2.3.7.2 Weitere kritische Anmerkungen

Bevor die Generalisierbarkeit des zugrundeliegenden Ansatzes endgültig bestätigt werden kann, sind einige weitere Aspekte kritisch zu diskutieren. Erst dann lassen sich Aussagen darüber ableiten, inwieweit die gefundenen Erkenntnisse für die Wissenschaft wertvoll und für die Praxis nutzbar sind. Es ist allerdings nicht im Interesse des Autors, das Diskussionsfeld der empirischen Sozialforschung im Detail aufzugreifen und zu analysieren. Hier geht es vielmehr darum, beim Leser eine gewisse Aufmerksamkeit für die Problematik einer sachlichen Bewertung der empirischen Ergebnisse zu erzeugen und zu einer weiteren fruchtbaren, wissenschaftlichen Diskussion anzuregen.

- Die Frage des Repräsentationsschlusses: Angezweifelt wird hier nicht, inwieweit die Ergebnisse der Analyse repräsentativ für das Verhalten aller Mitarbeiter in dem untersuchten Geschäftsbereich sind. Aufgrund der Tatsache, daß eine Vollerhebung durchgeführt wurde und immerhin eine Rücklaufquote von 75% realisiert werden konnte, scheint dies offensichtlich. Es stellt sich aber grundsätzlich die Frage, inwieweit die Ergebnisse repräsentativ für das Verhalten in Unternehmen generell sind. Schließlich gründet die Studie auf einer Befragung eines einzelnen Unternehmens einer ganz speziellen Branche. Zudem wurden Mitarbeiter aus einem isolierten Bereich befragt. Da es nicht hinreichend geklärt werden kann, ob es sich bei diesem Einzelfall um einen abweichenden Fall, einen Normalfall oder einen Idealtyp (vgl. Alemann, 1984, S. 94) handelt, fällt es schwer, die Erkenntnisse unter diesen Umständen auf Unternehmen allgemein zu übertragen. Klar ist aber auch, daß der Ansatz, wie durch diese Analyse gezeigt wurde, für diesen Fall Gültigkeit besitzt. Das führt automatisch zu der Frage, wieviele Fälle untersucht werden müssen, damit ein Ansatz generalisierbar ist. Oder vice versa können Theorien und Modelle, die einen bestimmten Grad von genereller Anwendbarkeit anstreben, überhaupt auf einer begrenzten Anzahl von Fällen basieren? *Glaser* und *Strauss* gehen in ihrem Buch "Discovery of Grounded Theory" dieser Frage nach und kommen zu einer positiven Antwort: "Since accurate evidence is not crucial for generating theory, the kind of evidence, as well as the number of cases, is also not so crucial. A single case can indicate a general conceptual category or property; a few more cases can confirm the indication." (Glaser/Strauss zitiert in: Gummesson, 1991, S. 84) Die tatsächliche Anzahl der Fälle, die letztendlich zur Bestätigung in einer Studie notwendig sind, wird dabei durch ihren eigenen Sättigungsgrad bestimmt. Sobald der marginale Nutzen eines weiteren Falles gegen 0 geht, kann der Forscher damit aufhören, weitere Fälle zu überprüfen. (vgl. Gummesson, 1991, S. 85) Der Autor schließt sich dieser Ansicht von *Glaser/Strauss* an und greift die Anregung auf, mit Hilfe einer ergänzenden Analyse die gewonnenen Erkenntnisse zu bestärken. Hierzu sei auf den folgenden Gliederungspunkt 3 verwiesen.

- Die Problematik des Erhebungsinstruments Fragebogen: Die in der LISREL-Analyse verwertete Datenbasis wurde mit Hilfe eines Fragebogens erhoben. Auch für dieses Forschungsinstrument gelten die Bedingungen der Zuverlässigkeit und Gültigkeit. Ein Fragebogen "ist in dem Maße zuverlässig, in dem er bei wiederholter Anwendung - auch durch verschiedene Personen - unter den gleichen Bedingungen die gleichen Ergebnisse bringt." (Prim/u.a., 1983, S. 59) Um ein Höchstmaß an Zuverlässigkeit zu erreichen, wird eine *standardisierte* Befragung durchgeführt, die jederzeit unabhängig von der Person des Interviewers wiederholt werden kann. Empfehlungen aus der Literatur, die die Plazierung und Anordnung der Fragen betreffen, sind ebenfalls eingeflossen. Zudem wird durch mehrere Vorgespräche mit Fachleuten (Psychologen) und Insidern des Unternehmens (Geschäftsführung, Betriebsrat) sichergestellt, daß die Fragen so formuliert sind, daß sie grundsätzlich von allen Befragten gleichermaßen verstanden werden können. Ein Retest zur exakteren Bestätigung der Zuverlässigkeit des Erhebungsinstruments, bei dem die gleichen Fragen den Probanden ein zweites Mal gestellt werden, (vgl. Mayntz/ u.a., 1978, S. 120) ist jedoch aufgrund der Sensibilität der Thematik sowie zeitlicher Restriktionen unmöglich. Schwieriger erweist sich dagegen der Nachweis der Gültigkeit. "Die Gültigkeit der Befragungsdaten hängt davon ab, ob die Fragen tatsächlich gültige Indikatoren für die theoretisch konzipierten Merkmalsdimensionen sind, die gemessen werden sollen." (Mayntz/u.a., 1978, S. 120) Grundsätzlich sind alle Fragen durch die Theorie abgesichert und die Skalen der Fragen von Experten überprüft. Da man es in der empirischen Sozialforschung aber weitgehend mit Begriffen zu tun hat, deren empirischer Bezug nur indirekt ist, besteht die Problematik, daß sich der jeweilige Begriff und seine operationelle Definition in ihrem Bedeutungsumfang unterscheiden können.[71] Zum Teil wurde dieser Problematik dadurch Rechnung getragen, daß jeder Begriff mit zwei oder mehr Fragen abgefragt wurde. Trotzdem muß hier mit geringfügigen Ungenauigkeiten gerechnet werden. Zudem wurden einige Fragen in einem längeren Prozeß mit den Verantwortlichen im Unternehmen abgestimmt. Wegen der Sensibilität dieser Thematik wurden einige Fragen entweder von der Geschäftsleitung und/oder dem Betriebsrat kritisiert und konnten schließlich nicht gestellt oder mußten zumindest umformuliert werden. Somit ist der endgültige Fragebogen das Resultat einer Reihe von Kompromissen zwischen dem, was von der Theorie gefordert wird und dem, was letztlich in der Praxis möglich bzw. erlaubt ist. Negative Konsequenzen auf die Gültigkeit des Fragebogens bleiben damit natürlich nicht aus. Allerdings sind sie wohl noch als gering zu bewerten, da nur insoweit Kompromisse eingegangen wurden, wie dies unbedingt erforderlich war und es noch in einem für den Forscher vertretbaren Maße geschah.

---

[71] Dieses Themenfeld wird im weiteren nicht mehr vertieft. Hier wird auf die entsprechende Spezialliteratur verwiesen (siehe beispielsweise Mayntz/u.a., 1978, S. 18 ff. oder Prim/u.a., 1983, S. 51 ff.)

- Kritikpunkte der statistischen Analyse: Grundsätzlich stellt sich die Frage, inwieweit ein so komplexer Sachverhalt überhaupt mit einem Verfahren wie LISREL überprüft werden kann. Sicherlich ist LISREL, ausgehend von der Beschreibung seines Leistungsspektrums, ein adäquates statistisches Computerprogramm, mit dessen Hilfe sich sehr komplexe Kausalstrukturen überprüfen lassen. Doch auch LISREL selbst muß sich Kritik gefallen lassen. So ist beispielsweise die Kovarianz-Matrix der einzige Berührungspunkt zwischen Theorie und Empirie. Es ist daher theoretisch möglich, daß die \`wahre´ Kovarianz-Matrix zu verschiedenen Modellen paßt. Diese können unter Umständen aus verschiedenen, sich widersprechenden inhaltlichen Theorien stammen, so daß man mit der LISREL-Methode keine Entscheidung über diese Theorien fällen kann. Ein weiteres Problem ist sicherlich die Belegung der Parameter und das damit verbundene Identifizierungsproblem. So kann es vorkommen, daß es nicht nur eine, sondern mehrere Belegungen der Parameter gibt, die zu der wahren Kovarianz-Matrix führen. (vgl. Andres, 1990, S. 138 ff.) Bei der vorliegenden Schätzung basieren außerdem eine Reihe der in LISREL verwerteten Daten auf einer vorher durchgeführten Faktorenanalyse. Um die Gültigkeit der Befragung zu erhöhen, werden einzelne Indikatoren mit mehreren Fragen erfaßt. Mit Hilfe der Faktorenanalyse muß deshalb eine Dimension bzw. der Faktor extrahiert werden, auf die/den sich die jeweiligen Antworten eines Indikators reduzieren lassen. Die Diskussion soll an dieser Stelle nicht weiter vertieft werden. Der Beweis für diese und einige andere Kritikpunkte des statistischen Verfahrens ist mathematisch kompliziert zu führen; es sei deshalb auf die Ausführungen von *Andres* (vgl. Andres, 1990, S. 138 ff.) und die dort angegebene Literatur verwiesen, der sich detailliert mit linearen Strukturgleichungsmodellen auseinandersetzt. Abschließend läßt sich daraus ableiten, daß das LISREL-Verfahren einen gewissen Manipulationsspielraum zuläßt und die Resultate auch vor diesem Hintergrund kritisch betrachtet werden müssen.

3 Teil II der Studie: Eine quantitative Analyse

Der zweite Teil der Studie setzt nun - wie in Gliederungspunkt 2.3.7.2 bereits angedeutet - an dem Kritikpunkt des Repräsentationsschlusses an. Wie gesehen, kann es etwas problematisch sein, die Ergebnisse von Teil I der Studie als repräsentativ für das Verhalten aller Unternehmen anzusehen. Allerdings war es aufgrund fehlender Studienobjekte nicht möglich, weitere Einzelfallstudien durchzuführen. Erfahrungsgemäß ist es äußerst schwierig, Unternehmen zu finden, die gerade ein entsprechendes Entwicklungsstadium durchlaufen und dazu noch ihre Bereitschaft erklären, Forschungsvorhaben mit dieser Thematik zu unterstützen. Die Durchführung zusätzlicher Einzelfallstudien sowie der entsprechenden Tests bleibt daher ein mögliches Betätigungsfeld für ergänzende Forschungsvorhaben. Trotzdem soll sich an dieser Stelle nicht mit den vorhandenen Ergebnissen begnügt, sondern der Repräsentationsanspruch ausgeweitet werden. Eine Möglichkeit besteht darin, eine quantitativen Studie durchzuführen, bei der eine größere Anzahl von Unternehmen bezüglich bestimmter Merkmale des Ansatzes befragt wird. Aus diesen quantitativen Ergebnissen läßt sich in eingeschränktem Maße ermitteln, ob Korrelationen zwischen einzelnen Variablen des Ansatzes bestehen. Es sei an dieser Stelle betont, daß dabei lediglich versucht wird, mit Hilfe dieser quantitativen Analyse eine Konfirmation der bekannten Ergebnisse zu erreichen. Es ist hier nicht das Ziel, aus diesen quantitativen Daten neue, qualitative Erkenntnisse abzuleiten. Zum allgemeinen Verständnis wird zuerst die Vorgehensweise bei der Erhebung des empirischen Datenmaterials besprochen, bevor die Ergebnisse sowohl allgemein und als auch bezüglich ihrer Relevanz für eine Bestätigung der Ergebnisse aus Teil I diskutiert werden.

3.1 Die Erhebung des empirischen Datenmaterials

3.1.1 Die Auswahl des Samples

Wesentliches Ziel bei der Auswahl des Samples ist es, eine möglichst große Anzahl von Unternehmen zu erreichen, die - wenn möglich - dem Anspruch der Repräsentativität genügt. Da die Gesamtheit aller Unternehmen in Deutschland so groß ist, daß alle Einheiten nicht ohne einen unangemessenen Zeit- oder Geldaufwand erfaßt werden können (vgl. Mayntz/u.a., 1978, S. 68), wird eine Teilerhebung durchgeführt. Damit stellt sich automatisch das Problem der Konstruktion einer adäquaten Stichprobe. Dabei muß vor allem gewährleistet werden, daß die Befragten ein gewisses Interesse an der Thematik mitbringen, damit die Verweigerungsquote, die ein zusätzliches Problem von Zufallsstichproben darstellt (vgl. Mayntz/ u.a., 1978, S. 77), reduziert werden kann.

Als Grundgesamtheit wird deshalb ein Performancetest von 500 deutschen Börsengesellschaften ausgewählt, in dem alle Aktiengesellschaften einem Leistungsvergleich unterzogen und bewertet werden. (vgl. Baden/u.a., 1994, S. 97 ff.) Hier wird angenommen, daß diese Unternehmen mit großer Wahrscheinlichkeit schon einmal eine größere Veränderungsmaßnahme durchgeführt und sich daher mit dem Thema auseinandergesetzt haben. Zusätzlich werden die Unternehmen aufgelistet, von denen Manager die Konferenz \`Integrierte Kommunikation als Produktionsfaktor´ 1993 in Frankfurt oder das \`Münchener Management Kolloquium´ 1995 als Vortragende oder Teilnehmer besuchten. In beiden Konferenzen wurde sich u.a. mit der zugrundeliegenden Thematik auseinandergesetzt. Diese Liste wird noch um die Unternehmen ergänzt, die im Zusammenhang mit Kommunikation und organisatorischem Wandel in Fachzeitschriften und Büchern genannt werden, die 1994 oder jünger zu dieser Thematik erschienen sind. Durch diese Vorgehensweise können 106 Unternehmen direkt identifiziert werden, von denen zum einen die Führungskräfte namentlich bekannt sind und zum anderen angenommen werden kann, daß ihnen die Thematik nicht fremd ist. Ein Vergleich dieser Unternehmen mit der Liste der Unternehmen des Performancetests ergibt, daß 76 Unternehmen gleichzeitig auch in dem Performancetest aufgelistet sind.

Aus den 500 Unternehmen des Performancetests wird nun eine Stichprobe von 200 Unternehmen gezogen, die an der Befragung teilnehmen. Um eine möglichst hohe Rücklaufquote zu erreichen, werden die 76 Unternehmen, die direkt identifiziert wurden und gleichzeitig im Performancetest genannt sind, als Teilnehmer gesetzt. Damit sind noch 124 Unternehmen zufällig zu ziehen. Da auch nicht auf die 30 Unternehmen verzichtet werden soll, die ebenfalls direkt identifiziert wurden, aber nicht im Performancetest enthalten waren, wird die Stichprobe um diese Unternehmen zu Lasten der Repräsentativität erweitert. Somit stehen insgesamt 230 Unternehmen fest, die schließlich an der Untersuchung teilnehmen sollen. Demnach ist die gewählte Auswahlmethode als eine *bewußte Auswahl* anzusehen, da "die Auswahl vom Modell der Zufallsauswahl abweicht und theoretische oder praktische Gesichtspunkte für die Aufnahme der Einheiten in die Untersuchungsauswahl entscheidend sind." (Alemann, 1984, S. 93)

Nachdem nun feststeht, welche Unternehmen in die Erhebung einbezogen werden, ist abschließend zu klären, welche und wieviele Personen in den ausgewählten Unternehmen angeschrieben werden. Aufgrund von Zeit- und Kostenaspekten ist es nicht möglich, eine Vielzahl von Mitarbeitern aus den einzelnen Unternehmen auszuwählen. Aufgrund der zu erhebenden Aspekte erscheint es sinnvoll, die Vorstände oder Top-Manager anzuschreiben, die ihren Aufgabenschwerpunkt im Organisationsbereich haben. Hier kann angenommen werden, daß, sofern im Unternehmen eine Veränderungsmaßnahme durchgeführt worden ist, sie in jedem Fall darin involviert waren und mit der Thematik vertraut sind. Um eine persönliche Ansprache zu erreichen, werden alle Briefe an die ausgewählten Personen namentlich adressiert. Da jedoch nur bei den 106 Unternehmen, die direkt identifiziert wurden, die relevanten Personen namentlich bekannt sind, müssen die Verantwortlichen der verbleibenden 124 Unternehmen noch in Erfahrung gebracht werden.

Allerdings erscheint diese Art der Vorgehensweise etwas zu einseitig. Aufgrund der Stellung der bisher ausgewählten Personen in ihren Unternehmen ist zu erwarten, daß ihr Antwortverhalten schwerpunktmäßig die Sichtweise der den Wandel initiierenden und aktiv kommunizierenden Partei abbildet. Um diese einseitige Betrachtungsweise zu umgehen, wird außerdem je Unternehmen der entsprechende Betriebsrat angeschrieben. Damit wird zusätzlich eine Person des Unternehmens ausgewählt, bei der sämtliche Informationen aus der Arbeitnehmerschaft zusammenlaufen. Es soll gewährleistet werden, daß auch die Sichtweise der betroffenen Mitarbeiter berücksichtigt wird, da der Betriebsrat als Arbeitnehmervertreter sowohl den Überblick über verschiedene Bereiche im Unternehmen als auch über etwaige Umgestaltungsprozesse hat. Ferner kann er bei der Beantwortung des Fragebogens die ihm aus dem Mitarbeiterkreis zugetragenen Erfahrungen und Probleme bei der Durchführung von Veränderungsprozessen einfließen lassen.

Somit werden in jedem der 230 ausgewählten Unternehmen zwei Personen befragt. Insgesamt ergibt sich damit eine Stichprobengröße von 460 Personen. Um die Gefahr einer disfunktionalen Dominanz einer Partei über die andere in den

Unternehmen zu minimieren, wurde keiner der beiden Befragten pro Unternehmen über die Befragung des anderen informiert.

3.1.2 Der Aufbau des Fragebogens

Als adäquate Erhebungsmethode wird auch in diesem Teil der Studie (vgl. Gliederungspunkt 2.3.5.1) die Datenerfassung mit Hilfe eines standardisierten Fragebogens gewählt. Vor- und Nachteile einer solchen Erhebung wurden bereits in vorhergehenden Gliederungspunkten (vgl. 2.3.5.1 und 2.3.7.2) eingehend diskutiert und werden daher an dieser Stelle nicht mehr erörtert.

Abb. 69: Der konzeptionelle Aufbau des Fragebogens

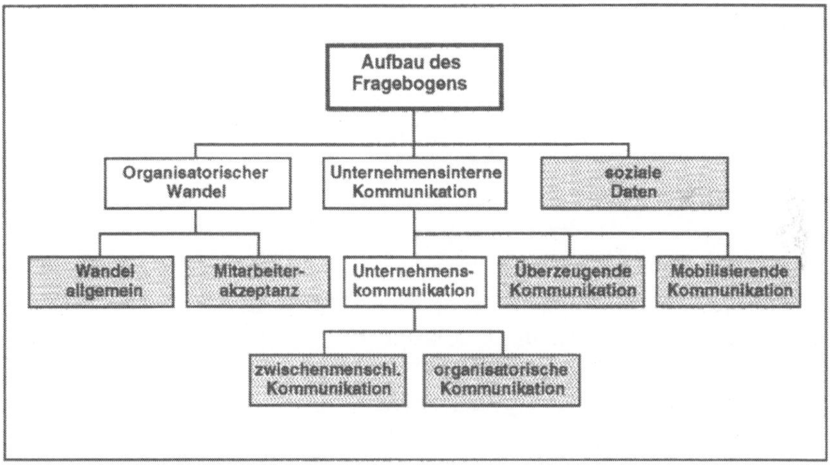

Quelle: Mohr/u.a., 1995, o.S.

Der Aufbau des Fragebogens richtet sich aufgrund der zu analysierenden Thematik im wesentlichen nach dem Fragebogen im ersten Teil der Studie (vgl. Gliederungspunkt 2.3.5.1). Um zusätzliche Erkenntnisse über das allgemeine Verhalten deutscher Unternehmen bezüglich der Durchführung von Veränderungen zu gewinnen, wird jedoch ein Fragenkomplex hinzugefügt, der allgemeine Aspekte des organisatorischen Wandels erhebt. Insgesamt besteht der Fragebogen damit aus sieben Teilen (vgl. Abb. 69). Nach dem Teil \`Organisatorischer Wandel allgemein´ folgt der Fragenkomplex zur \`Mitarbeiterakzeptanz´ bzw. zum \`Änderungswiderstand´. Daran schließen sich vier Sektionen an, die der unternehmensinternen Kommunikation zuzuordnen sind. Den Abschluß bilden Fragen zur Erhebung der sozialen Daten.

Bei der Anordnung der Fragen werden inhaltliche, psychologische und gestalterische Erfordernisse gleichermaßen berücksichtigt. Um eine schnelle Beantwortung zu gewährleisten, wird darauf geachtet, daß der Fragebogen einen Umfang von sechs Seiten nicht übersteigt. Dies hat allerdings zur Konsequenz, daß in diesem Teil der Studie einige Fragen im Vergleich zum ersten Teil entfallen müssen und nur noch die wichtigsten Fragen gestellt werden können. Desweiteren werden bis auf drei Fragen ausschließlich geschlossene Fragen verwendet. Zudem sind alle Fragen bestimmten Bezugssystemen zugeordnet, die zur besseren Übersichtlichkeit zusätzlich durch farbliche Markierungen voneinander getrennt werden. Damit wird im wesentlichen eine Steigerung der Attraktivität des Fragebogens und eine Erhöhung der Rücklaufquote bezweckt.

Bei der Erstellung des Fragebogens muß zudem einem weiteren wichtigen Aspekt Rechnung getragen werden. Bei den 460 anzuschreibenden Personen handelt es sich um zwei voneinander unabhängige und in sich homogene Personenkreise. Da die Führungskräfte die Initiatoren des Wandels darstellen und die Betriebsräte eher der Gruppe der Betroffenen der Veränderung zuzuordnen sind, erfordert dies vom Forscher eine unterschiedliche Ansprache der beiden Parteien. Das bedeutet, daß sowohl ein Führungskräfte- als auch ein Betriebsratfragebogen aufgestellt werden muß, in dem jeweils die entsprechenden Fragen in ihrer Formulierung an die jeweilige Gruppe ohne großen Verlust der Vergleichbarkeit angepaßt werden müssen. Frage 2.1 des Führungskräftefragebogens "*Wieviele Ihrer Mitarbeiter haben nach Ihrer Meinung die Änderung akzeptiert?*" wird beispielsweise im Betriebsratfragebogen als "*Wieviele Ihrer Kollegen haben nach Ihrer Meinung die Änderung akzeptiert?*" formuliert. Bis auf die Fragen 3.9 und 4.1, die vollständig unterschiedlich gestellt und daher später auch getrennt ausgewertet werden müssen, kann dies ohne nennenswerte Probleme geschehen. Dadurch bleibt die Vergleichbarkeit des Antwortverhaltens von Betriebsräten und Führungskräften grundsätzlich möglich.

Vor Beginn der eigentlichen Erhebung wird ein Pretest mit fünf Probanden beider Gruppen durchgeführt, mit denen anschließend über den Fragebogen gesprochen wird. Die Unklarheiten und Anregungen schlagen sich in einigen kleineren Umformulierungen nieder. Schließlich werden alle Fragebögen mit voradressiertem und frankiertem Rückumschlag, Rücksendedatum und einem Begleitschreiben an die ausgewählten Probanden verschickt.

3.1.3 Allgemeine Auswertung der Ergebnisse[72]

Von den 460 ausgesandten Fragebögen gehen insgesamt 104 ausgefüllte Fragebögen von Unternehmen aus 19 verschiedenen Branchen wieder ein. Weitere 14 Unternehmen antworten zwar auf das Anschreiben, lehnen aber die Mitwirkung an der Erhebung aus unterschiedlichen Gründen ab. Damit errechnet sich eine Rücklaufquote der verwertbaren Fragebögen von 22,61 Prozent. Bei der Auswertung der Ergebnisse wird nach Betriebsräten und Führungskräften unterschieden. Aufgegliedert nach diesen beiden Gruppen zeigt sich, daß die Rücklaufquote bei den Führungskräften mit 23,91 Prozent (55 von 230 versandten Fragebögen) geringfügig höher liegt als bei den Betriebsräten mit 21,3 Prozent (49 von 230 versandten Fragebögen). Eine Rücklaufquote von über 20 Prozent kann bei dieser Art von Untersuchung als gut bewertet werden und ist nicht zuletzt auf die Bemühungen im Vorfeld der Aktion zurückzuführen. Allerdings ist einschränkend anzumerken, daß nur von 14 Unternehmen beide Fragebögen eingehen. Sie werden im folgenden als Kontrollgruppe angesehen, vor deren Hintergrund die Ergebnisse interpretiert werden.

Die Respondierenden sind hauptsächlich männlichen Geschlechts (Führungskräfte 94,5 Prozent, Betriebsräte 91,8 Prozent). Ein hoher Prozentsatz ist über 50 Jahre alt (Führungskräfte 53,7 Prozent, Betriebsräte 45,8 Prozent). Die Alterskategorie der 41- bis 50-Jährigen ist ebenfalls recht stark vertreten (Führungskräfte 29,6 Prozent, Betriebsräte 37,5 Prozent) und macht zusammen mit den über 50-Jährigen den überwiegenden Teil der Antwortenden aus. Was die Betriebszugehörigkeit anbetrifft, so sind 72,4 Prozent der Betriebsräte 20 und mehr Jahre, weitere 19,1 Prozent 11 bis 20 Jahre im Unternehmen beschäftigt. Bei den Führungskräften ist der Anteil der Personen mit langer Betriebszugehörigkeit geringer, was wohl damit zu begründen ist, daß viele Vorstände und Geschäftsführer bereits Qualifikationen in anderen Unternehmen erworben haben. Hier sind 46,3 Prozent 20 und mehr Jahre sowie 22,2 Prozent 11 bis 20 Jahre im Unternehmen tätig. In der Gruppe der antwortenden Führungskräfte bekleiden 23,6 Prozent die Position eines Vorstandes, 10,9 Prozent die eines Geschäftsführers, 12,7 Prozent die eines Mitgliedes der

[72] Die Daten, die diesem Gliederungspunkt zugrunde liegen, sind z.T. das Ergebnis eines Forschungsprojektes und finden sich ebenfalls in einem internen Arbeitspapier der Universität Trier. (vgl. Mohr/u.a., 1995, o.S.)

Geschäftsleitung und weitere 18,2 Prozent die eines Abteilungsleiters. Bei den Betriebsräten antworten 14,3 Prozent in ihrer Funktion als Gesamtbetriebsratsvorsitzender, 44,9 Prozent als Betriebsratsvorsitzender und 18,4 Prozent als Betriebsratsmitglied. Die übrigen Prozente entfallen auf die Antwortkategorien \`sonstige´ oder \`keine Angabe´.

Reifes Alter und lange Betriebszugehörigkeit lassen darauf schließen, daß die Probanden bei der Beantwortung der Fragebögen ein großes Erfahrungsspektrum einfließen lassen konnten. Zudem kann aufgrund ihrer Position im Unternehmen ein guter Überblick über das unternehmensinterne Geschehen und damit auch über etwaige Umstrukturierungsprozesse vorausgesetzt werden. Nachfolgend wird nun die Auswertung der Ergebnisse präsentiert, die nach den einzelnen Sektionen des Fragebogens gegliedert ist.

3.1.3.1 \`Organisatorischer Wandel allgemein´

Dieser Fragenkomplex erhebt Informationen über allgemeine Aspekte des organisatorischen Wandels in Unternehmen. Die Ergebnisse haben nur indirekt Bezug zu dem zugrundeliegenden Ansatz. Vielmehr soll hier ein genereller Eindruck vermittelt werden, unter welchen Bedingungen die Veränderungen in den Unternehmen stattfinden und aus welchen Gründen sie eingeleitet werden.

Frage 1.1 will ermitteln, wieviele Veränderungen durchschnittlich initiiert wurden/ werden. Die Auswertung der ersten Antwortalternative zeigt, daß 27,9 Prozent der Unternehmen in den letzten zwei Jahren bis zu zwei Veränderungen durchführten (vgl. Abb. 70). Ein Viertel aller Unternehmen gibt an, zwischen drei und fünf Veränderungen realisiert zu haben. Allerdings haben auch 30,8 Prozent diese Antwortalternative nicht gewählt. Eine genaue Analyse des Antwortverhaltens zeigt jedoch, daß auch diese Unternehmen inzwischen Erfahrungen mit organisatorischem Wandel gesammelt haben, denn sie haben alle mit der zweiten Alternative bejaht, daß sie zur Zeit Veränderungen durchführen. Einige der Befragten haben beide Alternativen gewählt. Danach werden momentan in 62,5 Prozent der befragten Unternehmen Veränderungen implementiert. Gefragt nach den zukünftigen Aktivitäten antworten lediglich 4,8 Prozent, daß ihre Unternehmen planen, in den nächsten sechs Monaten Veränderungen einzuleiten. Dies läßt darauf schließen, daß viele Unternehmen die wesentlichen Veränderungen gerade durchführen oder bereits durchgeführt haben und danach wieder eine etwas ruhigere Phase einleiten.

Abb. 70: Auswertung der Frage 1.1 (erste Alternative)

Ja, in den letzten zwei Jahren wurden ___ (Anzahl) Veränderungen durchgeführt.

Anzahl	Prozent
keine Nennung	30,8
1	17,3
2	10,6
3-5	25
6-10	10,6
mehr als 10	5,8

Annähernd die Hälfte der Respondierenden (ca. 47 Prozent) gibt einen Zeitraum von ein bis zwei Jahren für die Durchführung der Maßnahmen an. Bei 17 Prozent der Antwortenden nahmen die Maßnahmen nur bis zu sechs Monate in Anspruch. Für weitere 17 Prozent dauerten sie zwischen 6 Monaten und einem Jahr. Die Übrigen geben an, daß die Veränderungen länger als zwei Jahre andauerten.

Abb. 71: Auswertung der Frage 1.3

Aus welchem Grund wurden die Maßnahme eingeleitet?

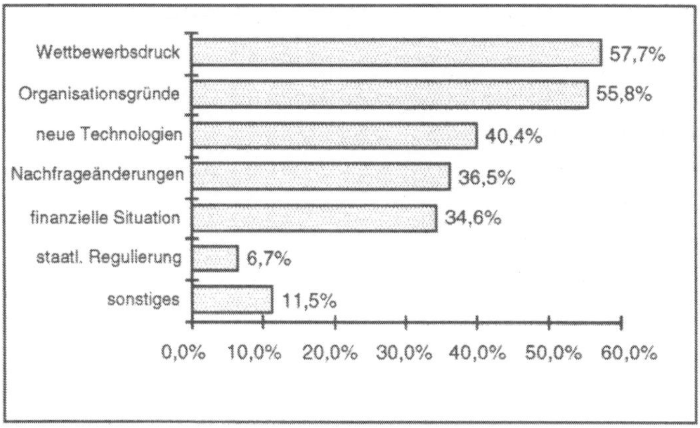

Die überwiegende Anzahl hat die Veränderungen als *Reaktion* auf bestimmte Einflüsse durchgeführt (77,9 Prozent). Nur 22,1 Prozent haben im Hinblick auf zukünftige Entwicklungen *agiert*. Am häufigsten werden zunehmender Wettbewerbsdruck (57,7 Prozent) und eine nicht mehr adäquate Organisation (55,8 Prozent) als Gründe für die Einleitung der Maßnahmen angegeben (vgl. Abb. 71).

Die Einführung von Qualitätsmanagement (67,3%) wird als die häufigste Maßnahme genannt, um auf diese Einflüsse zu reagieren bzw. zu agieren. Die Einführung von Kundenorientierung (55,8 Prozent) sowie Hierarchiereduzierungen und die Einführung kontinuierlicher Verbesserungsprozesse (jeweils 47,1 Prozent) gehören ebenfalls zu den wichtigsten Vorhaben. Am unteren Ende rangieren dagegen Maßnahmen des intersystemischen Wandels wie Akquisitionen mit 27,9 Prozent, Kooperationen mit 26,9 Prozent und Fusionen mit 12,5 Prozent. Abb. 72 zeigt die Maßnahmen im Überblick.

Abb. 72: Auswertung der Frage 1.4
Welcher Art waren die Maßnahmen?

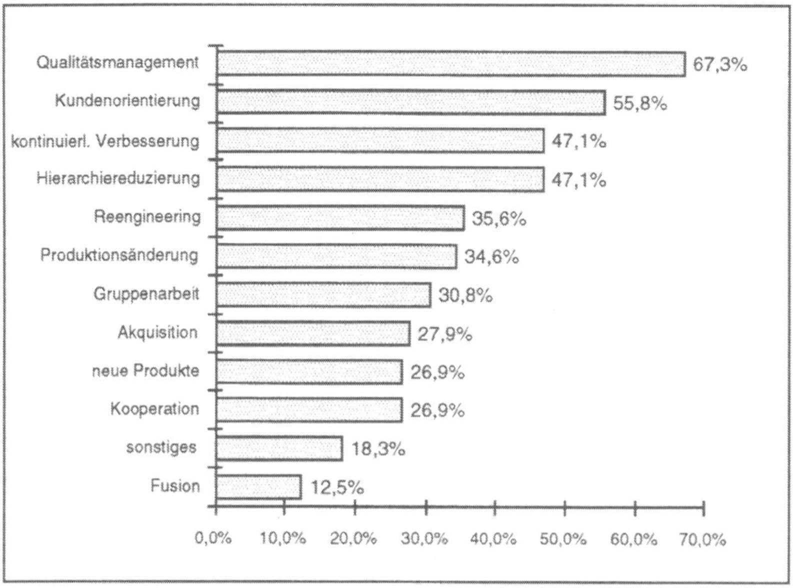

Nach Aussage der überwiegenden Anzahl der Antwortenden beziehen sich die Maßnahmen auf das ganze Unternehmen (69,2 Prozent) und nicht nur auf einzelne Funktionsbereiche. Für 53,9 Prozent bestand bei der Initiierung und Implementierung hoher, für weitere 19,8 Prozent sogar sehr hoher Zeitdruck. Hervorzuheben ist, daß immerhin 73,3 Prozent der Probanden der Meinung sind, daß die Veränderungsmaßnahmen annähernd wie geplant durchgeführt wurden. Weitere 8,9 Prozent geben sogar an, daß sie genau nach Plan verliefen. Für die Planung und Durchführung der Vorhaben war in der Mehrzahl der Fälle ein Team aus externen Beratern und Mitarbeitern des eigenen Unternehmens verantwortlich (80,8 Prozent). 16,3 Prozent der Vorhaben wurden ausschließlich von unternehmensinternen Mitarbeitern durchgeführt. Dies zeigt, daß der Input von außen zwar gesucht, ein rein externes Beraterteam jedoch abgelehnt wird.

Bei den bisherigen Fragen haben Führungskräfte und Betriebsräte in ihrem Antwortverhalten nur unwesentliche Abweichungen gezeigt. Dies unterstreicht auch ein Blick auf das Antwortverhalten der Kontrollgruppe. Das ändert sich allerdings mit der Frage 1.10. Hier wird nach dem Erfolg der durchgeführten Maßnahmen, gemessen am zugrundeliegenden Erfolgsmaßstab, gefragt. Als solcher wird überwiegend die Produktivität herangezogen. Auch Qualität, Kosten und Durchlaufzeiten werden relativ häufig genannt. Führungskräfte und Betriebsräte zeigen bei dieser Frage ein fast spiegelbildliches Antwortverhalten. Nach Ansicht von 31,5 Prozent der Führungskräfte waren die Maßnahmen sehr erfolgreich. 64,8 Prozent sind der Meinung, daß sie ziemlich erfolgreich waren. Demgegenüber halten aber nur 45,7 Prozent der Betriebsräte die Maßnahmen für ziemlich erfolgreich. 47,8 Prozent sind sogar der Meinung, daß sie nicht sehr erfolgreich waren. (vgl. Abb. 73) Danach haben die Führungskräfte eine positivere Meinung über das Gelingen der Veränderungsvorhaben als die Betriebsräte. Dieses Verhalten läßt sich recht gut mit der unterschiedlichen Perspektive sowie den verschiedenartigen Bedürfnissen beider Parteien begründen. Die entscheidende Größe zur Überprüfung dieser Hypothese ist die Signifikanz des T-Wertes, wobei ein Signifikanzniveau von mindestens 90 Prozent gefordert wird. Dabei wird die Nullhypothese überprüft, es bestünde bezüglich der zu untersuchenden Variable keine Unterschiede zwischen den beiden Gruppen. Im vorliegenden Fall sind die Unterschiede hoch signifikant (Sig. = 0,00) und die Nullhypothese ist abzulehnen.

Abb. 73: Auswertung der Frage 1.10

Für wie erfolgreich - gemessen an Ihrem Maßstab - halten Sie die durchgeführten Maßnahmen?

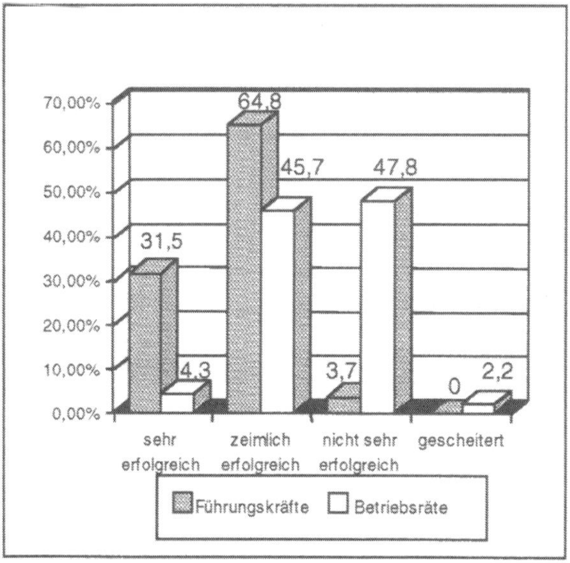

Auch bei der Auswertung der weiteren Fragen setzt sich dieser Trend im Antwortverhalten fort. Führungskräfte tendieren besonders bei Fragen, die ein Werturteil verlangen, dazu, die Situation im Vergleich zu den Betriebsräten besser zu bewerten. Diese Tendenz bestätigt, was andere Untersuchungen ebenfalls festgestellt haben. So schreiben *Beer et alter* in ihrem Buch \`The critical path to corporate renewal´ beispielsweise:

"The first individuals with whom we spoke in each company were executives from the corporate human resource function. Invariably they greeted us with enthusiastic descriptions of major change programs under way, efforts to redefine corporate culture, development of a mission or philosophy statement, introduction of a new appraisal or payfor-performance system, corporatewide education and training, broad use of quality circles, or a change in organizational structure. To these human resource executives, such programs were obvious evidence that their corporations were undergoing major change. As our interviews broadened to include line managers at the business unit and plant levels, we encountered a different view of the programs, one also echoed by several union leaders. To them, these highly touted Programs were at best irrelevant and at worst detrimental to the corporation`s change objectives." (Beer/u.a., 1990, S. 23 f.).

Dieselbe Feststellung macht *Dierkes* vom Wissenschaftszentrum Berlin, als er ebenfalls eine umfassende Studie über die Veränderungsfähigkeit von Unternehmen durchführt. Er muß erkennen, daß Manager nur sehr ungern über gescheiterte Prozesse diskutieren wollen. "Wer zugibt, trotz ausgeklügelter Beraterkonzepte an den Widerständen der Belegschaft gescheitert zu sein, hat als Manager schon verloren." (Rieker/u.a., 1994, S. 172)

3.1.3.2 `Änderungswiderstand´

Dieser Fragenkomplex überprüft, in welchem Maße Widerstand bzw. Akzeptanz seitens der Mitarbeiter gegenüber den Veränderungsprozessen besteht. Damit wird eine entscheidende Variable des Ansatzes angesprochen. Neben der direkten Frage zur persönlichen Einschätzung des Änderungswiderstands durch die Führungskräfte und Betriebsräte werden auch Indikatoren für Widerstand abgefragt. Es ist ferner von Interesse, worin die Befragten Gründe für die Enstehung von Widerstand sehen und welche Maßnahmen nach ihrer Ansicht letztlich ergriffen wurden, um ihn zu reduzieren.

In der Einschätzung der Akzeptanz der Veränderung bei den betroffenen Mitarbeitern weichen die Meinungen von Führung und Betriebsräten wiederum voneinander ab. Mit einem Signifikanzwert von 0,00 ist der Unterschied statistisch höchst signifikant. So glauben 70,4 Prozent der befragten Führungskräfte, daß ungefähr drei Viertel ihrer Mitarbeiter die Änderung akzeptieren. Weitere 7,4 Prozent sind sogar der Ansicht, daß alle Mitarbeiter die Veränderung annehmen. Dagegen sind nach Meinung von 38,3 Prozent der Betriebsräte weniger als die Hälfte der Mitarbeiter mit der Veränderung einverstanden. 6,4 Prozent glauben, daß niemand die Änderung angenommen hat (vgl. Abb. 74).

Abb. 74: Auswertung der Frage 2.1

Wieviele Ihrer Mitarbeiter/Kollegen haben nach Ihrer Meinung die Änderung akzeptiert?

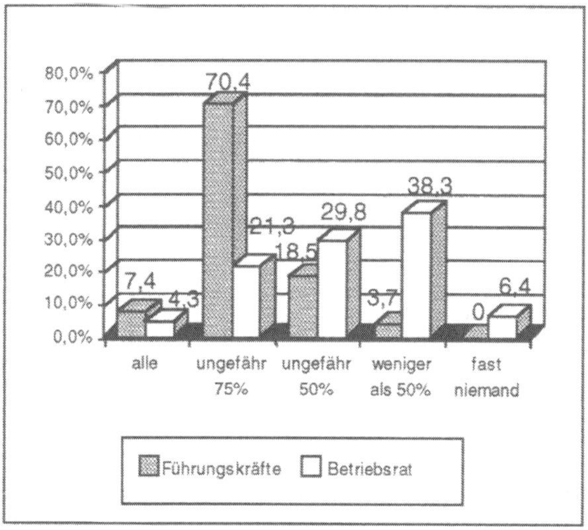

Interessanterweise differieren beide Gruppen in Frage 2.2 bezüglich ihrer Einschätzung des Widerstandes in den Unternehmen kaum. Hier lassen sich keine signifikanten Unterschiede zwischen Führungskräften und Betriebsräten feststellen. Beide Gruppen erkennen starken bzw. sehr starken Widerstand (gesamt: Führungskräfte 42,6 Prozent, Betriebsräte 45,9 Prozent). 53,7 Prozent der befragten Führungskräfte und 50 Prozent der befragten Betriebsräte bemerken nur geringen Widerstand. Nur ein sehr gringer Prozentsatz ist der Meinung, es hätte keinen Widerstand gegen die Änderungsvorhaben gegeben (vgl. Abb. 75).

Abb. 75: Auswertung der Frage 2.2

Konnten Sie im Unternehmen Widerstand gegen die Veränderung feststellen?

	Führung	Betriebsrat
sehr starker Widerstand	5,6%	6,3%
starker Widerstand	37,0%	39,6%
geringer Widerstand	53,7%	50,0%
kein Widerstand	3,7%	4,2%

Abb. 76: Auswertung der Frage 2.3

Welche Veränderungen im Verhalten Ihrer Mitarbeiter/Kollegen konnten Sie während der Durchführung der Maßnahme feststellen?

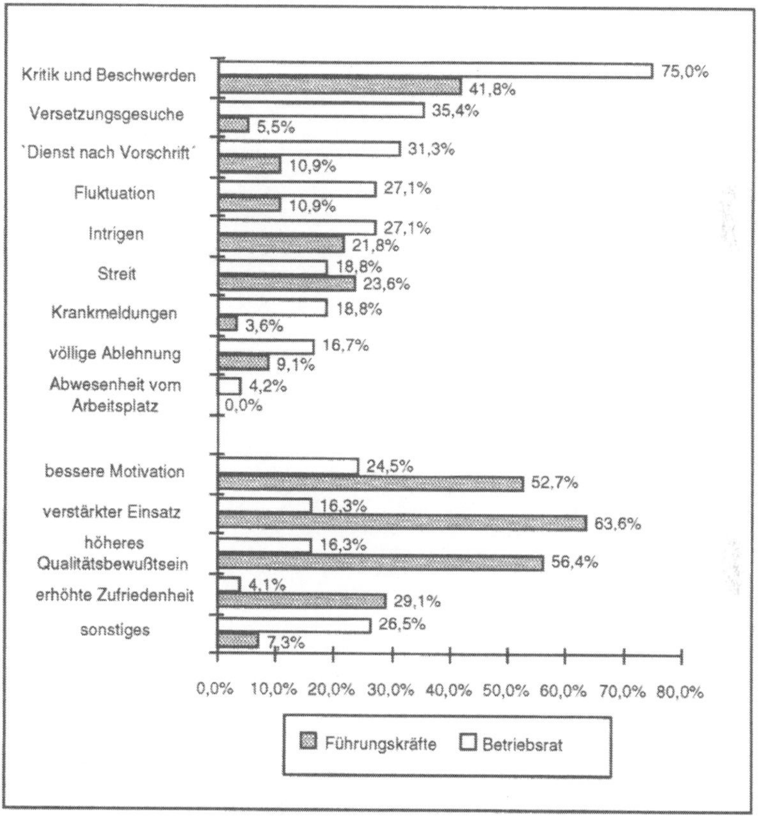

Abb. 76 präsentiert die Ergebnisse von Frage 2.3, die nach den Verhaltensänderungen der Mitarbeiter während der Durchführung der Maßnahmen fragt. Die ersten neun Antwortkategorien (Kritik und Beschwerden, Versetzungsgesuche, ...) stellen Indikatoren für Widerstand dar. Auch hier leugnen beide Gruppen das Vorhandensein nicht, doch bewerten sie das Verhalten unterschiedlich. Wie die Prozentzahlen in Abb. 76 veranschaulichen, fallen den Betriebsräten tendenziell eher negative Änderungen (Indikatoren für Widerstand) im Verhalten der Mitarbeiter auf als den Führungskräften. Diese stellen dagegen verstärkt die positiven Aspekte (bessere Motivation, ...) heraus.

Abb. 77: Auswertung der Frage 2.4

Was sind Ihrer Meinung in erster Linie Gründe für mangelnde Akzeptanz von größeren Veränderungen?

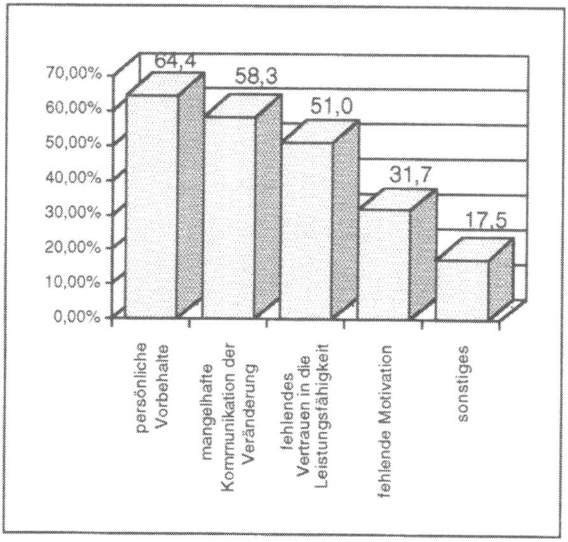

Auf die Frage nach den Gründen für eine mangelnde Akzeptanz von Veränderungen, liegen Betriebsräte und Führungskräfte - ausgehend von den Prozentzahlen - annähernd gleich. In erster Linie werden persönliche Vorbehalte (64,4 Prozent) als Grund für eine geringe Akzeptanz angeführt. Mit 58,3 Prozent folgt die mangelhafte Kommunikation der Veränderung an zweiter Stelle. Nur die fehlende Motivation wird von den Betriebsräten (44,9 Prozent) als deutlich wichtiger eingeschätzt als von den Führungskräften (20 Prozent). Sie folgt aber trotzdem in der Gesamtbetrachtung erst hinter dem fehlenden Vertrauen in die Leistungsfähigkeit (51 Prozent) auf dem vierten Platz (vgl. Abb. 77).

Mehr als die Hälfte der Befragten führen Veränderungen in der Organisationsstruktur (57,3 Prozent) und das Aufstellen einer Vision (53,4 Prozent) als Maßnahmen an, um die o.a. Probleme zu lösen. Auch der Personalentwicklung (48,5 Prozent) und der Partizipation der Mitarbeiter (46,6 Prozent) wird in diesem Zusammenhang eine große Bedeutung beigemessen. Relativ untergeordnet werden dagegen Veränderungen in der Unternehmenskultur oder der Entwurf einer Kommunikationsstrategie angesehen. Nur 35 Prozent der Befragten bestätigen, daß ihr Unternehmen mit einer umfassenden Kommunikationsstrategie auf die Probleme reagierte (vgl. Abb. 78). Dies läßt vermuten, daß entweder das Bewußtsein über die Bedeutung eines effizienten Kommunikationsmanagements im Rahmen von Wandel in den Unternehmen nur untergeordnet vorhanden ist und/oder der Entwurf einer solchen Strategie als problematisch oder zu schwierig angesehen wird.

Abb. 78: Auswertung der Frage 2.5

Welche Maßnahmen wurden ergriffen, um diese Probleme zu reduzieren?

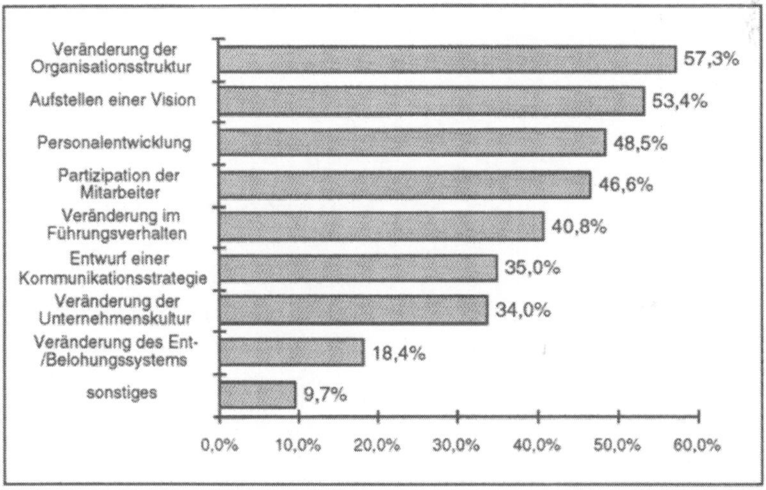

Zusammenfassend wird deutlich, daß Führungskräfte und Betriebsräte die Mitarbeiterakzeptanz unterschiedlich bewerten. Beide Parteien erkennen den Widerstand der Mitarbeiter gegen die Veränderungen, doch tendieren die Führungskräfte im Gegensatz zu den Betriebsräten zu einer eher positiven Bewertung der Situation. Einigkeit besteht hingegen über die Gründe für den Widerstand bzw. die mangelnde Akzeptanz. Mehrheitlich werden \`persönliche Vorbehalte´ und \`fehlendes Vertrauen in die Leistungsfähigkeit´ als Gründe angeführt. Ebenso häufig wird aber auch die \`mangelhafte Kommunikation der Veränderung´ kritisiert. Trotzdem versuchen nur etwa ein Drittel der befragten Unternehmen, mit dem Entwurf einer umfassenden Kommunikationsstrategie darauf zu reagieren. Im Blickpunkt stehen für viele eher das isolierte Aufstellen einer Vision oder das verstärkte Einbeziehen der Mitarbeiter. Dies spricht für die Bedeutung der `Mobilisierenden Kommunikation´, zeigt aber auch, daß sie nicht im Sinne des Ansatzes als ein integrierter Bestandteil eines zielgerichteten, effizienten Kommunikationsmanagements im Veränderungsprozeß verstanden wird.

3.1.3.3 `Unternehmens-Kommunikation´

Dieser Fragenkomplex setzt sich aus Fragen zur zwischenmenschlichen und organisatorischen Kommunikation zusammen.

3.1.3.3.1 Zwischenmenschliche Kommunikation

Ziel ist es, zu ermitteln, was die Befragten unter dem Begriff der Kommunikation verstehen. Weiterhin soll untersucht werden, wie die reine Informationsübermittlung und der wechselseitige Austausch von Mitteilungen zwischen den im Veränderungsprozeß beteiligten Parteien allgemein ablaufen. Zu Beginn steht die Beantwortung einer offenen Frage, in der die Befragten ihr eigenes Verständnis von Kommunikation definieren. Die wenigen Antworten lassen nur eine sehr oberflächliche Interpretation zu, deuten aber daraufhin, daß ein grobes theoretisches Verständnis des Kommunikationsbegriffs vorhanden ist. Die Führungskräfte thematisieren in ihren Ausführungen den Austausch von Informationen, Offenheit und Ehrlichkeit sowie den Anspuch, die `Informations-Einbahnstraße´ möglichst zu vermeiden. Die Betriebsräte sprechen ähnliche Aspekte an und sehen in der Kommunikation ebenfalls keinen einseitigen Prozeß, sondern eher die wechselseitige Information, die Rückkopplung und das Einbeziehen der Betroffenen in den Entscheidungsprozeß.

In der anschließenden geschlossenen Frage werden eine Reihe von Punkten aufgelistet, bei denen die Befragten entscheiden sollen, welche dem Begriff der `Kommunikation´ besonders zuzuordnen sind. Die Rangfolge dieser Aspekte ist im wesentlichen bei beiden Gruppen gleich, wenn auch die Prozentzahlen etwas variieren. Insgesamt verbinden fast 90 Prozent aller Befragten die Worte "miteinander sprechen" mit dem Begriff der Kommunikation. Auch alle Punkte, die mit der Übermittlung von Informationen in Verbindung gebracht werden können, werden oft gewählt. So rechnen 78,6 Prozent den Begriff "Information", 71,8 Prozent "Informationen senden und empfangen" sowie 44,7 Prozent "Informationen übermitteln" dem Begriff der Kommunikation zu. Das "aktive Zuhören" erreicht mit 74,8 Prozent ebenfalls einen sehr hohen Wert. Allerdings ist daraus nicht zu ersehen, ob die Befragten wirklich die genaue Bedeutung kennen, die sich hinter dieser Bezeichnung verbirgt. "Sich verstehen" (42,7 Prozent), "Gestik und Mimik" (35 Prozent) sowie "Verhalten" (35,9 Prozent) werden dagegen seltener mit dem Kommunikationsbegriff in Verbindung gebracht (vgl. Abb. 79).

Abb. 79: Auswertung der Frage 3.2

Welche der folgenden Aspekte rechnen Sie besonders dem Begriff "Kommunikation" zu?

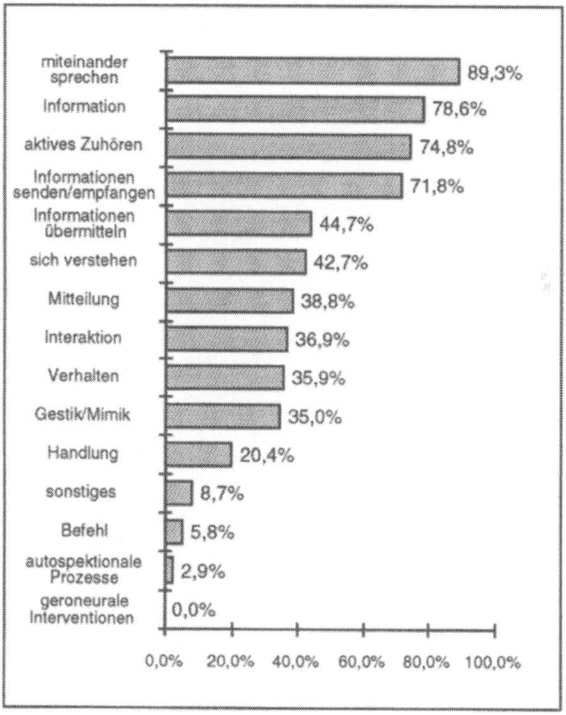

Insgesamt zeigt dies, daß das gängige Verständnis von Kommunikation stark an den Begriff der Information gekoppelt ist. Daß Kommunikation über das reine Versenden von Informationen hinausgeht und vielmehr "sich verstehen" bedeutet bzw. in einer erweiterten Sichtweise das gesamte Verhalten einschließt, ist - ausgehend von den Ergebnissen dieser Studie - anscheinend noch kein allgemeines

Gedankengut (vgl. dazu auch Teil C). Eine Bestätigung dieser Hypothese würde einige Probleme im Zusammenhang mit unternehmensinterner Kommunikation erklären und eine gewisse Aufklärungsarbeit notwendig machen.

Unter die Antwortvorgaben wurden zur Kontrolle des Antwortverhaltens mit den "autospektionalen Prozessen" und den "geroneuralen Interventionen" zwei Punkte gemischt, die keine Bedeutung besitzen. Rund 80 Prozent der Befragten vermerkten dahinter ein Fragezeichen und nur drei Probanden kreuzten sie letzlich an, so daß angenommen werden kann, daß der Fragebogen nicht wahllos behandelt, sondern aufmerksam bearbeitet wurde.

Abb. 80: Auswertung der Frage 3.3

Die Informationen über die geplanten Veränderungsmaßnahmen waren ...

	Führung	Betriebsrat
rechtzeitig	76,4%	47,9%
gut verständlich	50,9%	35,4%
offen und ehrlich	54,5%	20,8%
ausreichend	20,0%	25,0%
klar und präzise	27,3%	14,6%
hätte ich in anderem Wortlaut/Stil verfaßt	23,6%	18,8%
was die Betroffenen wissen wollten	16,4%	12,5%
keine Vorabinfos	5,5%	16,7%

In den Antworten beider Parteien über das Informationsverhalten im Rahmen des Veränderungsvorhabens zeigen sich teilweise deutliche Diskrepanzen. Wogegen 76,4% der Führungskräfte glauben, die Informationen seien rechtzeitig ausgegeben worden, fühlen sich lediglich 47,9 Prozent der Betriebsräte rechtzeitig informiert. Ebenso bewerten 54,5 Prozent der Führungskräfte, aber nur 20,8 Prozent der Betriebsräte, die Informationen als offen und ehrlich. Außerdem sind für 50,9 Prozent der Führungskräfte und nur für 35,4 Prozent der Betriebsräte die Informationen gut verständlich. Schließlich geben mit 16,7 Prozent recht viele Betriebsräte an, im Vorfeld nicht über die Maßnahme informiert worden zu sein (vgl. Abb. 80). Auffallend ist, daß in dieser Frage mehr Betriebsräte als Führungskräfte die Informationen für ausreichend halten. Demgegenüber zeigt Frage 3.6 die umgekehrte Tendenz auf. Danach sind 64,8 Prozent der Führungskräfte, aber nur 55,3 Prozent der Betriebsräte der Meinung, genug Informationen erhalten zu haben.

42,6 Prozent der Betriebsräte beklagen sogar, zuwenig informiert worden zu sein. Auch rund 30 Prozent der Führungskräfte gestehen ein, zuwenig Informationen versandt zu haben.

Aus den Fragen 3.4, 3.5 und 3.8 (vgl. Abb. 81) wird einerseits ersichtlich, daß die betroffenen Mitarbeiter den Verantwortlichen in größerem Ausmaß Feedback abverlangen als dies umgekehrt der Fall ist. Andererseits wird wiederum deutlich, daß die Führungskräfte dazu tendieren, eher sozial erwünscht zu antworten.

Als Ergebnis von Frage 3.4 antworten zwar 74,6 Prozent der Führungskräfte, daß sie aktiv nachfragten, wie die Informationen verstanden wurden. Gleichzeitig verneinen aber 66 Prozent der Betriebsräte, daß sie danach gefragt wurden, ob sie die Informationen verstanden haben. Diese Diskrepanz wurde ebenfalls in der Kontrollgruppe festgestellt.

Abb. 81: Auswertung der Fragen 3.4, 3.5 und 3.8

	3.4: Führung aktiv		3.5: Mitarbeiter aktiv		3.8: Wandel besprochen	
	Führung	Betriebsrat	Führung	Betriebsrat	Führung	Betriebsrat
ja	34,6%	14,9%	63,6%	80,9%	32,7%	21,3%
eher ja	40,4%	19,1%	25,5%	14,9%	57,7%	40,4%
eher nein	21,2%	42,6%	10,9%	2,1%	7,7%	25,5%
nein	3,8%	23,4%	0,0%	2,1%	1,9%	12,8%

Die Frage 3.5 nach der aktiven Feedbacksuche der Mitarbeiter zeigt demgegenüber eindeutig, daß die Mitarbeiter gezielt Fragen bezüglich der Maßnahmen stellten. Zwar bewerten hier die Betriebsräte das Verhalten der Mitarbeiter etwas besser, doch wird die Tendenz auch von der Führung bestätigt. Rund 96 Prozent der Betriebsräte geben an, daß sie ihren Vorgesetzten gezielt Fragen bezüglich der Maßnahmen stellten. Von den Führungskräften bestätigten dies ebenfalls rund 89 Prozent.

Auch Frage 3.8 unterstreicht die aufgestellte Vermutung. Rund 90 Prozent der Führung antworten mit \`ja´ bzw. \`eher ja´ auf die Frage, ob sie die Veränderungen mit den betroffenen Mitarbeitern in ausreichendem Maße besprochen haben. Bei den Betriebsräten sind es dagegen nur rund 62 Prozent, die bestätigen, daß mit Ihnen die Veränderung in ausreichendem Maße besprochen wurde; die Restlichen bewerten die Situation mit \`eher nein´ bzw. \`nein´.

Abb. 82: Auswertung der Frage 3.7

In welcher Form haben Sie Ihren Mitarbeitern/wurden Ihnen Informationen über die Veränderung vermittelt?

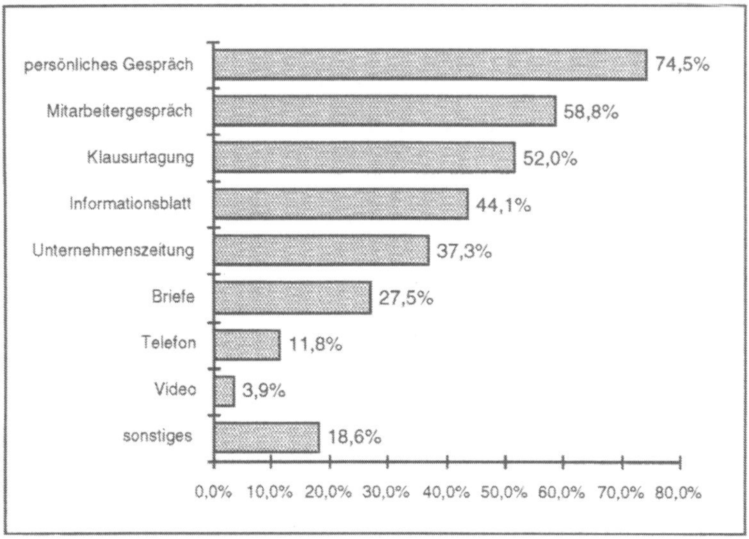

Informationen über die Veränderung werden den Mitarbeiter bevorzugt in einem persönlichen Gespräch übermittelt. Dies bestätigen beide Gruppen mit ähnlich hohen Prozentzahlen. Es folgen das Mitarbeitergespräch und die Klausurtagung/ Versammlung. Briefe, Telefon und Videos nehmen in den befragten Unternehmen zur Vermittlung der Informationen über die Veränderung eine eher untergeordnete Stellung ein (vgl. Abb. 82). Dies entspricht den Erkenntnissen der Theorie, die die Wirksamkeit der einzelnen Formen beschreiben (vgl. Teil C u. D).

Die Mehrzahl aller befragten Führungskräfte (rund 96 Prozent) glauben, daß ihre Informationen auch von den Adressaten verstanden wurden. Demgegenüber geben allerdings 62 Prozent der Betriebsräte an, daß sie oft bzw. sehr oft in Gesprächen mit den Vorgesetzten aneinander "vorbei geredet" haben. Weitere 23 Prozent sind der Meinung, daß dies immerhin gelegentlich passierte.

Während der Durchführung der Maßnahme hatten mehr als die Hälfte der Betriebsräte (56,5 Prozent) öfter bzw. viel öfter Kontakt mit ihren Vorgesetzten als vorher.

Nur für einen sehr geringen Prozentsatz hat sich die Situation verschlechtert. Von den Führungskräften behaupten 78,2 Prozent, daß sie während des Vorhabens öfter bzw. viel öfter mit ihren Mitarbeitern Kontakt gehabt haben, als dies davor der Fall war. Die Differenz läßt sich damit erklären, daß sich der Mehrkontakt eines Managers auf viele Mitarbeiter verteilt, der einzelne Mitarbeiter den gesamten Mehrkontakt einer Führungskraft aber nicht in vollem Maße realisiert.

Zusammenfassend läßt sich konstatieren, daß Defizite im Verständnis des Kommunikationsbegriffes vorhanden sind. Kommunikation wird überwiegend mit der einfachen Übermittlung von Informationen gleichgesetzt. Nach eigenen Erkenntnissen muß das Verständnis jedoch auch die Komponenten des `sich verstehens´ sowie des `Verhaltens´ einschließen (vgl. Teil C), um Kommunikation im Veränderungsprozeß wirksam als Interaktionsvariable zu begreifen. Bezüglich des Informationsverhaltens und des Austauschs von Mitteilungen vertreten die Parteien z.T. unterschiedliche Auffassungen. Dabei ist das persönliche Gespräch vor dem Mitarbeitergespräch die bevorzugte Art der Kommunikation von Veränderungen. Dies zeigt sich auch in einer Zunahme der persönlichen Kontakte während der Durchführung der Maßnahmen. Videos und Telefon werden dagegen eher selten als Kommunikationsmittel verwendet. Die Mehrzahl der Befragten wurde/hat ausreichend über die Vorhaben informiert. Es stellt sich zudem heraus, daß die Mitarbeiter den Verantwortlichen in größerem Ausmaß aktiv Fragen über die Maßnahmen stellten, als dies umgekehrt der Fall war. Fast alle Führungskräfte sind davon überzeugt, daß ihre Informationen in der intendierten Weise verstanden werden. Insgesamt tendieren sie im Gegensatz zu den Betriebsräten - bis auf wenige Ausnahmen - zu einer positiven Bewertung ihres Informationsverhaltens.

3.1.3.3.2 Organisatorische Kommunikation

Neben der zwischenmenschlichen Kommunikation ist die organisatorische Kommunikation ein weiterer, wichtiger Aspekt der `Unternehmens-Kommunikation´. Nachfolgend werden die Antworten auf die Fragen bezüglich der informellen und formellen Kommunikation in den Unternehmen präsentiert.

Die Mehrheit der Führungskräfte (72,7 Prozent) gibt in erster Linie die Informationen über die Änderung direkt an die betroffenen Mitarbeiter aus (vgl. Abb. 83). An zweiter Stelle folgt der Betriebsrat (60 Prozent), was wegen seiner besonderen

Position und den damit verbundenen Informationspflichten nicht verwundert. Desweiteren werden Informationen auch häufig an die nächste Hierarchieebene (52,7 Prozent) weitergeleitet. Die Theorie (vgl. Teil D) schlägt vor, die direkten Vorgesetzten der Mitarbeiter sowie die Meinungsführer im Unternehmen wegen ihrer Position im informalen Kommunikationsnetzwerk und ihrer Glaubwürdigkeit vorrangig zu informieren, so daß sie die Informationen dann an die Betroffenen weitergeben. Die vorliegende Studie zeigt, daß nur 43,6 Prozent der Führungskräfte zuerst die direkten Vorgesetzten der Betroffenen informieren.

Abb. 83: Auswertung der Frage 4.1 (Führungskräfte)

An wen haben Sie in erster Linie die Informationen über die Änderung weitergegeben?

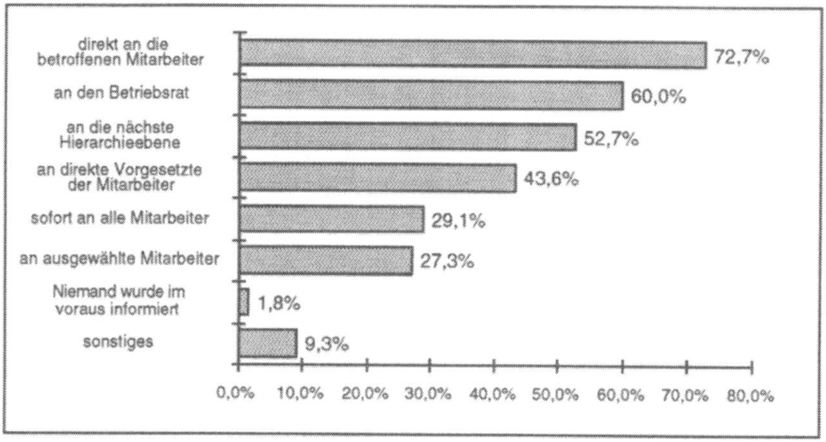

Quelle: Mohr/u.a., 1995, o.S.

Im wesentlichen stimmen die o.a. Ergebnisse mit dem Antwortverhalten der Betriebsräte überein. Sie wurden danach gefragt, von wem sie in erster Linie die Informationen über die Änderung erhalten. Erwartungsgemäß geben hier 83,7 Prozent an, von der Geschäftsleitung informiert zu werden (vgl. Abb. 84). Allerdings werden der direkte Vorgesetzte und die Meinungsführer auch hier nur untergeordnet genannt. In Verbindung mit den vorhergehenden Ergebnissen läßt dies den Schluß zu, daß sie eher selten gezielt in den Kommunikationsprozeß einbezogen werden.

Abb. 84: Auswertung der Frage 4.1 (Betriebsräte)

Von wem haben Sie in erster Linie die Informationen über Änderungen erhalten?

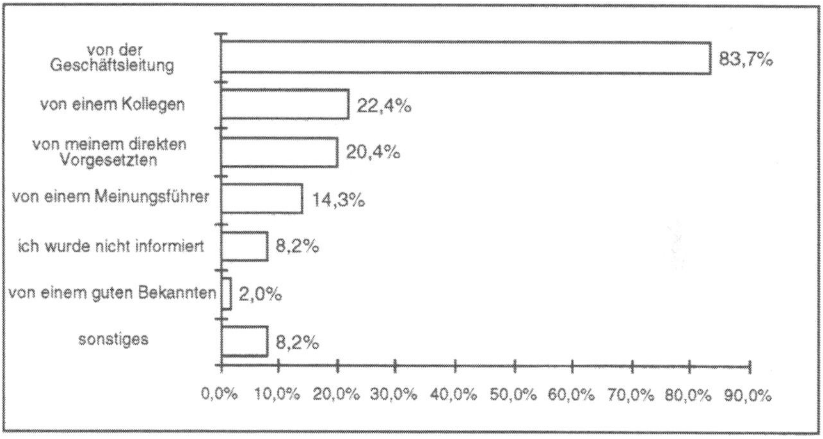

Quelle: Mohr/u.a., 1995, o.S.

Die Auswertung der beiden vorgenannten Fragen deutet daraufhin, daß die Informationen zumeist auf dem formalen Informationsweg weitergegeben werden. Dies bestätigen auch die Ergebnisse der Frage 4.2. Hier geben 31,5 Prozent der befragten Führungskräfte und 52 Prozent der befragten Betriebsräte an, daß die Informationsübermittlung überwiegend dem üblichen Dienstweg folgt. Weitere 31,5 Prozent der Führungskräfte und 39,6 Prozent der Betriebsräte antworten, daß sie diesem zumindest teilweise entspricht.

Rund 42 Prozent der Betriebsräte und 57 Prozent der Führungskräfte geben an, daß sehr oft bzw. oft Workshops/Tagungen durchgeführt wurden, bei denen unabhängig von Hierarchie und Abteilungsstruktur über die Änderung diskutiert werden konnte. Dies zeigt, daß z.T. bereits versucht wurde, den formellen Informationsweg gezielt zu umgehen und andere Strukturen aufzubauen.

Abb. 85: Auswertung der Fragen 4.4 und 4.5

	4.4: Gerüchte		4.5: Infos zurückhalten	
	Führung	Betriebsrat	Führung	Betriebsrat
Ja	74,5%	85,4%	38,2%	66,7%
Nein	25,5%	14,6%	61,8%	33,3%

Quelle: Mohr/u.a., 1995, o.S.

Beide Parteien (Betriebsräte 85 Prozent; Führungskräfte 75 Prozent) bejahen einheitlich den Eindruck, daß im Rahmen von Veränderungsvorhaben Gerüchte im Umlauf sind. Auf die Frage, ob an einigen Stellen gezielt Informationen zurückgehalten wurden, antworten sie jedoch vollkommen gegensätzlich (vgl. Abb. 85). Zwei Drittel der Betriebsräte bescheinigen, daß dies der Fall gewesen ist. Dagegen verneinen es rund 62 Prozent der Führungskräfte. Diese Unstimmigkeit kann aus den unterschiedlichen Zugangsmöglichkeiten zu informalen Kommunikationskanälen resultieren. So weiß die Führungsebene nur selten, wie ihre Informationen wirklich nach unten weitergegeben werden und was an Gerüchten kursiert.

Abb. 86: Auswertung der Frage 4.6

Ist es zwischen Ihnen und Ihren Mitarbeitern/Vorgesetzten zu einem wechselseitigen Austausch von Meinungen und Informationen gekommen?

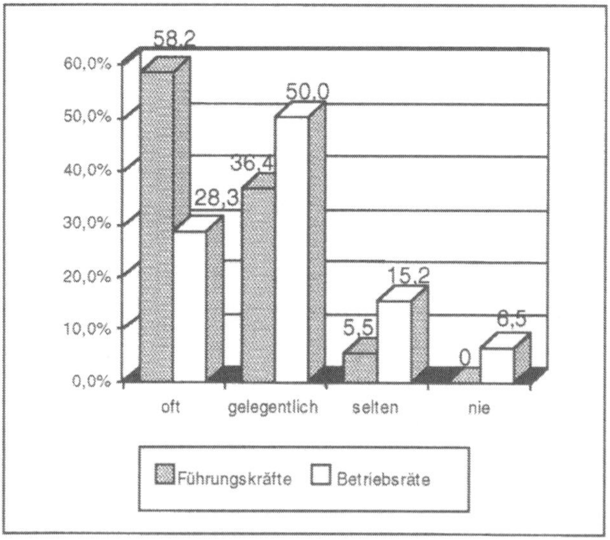

Die Ergebnisse der Frage 4.6 veranschaulichen, daß die Versuche, die `Informations-Einbahnstraße´ zu vermeiden, durchaus erfolgreich sind. Mehrheitlich wird bestätigt, daß es oft bzw. zumindest gelegentlich zu einem wechselseitigen Austausch von Meinungen und Informationen zwischen den Parteien kommt. Allerdings zeigen die prozentualen Unterschiede (vgl Abb. 86), daß die Betriebsräte sich einen noch stärkeren Informations*austausch* wünschen.

Zusammenfassend läßt sich sagen, daß im Rahmen der organisatorischen Kommunikation überwiegend dem Dienstweg bzw. dem formalen Kommunikationsweg gefolgt wird. Das hat jedoch zur Folge, daß in vielen Unternehmen auf diesem formellen Weg an verschiedenen Stellen Informationen zurückgehalten werden oder verloren gehen und verstärkt die `Gerüchteküche´ von den betroffenen Mitarbeitern als Informationsquelle genutzt wird. Um dies zu verhindern, wird zunehmend versucht, informelle Kommunikationsstrukturen zu `formalisieren´. So wurden beispielsweise in einigen Unternehmen bereits hierarchieneutrale Workshops oder Tagungen institutionalisiert, in denen über die Gestaltung der Änderungsmaßnahme diskutiert wurde.

3.1.3.4 `Überzeugende Kommunikation´

Die `Überzeugende Kommunikation´ ist neben der `Unternehmenskommunikation´ die zweite wichtige Komponente eines effizienten Kommunikationsmanagements im organisatorischen Veränderungsprozeß. Sie setzt sich wiederum aus fünf Determinanten (Kommunikation des relativen Vorteils der Maßnahme, ihre Verträglichkeit mit den Unternehmensgegebenheiten, ihre Komplexität, ihre Erprobbarkeit sowie die Kommunikation ihres Erfolges (vgl. Teil D)) zusammen. Die Ergebnisse aus diesem Teil der Befragung werden im folgenden vorgestellt.

Befragt nach den einzelnen Eigenschaften des Vorhabens, die den Mitarbeitern vermittelt wurden, nennen rund 78 Prozent der Führungskräfte und rund 79 Prozent der Betriebsräte die Notwendigkeit der Veränderung. Ebenfalls hohe, jedoch unterschiedliche Werte ergeben sich für die Kommunikation der Gründe des Vorhabens sowie des Vorteils, den die Maßnahme dem Unternehmen bringt. Es wurde mithin durchaus versucht, bei den Mitarbeitern ein Bewußtsein für die Notwendigkeit der Veränderung zu schaffen. In Teil D wurde aber bereits gezeigt, daß die betroffenen Mitarbeiter weniger am Vorteil des Unternehmens als vielmehr an ihren eigenen Vorteilen bzw. den Vorteilen für ihr direktes Arbeitsumfeld interessiert sind. Hier zeigen die Resultate allerdings große Unterschiede im Meinungsbild der Parteien auf. Während fast 71 Prozent der Führungskräfte behaupten, sie hätten den Mitarbeitern mitgeteilt, welche Vorteile ihnen durch die Maßnahme entstehen, attestieren dies nur rund 29 Prozent der Betriebsräte (vgl Abb. 87).

Abb. 87: Auswertung der Frage 5.1

Welche der folgenden Aspekte haben Sie den Mitarbeitern vermittelt/sind Ihnen vermittelt worden?

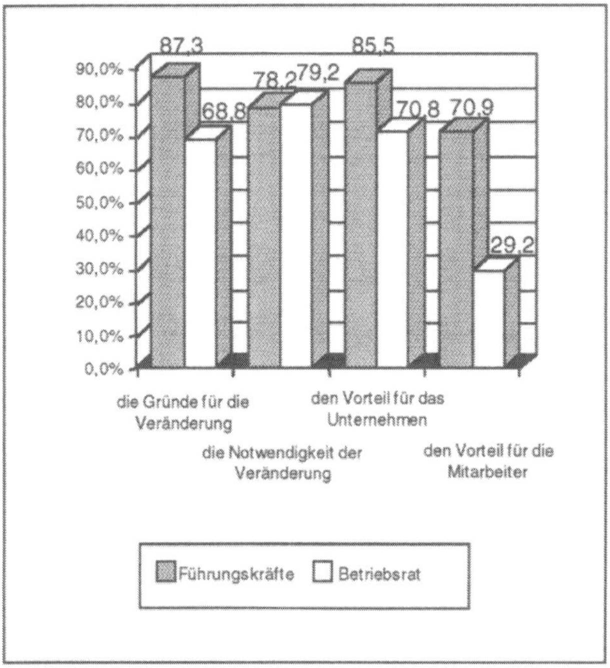

Quelle: vgl. Mohr/u.a., 1995, o.S.

Bezüglich der Verträglichkeit der Maßnahme mit den Unternehmensgegebenheiten geben immerhin 57,4 Prozent der Betriebsräte und 94,1 Prozent der Führungskräfte an, daß die Maßnahme gut bzw. sehr gut auf die besondere Situation des Unternehmens abgestimmt war (vgl. Abb. 88). Allerdings wurde über diese Kompatibilität nur relativ wenig informiert. Denn 46,3 Prozent der Führungskräfte und 65,2 Prozent der Betriebsräte antworten, daß sie/ihnen nur vereinzelt oder überhaupt keine Informationen darüber mitgeteilt haben/wurden, ob und in welcher Weise die Veränderung den bisherigen Strukturen im Unternehmen entspricht.

Abb. 88: Auswertung der Frage 5.3

Inwieweit wurde die Veränderung auf die besondere Situation des Unternehmens abgestimmt?

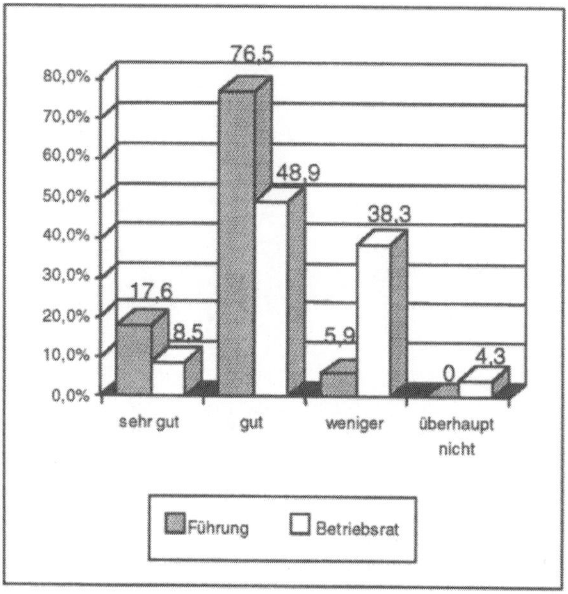

Quelle: vgl. Mohr/u.a., 1995, o.S.

Etwas mehr als die Hälfte der Probanden bewerten die Veränderungsvorhaben in ihren Unternehmen als ziemlich bzw. sehr komplex. Dabei tendieren die Führungskräfte wiederum eher zu positiven und die Betriebsräte eher zu negativen Aussagen (vgl. Abb. 89). Auch gehen die Meinungen darüber auseinander, ob die schwierigen Aspekte im Zusammenhang mit der Umgestaltung den Mitarbeitern verständlich dargelegt worden sind. Während rund 83 Prozent der Führungskräfte glauben, daß sie die schwierigen Aspekte sehr ausführlich bzw. recht gut kommuniziert haben, bestreiten mehr als die Hälfte der Betriebsräte, daß dies tatsächlich geschehen ist (ca. 53 Prozent).

Abb. 89: Auswertung der Frage 5.5

Für wie überschaubar halten Sie die Veränderung im Unternehmen?

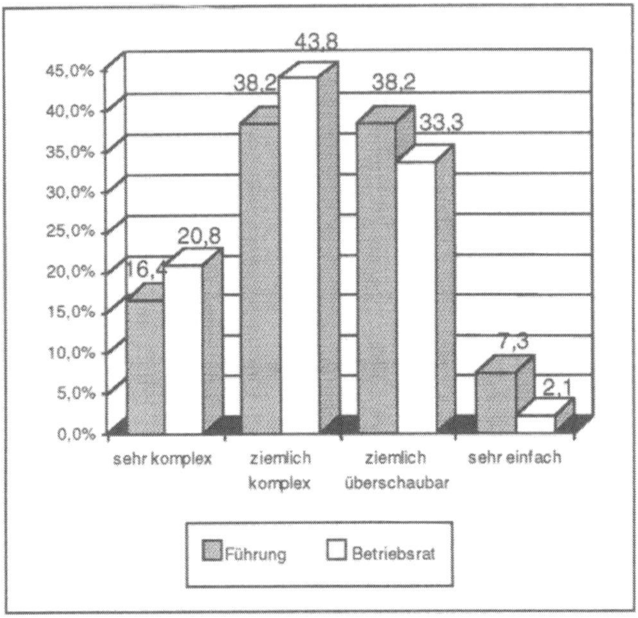

Quelle: vgl. Mohr/u.a., 1995, o.S.

Die Mehrheit der Veränderungsvorhaben wird ohne eine vorherige Testphase initiiert. Zwischen den Aussagen der Führungskräfte und denen der Betriebsräte bestehen keine statistisch signifikanten Unterschiede (Sig. = 0,398), obwohl prozentual etwas mehr Führungskräfte als Betriebsräte angeben, daß die Maßnahme zuerst in einem kleinen Teilbereich des Unternehmens getestet wurde. Da es sich bei den befragten Unternehmen um Großunternehmen handelt, ist davon auszugehen, daß die Führung dies eher beurteilen kann, da den Mitarbeitern unter Umständen laufende Tests in anderen Geschäftsbereichen nicht bekannt sind. Trotzdem wird darüber wenig informiert. Etwa 65 Prozent der Betriebsräte und ca. 46 Prozent der Führungskräfte antworten, daß sie/sie ihren Mitarbeitern nur vereinzelt oder überhaupt keine Informationen darüber erhielten/zukommen ließen, ob und wo eine solche Veränderung in ähnlicher Weise bereits durchgeführt oder getestet wurde (vgl. Abb. 90).

Abb. 90: Auswertung der Frage 5.7

Haben Sie Ihren Mitarbeitern Informationen darüber zukommen lassen/Wurden Sie darüber informiert, ob und wo eine solche Veränderung in ähnlicher Weise bereits durchgeführt oder getestet wurde?

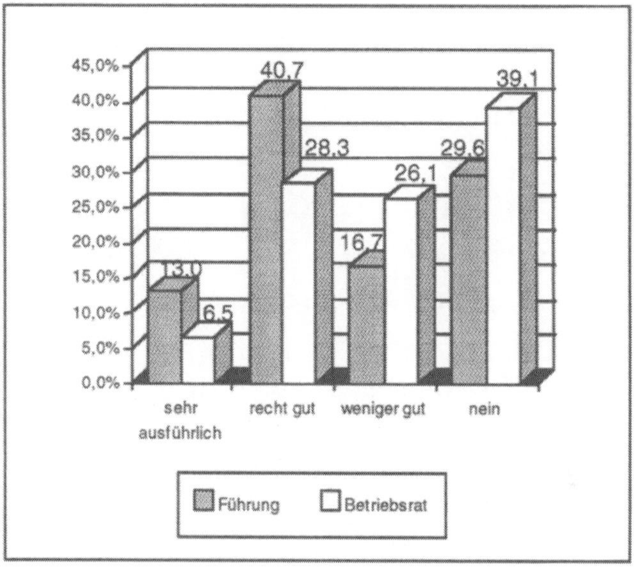

Quelle: vgl. Mohr/u.a., 1995, o.S.

Als Erfolge der Veränderungsmaßnahmen werden von den Führungskräften in erster Linie die Reduzierung der Kosten und die Steigerung der Motivation der Mitarbeiter angegeben. Verbesserte Produktivität und kürzere Entscheidungswege werden ebenfalls häufig genannt. Etwa ein Drittel der Betriebsräte erklären, daß \`bisher noch keine Erfolge ersichtlich´ sind. Ansonsten wird von ihnen auch die Reduzierung der Personalkosten bzw. der Personalabbau als Erfolgsmaßstab angeführt. Die Kommunikation der Erfolge im Unternehmen wird unterschiedlich bewertet. Rund 83 Prozent der Führungskräfte vertritt die Ansicht, daß recht offen bzw. sogar sehr ausführlich darüber berichtet wird. Demgegenüber antworten rund 54 Prozent der Betriebsräte, daß dies überhaupt nicht oder nur vereinzelt erfolgt (vgl. Abb. 91). Diese unterschiedliche Bewertung kann eventuell damit begründet werden, daß die Führungskräften die Wirkung schriftlicher Mitteilungen, wie beispielsweise der Unternehmenszeitung, überschätzen.

Abb. 91: Auswertung der Frage 5.9

Wird über die Erfolge im Unternehmen offen berichtet?

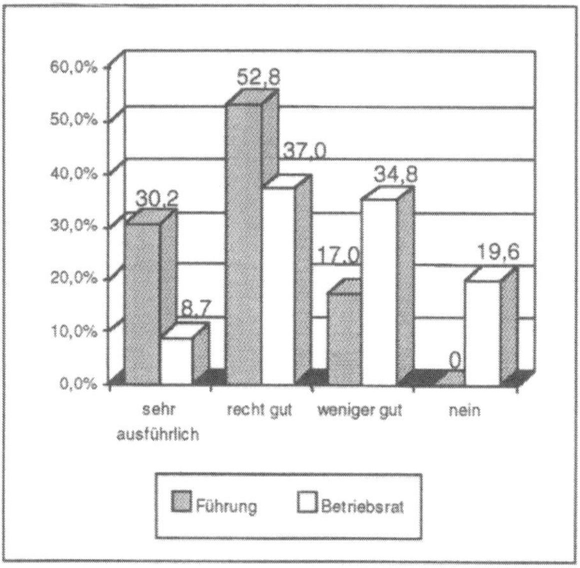

Quelle: vgl. Mohr/u.a., 1995, o.S.

Insgesamt zeigen die Ergebnisse, daß die Befragten sich teilweise nicht über die Komponenten und die Bedeutung der `Überzeugenden Kommunikation´ im klaren sind. Wichtige Argumente, die die Implementierung der Maßnahmen begründen, werden zwar kommuniziert, doch muß festgestellt werden, daß gerade der relative Vorteil, den die Veränderung den Mitarbeitern bringt, vernachlässigt wird. Die Vorhaben sind überwiegend gut an die Unternehmensbesonderheiten angepaßt. Dies basiert wahrscheinlich meist auf Ex-post-Erfahrungen, denn die Kommunikation dieser Kompatibilität wird nicht sehr positiv bewertet. Zudem werden die Vorhaben häufig als relativ komplex empfunden. Auch dies kann damit zusammenhängen, daß die schwierigen Sachverhalte nicht leicht verständlich vermittelt werden. Gerade deshalb und weil die Vorhaben vielfach ohne vorherige Tests implementiert werden, fordern besonders die Betriebsräte verständlichere Informationen sowohl bezüglich der Verträglichkeit als auch bezüglich der Komplexität des Vorhabens. Als Erfolgsmaßstäbe zur Bewertung der Maßnahmen führen beide Seiten in erster Linie Kostengesichtspunkte an. Auch hierüber ist die Berichterstattung in den Unternehmen noch verbesserungsbedürftig.

3.1.3.5 `Mobilisierende Kommunikation´

Die `Mobilisierende Kommunikation´ stellt die dritte Komponente der unternehmensinternen Kommunikation im Veränderungsprozeß dar. Sie setzt sich ihrerseits aus den drei Determinanten Vision, Leadership und Teamstruktur zusammen, deren Resultate aus der Befragung nachfolgend präsentiert werden.

Wie schon unter Gliederungspunkt 3.2.1 ersichtlich wurde, stellen viele Unternehmen eine Vision auf, um die mit den Veränderungen einhergehenden Probleme bzw. den Änderungswiderstand zu reduzieren. Dies bestätigen ebenfalls die Ergebnisse von Frage 6.1. Hier antworten mehr als die Hälfte der befragten Führungskräfte (ca. 76 Prozent), daß sie Ihren Mitarbeitern Unternehmensziele oder eine Vision mitgeteilt haben (vgl. Abb. 92). Auch ca. 64 Prozent der Betriebsräte geben an, von einer solchen in Kenntnis gesetzt worden zu sein.

Abb. 92: Auswertung der Frage 6.1:

Sind den Mitarbeitern/Ihnen Unternehmensziele/Visionen kommuniziert/mitgeteilt worden?

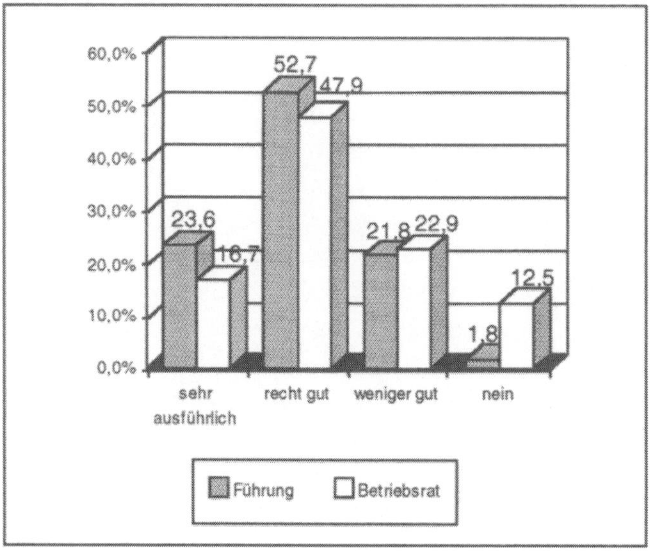

Quelle: vgl. Mohr/u.a., 1995, o.S.

Während beide Parteien bei der o.a. Frage ein ähnliches Antwortverhalten zeigen, gehen die Meinungen darüber auseinander, ob den Mitarbeitern Teilziele vorgegeben wurden, die den Weg zur Erreichung des Unternehmenszieles/Vision beschreiben. Rund 80 Prozent der Führungskräfte vertreten die Ansicht, daß sie den Mitarbeitern solche Etappenziele sehr ausführlich bzw. recht gut mitgeteilt haben. Von den Betriebsräten bestätigen dies nur 50 Prozent. Noch deutlicher werden die Unterschiede im Antwortverhalten der Frage 6.3 ersichtlich, ob eine Übereinstimmung zwischen dem, was mit der Vision erreicht werden soll und der momentanen Situation festgestellt werden kann. Dies bejahen rund 89 Prozent der Führungskräfte, jedoch stimmen nur rund 27 Prozent der Betriebsräte zu.

Rund 85 Prozent der Führungskräfte sind außerdem der Meinung, daß die Mitarbeiter sehr intensiv bzw. wenigstens einige Male Gelegenheit hatten, bei der Gestaltung der Maßnahme mitzuwirken. Dem entgegnen jedoch rund 55 Prozent der Betriebsräte, daß dies nicht oder - wenn überhaupt - nur selten der Fall gewesen ist (vgl. Abb. 93).

Abb. 93: Auswertung der Frage 6.4:

Hatten die Mitarbeiter/Sie Gelegenheit, bei der Ausgestaltung der Veränderungen mitzuwirken?

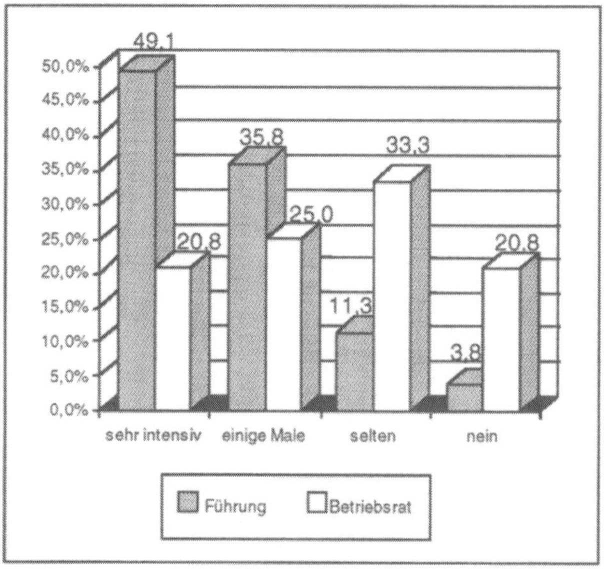

Quelle: vgl. Mohr/u.a., 1995, o.S.

Besonders gehen die Auffassungen über die Frage auseinander, ob die Gestaltungsvorschläge seitens der Mitarbeiter, sofern sie überhaupt welche äußern konnten, berücksichtigt wurden. Rund 80 Prozent der Führungskräfte aber nur rund 28 Prozent der Betriebsräte bescheinigen, daß dies oft bzw. sehr oft der Fall gewesen ist.

Die Diskrepanz im Antwortverhalten beider Parteien wird ebenfalls bei der Frage nach den Leadershipqualitäten deutlich. Hier geben 62,3 Prozent der Führungskräfte an, daß sie Ihre Mitarbeiter während der Veränderungsmaßnahme in starkem Maße zu einer erhöhten Einsatzbereitschaft bewegen konnten. Weitere 34 Prozent antworten, daß es zumindest gelegentlich zutrifft. Dies bestätigen 37,5 Prozent der Betriebsräte, doch sind auch rund 44 Prozent der Auffassung, daß es nicht oder nur selten der Fall gewesen ist (vgl. Abb. 94).

Abb. 94: Auswertung der Frage 6.6

Konnten Sie Ihre Mitarbeiter während der Veränderungsmaßnahme zu einer erhöhten Einsatzbereitschaft bewegen? bzw. Fördert das Verhalten Ihres Vorgesetzten Ihre Einsatzbereitschaft?

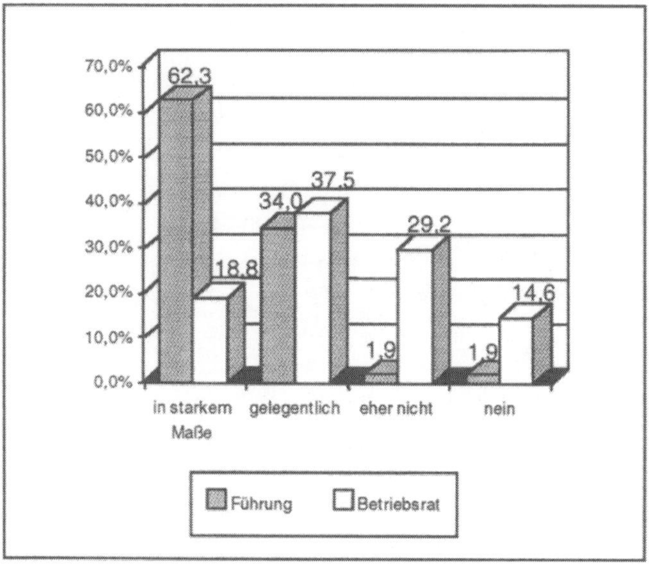

Quelle: vgl. Mohr/u.a., 1995, o.S.

Abschließend läßt sich festhalten, daß weitgehend Einigkeit über das Aufstellen einer Vision als mobilisierende Kraft besteht. Uneinigkeit herrscht jedoch über die Bewertung der übrigen erfragten Aspekte. So sehen beispielsweise die Betriebsräte im Gegensatz zu den Führungskräften nur eine geringe bis keine Übereinstimmung der Vision mit der momentanen Situation. Auch hinsichtlich der Mitwirkung der Mitarbeiter bei der Gestaltung der Maßnahme und der Bewertung der Leadershipqualitäten der Führungskräfte gehen die Meinungen auseinander.

3.2 Nachweis der Gültigkeit des Ansatzes

Nachdem die Befragungsergebnisse in allgemeiner Form dargestellt wurden, wird nun überprüft, inwieweit sie einen Beitrag zum Nachweis der Gültigkeit des in Teil D elaborierten Ansatzes leisten können. Auch dieser zweite Teil der Studie zeigt, daß Veränderungsvorhaben immer mit mehr oder weniger starkem Widerstand einhergehen. Zwar wird `mangelhafte Kommunikation der Veränderung´ als ein entscheidender Grund für die geringe Akzeptanz von Veränderungen genannt, doch versuchen nur relativ wenige Unternehmen durch den Einsatz einer umfassenden Kommunikationstrategie eine Lösung herbeizuführen. So geben nur 35 Prozent der Befragten an, daß sie mit einer neuen Kommunikationsstrategie auf die Probleme reagieren. Zudem werden Defizite im Kommunikationsverhalten während der Implementierung der Maßnahmen deutlich. Diese Resultate lassen erkennen, daß die Bedeutung von Kommunikation im Veränderungsprozeß bekannt ist, aber Unklarheit darüber besteht, wie eine Verbesserung des Kommunikationsverhaltens in der Praxis zu realisieren ist.

Es stellt sich nun die Frage, ob mit dieser Erhebung ebenso nachgewiesen werden kann, daß unternehmensinterne Kommunikation - im Sinne des entwickelten Ansatzes eingesetzt - zu einer Reduzierung des Widerstandes beiträgt. Im ersten Teil der Studie wurde der unterstellte Zusammenhang bereits für ein Unternehmen empirisch bewiesen. Der zweite Teil will nun die Repräsentativität des Ansatzes mit Hilfe der durchgeführten eher quantitativen Erhebung auf Unternehmen generell ausweiten. Dies ist nur dann möglich, wenn auch hier ein Einfluß der Kommunikationsvariablen auf den Änderungswiderstand nachgewiesen werden kann.

Im Fragebogen ermitteln zwei Fragen (Frage 2.1 und 2.2) direkt die Einschätzung der Akzeptanz bzw. des Widerstands. Aufgrund sachlogischer Überlegungen wird die hinter den beiden Variablen stehende hypothetische Größe mittels einer

Faktorenanalyse als Indikator für das Ausmaß des empfundenen Widerstandes extrahiert. Da die betrachteten Eigenschaften zu einem Faktor zusammengefaßt und die Ausgangsgrößen i.d.R. nicht vollständig durch diesen Faktor erklärt werden, entsteht ein Informationsverlust. Es obliegt daher dem Forscher aufgrund bestehender Hypothesen und unter Zuhilfenahme bestimmter Entscheidungskriterien festzulegen, in welchem Ausmaß der Erklärungsverlust toleriert werden kann (vgl. Backhaus/u.a., 1994, S. 195). Als Entscheidungskriterium wird hier das Kaiser-Kriterium (Eigenwertkriterium) herangezogen, wonach die Zahl der zu extrahierenden Faktoren gleich der Zahl der Faktoren mit Eigenwerten größer als eins ist (vgl. Backhaus/u.a., 1994, S. 225).

Mit Hilfe einer Hauptkomponentenanalyse, die eine möglichst umfassende Reproduktion der Datenstruktur durch möglichst wenige Faktoren erlaubt (vgl. Backhaus/ u.a., 1994, S. 221), werden die beiden Variablen schließlich zu einer übergeordneten Variable \`Änderungswiderstand´ verdichtet. Als Faktorladung, also als Maßgröße für den Zusammenhang zwischen den ursprünglichen Variablen und dem Faktor, errechnet sich ein Wert von (-)0,82104. Der Eigenwert des extrahierten Faktors beträgt 1,34 bei einer Kommunalität von 67 Prozent pro Variable. Dies bedeutet, daß 67 Prozent der Gesamtvarianz der beiden Variablen durch den gemeinsamen Faktor erklärt werden.

Desweiteren müssen die Faktorwerte bestimmt werden, die die relative Einschätzung der einzelnen Befragten bezüglich des extrahierten Faktors \`Änderungswiderstand´ ausdrücken. Sie "werden als Abweichung vom auf Null normierten Mittelwert dargestellt, so daß hohe positive Faktorwerte stark überdurchschnittliche, hohe negative Faktorwerte stark unterdurchschnittliche Ausprägungen kennzeichnen." (Backhaus/u.a., 1994, S. 197) Damit lassen sie keine absoluten Aussagen zu, sondern sind im Verhältnis zur durchschnittlichen Beurteilung aller Befragten zu sehen.

Um die eingangs gestellte Frage zu beantworten, muß nun ein Zusammenhang zwischen einer bestimmten Kommunikationsvariable und bestimmten Ausprägungen des Widerstandes (Faktorwerte) nachgewiesen werden. In quantitativen Analysen ist es mit Hilfe des t-Tests möglich, ein unterschiedliches Antwortverhalten bei Ja/Nein Variablen dahingehend zu analysieren, ob gruppenspezifische Unterschiede bezüglich der Faktorwerte vorliegen bzw. sie signifikant von 0 verschieden sind. Um dieses Verfahren anwenden zu können, müssen jedoch zuerst die Gruppierungsvariablen mit ordinalem Meßniveau in bipolare Größen transformiert werden. Dazu werden jeweils die oberen und unteren Kategorien jeder Kommunikationsfrage zu einer Kategorie zusammengefaßt. Beispielsweise werden die beiden Antwortkategorien \`Ja´ und \`eher Ja´ zu einer Kategorie \`Ja´ verbunden.

Dann werden für jede Frage jeweils zwei durchschnittliche Faktorwerte errechnet. Der eine Faktorwert steht für die Befragten, die die Frage mit \`Ja´ beantworteten, der andere für die, die mit \`Nein´ votierten. Diese Werte werden mit Hilfe des t-Tests dahingehend überprüft, ob sie signifikant von Null verschieden sind. Hier wird ein Signifikanzniveau von 0,9 angestrebt und überprüft, ob die Nullhypothese zutrifft, daß die jeweilige Determinante (Antwortverhalten bei einer Frage) *keinen* Einfluß auf die abhängige Variable (Faktorwerte -> Änderungswiderstand) hat. Beispielsweise ergibt der durchschnittliche Faktorwert des Änderungswiderstandes bei der Frage, ob die Mitarbeiter vorher keine Informationen über das Vorhaben erhalten haben, bei den Befragten, die zustimmten, einen Wert von 0,9949 und für diejenigen, die ablehnten, einen Wert von -0,1216 (siehe Abb. 95) bei einem Signifikanzniveau von 0,005. Das bedeutet, daß diejenigen, die nicht informiert wurden, statistisch signifikant einen überdurchschnittlich hohen Änderungswiderstand (positiven Faktorwert) zeigen et vice versa. Dieses Verfahren wird für alle Fragen zum Kommunikationsverhalten durchgeführt, die Aussagen darüber zulassen, wie die Kommunikation in den Unternehmen abgelaufen ist.

3.2.1 Die Einflußgröße \`Unternehmens-Kommunikation´

Im folgenden werden die Fragen zur zwischenmenschlichen und zur organisatorischen Kommunikation unter diesem Punkt zusammengefaßt und gemeinsam analysiert. Der Einfluß der entsprechenden Variablen auf den Änderungswiderstand ist in Abb. 95 dargestellt. Die Variablen sind in der Reihenfolge ihrer Wichtigkeit aufgelistet. Entscheidungskriterium dafür ist die Mittelwertdifferenz (MD) in Spalte vier zusammen mit dem Signifikanzwert in Spalte fünf. MD ist die Differenz zwischen dem Faktorwert für den Änderungswiderstand bei einer Bejahung der jeweiligen Frage (Spalte zwei) und dem Faktorwert bei einer Verneinung der Frage (Spalte drei). Der Signifikanzwert in Spalte fünf ist ein Maß dafür, ob das Konfidenzintervall von 0,9 eingehalten wird und die Nullhypothese abgelehnt bzw. angenommen werden muß. In dem grau unterlegten Bereich befinden sich die Variablen, für die die Nullhypothese abzulehnen ist und die damit einen signifikanten Einfluß auf den Änderungswiderstand haben. Je größer der Wert für MD bei einem Signifikanzniveau von Sig. < 0,1 ist, desto stärker ist der Einfluß der jeweiligen Variable auf den Änderungswiderstand.

Abb. 95: Einflußgrößen der `Unternehmenskommunikation´ auf den Änderungswiderstand

Variable	Ja	Nein	MD	Sig.
keine Informationen ausgegeben	0,9949	-0,1216	-1,1165	0,005
Infos wurden zurückgehalten	0,4471	-0,4744	-0,9215	0,000
Informationen waren verständlich	-0,4538	0,3365	0,7903	0,000
rechtzeitige Information	-0,2537	0,4207	0,6744	0,002
Wandel ausreichend besprochen	-0,1280	0,5017	0,6297	0,027
schlechter Wortlaut & Stil	0,4885	-0,1360	-0,6245	0,018
Infos durch Telefon vermittelt	0,5560	-0,0560	-0,6120	0,070
Gerüchte waren im Umlauf	0,1066	-0,4061	-0,5127	0,089
offen und ehrliche Informationen	-0,3127	0,1967	0,5094	0,007
Infos aus der Unternehmenszeitung	-0,2823	0,1934	0,4757	0,016
Workshops abgehalten	-0,1971	0,2181	0,4153	0,036
Überprüft, ob Infos verstanden	-0,1445	0,2430	0,3875	0,062
Infos korrekt verstanden	-0,3397	0,3907	0,7304	0,657
wurden gezielt Fragen gestellt	-0,0450	-0,3004	-0,3454	0,462
Infos durch Briefe vermittelt	-0,2220	0,1105	0,3325	0,109
Infos per Video vermittelt	0,2324	0,0084	0,2240	0,623
Infos über formalen Dienstweg	0,0550	-0,1478	-0,2028	0,376
Infos durch persönliches Gespräch	-0,0302	0,1529	0,1831	0,457
mehr Kontakt mit Mitarbeitern	-0,0796	0,0993	0,1788	0,431
was Betroffene wissen wollten	-0,1326	0,0231	0,1557	0,605
Infos per Infoblätter vermittelt	-0,706	0,0838	0,1544	0,439
ausreichende Informationen	-0,1084	0,0320	0,1404	0,495
klar und präzise Informationen	-0,0866	0,0227	0,1093	0,679
Infos bei Klausurtagung vermittelt	-0,0106	0,0478	0,0584	0,770
Infos per Mitarbeitergespräch	-0,0305	-0,0007	-0,0312	0,878

Quelle: Mohr/u.a., 1995, o.S.

Keineswegs überraschend ergibt sich der höchste MD-Wert für die Variable `keine Informationen an die Mitarbeiter ausgegeben´. In diesem Fall beschränkt sich die Kommunikation ausschließlich auf den informellen Bereich (z.B. Gerüchte) und der Änderungswiderstand ist daher entsprechend hoch. Personen, die den Eindruck haben, daß Informationen gezielt zurückgehalten werden, empfinden ebenso einen überdurchschnittlich hohen Widerstand wie die Personen, für die die Informationen nicht verständlich sind. Rechtzeitiges sowie offenes und ehrliches Informieren und das ausführliche Besprechen der Veränderungsmaßnahmen reduziert ebenfalls den Änderungswiderstand. Sind die Probanden mit dem Wortlaut und Stil der Informationen nicht zufrieden, dann ist der Änderungswiderstand auch überdurchschnittlich hoch. Ebenso kann ein Zusammenhang zwischen der Durchführung von hierarchieneutralen Workshops und einer Reduzierung des Widerstandes statistisch signifikant nachgewiesen werden.

Alle angeführten Variablen beeinflussen den Änderungswiderstand in der von der Theorie vorgegebenen Richtung. Entsprechend der zugrundeliegenden Hypothese geht eine positive Bewertung der Unternehmenskommunikation immer mit geringem Widerstand einher. Ein Blick auf die Vorzeichen der Werte in Spalte zwei und drei verdeutlicht dies. Handelt es sich z.B. bei dem Aspekt in Spalte eins um ein Beispiel für eine mangelhafte Kommunikation (z.B. keine Informationen ausgegeben), dann ist der Faktorwert in Spalte zwei (Zustimmung der Variable) in allen Fällen positiv (überdurchschnittlicher Widerstand) und der in Spalte drei (Ablehnung der Variable) negativ (unterdurchschnittlicher Widerstand) et vice versa.

Wie aus Abb. 95 jedoch ersichtlich wird, kann der Einfluß nicht für alle Variablen statistisch signifikant nachgewiesen werden. Oft ist zwar der MD-Wert hoch, doch die Signifikanzwerte erreichen nicht die geforderte Vertrauenswahrscheinlichkeit. Hervorzuheben ist besonders, daß für die in der Theorie überall präferierte Vermittlung von Informationen durch ein persönliches Gespräch oder ein Mitarbeitergespräch kein signifikanter Einfluß auf den Änderungswiderstand nachgewiesen werden kann. Zum Teil decken sich diese Ergebnisse aber auch mit den Erkenntnissen aus der Literatur. So wird z.B. die Kommunikation veränderungsspezifischer Aspekte über Video oder Brief als nicht effektiv angesehen (vgl. Teil D). Die vorliegende Analyse kann für diese Instrumente ebenfalls keinen signifikanten Einfluß auf den Änderungswiderstand feststellen.

3.2.2 Die Einflußgröße `Überzeugende Kommunikation´

Fast alle Variablen der `Überzeugenden Kommunikation´ zeigen einen statistisch signifikanten Einfluß auf den Änderungswiderstand an (vgl. Abb. 96). Zudem weisen die Zusammenhänge die richtige Richtung auf. Nur für den letztgenannten Aspekt (Kommunikation der Notwendigkeit für eine Veränderung) wird das geforderte Konfindenzintervall nicht eingehalten und der Einfluß kann somit nicht nachgewiesen werden.

Abb. 96: Einflußgrößen der `Überzeugenden Kommunikation´ auf den Änderungswiderstand

Variable	Ja	Nein	MD	Sig.
Wandel an Unternehmen angepaßt	-0,2198	0,7475	0,9673	0,000
schwierige Aspekte vermittelt	-0,2372	0,5524	0,7897	0,000
über Erfolge offen berichtet	-0,1844	0,4130	0,5974	0,005
Vorteil für das Unternehmen vermittelt	-0,1152	0,4389	0,5541	0,072
Gründe für Veränderung vermittelt	-0,1176	0,4223	0,5399	0,058
über Tests informiert	-0,2668	0,2637	0,5305	0,007
Vorteil für den Mitarbeiter vermittelt	-0,1884	0,1999	0,3883	0,054
Veränderung vorher getestet	-0,1920	0,1677	0,3597	0,054
Veränderungsvorhaben komplex	0,1418	-0,1991	-0,3409	0,097
Notwendigkeit übermittelt	0,0245	-0,0879	-0,1124	0,654

Quelle: Mohr/u.a., 1995, o.S.

Den stärksten Einfluß auf den Änderungswiderstand hat die Kompatibilität der Maßnahmen mit den Unternehmensgegebenheiten. Je besser das Vorhaben an diese angepaßt ist, umso geringer ist die Widerstandsneigung der betroffenen Mitarbeiter. Die Komplexität der Maßnahme hat dagegen - wie in der Literatur (vgl. Teil D) ebenfalls dargelegt - nur einen geringen Einfluß auf den Widerstand. Trotzdem ist es sehr wichtig, den Mitarbeitern die schwierigen Aspekte der Veränderungsmaßnahme verständlich darzulegen. Entsprechend ist der Änderungswiderstand bei den Probanden überdurchschnittlich hoch, bei denen dies nicht der Fall gewesen ist. Ebenso ist es wichtig, bereits über erste Erfolge der Maßnahmen im Unternehmen offen zu berichten.

Interessanterweise gelingt es durch diese Untersuchung nicht, die in der Literatur vorherrschende Meinung zu bestätigen, daß die Mitarbeiter eher an ihren eigenen Vorteilen als an den Vorteilen des Unternehmens interessiert sind. In der vorliegenden Analyse sind beide Aspekte von Bedeutung, wobei die Vorteile für das Unternehmen jedoch etwas höher bewertet werden. Dies kann damit erklärt werden, daß die Hälfte der Befragten Top-Manager sind, deren Denke sehr stark an den Vorteilen für das Unternehmen ausgerichtet ist. Die Möglichkeit, die Maßnahme vorher zu testen, wird ebenfalls nicht so hoch bewertet; viel wichtiger sind dagegen Informationen über Tests.

3.2.3 Die Einflußgröße `Mobilisierende Kommunikation´

Im Gegensatz zum ersten Teil der Studie kann hier ein starker Einfluß der `Mobilisierenden Kommunikation´ auf den Widerstand nachgewiesen werden. Der t-Test errechnet für alle Variablen höchste Signifikanzen und hohe Mittelwertdifferenzen der Faktorwerte. Der Einfluß der Variable `Übereinstimmung von Vision und Realität´ auf den Widerstand wird am stärksten bewertet (vgl. Abb. 97). Auch die Leadershipqualitäten der Vorgesetzten und die Möglichkeit zur Mitwirkung der Mitarbeiter erhalten hohe Werte.

Abb. 97: Einflußgrößen der `Mobilisierenden Kommunikation´ auf den Änderungswiderstand

Variable	Ja	Nein	MD	Sig.
Übereinstimmung Vision & Realität	-0,2860	0,5224	0,8084	0,000
Förderung der Einsatzbereitschaft	-0,1763	0,6154	0,7917	0,002
Mitwirkung der Mitarbeiter	-0,2518	0,5036	0,7554	0,001
Mitarbeitervorschläge berücksichtigt	-0,3127	0,3974	0,7101	0,000
Kommunikation der Vision	-0,1544	0,3653	0,5197	0,016
Kommunikation von Teilzielen	-0,1557	0,2870	0,4426	0,053

Quelle: Mohr/u.a., 1995, o.S.

3.3 Zusammenfassung und Beurteilung der Ergebnisse

Zusammenfassend können neben zahlreichen interessanten Aspekten aus diesem zweiten Teil der Studie besonders zwei wesentliche Erkenntnisse gewonnen werden, die allerdings wiederum kritisch zu beurteilen sind:

- Auch hier kann der in Teil D postulierte Zusammenhang zwischen den Komponenten der unternehmensinternen Kommunikation und dem Änderungswiderstand empirisch nachgewiesen werden. Für die überwiegende Zahl der Kommunikationsvariablen wird ein signifikanter Einfluß auf den Änderungswiderstand in der unterstellten Richtung angezeigt. Ebenso wie im ersten Teil der Studie bekräftigen die Meßvariablen den starken Einfluß der \`Überzeugenden Kommunikation´. Für die \`Unternehmens-Kommunikation´ wird wie in Teil I ein moderater Einfluß festgestellt. Demgegenüber wird für die \`Mobilisierende Kommunikation´ in diesem Teil der Studie eine starke Wirkung attestiert. Insgesamt werden damit zusätzliche Hinweise gegeben, die darauf hindeuten, daß die grundlegenden Aspekte des Ansatzes generalisierbar sind, obwohl einzelne Details mit dieser quantitativen Analyse nur ansatzweise überprüft werden konnten. Allerdings muß sich auch diese Untersuchung Kritik gefallen lassen:

  - So basieren die gesamten Ergebnisse ebenfalls auf einer Fragebogenanalyse. Zwar wurde auch hier versucht, ähnlich dem Fragebogen im ersten Teil der Studie, den Zuverlässigkeits- und Gültigkeitskriterien zu entsprechen, doch sind solche Erhebungen immer mit Problemen behaftet (vgl. Gliederungspunkte 2.3.5.2 und 2.3.7.2);

  - Pro Unternehmen wurden nur zwei Personen befragt. Obwohl es bei der Untersuchung unterstellt wurde, kann nicht mit Gewißheit bewiesen werden, daß die Antworten dieser Personen tatsächlich die Meinungen der entsprechenden Gruppe wiedergeben. Zudem haben nicht immer beide Probanden eines Unternehmens an der Befragung teilgenommen;

  - Das Durchführen der Faktorenanalyse, das Berechnen der Faktorwerte sowie die anschließende Durchschnittsbildung der Faktorwerte bringt einen relativ großen Informationsverlust mit sich. Dies hat zur Folge, daß Informationen über die personenbezogenene Streuung der Daten verschenkt werden und nicht in die Analyse einfließen.

Weitergehende Forschungsarbeiten können an diesen Punkten ansetzen und zur weiteren Diskussion dieser Thematik beitragen.

- Das Antwortverhalten von Betriebsräten und Führungskräften ist teilweise spiegelbildlich. Besonders bei den Fragen, die ein Werturteil verlangen, tendieren Führungskräfte im Vergleich mit Betriebsräten zu einer deutlich positiveren Bewertung. Wie gesehen ist das kein Sonderfall, denn ähnliches konnte bereits in anderen Untersuchungen festgestellt werden (vgl. Gliederungspunkt 3.2.1). Grundsätzlich kommen dafür drei Szenarien in Betracht, vor deren Hintergrund die Ergebnisse interpretiert werden können. Auch hier tut sich ein breites Forschungsfeld auf:

  - Führung und Betriebsrat antworten entsprechend ihrer Funktionen im Unternehmen und der damit einhergehenden kommunikationspolitischen Handlungsweise (vgl. Teil C). Für die Führung steht die Verhaltensbeeinflussung im Mittelpunkt und für den Betriebsrat die Interessenadäquanz des Informationsangebotes. Vor diesem Hintergrund bewerten die Befragten das Kommunikationsverhalten, was besonders bei brisanten Fragen zu einer spiegelbildlichen Verteilung führt.

  - Der Betriebsrat beschreibt mit seinem Antwortverhalten die tatsächliche Situation. In diesem Fall kann es einerseits sein, daß die Führung vorhandene Fehler in ihrem Kommunikationsverhalten nicht eingestehen will. Andererseits ist es möglich, daß den Führungskräften entweder das Bewußtsein darüber fehlt, wie ihre Kommunikation von der Basis bewertet wird oder sie nicht wissen, wie sie besser kommunizieren können. Beides führt dazu, daß sie ihr Kommunikationsverhalten besser evaluieren als es in Wirklichkeit von der Empfängerseite angesehen wird.

  - Die Führung gibt in ihren Antworten die wirkliche Situation wieder. Das bedeutet, daß der Betriebsrat unrealistische Vorstellungen über seinen Informationsbedarf hat. Geht man allerdings von der großen Bedeutung der unternehmensinternen Kommunikation im Veränderungsprozeß aus und betrachtet daneben die hohe Mißerfolgsrate von Veränderungsvorhaben, dann fällt es schwer, dieser Alternative zuzustimmen.

Teil F

Schlußbemerkungen und Ausblick

1 Erkenntnisse für die Wissenschaft

1.1 Allgemeine Bemerkungen

Nach diesen Ausführungen lassen sich einige zentrale Schlußfolgerungen und Erkenntnisse für die Wissenschaft ableiten. Sie orientieren sich im wesentlichen an der Beantwortung der eingangs formulierten Forschungsfragen:

Zum einen wurde herausgestellt, daß das Bewußtsein, Veränderungen in Unternehmen durchführen zu müssen, zwar eine notwendige, aber keine hinreichende Bedingung darstellt, um organisatorischen Wandel erfolgreich zu managen. Die hohen Mißerfolgsraten bei der Implementierung von Veränderungsvorhaben zeigen, daß zwischen dem, was vom Management vorgeschlagen wird, und dem, was letztendlich in der Praxis durchführbar ist, eine große Lücke klafft. Dies liegt besonders daran, daß organisatorischer Wandel kein einfaches Planspiel darstellt, in dem einzelne Figuren hin und her geschoben werden, sondern neben der Veränderung der vorhandenen Strukturen in jedem Fall auch eine Verhaltensänderung der in der Organisation tätigen Menschen erfordert. Menschen stehen Veränderungen jedoch von Natur aus eher skeptisch gegenüber und präferieren den Status Quo. Damit sie ihr Verhalten ändern, sind sie von der Sinnhaftigkeit der Veränderungen zu überzeugen und zum Mitmachen zu mobilisieren. Da dies jedoch vielfach im Rahmen von organisatorischen Veränderungen nicht entsprechend berücksichtigt wird, sei es, weil die Verantwortlichen nicht verstehen, wie dies umzusetzen ist, oder sei es, weil es einfach von ihnen nicht bedacht wird, scheitern die Veränderungen häufig am Widerstand der betroffenen Mitarbeiter.

Zum anderen sollte klar geworden sein, warum gerade der unternehmensinternen Kommunikation als Mittel der Verhaltensinduzierung im Rahmen von Veränderungsvorhaben besondere Bedeutung beigemessen werden muß. Wird vom Verhaltensentwurf eines Organisationsmitglieds bei der Übernahme einer Neuerung ausgegangen, dann gibt es eine Reihe von Instrumenten, um den individuellen \`Widerstand´ zu reduzieren bzw. den Verhaltensentwurf positiv zu beeinflussen. Die Analyse eigener und externer Studien sowie eingehende Literaturrecherchen deuten besonders nachhaltig auf einen Zusammenhang zwischen der unternehmensinternen Kommunikation und dem Akzeptanzverhalten der betroffenen Mitarbeiter hin. Zudem lassen sich einige Quellen für Widerstand im Prozeß des individuellen Verhaltensentwurfs auf eine mangelhafte Kommunikation zurückführen. Es ist daher anzunehmen, daß unternehmensinterne Kommunikation eine wesentliche Interaktionsvariable im Veränderungsprozeß von Unternehmen darstellt.

Um herausarbeiten zu können, wie unternehmensinterne Kommunikation im Veränderungsprozeß effizient einzusetzen ist, damit sie den Widerstand der Mitarbeiter reduziert und in Unterstützung umwandelt, ist das Begriffsverständnis entscheidend, welches zugrunde gelegt wird, wenn von Kommunikation als Interaktionsvariable im Prozeß des geplanten, organisatorischen Wandels gesprochen wird. Da in diesem Buch der pragmatische Aspekt von Kommunikation betont wird, also ihre verhaltensmäßige Wirkung im Mittelpunkt des Interesses steht, muß das Verständnis von Kommunikation in diesem Kontext über den reinen Transfer von Informationen hinausgehen. Im wesentlichen wird Kommunikation deshalb hier als soziales Verhalten verstanden. Genauer gesagt wird darunter jegliches soziale Verhalten im Zusammenhang mit der Mitteilung von Informationen über eine geplante, organisatorische Änderungsmaßnahme verstanden, welches im Rahmen einer Organisation darauf abzielt, bei den Betroffenen eine Verhaltensänderung herbeizuführen. Gerade in diesem weiten Begriffsverständnis liegt die besondere Bedeutung für die Ausgestaltung eines effizienten Kommunikationsmanagements im organisatorischen Veränderungsprozeß.

Ausgehend von diesem Verständnis und den Quellen von Widerstand im individuellen Verhaltensentwurf wird elaboriert, daß unternehmensinterne Kommunikation, wenn sie als effiziente Interaktionsvariable wirken soll, das heißt einen reduzierenden Einfluß auf den Änderungswiderstand haben soll, technisch korrekt, überzeugend und mobilisierend sein muß. Eine effektive und effiziente Gestaltung der unternehmensinternen Kommunikation im Veränderungsprozeß verlangt somit, daß

1. der Übermittlungsprozeß von Informationen im Unternehmen im Sinne eines Zwei-Wege-Prozesses in technischer Hinsicht optimiert wird. Innerhalb dieser Komponente `Unternehmens-Kommunikation´ sind die Determinanten Informationsübermittlung, Interaktion, formale Kommunikation und informale Kommunikation entsprechend auszugestalten.

2. überzeugende Botschaften vermittelt werden, die gezielt die Risikobewertung der einzelnen Mitarbeiter ansprechen und beeinflussen. Diese `Überzeugende

Kommunikation´ besteht aus den Determinanten Relativer Vorteil, Kompatibilität, Komplexität, Erprobbarkeit und Sichtbarkeit. Auch sie sind bei der Kommunikation einer Maßnahme entsprechend zu berücksichtigen.

3. eine aktivierende und richtungsweisende Umgebung geschaffen wird, die auf die Mitarbeiter mobilisierend im Sinne des Vorhabens wirkt. Diese `Mobilisierende Kommunikation´ beinhaltet die drei Determinanten Vision, Leadership und Teamstruktur, die ebenfalls im Veränderungsprozeß situationsadäquat einzusetzen sind.

Ein effizientes Kommunikationsmanagement im Veränderungsprozeß besteht mithin aus den drei Komponenten `Unternehmens-Kommunikation´, `Überzeugende Kommunikation´ und `Mobilisierende Kommunikation´, die mit ihren Determinanten situationsadäquat auszugestalten sind.

Da dieser aus der Theorie entwickelte Ansatz nicht nur wissenschaftlicher Selbstzweck bleiben soll, wurde er empirisch getestet. Im ersten Teil der Studie geht es dabei vorrangig darum, den Zusammenhang der drei Komponenten der unternehmensinternen Kommunikation und dem Änderungswiderstand für einen konkreten Einzelfall in der unterstellten Richtung nachzuweisen und empirisch zu bestätigen. Mit Hilfe einer sehr komplexen LISREL-Analyse kann der Ansatz für diesen Einzelfall empirisch bewiesen werden. Immerhin konnten rund 50 Prozent der Varianz der Variable `Änderungswiderstand´ durch den Einfluß dieser drei Komponenten in der unterstellten Konstellation erklärt werden. Dies bestätigt die anfangs getroffene Annahme, daß Kommunikation Änderungswiderstand nie ganz eliminieren, sondern nur reduzieren kann und noch andere Variablen auf ihn einwirken. Die Beurteilung der Schätzergebnisse zeigt auf, daß die Modellanpassung an den empirischen Datensatz trotz der vorhandenen Komplexität des Ansatzes gut gelungen ist. Sowohl die Kriterien zum Nachweis der Zuverlässigkeit als auch der Gültigkeit attestieren eine gute bis sehr gute Anpassung. Damit liefert die Untersuchung erste Anhaltspunkte für die Generalisierbarkeit des postulierten Ansatzes zum effizienten Einsatz unternehmensinterner Kommunikation im Rahmen der Initiierung und Implementierung organisatorischer Neuerungen. Im zweiten Teil der Studie wird schließlich versucht, mit Hilfe einer eher quantitativen Analyse die Repräsentativitätsproblematik der Einzelfallstudie zu reduzieren. Die Auswertung dieser Ergebnisse gibt zusätzliche Hinweise für die Generalisierbarkeit des Ansatzes und eine Ausweitung der Repräsentativität auf Unternehmen generell.

Wie bereits zu Beginn dieser Forschungsarbeit angedeutet, war es nicht das Anliegen des Verfassers, eine allumfassende und interdisziplinäre Theorie eines Kommunikationsmanagements im Veränderungsprozeß aufzustellen. Aufgrund der Komplexität der Thematik war es vielmehr das Ziel, ein Verständnis zu entwickeln, wie unternehmensinterne Kommunikation einzusetzen ist, um die Erfolgsrate von Veränderungsvorhaben zu verbessern und einige generelle Prinzipien zu identifizieren, um Kommunikation in Situationen des organisatorischen Wandels effizient zu managen. Die empirischen Ergebnisse zeigen, daß es durchaus gelungen ist, einen Rahmen und einige Bausteine für eine solche Theorie zu definieren. Der Verfasser hofft daher, mit dieser Forschungsarbeit ein Verständnis für die Wichtigkeit eines zielgerichteten Einsatzes der unternehmensinternen Kommunikation erzeugt und die verhaltenswissenschaftliche Forschung in der Betriebswirtschaftslehre im Zusammenhang mit der erfolgreichen Durchführung von Veränderungsprozessen einen kleinen Schritt weiter gebracht zu haben. Es besteht jedoch - wie bereits an den entsprechenden Stellen in dieser Schrift angedeutet - noch einiger Forschungsbedarf, um diese komplexe Thematik vollends zu durchdringen.

1.2 Ausblick

Im Rahmen eines Ausblicks sei abschließend noch kurz auf die Frage eingegangen, welchen Beitrag die Informationssystemtechnologie in diesem Zusammenhang leisten kann. Wird über Kommunikation in Unternehmen diskutiert, so muß gerade in der heutigen Zeit den rasanten Entwicklungen in der modernen Informationssystem- und Kommunikationstechnologie Beachtung geschenkt werden. Im Sinne der fünf Determinanten des Wandels (vgl. Teil A, Gliederungspunkt 1.1) müssen Veränderungen in der Informationssystemtechnologie als Einflußfaktor oder Auslöser für Wandel in Organisationen angesehen werden. Allein das Vorhandensein solcher Technologien auf dem Markt bedingt schon die Notwendigkeit, bestimmte Arbeitsabläufe und Strukturen im Unternehmen zu verändern. Entsprechend schreiben *Blair et alter*: "Organizational communication is increasingly influenced by two major areas of technological advancement: (a) telecommunications, computers, and office automation hardware development, and (b) the development of artificial intelligence and \`expert systems´ to assist in various stages of a manger´s decision-making process. Both these developments have immense consequences for organizational communication and communication structuring." (Blair/u.a., 1985, S. 67)

Vielfach wird die Informationssystemtechnologie deshalb auch als eine wesentliche Voraussetzung für die Durchführung von Veränderungen in Unternehmen verstanden, wie beispielsweise die Ausführungen von *Hammer/Champy* zur Einführung von Reengineering in Unternehmen zeigen. (vgl. Hammer/u.a., 1994, S. 112 ff.) Durch diese neuen Entwicklungen wird der Mensch zusehends in die Kommunikationslandschaft eingebunden. Forderungen nach der Verwirklichung der Idee eines `Virtuellen Unternehmens´ (vgl. Davidow/u.a., 1993, besonders S. 65 ff. u. S. 201 ff.) sind ohne den Einsatz moderner Kommunikations- und Informationssystemtechnologie undenkbar.

Doch "je mehr wir technische Kommunikations-Hilfsmittel bekommen, desto weniger kommunizieren wir im wirklichen Sinne. [...] Die überwältigenden Chancen der Kommunikationstechnik lassen uns oft vergessen, sie richtig zu nutzen." (Bührlen, 1983, S. 381) Dies deutet daraufhin, daß diese Entwicklungen nicht unbedingt zu einem effizienteren Einsatz von Kommunikation im Veränderungsprozeß im zugrundeliegenden Verständnis beitragen. Trotzdem wird oft argumentiert, daß die Informationssystemtechnologie zu einer Verbesserung der innerbetrieblichen Kommunikation führt. Allerdings muß dies vor dem Hintergrund eines anderen Kontextes analysiert werden. Was sicherlich mit dem zunehmenden Einsatz der Informationssystemtechnologie erreicht wird, ist eine schnellere Verarbeitung und bessere Verfügbarkeit von Informationen an jedem beliebigen Ort im Unternehmen sowie eine zunehmende Vernetzung der gesamten Gesellschaft. In diesem Sinne ist die Entwicklung beispielsweise für Unternehmen, die mit CAD/CIM-Anwendungen arbeiten, oder für Krankenhäuser, die schwierige Operationen Online übertragen und durchführen, ein riesiger Fortschritt. Eine Verbesserung der unternehmensinternen Kommunikation im Veränderungsprozeß kann jedoch nur insofern erreicht werden, als es sich um eine bessere Verfügbarkeit von Informationen handelt. Im Verständnis eines zwischenmenschlichen Austausches, einer Face-to-Face-Kommunikation und einer Überzeugung und Mobilisierung der betroffenen Mitarbeiter erscheint eine Verbesserung sehr zweifelhaft. In manchen Situationen wirken sich diese Entwicklungen sogar nachteilig aus. Auch die Vision eines `Network-Centric-Computing´, wie sie erst kürzlich vorgestellt wurde, wird daran wahrscheinlich wenig ändern können. (o.V., 1996, S. 23)

2 Erkenntnisse für die Praxis

2.1 Allgemeine Bemerkungen

Die Erkenntnisse für die Praxis basieren ebenfalls auf der Feststellung, daß das Bewußtsein, Veränderungen in Organisationen durchführen zu müssen, nicht ausreicht, um Wandel erfolgreich zu managen. Vielmehr muß ein effizientes Kommunikationsmanagement im Sinne des elaborierten Ansatzes den Prozeß des geplanten, organisatorischen Wandels begleiten bzw. in diesem integriert sein. Es wurde herausgestellt, daß ein solches Kommunikationsmanagement nur dann effizient ist und den Veränderungsprozeß unterstützt, wenn alle Komponenten des Ansatzes gleichermaßen berücksichtigt und eingesetzt werden. Dabei existiert nicht eine ultimativ gültige und ideale Kombination der drei Komponenten. Vielmehr sind sie in der Realität auf die spezifische Situation des jeweiligen Unternehmens bzw. der jeweiligen Organisation auszurichten und entsprechend anzupassen. Die dargestellten Komponenten bilden mit ihren Determinanten somit das Instrumentarium, mit dem operiert werden kann. Denn in Einklang mit *Doppler et alter* ist Kommunikation nur dann wirksam, wenn sie zielgruppengerecht, zeitgerecht und mit dem Blick aufs Ganze erfolgt. (vgl. Doppler/u.a., 1994, S. 241)

Besonders dem Zeitfaktor gebührt dabei Beachtung. Veränderungsprozesse erstrecken sich immer über einen bestimmten Zeitraum. Damit muß auch das Kommunikationsmanagement diesen Zeitraum abdecken und den gesamten Veränderungsprozeß mit seinen Phasen begleiten, denn jede Veränderungsstrategie ist nur so gut wie das Konzept zu ihrer Kommunikation. Deshalb muß ein erfolgreiches und effizientes Kommunikationsmanagement im Veränderungsprozeß mit einer Diagnose der bestehenden Kommunikationsverhältnisse beginnen. Auf Basis der Ergebnisse dieses Kommunikations-Audits ist dann eine situationsadäquate Strategie zur Kommunikation und Unterstützung des Vorhabens zu entwickeln. Sie begleitet den Veränderungsprozeß von der Idee bis zur fertigen Umsetzung im Sinne eines simultanen Konzepts. Erst durch ein solches Vorgehen lassen sich entsprechende Quellen von Widerstand reduzieren und das individuelle Verhalten in Unterstützung umwandeln. Nachfolgend wird an einem konkreten Beispiel aus der Praxis verdeutlicht, wie eine solche Synthese von Kommunikations- und Veränderungsprozeß in einem Unternehmen ausgestaltet werden kann.

2.2 Effizientes Kommunikationsmanagement in der Praxis - Das Work-Out-Konzept von General Electric

In der Management-Literatur gibt es eine Vielzahl von Theorien, Ausarbeitungen und Konzepten, die sich mit der Entwicklung von Organisationen oder anders ausgedrückt dem Management von Wandel bzw. von Veränderungen auseinandersetzen. Die meisten Konzepte konzentrieren sich dabei allerdings isoliert auf die Veränderung von Strukturen und Abläufen und berücksichtigen dabei nicht explizit den zentralen Aspekt der gezielten Verhaltensänderung der Mitarbeiter durch den effizienten Einsatz von unternehmensinterner Kommunikation. Eines dieser Change-Management-Konzepte, was in der deutschsprachigen Literatur bisher nur sehr geringe Würdigung erfahren hat und sich als eine gelungene Synthese von Kommunikations- und Veränderungskonzept interpretieren läßt (vgl. Flynn/u.a., 1994, S. 233 ff.), ist das **Work-Out-Konzept**. Seine Entwicklung ist eng mit der Restrukturierung der weltweiten Unternehmensaktivitäten des größten amerikanischen Elektrokonzerns General Electric (GE) und dessen CEO *Jack F. Welch* verbunden. *Welch* selbst sagt zu diesem Konzept:

"We have learned a bit about what communication is *not*. It´s not a speech like this, or a videotape. It is not a plant newspaper. Real communication is an attitude, an environment. It´s the most interactive of all processes. [...]" (Tichy/u.a., 1993, S. 62)

"To create change, I believe in the Crotonville/Work-Out concept: Direct, personel, two-way communication is what seems to make the difference. [...]" (Tichy/u.a., 1993, S. 246)

Unter amerikanischen Unternehmen wird GE schon immer als Trendsetter für Organisations- und Managemententwicklung angesehen. Schon seit Anfang der 70er Jahre (bis Mitte der 80er Jahre) werden entscheidende Veränderungen in der Organisationsstruktur durchgeführt. Im Rahmen einer neuen Unternehmensstrategie teilt GE als erstes Unternehmen seine fragmentierten Unternehmensaktivitäten (170 Profit Center) unter Einbeziehung der Portfolio-Management-Methode in 43 Strategische Geschäftseinheiten auf. (vgl. Dunst, 1979, S. 148 u. S. 170 f.) In diesem Zusammenhang wird immer wieder von sogenannten `Hardware Changes´ oder Veränderungen des `Physical Make-up´ (vgl. GE-Aktionärsbrief, 1991, S. 1 u. S. 4) gesprochen.

- **Die Geschichte:** (vgl. hierzu Slater, 1993, S. 212 ff.)

Die Idee zu Work-Out wird im September 1988 während eines Routine-Besuchs von *Welch* im Management-Zentrum von GE in Crotonville geboren. Im Rahmen einer Podiumsdiskussion stellt er sich den Fragen einer Auswahl von GE-Mitarbeitern. Immer wieder hört er dabei Fragen, die eigentlich in den einzelnen Geschäftsbereichen von den jeweiligen Vorgesetzten beantwortet werden müßten. Immer wieder fallen Bemerkungen, in denen sich Teilnehmer darüber beklagen, daß sie zwar in Crotonville die Möglichkeit zur *Diskussion* bekommen, an ihrem Arbeitsplatz ein solcher *Dialog* mit den Vorgesetzten jedoch nie zustande kommt.

Diese Fragen und Bemerkungen sind für *Welch* Anlaß für weitere Überlegungen. Zusammen mit dem Leiter des GE-Management-Zentrums in Crotonville, *Baughman*, erörtert er diese Vorfälle. Beide kommen zu dem Ergebnis, daß es eine weitere, zweite Phase der Umstrukturierung bei GE geben muß, in deren Mittelpunkt das Verhalten der Mitarbeiter im Unternehmen untereinander stehen muß. Diese Phase bezeichnen sie als \`the software phase´ (vgl. Slater, 1993, S. 213):

"We have to create an atmosphere where people can speak up to somebody who can do something about their problems." (Slater, 1993, S. 212)

Im Oktober 1988 unterbreitet *Baughman* seinem CEO *Welch* ein Konzept, welches schließlich den Namen \`Work-Out´ erhält.

"That was the start of Work-Out. The idea was nothing more than trying to re-create Crotonville in a thousand different places." (Tichy/u.a., 1993, S. 197)

Die Mehrdeutigkeit dieses Begriffes ist dabei beabsichtigt:

work-out = (Konditions-) Training;
work out = (unsinnige) Arbeit raus;
to work out = ausarbeiten.

Welch ist von diesem Konzept überzeugt. Noch im Oktober 1988 ermächtigt er *Baughman*, Work-Out einzuführen. Der Leiter des Management-Zentrums in Crotonville rekrutiert hochqualifizierte Beratungsteams, die bis März 1989 dieses neue Konzept in den Geschäftsbereichen des Konzerns einführen und den jeweiligen, speziellen Gegebenheiten anpassen sollen.

Im März 1989 beginnt mit den sogenannten `Town-Meetings´ die erste Phase des Work-Out-Prozesses (siehe dazu `Das Konzept´).

- **Die Vision:**

Die gesamte, vergangene und gegenwärtige Umstrukturierungsstrategie bei GE wurde und wird grundsätzlich von zentralen, visionären Ideen geleitet (vgl. Abb. 98). So beinhaltet die erste Vision Anfang der 80er Jahre die richtungsweisende Zielvorgabe, innerhalb der nächsten Jahre mit jedem Geschäftsbereich im Markt die Nr. 1 oder mindestens die Nr. 2 zu werden. Ende der 80er Jahre wird der gesamte GE-Konzern - immer vor dem Hintergrund dieser erstgenannten Vision - von dem Prinzip der `integrierten Diversifikation´ vereinnahmt, denn im Zuge der Neustrukturierungsmaßnahmen im Laufe der 80er Jahre ist zwar ein klar diversifizierter Konzern entstanden, jedoch mit einer Vielzahl streng isolierter strategischer Geschäftseinheiten. Doch gerade in diesem hohen Maß an Diversifikation liegen eine Reihe von ungenutzten Ideen und Innovationen verborgen, mit denen riesige Wettbewerbsvorteile geschaffen werden können, wenn es gelingt, sie für das Gesamtunternehmen und damit für alle Geschäftsbereiche nutzbar zu machen. Integrierte Diversifikation bedeutet deshalb in diesem Zusammenhang nichts anderes als das Beibehalten von Diversifikation im Konzern, jedoch in der Form, daß in bestimmten Tätigkeitsfeldern wie beispielsweise in der Forschung und Entwicklung geschäftsbereichübergreifend zusammengearbeitet und verstärkt Kommunikation und Ideentransfer realisiert wird. (vgl. Tichy/u.a., 1993, S. 327)

"Integrated diversity gives us a Company that is considerably greater than the sum of its parts." (GE-Aktionärsbrief, 1990, S. 2)

Ende der 80er Jahre entwickelt *Welch* - eng verbunden mit der o.a. Idee der integrierten Diversifikation - die Vision, aus diesem schwerfälligen Industriekonglomerat General Electric ein intelligent diversifiziertes, flexibles und `schrankenloses´ (`boundaryless/-> boundarylessness´) Unternehmen mit weltweiter Präsenz zu machen. (vgl. Conraths, 1991, S. 4)

"The simplest definition of what we are trying to create - what our objective is - is a boundary-less Company, a Company where the artificial barriers and walls people are forever building around themselves or each other for status, security, or keep change away, are demolished." (Welch, 1990, S.1)

Abb. 98: The GE Ideas

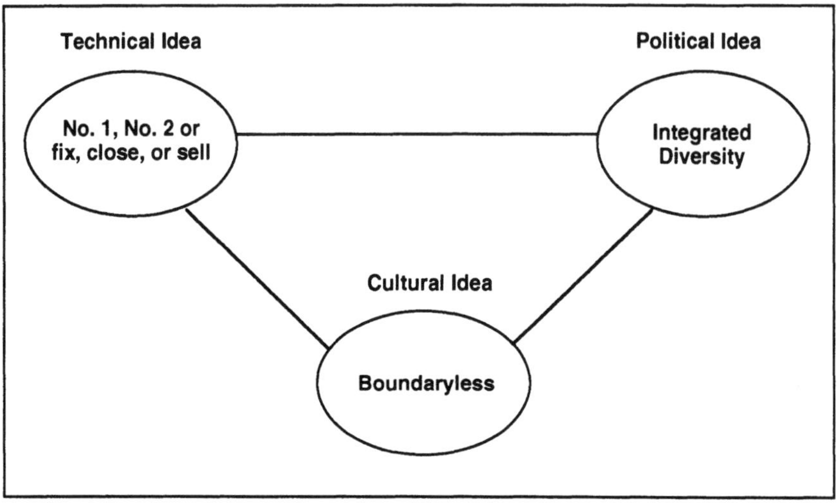

Quelle: Tichy/u.a., 1993, S. 327

Entsprechend der Intension dieser neuen Vision wird auch das Work-Out-Konzept von zwei zentralen Aspekten geleitet: (vgl. hierzu Tichy, 1989, S. 112 ff.; vgl. GE-Aktionärsbrief, 1990, S. 2; vgl. GE-Aktionärsbrief, 1991, S. 2)

Erstens geht es um die Identifikation und Elimination von unproduktiven Arbeitsabläufen, insbesondere einem Großteil der internen Bürokratie. Denn `Boundarylessness´ bedeutet nichts anderes als `Schrankenlosigkeit´, als Abbau von Hierarchieebenen und von geographischen und funktionalen Barrieren, nicht nur im Unternehmen intern, sondern auch gegenüber Kunden und Lieferanten. Gerade interne Hierarchieebenen und funktionale Barrieren isolieren und verlangsamen die Arbeitsabläufe. Sie zerreißen den Kommunikationsfluß innerhalb und zwischen den Geschäftsbereichen und hemmen dadurch die Ideenproduktion und -diffusion. Sie behindern damit Innovationen und die Integration der einzelnen GE-Bereiche. Diese `Schrankenlosigkeit´, dieses Suchen nach anderen, besseren Wegen - weg von der `Not-invented-here-Mentalität´ - soll GE in zweierlei Hinsicht beflügeln. Zum einen trägt es zum Erreichen einer `Integrated Diversity´ bei. Zum anderen lassen sich dadurch viele Arbeitsabläufe im Konzern beschleunigen und die Produktivität des Unternehmens steigern. *Welch* wird von der Überzeugung geleitet, daß GE in den 90er Jahren nur dann erfolgreich bestehen kann, wenn ein Höchstmaß an Produktivitätswachstum realisiert wird. (vgl. Slater, 1993, S. 253 ff.)

"The earning engine of the nineties will be the increase in productivity" (Conraths, 1991, S. 6)

Außerdem fällt bei der Analyse von anderen, sehr produktiven Unternehmen im Rahmen von `Best Practice Workshops´ (vgl. Slater, 1993, S. 214 f.) immer wieder ein Wettbewerbsvorteil auf: Schnelligkeit (speed) (vgl. GE-Aktionärsbrief, 1992, S. 2 f.); Schnelligkeit in der Reaktion auf Nachfrageveränderungen, in der Entwicklung von neuen Produkten und in der internen Kommunikation. Auch GE muß in dieser Hinsicht `schneller´ werden. Dazu sind neue Konzepte notwendig, die weniger komplex und damit einfacher (simple/simplicity) geartet sind. Denn diese Einfachheit schafft erst die Voraussetzung sowohl für das Erreichen der genannten Vision eines `boundaryless´ Unternehmens auf allen Ebenen des Konzerns als auch für die Beschleunigung der Entscheidungs- und Arbeitsabläufe. Es wird beispielsweise ein schnelleres und effektiveres Feedback möglich. Die interne Kommunikation wird verbessert, der Wissenstransfer zwischen den verschiedenen Geschäftsbereichen verstärkt und die gesamte Organisation effektiver und damit produktiver.

Als *zweites* muß aber auch die Einstellung der Mitarbeiter im Konzern verändert werden. Um in einer großen Organisation wie GE komplexe Handlungsabläufe vereinfachen zu können, müssen ihre Mitglieder ein Selbstwertgefühl bzw. Selbstvertrauen (self-confidence) aufbauen. Dazu ist es wichtig, ein Umfeld zu erzeugen, in dem die Mitarbeiter bereitwillig ihre Meinungen und Ideen äußern. Es muß somit seinerseits kommunikationsfördernd sein. Erst dadurch wird es möglich, `Emotional Energy´ auf allen Ebenen der Organisation freizusetzen. Sie ist notwendig, um Kreativität und kontinuierliche Verbesserung im Unternehmen zu fördern und Arbeitsabläufe klarer, präziser und damit auch einfacher und schneller gestalten zu können. (vgl. Slater, 1993, S. 254 f.; vgl. auch Tichy/u.a., 1993, S. 62 f.)

Von daher wird das Work-Out-Konzept von drei Werten dominiert: *speed*, *simplicity*, *self-confidence*. Der Zusammenhang dieser drei Werte ist in Abb. 99 dargestellt.

Abb. 99: Zusammenhang zwischen speed, simplicity und self-confidence

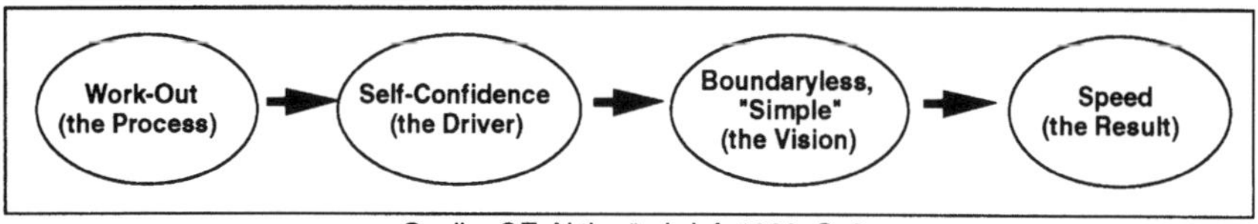

Quelle: GE-Aktionärsbrief, 1990, S. 3

Das Work-Out-Konzept selbst stellt nun einen Prozeß bzw. einen Weg dar, der die Umwandlung des Unternehmens weg von zentralisierter Kontrolle, Hierarchieebenen und überflüssiger Bürokratie hin zu einer neuen Kultur ermöglichen soll, die durch die drei Werte speed, simplicity und self-confidence charakterisiert wird. Oberste Zielsetzung ist dabei, das produktivste Unternehmen der Welt bzw. die Nr. 1 im Markt zu werden (vgl. Abb. 100).

Abb. 100: Die Veränderung im Zeitablauf

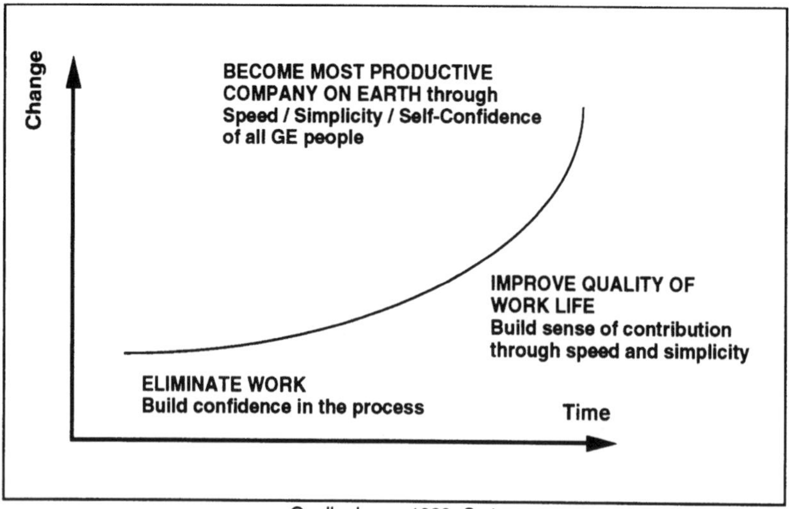

Quelle: Lane, 1989, S. 4

- **Das Konzept**:

Bei Work-Out handelt es sich um ein flüssiges, flexibles und anpassungsfähiges Konzept, kein Programm (vgl. Noel/u.a., 1990, S. 425), welches in Entwicklungsschritten von `bottom up to top´ arbeitet. (vgl. Conraths, 1991, S. 4) Dieses Konzept wurde erstellt, um die Erfahrungen und die kommunikative Atmosphäre des Management-Zentrums in Crotonville allen GE-Mitarbeitern zugänglich zu machen.

"Work-Out is, essentially, a place. It's a forum where three things can happen:
- Participants can get a mental *workout*;
- they can take unnecessary *work out* of their jobs;
- they can *work out* problems together." (Stewart, 1991, S. 42)

In Übereinstimmung mit den beiden o.a. Aspekten verfolgt das Work-Out-Konzept vier große Ziele: (vgl. Tichy/u.a., 1993, S. 200)

- Aufbau von Vertrauen ('Building trust'): Jeder GE Mitarbeiter soll erkennen, daß er zum einen seine Meinung äußern kann, ohne irgendwelche Sanktionen erwarten zu müssen, und daß er zum anderen tatsächlich die Begebenheiten im Unternehmen selbst verändern und mitgestalten kann. Nur so kann GE von den Ideen seiner Mitarbeiter profitieren.
- Befähigung der Mitarbeiter ('Empowering employees'): Die Mitarbeiter, die direkt an der Basis arbeiten und daher die Arbeitsabläufe besser kennen als irgendwelche Vorgesetzte, sollen mehr Verantwortung bekommen. Sie erhalten mehr Entscheidungskompetenz und werden verstärkt in die Entscheidungsprozesse einbezogen.
- Elimination unsinniger Arbeitspraktiken ('Elimination of unnecessary work'): Schlechte und unwirtschaftliche Gewohnheiten bzw. Arbeitsabläufe sollen eliminiert und durch einfachere ersetzt werden, um die Produktivität anzukurbeln.
- Eine neue Unternehmenskultur ('A new paradigm for GE'): Work-Out soll mithelfen, eine neue, 'schrankenlose' Organisation zu definieren. *Welchs* Ziel besteht dabei darin, daß sich die gesamte Organisation selbst neu definiert. Work-Out ist nicht nur ein Instrument, um die vorhandene Unternehmenskultur zu verändern; es soll vielmehr einmal die neue Unternehmenskultur darstellen.

Fundamentales Element bei der Durchführung dieser Umstrukturierung beginnend an der Basis sind die sogenannten 'town-meetings'. Hierbei handelt es sich um Workshops mit 30 bis 100 Mitarbeitern aus allen Teilen eines bestimmten Geschaftsbereichs ('business-specific workshops'), vom einfachen Arbeiter bis zum Top-Manager. Sie finden i.d.R. mehrmals im Jahr in Konferenz-Zentren außerhalb des Unternehmens (z.B. in einem nahegelegenen Hotel) statt und dauern etwa drei Tage. In diesen Workshops erarbeiten die Teilnehmer z.T. im Plenum und z.T. in der Kleingruppe Lösungsvorschläge für die kleinen, einfachen, aber bis heute nicht behobenen Probleme, die das Tagesgeschäft behindern (`low hanging fruits´). Wichtig ist dabei, daß die dortigen Diskussionen zweckgerichtet sind und letztlich ein Gespräch zwischen allen Ebenen eines Geschäftsbereichs zustande kommt. Die jeweiligen Führungskräfte sollen hierbei insbesondere lernen, die Ansichten und Erfahrungen der Mitarbeiter unterer Ebenen anders einzuschätzen und zu bewerten; sie sollen ihr Führungsverhalten auf eine neue Art erleben.

Abb. 101: Der typische Ablauf einer Work-Out-Session:

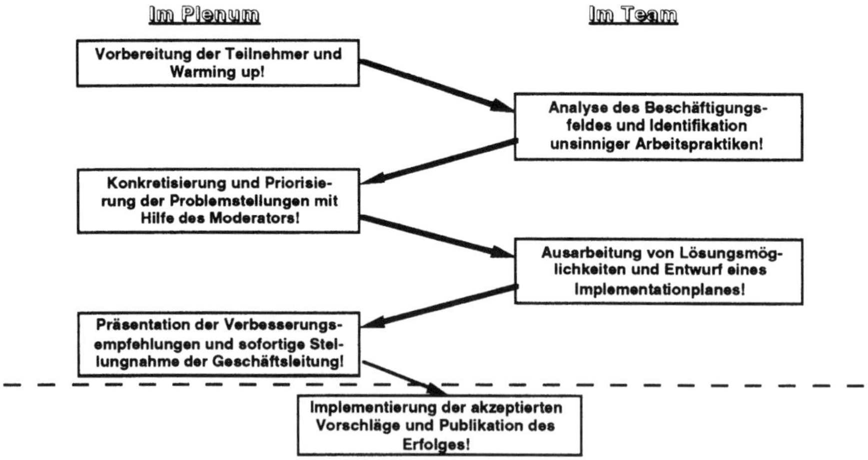

Eine solche `Three-day Session´ (vgl. Abb. 101) beginnt mit einer Einführung durch den direkten Vorgesetzten, in der er sein Einverständnis mit dem Workshop ausdrückt und die Richtung und das Ziel für die folgenden Tage vorgibt. Danach verläßt er das Treffen und kommt erst am letzten Tag wieder dazu. An den eigentlichen Diskussionen nimmt er nicht teil. Damit soll sichergestellt werden, daß die Teilnehmer ohne Angst vor irgendwelchen Sanktionen bereitwillig Problemstellungen anführen und sich dazu äußern. Um ein Maximum an Offenheit in den Diskussionen zu erreichen, werden sie von externen Topberatern, sogenannten `Facilitators´, moderiert. Die Gruppe der Teilnehmer wird in kleinere Gruppen unterteilt, die ihrerseits einen Teamverantwortlichen bestimmen. Während der ersten beiden Tage führen die Teams offene und zielgerichtete Diskussionen über vorher eingegrenzte Probleme, erarbeiten Verbesserungsvorschläge und bereiten Präsentationen für den letzten Tag vor. Dabei geht es in der ersten Phase - wie schon mehrfach angedeutet - vorrangig darum, überflüssige Bürokratie zu identifizieren und Lösungen zu finden, wie einzelne Funktionen - in späteren Phasen auch ganze Prozesse - effektiver und schneller abgewickelt werden können. Im Mittelpunkt stehen somit zunächst kleine, in kurzer Zeit realisierbare Veränderungen (`Low-hanging-fruits´), die zu schnellen, sichtbaren Erfolgen führen.

Die Ergebnisse und Verbesserungsvorschläge der einzelnen Gruppen werden am letzten Tag vor den Vorgesetzten zweier aufeinanderfolgender Hierarchieebenen präsentiert. Da der gesamte Prozeß streng resultatsbezogen ist, muß der direkte Vorgesetzte im Anschluß an die jeweiligen Präsentationen sofort über die Relevanz und Durchführbarkeit der Änderungsvorschläge entscheiden. Dabei hat er drei Möglichkeiten: a) er kann den Vorschlag bejahen; b) er kann ihn verneinen; c) er kann, falls ihm die Situation noch zu unklar erscheint, den Vorschlag vertagen und bis zu einem genau festgelegten Entscheidungsdatum mehr Informationen fordern. (vgl. Stewart, 1991, S. 42; Tichy, 1993, S. 201; vgl. Conraths, 1991, S. 4) Hierbei ist es entscheidend, daß nicht nur der direkte Vorgesetzte, sondern auch dessen Vorgesetzter bei der Präsentation anwesend ist. Nur so kann verhindert werden, daß ersterer einen Vorschlag einfach ablehnt, weil er ihm aus irgendwelchen, vielleicht persönlichen Gründen nicht beliebt. Für den Fall, daß er einen Vorschlag zurückweist, muß er dies vor seinem Vorgesetzten begründen. Die Verbesserungsvorschläge werden an einer zentralen Stelle im Unternehmen verwaltet. Sie führt außerdem ein Follow-up bei den Teams durch, um die Teamverantwortlichen bei der Umsetzung der Verbesserungen zu unterstützen und nachzuhalten, daß auch die vertagten Entscheidungen weiter bearbeitet werden.

Bisher wurde das Work-Out Konzept nur am Beispiel der Town-Meetings beschrieben. Der gesamte Work-Out-Gedanke geht jedoch über diese Town-Meetings hinaus und kristallisiert sich in drei große Phasen: (vgl. Tichy/u.a., 1993, S. 201 ff.)

Phase 1 (Oktober 1988): Diese Phase umfaßt die o.a. Town-Meetings, in denen sich in erster Linie auf einfache Fragestellungen konzentriert wird (`the low-hanging fruit´). Vorrangiges Ziel ist der Aufbau von Vertrauen in das Konzept und das resultatsbezogene Lösen einfacher Probleme. Externe Berater leiten als Moderatoren die Workshops. Es wird hier noch von `unnatural acts in *unnatural* places´ gesprochen.

Phase 2 (seit 1990): Die Work-Out-Teams formen sich mehr und mehr selbständig aus Mitarbeitern, die auch im normalen Arbeitsprozeß regelmäßig zusammenarbeiten (-> Projekte, Prozesse, ...). Es bilden sich funktionsübergreifende Teams (beispielsweise aus den Bereichen Finanzen, Produktion, Verkauf und Marketing), die jetzt auch komplexe, klar umrissene, übergreifende Probleme lösen. Um ein besseres Gefühl für Schnelligkeit am Markt und Kundenzufriedenheit zu bekommen, werden später auch größere Kunden und Lieferanten in diese Work-Out-Sessions involviert (z.B. 3M, Sears).

"GE and its customers - one system, not two systems." (Jick, 1990, S. 442)

Work-Out wird damit allmählich Teil des GE-Alltags ("unnatural acts in *natural* settings"). Die externen Moderatoren werden in dieser Phase sukzessiv durch eigene, trainierte Mitarbeiter ersetzt.

Phase 3 (seit 1992): Diese Phase umfaßt das \`Change Acceleration Program (CAP)´. Dabei handelt es sich um einen systematischen Versuch, Work-Out dazu zu nutzen, um einen neuen Typ von GE-Manager hervorzubringen. Das gesamte Wissen über Veränderungsprozesse - beispielweise wie Veränderungsprozesse initiiert, wie sie beschleunigt und wie sie institutionalisiert werden können - soll auf diese Weise unter den Mitgliedern des Mittleren und Top-Managements verbreitet werden. Alle Führungskräfte sollen so zu \`Change Agents´ werden.

- **Würdigung:**

Entsprechend der Zielsetzung dieses Konzeptes geht die Intension einer jeden Work-Out-Session über das einfache Umsetzen struktureller oder prozessualer Veränderungen hinaus. In den Workshops geht es zudem darum, in Anlehnung an Crotonville eine kreative Umgebung und eine ideale Arbeitsatmosphäre aufzubauen, in der jeder Mitarbeiter bereitwillig Verbesserungsvorschläge zur Abschaffung unsinniger, übermäßiger Bürokratie im Unternehmen äußert. Work-Out schafft damit eine Umgebung in der Kommunikation über Veränderungen erleichtert und effizient gestaltet wird. Es ist mithin mehr als ein einfaches Konzept zur Initiierung kontinuierlicher Verbesserungsprozesse; es geht darüber hinaus und integriert vielmehr die Erkenntnisse eines effizienten Kommunikationsmanagements.

"It aims to give people a voice". (Conraths, 1991, S. 4)

Entsprechend ergibt sich der Erfolg dieser Work-Out-Meetings nicht von selbst. Er ist das Produkt einer Reihe wichtiger Faktoren, die sich im wesentlichen auf den Mechanismus und die Funktionsweise des Konzepts und hier in besonderem Maße auf die Gestaltung des Kommunikationsverhaltens konzentrieren. Das gesamte Veränderungskonzept ist eingebettet in eine Kommunikationsoffensive, die wesentliche Aspekte des hier entwickelten Ansatzes beinhaltet: (vgl. Flynn/u.a., 1994, S. 234 ff.; vgl. auch Conraths, 1991, S. 5)

- **Unternehmens-Kommunikation**

  Zwischenmenschliche Kommunikation: Offene, zielgerichtete Diskussionen in Mitarbeiterteams stehen im Mittelpunkt. Sie werden anfangs von externen, später von internen Moderatoren geleitet (vgl. Tichy/u.a., 1993, S. 201), um ein Höchstmaß an Offenheit zu erreichen und et-waige Kommunikationsprobleme auszuräumen. Dadurch wird der wechselseitige Austausch von Meinungen und Informationen in Form von Face-to-face Kommunikation gefördert. Die Mitarbeiter werden zu-sätzlich durch Trainings, in denen sie die notwendigen kommunika-torischen Fertigkeiten erlernen sollen, auf diese Work-Outs vorbereitet. (vgl. Bhambri, 1992, o.S.)

  Organisatorische Kommunikation: Der Prozeß lebt vom intensiven Ein-beziehen der Unternehmensbasis, der direkten Vorgesetzten sowie weiterer Manager. Die jeweiligen Vorgesetzten sind jedoch von den Diskussionen ausgeschlossen, um es zu ermöglichen, daß auch Tabus und `heilige Kühe´ angesprochen werden. Durch die Organisation in Gruppen und Teams, die im normalen Arbeitsprozeß aufgrund festgelegter Strukturen und Regeln oft nur informal zusammenarbeiten, wird gezielt versucht, diese informalen Strukturen entsprechend dem Prozeßablauf zu formalisieren.

- **Überzeugende Kommunikation**

  Relativer Vorteil: Welch stellt bereits zu Beginn seiner Amtszeit als CEO in mehreren Treffen die Notwendigkeit für einen umfassenden Wandel der gesamten Organisation heraus und hebt die Vorteile hervor, die daraus für die Zukunft erwachsen. (vgl. Tichy/u.a., 1993, S. 332 f.; vgl. Bhambri, 1992, o.S.)

Kompatibilität: Der gesamte Work-Out-Prozeß wird immer wieder neu an die jeweilige Kultur des betreffenden Bereichs angepaßt. Die einzelnen Meetings werden sorgfältig vorbereitet, da die verschiedenen Geschäftsbereiche in unterschiedlichem Maße für solche Aktionen bereit sind. (vgl. Conraths, 1991, S. 4)

Komplexität: Die Betonung des gesamten Prozesses liegt auf seiner Einfachheit (Simplicity). Besonders in der Anfangsphase liegt das Augenmerk der Work-Out-Treffen in der Verbesserung kleiner, einfach zu isolierender Ungereimtheiten des Alltagsgeschäfts. Dadurch entwikkeln die Mitarbeiter sehr schnell Vertrauen in das Konzept und der ganze Prozeß gewinnt an Momentum. "[...] picking such `low-hanging-fruit´, as GEers called it, was a way to build momentum and trust in a hurry." (Tichy/u.a., 1993, S. 202)

Erprobbarkeit: Vor der umfassenden Einführung im gesamten Konzern wurde Work-Out zuerst in einem kleineren, separaten Bereich getes-tet. Die Erfolge wurden sofort im ganzen Unternehmen kommuniziert. Eigentlich befindet sich das Konzept ständig im Test. Neue Erkennt-nisse und Verbesserungsvorschläge, die das Konzept betreffen, wer-den immer wieder berücksichtigt, so daß sich das Konzept im Zeitver-lauf kontinuierlich und flexibel weiterentwickelt. (vgl. Stewart, 1991, S. 41 f.; vgl. GE-Aktionärsbrief, 1991, S. 3 f.; Tichy/u.a., 1989, S. 117)

Sichtbarkeit: Im Mittelpunkt des Prozesses steht die Resultatsbezogenheit bzw. der Handlungszwang. Erst die umgehenden Entscheidungen der Vorgesetzten am Ende der Work-Outs gewährleisten die Glaubwürdigkeit des Konzepts und fördern das Vertrauen der Mitarbeiter. Zudem werden die Ergebnisse und Erfolge dieser Sitzungen ständig im ganzen Unternehmen über unterschiedliche Medien kommuniziert. (vgl. Bhambri, 1992, o.S.)

- **Mobilisierende Kommunikation**

  Vision: Der Umgestaltung des gesamten Konzerns liegen drei wesentliche Visionen zugrunde (vgl. Abb. 98). Das Work-Out-Konzept selbst wird entscheidend von der Vision der `Boundarylessness´ bestimmt, die kontinuierlich über alle Kanäle (auch vom Top-Management) kommuniziert wird. (vgl. Bhambri, 1992, o.S.)

Leadership: Der gesamte Prozeß wird von *Welch's* Führungsqualität bestimmt. "Clear, consistent message; visible symbols; integrated program." (Bhambri, 1992, o.S.) Spätestens in der dritten Phase des Work-Out-Konzepts wird Führung speziell thematisiert. "The change acceleration Program [...] is a systematic attempt to use Work-out to breed a new type of GE manager. *Welch* wants all GE's leaders to be professional change agents rather than mere manager." (Tichy/u.a., 1993, S. 209) *Welch* will einen neuen Managertyp im Unternehmen erzeugen. Er will erreichen, daß alle Führungskräfte die richtigen GE-Werte verkörpern. Wer diese Werte in Zukunft nicht verkörpert, wird nicht befördert und scheidet im schlimmsten Fall aus dem Unternehmen aus. (vgl. Tichy/u.a., 1993, S. 209; vgl. GE-Aktionärsbrief, 1992, S. 4 f.; vgl. Bhambri, 1992, o.S.)

Teamstruktur: Der gesamte Umgestaltungsprozeß wird von Teamstrukturen bestimmt. Die Mitarbeiter werden in Teams organisiert und erarbeiten gemeinsam die Verbesserungen. In der ersten Phase sind es noch künstlich erzeugte, hierarchieneutrale Teams, die sich während der Town-Meetings bilden ('unnatural acts in unnatural places'). Später formen sie sich mehr und mehr selbst ('unnatural acts in natural settings'). Zudem werden sie nun auch bereichsübergreifend organisiert, um ganze Prozesse neu zu gestalten. (vgl. Flynn/u.a., 1994, S. 30 f.; vgl. Tichy/u.a., 1993, S. 201 ff.)

Neben der zentralen Bedeutung der unternehmensinternen Kommunikation können weitere, unterstützende Strukturen und Prozesse als wichtige Erfolgsfaktoren zum Gelingen des gesamten Work-Out-Konzepts angesehen werden:

- Unterstützung und Einverständnis des CEO *Welch*;
- Systeme zur Weiterverfolgung der Umsetzung (Datenbank);
- Leistungsbewertung und -belohnung; Work-Out ist ein zentrales Kriterium in der jährlichen Leistungsbeurteilung der Führungskräfte (Anerkennung und Beförderung für diejenigen, die sich besonders engagieren) und wird in die vierteljährliche Geschäftsbereichsbewertung einbezogen; anfängliche Kontrolle der regelmäßigen Durchführung der Work-Out-Workshops. (vgl. Bhambri,1992, o.S.)

Es wäre jedoch vermessen, zu behaupten, dieses Konzept sei ohne jeglichen Widerstand im Unternehmen eingeführt worden. Auch das Work-Out-Konzept wurde von vielen Mitarbeitern anfangs nicht nur mit Euphorie aufgenommen. Doch durch die konsequente Durchführung des Konzeptes und den effizienten Einsatz eines unternehmensinternen Kommunikationsmanagements als integrativer Mechanismus konnten die anfangs vorhandenen Probleme mit der Zeit ausgeräumt werden. Ein Beispiel für den erfolgreichen Einsatz des Work-Out-Konzeptes ist GE-Appliances. Hier konnten die Produktdurchlaufzeiten um 75% reduziert werden. 1990 dauerte es noch 18 Wochen von der Kundenanfrage bis zur Auslieferung, 1993 dagegen nur noch 5 Wochen. Das hochgesteckte Ziel liegt bei weniger als 2 Wochen. (vgl. Stonesifer, 1993, S. 12) Dabei führte das intensive Einbeziehen aller Mitarbeiter dieses Bereichs und das sofortige Umsetzen der Verbesserungsvorschläge neben einer Erhöhung ihres Problembewußtseins auch zu einer Steigerung ihrer Arbeitszufriedenheit und Motivation.

Abschließend kann konstatiert werden, daß der Erfolg dieses Konzepts mit großer Sicherheit von der Konsequenz bestimmt wird, mit der der Prozeß durchgeführt wird. Die simultane Anwendung von Veränderungskonzept und effizientem Kommunikationsmanagement hat letztlich entscheidend dazu beigetragen, daß der Widerstand der Mitarbeiter drastisch reduziert und gleichzeitig wesentliche Verbesserungen realisiert werden konnten. Dieses Beispiel bestätigt somit in eindrucksvoller Weise, daß die Erkenntnisse, die hier aus der Theorie entwickelt wurden, auch für die Praxis von großem Nutzen sind. Ein effizientes Kommunikationsmanagement im Veränderungsprozeß leistet einen wesentlichen Beitrag, damit der gesamte Prozeß reibungsarmer abläuft, weil die Mitarbeiter informierter, überzeugter und mobilisierter sind. Doch werden die Mitarbeiter mit zunehmender Qualität und Intensität der Kommunikation immer anspruchsvoller, selbstbewußter und kritischer. Man darf deshalb nicht unbedingt erwarten, daß sie auch zufriedener werden. (vgl. dazu auch Doppler/u.a., 1994, S. 240) Ein potentieller Anwender muß daher in jedem Fall zuerst bestimmen, was er mit einem solchen oder ähnlichen Konzept erreichen will und welche Grundlagen und Voraussetzungen er im Unternehmen vorab schaffen muß. Erst dann führt eine entsprechende Initiative auch zum gewünschten Erfolg, denn wer unkritisch übernimmt, was irgendwelche Berater oder Experten empfehlen, verwirrt in der Regel nur die Mitarbeiter.

Literaturverzeichnis

A

Alemann, H.v.: Der Forschungsprozeß: Eine Einführung in die Praxis der empirischen Sozialforschung, 2. Auflage, Stuttgart: Teubner, 1984

Allen, R.K.: Organizational Management Through Communication, New York/u.a.: Harper & Row, 1977

Andres, J.: Grundlagen linearer Strukturgleichungsmodelle, Europäische Hochschulschriften: Reihe 6, Psychologie, Bd. 300, Frankfurt a.M./u.a.: Lang, 1990

Ansoff, H.I.: Implanting Strategic Management, 2. Auflage, Englewood Cliffs: Prentice-Hall, 1990

Ansoff, H.I.: The New Corporate Strategy, 3. Auflage, New York/u.a.: Wiley, 1988

Argyris, C.: Good Communication That Blocks Learning, in: Harvard Business Review, July/August, 1994, S. 77 - 85

Argyris, C.: Strategy, Change and Defensive Routines, Boston/u.a.: Pitman, 1985

Argyris, C.; Schön, D.: Organizational Learning - A Theory of Action and Perspective, Readings/u.a.: Addison-Westley, 1978

Arvedson, L.: Coming to Grips with Learning (in) Organizations, in: efmd quarterly review 93/1, S. 5 - 10

Atteslander, P.; Kopp, M.: Befragung, in: **Roth, E.**,1984, S. 144 - 172

B

Backhaus, K; Erichson, B.; Plinke, W.; Weiber, R.: Multivariate Analysemethoden, 7. Auflage, Berlin/u.a.: Springer, 1994

Baden, K.; Wilhelm, W.: Unternehmen des Jahres, in: Manager Magazin, 11/ 1994, S. 97 - 146

Bain, J.S.: Industrial Organization, 2. Auflage, New York: Wiley, 1968

Baltes-Götz, B.: Einführung in LISREL 7 und PRELIS unter SPSS, 2. vollständig überarbeitete Auflage, Bd. 19, Trier: Universitätsrechenzentrum, 1994

Bamberg, G.; Coenenberg, A.G.: Betriebswirtschaftliche Entscheidungstheorie, 7. Auflage, München: Vahlen, 1992

Bartlett, A.C.; Kayser, T.A. (Hrsg.): Changing Organizational Behavior, London/u.a.: Prentice-Hall, 1973

Bartlett, A.C.; Kayser, T.A.: Organizational Change: A Trial Synthesis, in: **Bartlett/u.a.**, 1973, S. 3 - 14

Bartölke, K.: Organisationsentwicklung, in: **Grochla**, 1980, Sp. 1468 - 1481

Baumgarten, R.: Führungsstile und Führungstechniken, Berlin: de Gruyter, 1977

Bea, F.X.; Haas, J.: Strategisches Management, Stuttgart/u.a.: Fischer (UTB), 1995

Beatty, R.W.; Ulrich, D. O.: Re-energizing the Mature Organization, in: Organizational Dynamics, Summer 1991, S. 16 - 30

Beckerath, P.; Sauermann, P.; Wiswede, G. (Hrsg.): Handwörterbuch der Betriebspsychologie und Betriebssoziologie, Stuttgart: Enke, 1981

Beckhard, R.: Organization Development: Strategies and Models, Reading: Addison-Wesley, 1969

Beckhard, R.; Harris, R.T.: Organizational Transitions: Managing Complex Change, Reading/u.a.: Addison-Wesley, 1977

Beer, M.; Eisenstat, R.A.; Spector, B.: The Critical Path to Corporate Renewal, Boston: Harvard Business School Press, 1990b

Beer, M.; Eisenstat, R.A.; Spector, B.: Why Change Programs Don´t Produce Change, in: Harvard Business Review, November/December, 1990a, S. 158 - 166

Bennis, W.G.: Theory and Method in Applying Behavioral Science to Planned Organizational Change, in: **Bartlett/u.a.**, 1973, S. 64 - 83

Bennis, W.G.; Benne, K.D.; Chin, R.: The Planning of Change, 4. Ausgabe, New York/u.a.: Holt, Rinehart and Winston, 1985

Berger, L.A.; Sikora, M.J.; Berger, D.R.: The Change Management Handbook, New York/u.a.: Irwin, 1994

Berne, E.: Intuition and Ego States: The Origins of Transactional Analysis, New York/u.a.: Harper & Row, 1977

Bernhard, U.: Der Ausgang ist ungewiß, in: Handelsblatt, Nr. 41, 01.03.1993, S. 18

Bertalanffy, L.v.: Zu einer allgemeinen Systemtheorie, in: **Grochla**, 1976, S. 542 - 553

Bhambri, A.: General Electric and Jack Welch: A case study in corporate transformation, University of Southern California, 1992

Blair, R.; Roberts, K.H.; McKechnie, P.: Vertical and Network Communication in Organizations, in: **McPhee/u.a.**, 1985, S. 55 - 77

Blake, R.R.; Mouton, J.S.; Barnes, L.B.; Greiner, L.E.: Breakthrough in Organization Development, in: **Bartlett/u.a.**, 1973, S. 254 - 289

Bleicher, K.: Das Konzept integriertes Management, 3. Auflage, Frankfurt/u.a.: Campus, 1995

Bleicher, K.: Unternehmenskultur und strategische Unternehmensführung, in: **Hahn**, 1990, S. 852 - 901

BMW-AG: Die BMW FIZ Meile, Informationen zur Eröffnung der BMW FIZ Meile und zur Verleihung des BMW Scientific Award´ 93, BMW AG Presse, 1993

Böhm, J.: Einführung in die Organisationsentwicklung: Instrumente, Strategien, Erfolgsbedingungen, Heidelberg: Sauer, 1981

Böhnisch, W.: Personale Widerstände bei der Durchsetzung von Innovationen, Stuttgart: Poeschel, 1979

Bösenberg, D.; Metzen, H.: Lean Management - Vorsprung durch schlanke Konzepte, 3. Auflage, Landsberg: Moderne Industrie, 1993

Bower, G.H.; Hilgard, E.R.: Theorien des Lernens I, 5. Auflage, Stuttgart: Klett-Cotta, 1983

Bower, G.H.; Hilgard, E.R.: Theorien des Lernens II, 3. Auflage, Stuttgart: Klett-Cotta, 1984

Brennan, N. (Hrsg.): Challenging Conventional Thinking for Competitive Advantage, New York/u.a.: The Conference Board, 1993

Brockhaus-Enzyklopädie: in 20 Bänden, 17. Auflage, Bd. 9, Mannheim: Brockhaus, 1970

Brockhaus-Enzyklopädie: in 24 Bänden, 19. Auflage, Bd. 12 u. 23, Mannheim: Brockhaus, 1990 u. 1994

Brose, P.; Corsten, H.: Partizipation in der Unternehmung, München: Florentz, 1983

Bührlen, H.: Kommunikationspolitik, in: Management-Enzyklopädie, Bd 5, Landsberg/Lech: Moderne Industrie, 1983, S. 381 - 393

Bush, J.B.; Frohman, A.L.: Communication in a "Network" Organization, in: Organizational Dynamics, Vol. 20, Autumn 1991, S. 23 - 36

C

Cameron, K.S.: Strategies for Successful Organizational Downsizing, in: Human Resource Management, Summer 1994, S. 189 - 211

Canenbley, C.D.: "Ohne uns läuft nix" - auch Konfrontation kann Konflikte abbauen, Redemanuskript zum Vortrag im Rahmen der Konferenz: Integrierte Kommunikation als Produktivfaktor, Institute for International Research, 1993

Carnegie, D.: Wie man Freunde gewinnt - Die Kunst, beliebt und einflußreich zu werden, Bern/u.a.: Scherz, 1981

Cartwright, D. (Hrsg.): Studies in Social Power, Ann Arbor: University of Michigan, 1959

Chandler, A.D. Jr.: Strategy and Structure - Chapters in the History of the American Industrial Enterprise, 18th printing, Cambridge/u.a.: MIT Press, 1993

Chin, R.; Benne, K.D.: General Strategies for Effecting Changes in Human Systems, in: **Bennis/u.a.**, 1985, S. 22 - 45

Cialdini, R.B.: Überzeugen im Handumdrehen: Wie und warum sich Menschen beeinflussen und überzeugen lassen, 2. Auflage, München: mvg, 1993

Clarke, L.: The Essence of Change, New York/u.a.: Prentice Hall, 1994

Coch, L.; French, J.R.: Overcoming Resistance to Change, in: Human Relations, Nr. 4, 1948, S. 512 - 532

Collins, J.C.; Porras, J.I.: Organizational Vision and Visionary Organizations, in: California Management Review, Fall 1991, S. 30 - 52

Conrad, C.: Strategic Organizational Communication, New York/u.a.: Holt, Rinehart and Winston, 1985

Conraths, B.: General Electric Management Development: A Long March into a Cultural Revolution, in: efmd Forum 4/1991, S. 4-6

Corrado, F.M.: Getting the Word Out: How Managers Can Create Value with Communications, Homewood: Irwin, 1993

Coulson-Thomas, C.: Strategic Vision or Strategic Con? Rhetoric or Reality?, in: Long Range Planning, Feb. 1992, Vol 25, Nr. 1, S. 81 - 89

Coulson-Thomas, C.: Transforming the Company: Bridging the Gap Between Management Myth and Corporate Reality, London: Kogan, 1993

Cox, D.F. (Hrsg.): Risk Taking and Information Handling in Consumer Behavior, Reader, Boston, 1967

Crott, H.: Soziale Interaktion und Gruppenprozesse: Stuttgart/u.a.: Kohlhammer, 1979

Crozier, M.; Friedberg, E.: Macht in Organisationen, Königstein: Athenäum, 1979

Cummings, T.G.; Worley, C.G.: Organization Development and Change, 5. Auflage, St.Paul/u.a.: West Publishing, 1993

Cunningham, S.M.: The Major Dimensions of Perceived Risk, in: **Cox**, 1967, S. 82 - 108

Cushman, D.P.; King, S.S.: High-Speed Management: A Revolution in Organizational Communication in the 1990s, in: **King/u.a.**, 1994, S. 5 - 40

Czap, H. (Hrsg.): Unternehmensstrategien im sozio-ökonomischen Wandel, Berlin: Duncker & Humblot, 1990

Czap, H.: Technologische Entwicklungen von Informations- und Kommunikationssystemen und strategische Implikationen, in: **Schertler**, 1994, S. 209 - 255

D

Daft, R.L.: Management, 3. Auflage, Fort Worth/u.a.: The Dryden Press, 1994

Dalton, G.W.: Influence and Organizational Change, in: **Dalton/u.a.**, 1970, S. 230 - 258

Dalton, G.W.; Lawrence, P.R. (Hrsg.): Organizational Change and Development, Homewood/u.a.: Irvin-Dorsey, 1970

Davenport, T.H.: Need Radical Innovation an Continuous Improvement? Integrate Process Reengineering and TQM, in: Planning Review, May/ June 1993, S. 6 - 12

Davidow, W.H.; Malone, M.S.: Das virtuelle Unternehmen, Frankfurt/u.a.: Campus, 1993

Davis, K.; Newstrom, J.W.: Human Behavior at Work: Organizational Behavior, 7. Auflage, New York/u.a.: McGraw-Hill, 1985

DGTA (Deutsche Gesellschaft für Transaktionsanalyse e.V.; Hrsg.): Die Transaktionsanalyse, Nürnberg, 1994

Dichter, S.F.; Gagon, C.; Alexander, A.: Memo to a CEO: Leading Organizational Transformation, in: The McKinsey Quarterly, Nr. 1, 1993, S. 89 - 106

Donham, W.B.: The Attack on Depressions, in: Harvard Business Review, Vol. 11, Nr. 1, October, 1932, S. 45 - 56

Doppler, K.; Lauterburg, C.: Change Management: Den Unternehmenswandel gestalten, Frankfurt/u.a.: Campus, 1994

Dowling, M.J.: Deregulierung und Liberalisierung der Telekommunikationsbranche in Europa und den USA: Einflüsse auf Wettbewerb und Unternehmensstrategie, Unterlagen zum Vortrag vom 06.07.95, Hochschullehrertagung an der Universität Trier, 1995

Dowling, M.J.; Boulton, W.R.; Elliott, S.W.: Strategies for Change in the Service Sector: The Global Telecommunications Industry, in: California Management Review, Spring 1994, S. 57 - 88

Dumphy, D.; Stace, D.: The Strategic Management of Corporate Change, in: Human Relations, Nr. 8, 1993, S. 905 - 920

Dunham, R.: Organizational Behavior, Homewood: Irwin, 1984

Dunst, K. H.: Portfolio-Management: Konzeption für die strategische Unternehmensplanung, Berlin/u.a.: de Gruyter, 1979

E

Ebers, M.; Gotsch, W.: Institutionenökonomische Theorien der Organisation, in: **Kieser**, 1993, S. 193 - 242

Eisler, R.: Wörterbuch der philosophischen Begriffe, 4. Auflage, 3. Bd., Berlin: Mittler & Sohn, 1930

Emmert, P.; Donaghy, W.C.: Human Communication: Elements and Contexts, Reading: Addison-Westley, 1981

Emmert, P; Brooks, W.D. (Hrsg.): Methods of Research in Communication, Boston/u.a.: Houghton Mifflin, 1970

Empter, St.: Handeln, Macht und Organisation, Augsburg: Maro, 1988

Evans, P.: Managing the Process of Change, Unterlagen zum DASA Change Management Workshop, Prof. P. Evans, INSEAD, 1992

F

Fiehler, R.: Kommunikation, Information und Sprache: Alltagsweltliche und wissenschaftliche Konzeptualisierung und der Kampf um Begriffe, in: **Weingarten**, 1990, S. 99 - 128

Flynn, J.M.; Caré, F.: High-Speed Management and Continuous Improvement: Teamwork Applications at General Electric, in: **King/u.a.**, 1994, S. 233 - 260

Frank, A.D.; Brownell, J.L.: Organizational Communication and Behavior: Communicating to Improve Performance (2 + 2 = 5), New York/u.a.: Holt, Rinehart and Winston, 1989

Frech, M.: Kommunikation als Grundlage der Führung, in: **Kasper/u.a.**, 1993, S. 49 - 97

French, J.R.P.; Raven, B.: The Bases of Social Power, in: **Cartwright**, 1959, S. 150 - 167

Frese, E (Hrsg.): Handwörterbuch der Organisation, Band 2, 3. Auflage, Stuttgart: Poeschel, 1992

Frese, E.: Organisationstheorie, in: **Frese**, 1992, Sp. 1706 - 1733

G

Gabele, E.: Das Management von Neuerungen, in: Schmalenbachs Zeitschrift für betriebswirtschaftliche Forschung, Jg. 30, 1978, S. 194 - 226

Garvin, D.A.: Building a Learning Organization, in: Harvard Business Review, July/August, 1993, S. 78 - 91

Gaugler, E.; Weber, W. (Hrsg.): Handwörterbuch des Personalwesens, 2. Auflage, Stuttgart: Poeschel, 1992

Gawthrop, L.C.: The Environment, Bureaucracy, and Social Change, in: **Bartlett/u.a.**, 1973, S. 17 - 29

GE-Aktionärsbrief: "To our share owners", in: GE Annual Report 1990, S. 1-4

GE-Aktionärsbrief: "To our share owners", in: GE Annual Report 1991, S. 1-5

GE-Aktionärsbrief: "To our share owners", in: GE Annual Report 1992, S. 1-5

Gebert, D.: Kommunikation, in: **Frese**, 1992, Sp. 1110 - 1121

Gibson, J.L.; Ivancevich, J.M.; Donnelly, J.H.: Organizations, 7. Auflage, Homewood/u.a.: Irwin, 1991

Gilbert, D.R.; Hartmann, E.; Mauriel, J.J.; Freeman, R.E.: A Logic of Strategy, Cambridge: Ballinger, 1988

Gloger, A.; Groothuis, U.: Völlig umgekehrt, in: Wirtschaftswoche, Nr. 32, 05.08.1994, S. 54 - 56

Gluck, F.W.; Kaufman, S.P.; Walleck, A.S.: Strategic Management for Competitive Advantage, in: Harvard Business Review, July/August, 1980, S. 154 - 161

Goldhaber, G.M.; Barnett, G.A. (Hrsg.): Handbook of Organizational Communication, Norwood: Ablex, 1988

Gomez, P.; Hahn, D.; Müller-Stevens, G.; Wunderer, R.: Unternehmerischer Wandel, Wiesbaden: Gabler, 1994

Goss, T.; Pascale, R.; Athos, A.: The Reinvention Roller Coaster: Risking the Present for a Powerful Future, in: Harvard Business Review, November/December, 1993, S. 97 - 107

Graham, G.H.; Unruh, J.; Jennings, P.: The Impact of Nonverbal Communication in Organization: A Survey of Perceptions, in: The Journal of Business Communication, Vol. 28, Nr. 1, 1991, S. 45 - 62

Grant, R.M.: Contemporary Strategy Analysis, 2. Auflage, Cambridge (Mass.): Blackwell, 1995

Grates, G.F.: The Subtlety and Power of Communications in Corporate Renewal Initiatives, in: Public Relation Quarterly, Spring 1994, S. 40 - 43

Graumann, C.F. (Hrsg.): Handbuch der Psychologie, Bd. 7, Sozialpsychologie, 2. Halbband, Göttingen: Verlag für Psychologie, 1972

Graumann, C.F.: Interaktion und Kommunikation, in: **Graumann**, 1972, Sp. 1109 - 1262

Greenbaum, H.H.: The Audit of Organizational Communication, in: **Huseman/ u.a.**, 1977, S. 137 - 156

Greiner, L.E.: Evolution and Revolution as Organizations Grow, in: Harvard Business Review, Vol. 50, Nr. 30, July/August, 1972, S. 37 - 46

Greiner, L.E.: Patterns of Organizational Change, in: **Bartlett/u.a.**, 1973, S. 46 - 63

Grochla, E. (Hrsg.): Enzyklopädie der Betriebswirtschaftslehre, Bd. 2, Handwörterbuch der Organisation, 2. Auflage, Stuttgart: Poeschel, 1980

Grochla, E. (Hrsg.): Organisationstheorie, 2. Teilband, Stuttgart: Poeschel, 1976

Grochla, E.: Systemtheorie und Organisationstheorie, in: **Grochla**, 1976, S. 554 - 566

Grundy, T.: Implementing Strategic Change: A Practical Guide for Business, London: Kogan, 1993

Gummesson, E.: Qualitative Methods in Management Research, Newbury Park/ u.a.: Sage, 1991

Guzzo, R.A.; Klein, K.J.: HR Communication in Times of Change, in: **Schuler**, 1991, S. 142 - 166

H

Hahn, D. (Hrsg.): Strategische Unternehmensführung - Strategische Planung, 5. Auflage, Heidelberg: Physica, 1990

Hamel, G.; Prahalad, C.K.: Competing for the Future, in: Harvard Business Review, July/August, 1994, S. 122 - 128

Hammer, M.; Champy, J.: Business Reengineering, deutsche Fassung, Frankfurt/u.a.; Campus, 1994

Hammer, M.; Champy, J.: The Future of the Middle Managers (Interview), in: Management Review, Sept. 1993, S. 51 - 53

Hammes, W.: Strategische Allianzen als Instrument der strategischen Unternehmensführung, Dissertation, Universität Trier, 1993

Hartig, W.: Kommunikation, in: Management Enzyklopädie, 1983, S. 360 - 371

Haseloff, O.W. (Hrsg.): Kommunikation, Schriftenreihe Forschung und Information, Bd. 3, Berlin: Colloquium, 1969

Havelock, R.G.; Havelock, M.C.: Training for Change Agents, University of Michigan: Institute for social research, 1973

Hedberg, B.: How Organizations Learn and Unlearn, in: **Nystrom/u.a.**, 1981, S. 3 - 27

Heidenreich, K.: Entwicklung von Skalen, in: **Roth**, 1984, S. 417 - 449

Hein, M.R.: Organisationskommunikation und Organisationskultur, Schriften zur Kommunikationsarbeit, Bonn: BDW, 1990

Hellriegel, D.; Slocum, J.W.; Woodman, R.W.: Organizational Behavior, 3. Auflage, St. Paul/u.a.: West Publishing, 1983

Helwig, P.: Charakterologie, 4. Auflage, Stuttgart: Klett, 1965

Hersey, P.; Blanchard, K.H.: Management of Organizational Behavior: Utilizing Human Resources, 2. Auflage, Englewood Cliffs: Prentice-Hall, 1972

Hess, T.; Brecht, L.: State of the Art des Business Process Redesign, Wiesbaden: Gabler, 1995

Hinterhuber, H.H.: Strategische Unternehmensführung, Bd. 1, 4. Auflage, Berlin/ u.a.: de Gruyter, 1989

Hoveland, C.I.: The Role of Primacy and Recency in Persuasive Communication, in: **Maccoby/u.a.**, 1966, S. 137 - 149

Hunsaker, P.L.: Strategies for Organizational Change: The Role of the Inside Change Agent, in: Personnel, Sept. - Oct. 1982, S. 18 - 28

Huse, E.F.: Organization Development and Change, St. Paul/u.a.: West Publishing, 1975

Huseman, R.C.; Hayes, M.A.; Alexander III, E.R.: Communicating Organizational Change: A Case Study, in: **Huseman/u.a.**, 1977, S. 377 - 394

Huseman, R.C.; Lahiff, J.M.; Penrose, J.M.: Business Communication: Strategies and Skills, 4. Auflage, Chicago/u.a.: The Dryden Press, 1991

Huseman, R.C.; Logue, C.M.; Freshley, D.L.: Readings in Interpersonal & Organizational Communication, 3. Auflage, Boston: Holbrook Press, 1977

I

Inglehart, R.: Kultureller Umbruch. Wertewandel in der westlichen Welt, Frankfurt/ u.a., 1989

Inglehart, R.: Wertewandel in den westlichen Gesellschaften. Politische Konsequenzen von materialistischen und postmaterialistischen Prioritäten, in: **Klages**; u.a., 1979, S. 279 - 316

J

Jick, T. D.: Customer-Supplier Partnerships: Human Resources as Bridge Builders, in: Human Resource Management, Winter 1990, Vol. 29, No. 4, S. 435-454

Jick, T.D.: Managing Change: Cases and Concepts, Boston/u.a.: Irvin, 1993

Jick, T.D.: The Vision Thing (a), in: **Jick**, 1993, S. 142 - 148

Johnson, J.D.; Donohue, W.A.; Atkin, C.K.; Johnson, S.: Differences Between Formal and Informal Communication Channels, in: The Journal of Business Communication, Vol. 31, Nr. 2, 1994, S. 111 - 122

Jöreskog, K.G.; Sörbom, D.: LISREL 7: A Guide to the Program and Applications, 2. Ausgabe, Chicago/u.a.: SPSS, 1989

K

Kanter, M.R.; Stein, B.A.; Jick, T.D.: The Challenge of Organizational Change, New York/u.a.: The Free Press, 1992

Kaplan, R.B.; Murdock, L.: Core Process Redesign, in: The McKinsey Quarterly (Reprint series), 1994 , S. 15 - 31 (reprint of 1991, Nr. 2)

Kasper, H.; Mayrhofer, W. (Hrsg.): Führung, Wien: Ueberreuter, 1993

Katz, D.; Kahn, R.L.: The Social Psychology of Organizations, New York/u.a.: Wiley, 1966

Katzenbach, J.R.; Smith, D.K.: The Discipline of Teams, in: Harvard Business Review, March/April, 1993, S. 111 - 120

Kibler, R.J.: Basic Communication Research Considerations, in: **Emmert**; u.a., 1970, S. 9 - 50

Kieser, A. (Hrsg.): Organisationstheorien, Stuttgart/u.a.: Kohlhammer, 1993

Kieser, A.; Kubicek, H.: Organisation, 3. Auflage, Berlin/u.a.: de Gruyter, 1992

Kieser, A.; Kubicek, H.: Organisationstheorien: wissenschaftstheoretische Anforderungen und kritische Analyse klassischer Ansätze, Bd. 1 u. 2, Stuttgart/u.a.: Kohlhammer, 1978

Kieser, A.; Reber, G.; Wunderer, R. (Hrsg.): Handwörterbuch der Führung, Stuttgart: Poeschel, 1987

Kim, D.H.: The Link Between Individual and Organizational Learning, in: Sloan Management Review, Fall 1993, S. 37 - 50

King, S.S.; Cushman, D.P. (Hrsg.): High-Speed Management and Organizational Communication in the 1990s: A Reader, Albany: State University of New York Press, 1994

Kirsch, W.: Entscheidungsprozesse: Entscheidungen in Organisationen, Bd. 3, Wiesbaden: Gabler, 1971

Kirsch, W.: Entscheidungsprozesse: Verhaltenswissenschaftliche Ansätze der Entscheidungstheorie, Bd. 1, Wiesbaden: Gabler, 1970

Kirsch, W.; Esser, W.-M.; Gabele, E.: Das Management des geplanten Wandels von Organisationen, Stuttgart: Poeschel, 1979

Klages H.; Kmieciak, Peter (Hrsg.): Wertewandel und gesellschaftlicher Wandel, Frankfurt/u.a.: Campus, 1979

Klages, H.: Wertorientierungen im Wandel. Rückblick, Gegenwartsanalyse, Prognosen, 2. Auflage, Frankfurt/New York: Campus, 1985

Klein, S.M.: Communication Strategies for Successful Organizational Change, in: Industrial Management, Vol. 36, January/February 1994, S. 26 - 31

Knyphausen-Aufsess, D.: Theorie der strategischen Unternehmensführung: state of the art und neue Perspektiven, Wiesbaden: Gabler, 1995

Koehler, J.W.; Anatol, K.W.E.; Applbaum, R.L.: Organizational Communication: Behavioral Perspectives, New York/u.a.: Holt, Rinehart and Winston, 1976

Kolb, D.A.: Management and the Learning Process, in: California Management Review, Spring 1976, Vol. XVIII, Nr. 3, S. 21 - 31

Koller, H.: Strategische Restrukturierung und Kommunikationsmanagement, Bamberg: Difo, 1990

Koontz, H.; O´Donnell, C.: Management: A System and Contingency Analyses of Managerial Functions, New York/u.a.: McGraw-Hill, 1976

Kotter, J.P.: Leading Change: Why Transformation Efforts Fail, in: Harvard Business Review, March/April, 1995, S. 59 - 67

Kotter, J.P.; Schlesinger, L.A.: Choosing Strategies for Change, in: Harvard Business Review, March/April, 1979, S. 106 - 113

Kovach, B.E.: The Organizational Gameboard: Winning the Game at Work in Changing Times, Englewood Cliffs: Educational Technology Publications, 1989

KPMG Management Consulting: Change Management. Highlights from a Survey of 250 Senior Company Executives Undertaken by Harris Research Group for KPMG Management Consulting, KPMG, 1993

Krackhardt, D.; Hanson, J.R.: Informelle Netze - die heimlichen Kraftquellen, in: Harvard Business Manager, Nr. 1, 1994, S. 16 - 24

Kroeber-Riel, W.: Konsumentenverhalten, 5. Auflage, München: Vahlen, 1992

Kubicek, H.: Informationstechnologie und Organisationsstruktur, in: **Frese**, 1992, S. 937 - 958

Küpper, W.; Ortmann, G. (Hrsg.): Mikropolitik: Rationalität, Macht und Spiele in Organisationen, 2. Auflage, Opladen: Westdeutscher, 1992

L

Laker, M.: Change Management, mit Veränderungen umgehen: Aktion statt Reaktion, in: Gablers Magazin, Nr. 5, 1992, S. 15 - 19

Lane, B.: Liberating GE`s Energy - An Interview with Jack Welch, in: Monogram, Fall, 1989, S. 1-5

Larkin, T.; Larkin, S.: Communicating Change: How to Win Employee Support for New Business Directions, New York/u.a.: McGraw-Hill, 1994

Laswell, H.D.: The Structure and Function of Communication in Society, in: **Schramm/u.a.**, 1971, S. 84 - 99

Lawrence, P.R.: How to Deal with Resistance to Change, in: **Bartlett/u.a.**, 1973, S. 385 - 401

Lay, R.: Über die Kultur des Unternehmens, Düsseldorf/u.a.: Econ, 1992

Leavitt, H.J.: Applied Organization Change in Industry: Structural, Technical, and Human Approaches, in: **Dalton/u.a.**, 1970, S. 198 - 212

Leavitt, H.J.: Managerial Psychology, 4. Auflage, Chicago/u.a.: University of Chicago Press, 1978

Lentz, B.: Viel Frust - wenig Lust, in: Capital 3/1994, S. 100 - 106

Levy, A.: Second-Order Planned Change: Definition and Conceptualization, in: Organizational Dynamics, Summer 1986, S. 5 - 20

Levy, A.; Merry, U.: Organizational Transformation, New York/u.a.: Praeger, 1986

Lewin, K.: Field Theory and Social Science, New York: Harper & Brothers, 1951; deutsche Übersetzung: Feldtheorie in den Sozialwissenschaften, Bern/Stuttgart: Huber, 1963

Lewin, K.: Frontiers in Group Dynamics, in: Human Relations, Nr.1, 1947, S. 5 - 41

Lewin, K.: Group Decision and Social Change, in: **Maccoby/u.a.**, 1966, S. 197 - 211

Likert, R.; Likert, J.G.: New Ways of Managing Conflict, New York/u.a.: McGraw-Hill, 1976

Lindeborg, R.A.: Excellent Communication, in: Public Relation Quarterly, Spring 1994, S. 5 - 11

Lippitt, G.L.: Organization Renewal, 2. Auflage, Englewood Cliffs: Prentice-Hall, 1982

Lippitt, G.L.; Langseth, P.; Mossop, J.: Implementing Organizational Change, San Francisco/u.a.: Jossey-Bass, 1985

Lippitt, G.L.; Lippitt, R.: Beratung als Prozeß: Was Berater und ihre Kunden wissen sollten, Goch: Bratt Institut für neues Lernen, 1984

Lippitt, G.L.; Schmidt, W.H.: Crises in a Developing Organization, in: Harvard Business Review, November/December, 1967, S. 102 - 112

Lippitt, R.; Watson, J.; Westley, B.: The Dynamics of Planned Change, New York: Harcourt, Brace & World, 1958

Locke, E.A.; Saari, L.M.; Shaw, K.N.; Latham, G.P.: Goal Setting and Task Performance, in: Psychological Bulletin, Vol. 90, Nr. 1, 1981, S. 125 - 152

Logue, C.M.: Persuasion in a Competitive Society, in: **Huseman/u.a.**, 1977, S. 307 - 320

London, M.: Change Agents, San Francisco/u.a.: Jossey-Bass, 1988

Luhmann, N.: Soziale Systeme, 3. Auflage, Frankfurt: Suhrkamp, 1988

Lupton, T.: Organizational Change: Top-down or Bottom-up Management? in: Personnel Review, Vol. 20, Nr. 3, 1991, S. 4 - 10

Lutz, C.: Kommunikation - Kern der Selbstorganisation: Unternehmensführung im Informationszeitalter, in: **Sattelberger**, 1991, S. 97 - 109

M

Maccoby, E.E.; Newcomb, T.M.; Hartley, E.L. (Hrsg.): Readings in Social Psychology, 3. Auflage, London: Methuen, 1966

MacCorquodale, K.; Meehl, P.E.: On a Distinction Between Hypothetical Constructs and Intervening Variables, in: Psychological Review, Vol. 55, Nr. 2, 1948, S. 95 - 107

Macharzina, K.: Informationspolitik: Unternehmenskommunikation als Instrument erfolgreicher Führung, Wiesbaden: Gabler, 1990

Macharzina, K.: Kommunikationspolitik und Führung, in: **Kieser/u.a.**, 1987, Sp. 1210 - 1221

Machiavelli, N.: Der Fürst - Il Principe (übers. u. hrsg. v. Zorn, R.), 6. Auflage, Stuttgart: Kröner, 1978

Maier, F.: Vorsprung durch Wissen, in: TopBusiness, Mai 1994, S. 34 - 42

Malik, F.: Strategie des Managements komplexer Systeme, Bern/u.a.: Haupt, 1984

Management Enzyklopädie: Das Managementwissen unserer Zeit, 2. Auflage, Bd. 5, Landsberg: Moderne Industrie, 1983

March, J.G.; Olsen, J.P.: The Uncertainty of the Past: Organizational Learning Under Ambiguity, in: European Journal of Political Research, 3, 1975, S. 147 - 171

Marshak, R.J.: Managing the Metaphors of Change, in: Organizational Dynamics, Summer 1993, S. 44 - 56

Maslow, A.H.: Motivation und Persönlichkeit, Reinbek: Rowohlt, 1981

Maturana, H.; Varela, F.: Der Baum der Erkenntnis, Bern/u.a.: Scherz, 1987

Mayntz, R.; Holm, K.; Hübner, P.: Einführung in die Methoden der empirischen Soziologie, 5. Auflage, Opladen: Westdeutscher, 1978

McCroskey, J.C.; Larson, C.E.; Knapp, M.L.: An Introduction to Interpersonal Communication, Englewood Cliffs: Prentice-Hall, 1971

McGee, J.; Thomas, H. (Hrsg.): Strategic Management Research - A European Perspective, Chichster/u.a.: Wiley, 1986

McLean, A.J.; Sims, D.B.P.; Mangham, I.L.; Tuffield, D.: Organization Development in Transition, Chichester/u.a.: Wiley, 1982

McPhee, R.D.; Tompkins, P.K. (Hrsg.): Organizational Communication: Traditional Themes and New Directions, Beverly Hills/u.a.: Sage, 1985

Mead, G.H.: Geist, Identität und Gesellschaft, 7. Auflage, Frankfurt: Suhrkamp, 1988

Meffert, H.: Marketing: Grundlagen der Absatzpolitik, 7. Auflage, Wiesbaden: Gabler, 1986

Meggle, G.: Grundbegriffe der Kommunikation, Berlin/u.a.: de Gruyter, 1981

Merten, K.: Kommunikation, Opladen: Westdeutscher, 1977

Metzen, H.: Leidensweg, in: manager magazin, 11/1994, S. 279 - 285

Meyer, A.D.; Brooks, G.R.; Goes, J.B.: Environmental Jolts and Industry Revolutions: Organizational Responses to Discontinuous Change, in: Strategic Management Journal, Vol. 11, 1990, S. 93 - 110

Mintzberg, H.: Five Ps for Strategy, in : **Mintzberg/u.a.**, 1991, S. 12 - 19

Mintzberg, H.: The Fall and Rise of Strategic Planning, in: Harvard Business Review, January/February, 1994, S. 107 - 114

Mintzberg, H.; Quinn, J.B. (Hrsg.): The Strategy Process: Concepts, Contexts, Cases, 2. Auflage, Englewood Cliffs: Prentice Hall, 1991

Mohr, N.: Kommunikation als Interaktionsvariable im Kooperationsmanagement, in: **Schertler**, 1995, S. 317 - 385

Mohr, N.; Fritzen, O.; Greulich, S.: Internes Arbeitspapier des Forschungsprojektes "Organisatorischer Wandel und Kommunikation", Teil II: Empirische Analyse, Trier: Universität Trier, 1995

Moser, S. (Hrsg.): Information und Kommunikation, München/u.a.: Oldenbourg, 1968

Müller-Böling, D.; Ramme, I.: Informations- und Kommunikationstechniken für Führungskräfte, München/u.a.: Oldenbourg, 1990

Müller-Hagedorn, L.: Das Konsumentenverhalten, Wiesbaden: Gabler, 1986

N

Nadler, D.A.; Gerstein, M.S.; Shaw, R.B.: Organizational Architecture, San Francisco: Jossey-Bass, 1992

Nadler, D.A.; Tushman, M.L.: Beyond the Charismatic leader: Leadership and Organizational Change, in: California Management Review, Winter 1990, S. 77 - 97

Nadler, D.A.; Tushman, M.L.: Organizational Frame Bending: Principles for Managing Reorientation, in: **Jick**, 1993, S. 225 - 241

Nichols, R.G.: Listening Is a 10-Part Skill, in: **Huseman/u.a.**, 1977, S. 554 - 560

Noel, J. L.; Ulrich, D.; Mercer, St. R.: Customer Education: A New Frontier for Human Resource Development, in: Human Resource Management, Winter 1990, Vol. 29, No. 4, S. 411-434

Nystrom, P.C.; Starbuck, W.H. (Hrsg.): Handbook of Organizational Design, Vol.1, Oxford: Oxford Univ. Press, 1981

O

o.V.: Alle Augen richten sich auf die geplante Aufspaltung des Chemie-Riesen ICI, in: Handelsblatt, Nr. 41, 01.03.1993, S. 23

o.V.: Herausforderungen für das Management, in: Handelsblatt, Nr. 161, 22.08. 1995, S. 6

o.V.: IBM will Führer der vernetzten Welt sein, in: Handelsblatt, Nr. 41, 27.02.96, S. 23

o.V.: Veränderung scheitert am ungeschriebenen Gesetz, in: Handelsblatt, Nr. 145, 29./30.07.1994, S. K1 - K2

Oetinger (a), B.v.: Vision: Fernbild einer neuen Logik, in: **Oetinger**, 1993, S. 244 - 265

Oetinger (b), B.v.: Vision: die Zukunft erfinden, in: **Oetinger**, 1993, S. 266 - 273

Oetinger, B.v. (Hrsg.): Das Boston Consulting Group Strategie-Buch, Düsseldorf/u.a.: Econ, 1993

Osgood, C.E.; Sebeok, T.A.: Psycholinguistics: A Survey of Theory and Research Problems, Bloomington/u.a.: Indiana University Press, 1969

Oshry, B.: Converting Middle Powerlessness to Middle Power: A System Approach, in: **Jick**, 1993, S. 401 - 412

Ottaway, R.N.: Change Agents at Work, London: Associated Business Press, 1979

Ottaway, R.N.: The Change Agent: A Taxonomy in Relation to the Change Process, in: Human Relations, Nr. 4, 1983, S. 361 - 392

Owen, G.; Harrison, T.: Parting of the Corporate Ways, in: Financial Times, 13. März 1995, S. 10

P

Pautzke, G.: Die Evolution der organisatorischen Wissensbasis, Herrsching: Kirsch, 1989

Pawlowsky, P.: Betriebliche Qualifikationsstrategien und organisationales Lernen, in: **Staehle/u.a.**, 1992, S. 178 - 237

Pearce, C.G.; Figgins, R.; Golen, S.P.: Principles of Business Communication, New York: Wiley, 1984

Peters, T.: Kreatives Chaos, Hamburg: Hoffmann und Campe, 1988

Peters, T.J.; Waterman, R.H.: Auf der Suche nach Spitzenleistungen, 8. Auflage, Landsberg: Moderne Industrie, 1984

Pettigrew, A.M. (Hrsg.): The Management of Strategic Change, Oxford/u.a.: Basil Blackwell, 1988

Pfützner, R.: Kooperativ führen - Eine Führungslehre für Vorgesetzte, Köln: Bachem, 1994

Porter, L.W.; Lawler III, E.E.; Hackman, J.R.: Behavior in Organizations, New York/u.a.: McGraw-Hill, 1975

Porter, M.E.: Wettbewerbsstrategie: Methoden zur Analyse von Branchen und Konkurrenten, 6. Auflage, Frankfurt/u.a.: Campus, 1990

Porter, M.E.: Wettbewerbsvorteile: Spitzenleistungen erreichen und behaupten, Sonderausgabe, Frankfurt/New York: Campus, 1989

Prahalad, C.K.; Hamel, G.: Nur Kernkompetenzen sichern das Überleben, in: HARVARDmanager, 2/1991, S. 66 - 78

Prim, R.; Tilmann, H.: Grundlagen einer kritisch-rationalen Sozialwissenschaft, 5. Auflage, Heidelberg: Quelle und Meyer/UTB 221, 1983

Q

Quinn, R.E.; Cameron, K.: Organizational Life Cycles and Shifting Criteria of Effectiveness, in: Management Science, Vol. 29, Nr. 1, Januar 1983, S. 33 - 51

R

Redding, W.C.: Stumbling Toward Identity: The Emergency of Organizational Communication as a Field of Study, in: **McPhee/u.a.**, 1985, S. 15 - 54

Redding, W.C.; Tompkins, P.K.: Organizational Communication - Past and Present Tenses, in: **Goldhaber/u.a.**, 1988, S. 5 - 33

Reinecker, H.: Einzelfallanalyse, in: **Roth**,1984, S. 277 - 291

Richmond, V.P.; McCroskey, J.C.: Organizational Communication for Survival, Englewood Cliffs: Prentice-Hall, 1992

Rieker, J.; Risch, S.: Ein trauriges Kapitel, in: manager Magazin, 6/1994, S. 171 - 188

Risch, S.: Der Faktor Mensch, in: manager magazin, 7/1995, S. 170 - 172

Robbins, S.P.: Organizational Behavior, 5. Auflage, Englewood Cliffs: Prentice Hall, 1991

Roethlisberger, F.J.: Management and Morale, 15. Auflage, Cambridge (Mass.): Harvard University Press, 1965

Rogers, C.R.; Farson, R.E.: Active Listening, in: **Huseman/u.a.**, 1977, S. 561 - 576

Rogers, C.R.; Roethlisberger, F.J.: Barriers and Gateways to Communication, in: Harvard Business Review, November/December, 1991, S. 105 - 111

Rogers, E.M.: Diffusion of Innovations, 3. Auflage, New York/u.a.: The Free Press, 1983

Rogers, E.M.; Agarwala-Rogers, R.: Communication in Organizations, New York/u.a.: The Free Press, 1976

Rogers, E.M.; Shoemaker, F.F.: Communication of Innovation: A Cross-Cultural Approach, 2. Auflage, New York: The Free Press, 1971

Rosenstiel, L.v.: Kommunikation und Führung in Arbeitsgruppen, in: **Schuler**, 1993, S. 321 - 351

Rosenstiel, L.v.; Molt, W.; Rüttinger, B.: Organisationspsychologie, 7. Auflage, Stuttgart/u.a.: Kohlhammer, 1988

Roth, E. (Hrsg.): Sozialwissenschaftliche Methoden, München/u.a.: Oldenbourg, 1984

Roth, E.: Allgemeine Forschungsstrategien, in: **Roth**, 1984, S. 86 - 104

Rühli, E.: Die Resource-based View of Strategy, in: **Gomez/u.a.**, 1994, S. 31 - 57

Rüßmann, K.H.: Teile und Siege, in: manager magazin, 06/1994, S. 88 - 91

S

Sanzgiri, J.; Gottlieb, J.Z.: Philosophic and Pragmatic Influences on the Practice of Organization Development, 1950 - 2000, in: Organizational Dynamics, Autumn 1992, S. 57 - 69

Sattelberger, T.: Die lernende Organisation, 2. Auflage, Wiesbaden: Gabler, 1991

Schanz, G.: Organisationsgestaltung: Management von Arbeitsteilung und Koordination, 2. Auflage, München: Vahlen, 1994

Schanz, G.: Organisationsgestaltung: Struktur und Verhalten, München: Vahlen, 1982

Schein, E.H.: Management Development as a Process of Influence, in: **Bartlett/u.a.**, 1973, S. 136 - 152

Schertler, W. (Hrsg.): Management von Unternehmenskooperationen, Wien: Ueberreuter, 1995

Schertler, W. (Hrsg.): Tourismus als Informationsgeschäft, Wien: Ueberreuter, 1994

Schertler, W.: Unterlagen zur Vorlesung "Strategisches Management", Universität Trier, April 1994

Schertler, W.: Unternehmensorganisation, 6. Auflage, München/u.a.: Oldenbourg, 1995

Schiemenz, B.: Komplexitätsbewältigung durch Systemansatz und Kybernetik, in: **Czap**, 1990, S. 361 - 378

Schmidt, H.; Schischkoff, G.: Philosophisches Wörterbuch, 22. Auflage, Stuttgart: Kröner, 1991

Schneider-Winden, S.: Die betriebliche Informationspolitik im Bankenbereich - ein deutsch-französischer Vergleich, Dissertation der Universität Trier, 1995

Schramm, W. (Hrsg.): The Process and Effects of Mass Communication, Urbana: University of Illinois, 1954

Schramm, W.; Roberts, D.F. (Hrsg.): The Process and Effects of Mass Communication, 2. Auflage, Urbana: University of Illinois, 1971

Schuler, H. (Hrsg.): Lehrbuch der Organisationspsychologie, Bern/u.a.: Huber, 1993

Schuler, R.S. (Hrsg.): Managing HR in the Information Age, Washington: BNA Books, 1991

Schulz von Thun, F.: Miteinander Reden: Stile, Werte und Persönlichkeitsentwicklung, Bd. 2, Hamburg: Rowohlt, 1991

Schulz von Thun, F.: Miteinander Reden: Störungen und Klärungen, Bd. 1, Hamburg: Rowohlt, 1989

Schumpeter, J.A.: Theorie der wirtschaftlichen Entwicklung, 6. Auflage, Berlin: Duncker & Humblot, 1964

Scott-Morgan, P.: The Unwritten Rules of the Game, New York: McGraw-Hill, 1994

Seiwert, L.J.: Kommunikation im Betrieb, in: **Gaugler/u.a.**, 1992, Sp. 1126 - 1139

Semmel, M.: Die Unternehmung aus evolutionstheoretischer Sicht. Eine kritische Bestandsaufnahme aktueller evolutionärer Ansätze der Organisations- und Managementtheorie, Bern/u.a.: Haupt, 1984

Senge, P.M.: The Fifth Discipline: The Art & Practice of The Learning Organization, London: Century Business, 1993

Senge, P.M.: The Leader´s New Work: Building Learning Organizations, in: Sloan Management Review, Fall 1990, S. 7 - 23

Shelby, A.N.: Organizational, Business, Management, and Corporate Communication: An Analysis of Boundaries and Relationships, in: The Journal of Business Communication, Vol 30, Nr. 3, 1993, S. 241 - 267

Slater, R.: The New GE: How Jack Welch Revived an American Institution, Homewood: Irwin, 1993

Sprenger, R.: Mythos Motivation, in: Zeitschrift für Organisationsentwicklung, Jg. 11, Nr. 2, 1992, S. 5 - 12

Staehle, W.: Management: Eine verhaltenswissenschaftliche Perspektive, 6. Auflage, München: Vahlen, 1991

Staehle, W.: Organisation und Führung sozio-technischer Systeme, Stuttgart: Enke, 1973

Staehle, W.; Conrad, P. (Hrsg.): Managementforschung 2, Berlin/u.a.: de Gruyter, 1992

Stalk, G.: Time - The Next Source of Competitive Advantage, in: Harvard Business Review, July/August, 1988, S. 41 - 51

Stalk, G.; Webber, A.M.: Japan´s Dark Side of Time, in: Harvard Business Review, July/August, 1993, S. 93 - 102

Steinle, C.: Organisation und Wandel: Konzepte - Mehr-Ebenen-Analyse (MEA) - Anwendungen, Berlin/u.a.: de Gruyter, 1985

Steinmann, H.; Schreyögg, G.: Management, 3. Auflage, Wiesbaden: Gabler, 1993

Stewart, Th. A.: GE Keeps those Ideas Coming, in: Fortune, August 1991, Vol. 124, No.4, S. 40-47

Stonesifer, R.J.: The "Boundaryless" Company: A General Electric Initiative, in: **Brennan**, 1993, S. 11-13

Strebel, P.: Choosing the Right Change Path, in: California Management Review, Winter 1994, S. 29 - 51

Strohner, H.: Information, Wissen und Bedeutung: Eine Analyse systemischer Strukturen sprachlicher Kommunikation, in: **Weingarten**, 1990, S. 209 - 226)

Sweringa, W.: Becoming a Learning Organization, Cambridge, 1992

Szyperski, N.: Informationsbedarf, in: **Grochla**, 1980, Sp. 904 - 913

T

Tannenbaum, R.; Schmidt, W.H.: How to Choose a Leadership Pattern, in: Harvard Business Review, March/April, 1958, S. 95 - 101

Theis, A.M.: Organisationskommunikation: Theoretische Grundlagen und empirische Forschung, Opladen: Westdeutscher Verlag, 1994

Thomas, H.; McGee, J.: Introduction: Mapping Strategic Management Research, in: **McGee/u.a.**, 1986, S. 1 - 17

Tichy, N.M.; Charan, R.: Speed, Simplicity, Self-Confidence: An Interview with Jack Welch, in: Harvard Business Review, September/October 1989, S. 112-120

Tichy, N.M.; Sherman, S.: Control your Destiny or Someone Else Will, New York/u.a.: Doubleday, 1993

Tichy, N.M.: Handbook for Revolutionaries, in: **Tichy/u.a.**, 1993, S. 301 - 374

Tichy, N.M.; Hornstein, H.A.: Stand when your Number is Called: An Empirical Attempt to Classify Types of Social Change Agents, in: Human Relations, Heft 10, 1976, S. 945 - 967

Titscher, S.: Kommunikation als Führungsinstrument, in: **Kieser/u.a.**, 1987, Sp. 1205 - 1210

Troy, K.: Change Management: An Overview of Current Initiatives; A Research Report, New York/u.a.: The Conference Board, 1994

Türk, K.: Neuere Entwicklungen in der Organisationsforschung: ein Trend Report, Stuttgart: Enke, 1989

Tushman, M.L.; Newman, W.H.; Romanelli, E.: Convergence and Upheaval: Managing the Unsteady Pace of Organizational Evolution, in: California Management Review, Nr.1, Fall 1986, S. 29 - 44

U

Ulrich, H.: Die Unternehmung als produktives soziales System, 2. Auflage, Bern/ u.a.: Haupt, 1970

Ulrich, H.: Reflexionen über Wandel und Management, in: **Gomez**; u.a., 1994, S. 5 - 29

V

Vecchio, R.P.: Organizational Behavior, Chicago/u.a.: The Dryden Press, 1988

Vroom, V.H.; Jago, A.G.: Flexible Führungsentscheidungen: Management der Partizipation in Organisationen, Stuttgart: Poeschel, 1991

W

Wagner III, J.A.: Participation´s Effects on Performance and Satisfaction: A Reconsideration of Research Evidence, in: Academy of Management Review, Vol 19, Nr. 2, 1994, S. 312 - 330

Wahren, H.-K.: Zwischenmenschliche Kommunikation und Interaktion in Unternehmen, Berlin/u.a.: de Gruyter, 1987

Watzlawick, P.; Beavin, J.H.; Jackson, D.D.: Menschliche Kommunikation, 3. Auflage, Bern/u.a.: Huber, 1972

Weiber, R. (Hrsg.); Pohl, A.: Ausgewählte Theorieansätze zur Erklärung des Nachfrageverhaltens bei technologischen Innovationen, Arbeitspapier zur Marketingtheorie, Nr. 4, Universität Trier, 1994

Weick, K.E.: Der Prozeß des Organisierens, 2. Auflage, Frankfurt: Suhrkamp, 1985

Weinert, A.B.: Lehrbuch der Organisationspsychologie: Menschliches Verhalten in Organisationen, 2. Auflage, München: Psychologie Verlags Union, 1987

Weingarten, R. (Hrsg.): Information ohne Kommunikation, Frankfurt: Fischer, 1990

Welch, J.: A Boundary-less Company in a Decade of Change, Internal GE Publication, Jack Welch`s Presentation to Share Owners, Presented at The General Electric Annual Meeting of Share Owners, Erie, April 1990

Westley, F.; Mintzberg, H.: Visionary Leadership and Strategic Management, in: Strategic Management Journal, Vol. 10, Special Issue, Sommer 1989, S. 17 - 32

White, A.F.: Organizational Transformation at BP: An Interview with Chairman and CEO Robert Horton, in: Human Resource Planning, Vol. 15, Nr. 1, 1992, S. 3 - 14

Wiendieck, G.: Arbeits- und Organisationspsychologie, Berlin/u.a.: Quintessenz, 1994

Williams, R.: The 1990s - The Change Management Program of British Patrol, Unterlagen zu einem Vortrag im Rahmen des 3. DASA Executive Development Program, September 1993

Wiswede, G.: Kommunikation, in: **Beckerath/u.a.**, 1981, S. 226 - 231

Witzer, B.: Kommunikation in Konzernen, Opladen: Westdeutscher, 1992

Wohlgemuth, A.C.: Berater für Organisationsentwicklung: externe, interne oder kombinierte Integration? in: Zeitschrift für Führung und Organisation, Heft 2, 1985, S. 81 - 89

Y

Young, M.; Post, J.E.: Managing to Communicate, Communicating to Manage, in: Organizational Dynamics, Summer 1993, S. 31 - 43

Z

Zahn, E.: Strategische Planung zur Steuerung der langfristigen Unternehmensentwicklung, Berlin: Duncker & Humblot, 1979

Zaleznik, A.; Moment, D.: The Dynamics of Interpersonal Behavior, New York/ u.a., 1964

Zander, A.: Resistance to Change - Its Analysis and Prevention, in: **Bartlett/u.a.**, 1973, S. 402 - 422

Zeira, Y; Avedisian, J.: Organizational Planned Change: Assessing the Chances for Success, in: Organizational Dynamics, Spring 1989, S. 31 - 45

ZENECA Pharmaceuticals: Bringing Health to Life, ZENECA Pharmaceuticals, Macclesfield

ZENECA: Ideen werden Wirklichkeit, ZENECA GmbH, Plankstadt

ZENECA: Ideen werden Wirklichkeit, ZENECA GmbH, Plankstadt, 6/1994

7475368R00253

Printed in Germany
by Amazon Distribution
GmbH, Leipzig